哥伦布与大航海时代

［美］华盛顿·欧文 —— 著　　代晓丽 —— 译

The Life And Voyages Of Christopher Columbus

中国友谊出版公司

图书在版编目（CIP）数据

哥伦布与大航海时代 / (美) 华盛顿 • 欧文著；代晓丽译 . -- 北京：中国友谊出版公司，2020.10（2023.6 重印）

书名原文：THE LIFE AND VOYAGES OF CHRISTOPHER COLUMBUS

ISBN 978-7-5057-4501-8

Ⅰ . ①哥… Ⅱ . ①华… ②代… Ⅲ . ①哥伦布 (Columbus, Christopher 1451-1506) －传记 Ⅳ . ① K835.465.89

中国版本图书馆 CIP 数据核字 (2018) 第 219662 号

书名 哥伦布与大航海时代

作者 [美] 华盛顿 • 欧文

译者 代晓丽

出版 中国友谊出版公司

发行 中国友谊出版公司

经销 新华书店

印刷 河北鹏润印刷有限公司

规格 880 × 1230 毫米　32 开

18.5 印张　381 千字

版次 2020 年 10 月第 1 版

印次 2023 年 6 月第 2 次印刷

书号 ISBN 978-7-5057-4501-8

定价 98.00 元

地址 北京市朝阳区西坝河南里 17 号楼

邮编 100028

电话 （010）64678009

前　言

1825—1826 年的冬天，在波尔多的时候，我收到美国驻马德里全权公使亚历山大•埃弗雷特先生的一封信，他在信中告诉我说有一部作品即将出版。此书由皇家历史学院的秘书唐•马丁•费尔南德斯•德•纳瓦雷特编辑，是关于哥伦布航海文献的文集，其中许多资料非常重要，而且是最近才发现的。埃弗雷特先生同时表达了一个想法，意即这部作品的英文版本，假如由我们本国人来完成，将会是特别理想的事情。我与他就此达成了共识，而且，我想去马德里拜访已经有一段时间了。不久，我便动身去了那个首都，打算趁在那里旅居进行此书的翻译工作。

我抵达那里不久，纳瓦雷特先生的书便问世了。我发现里面包含了许多迄今为止还未被世人所知的文献，这些文献让人对新世界的发现过程有了更多了解，同时也为那位博学编者的勤勉和活动增添了无上光荣。然而，整个文集呈现出来的更多是海量的丰富史料，并不是历史本身。如此堆积的文献对于不辞辛劳的探究者是无价之宝，但是，看见这些毫无关联的文件和官方公文，不免让普通读者产生排斥情绪，因为他们更愿意寻求清晰、连贯的叙述。这种情形让我对自己计划做的事情产生了犹豫；然而，此事非常有趣，而且还具有国家之类的意义，以至于我实在不愿意放弃。

待我将此事更充分地思考一番之后，我意识到，虽然关于哥伦布的书很多，各种语言都有，但是所有这些书对他的生平和航海叙述都存在局限，并不全面；同时，关于这个题目，无数有价值的信息仅存于手稿或者以信件、日志和公共契据等形式存在。照我看来，一部忠实地吸收了各种材料的历史记录才是文学所需要的东西；而且，就我个人而言，较之于曾经考虑过的翻译工作，此事我更在行。至于我的国家呢，此项工作更可接受。

在马德里，我发现在垂手可及的地方就有非常了不起的便利条件，这让我受到鼓励着手这样一项工作。我住在美国领事奥•里奇先生的房子里，他是欧洲最不知疲倦的文献学家，几年来，凡是与美洲早期历史相关的文献，他都进行了特别详细的研究。在他那卷帙浩繁、稀奇古怪的图书馆，我发现了关于西班牙殖民史现存的最好收藏，所包含的文献很可能在其他任何地方都难以寻觅。这些资料他交与我自由使用，其坦率与毫无保留，在那些拥有此等稀世宝贝的所有者当中十分罕见。在我整个劳作期间，他的图书馆一直是我的主要资料来源。

我还找到了马德里皇家图书馆和圣伊西德罗的耶稣会学院图书馆。这两个图书馆有着高质量的广泛收藏，它们对外开放，管理得井井有条。唐•马丁•费尔南德斯•德•纳瓦雷特传递了他在研究过程中发现的各种各样宝贵的、异乎寻常的信息，我从中得到了最为周到的帮助。在此，我情不自禁要对那位值得敬佩的人士那种自我坚持的热情表达我的崇敬：他是西班牙文坛最后几个宿老之一，他在那里几乎孤军奋战，却不屈不挠地坚持劳作；而那个国家，在目前情况下，文学活动几乎不会引起任何兴奋、获得任何回报。

我必须感谢的还有贝拉瓜斯公爵的慷慨大方。作为哥伦布的后裔和代表，他将其家族档案交与我查阅，而他自己也饶有兴致地将这些档案文献里珍藏的宝贝拿出来展示。最后，我不敢遗漏对我那位出色的朋友唐·安东尼奥·德·乌吉纳的深切谢意。这个才华横溢、学识渊博的绅士是弗朗西斯科亲王的财务主管，他特别熟悉自己国家及其附属国的历史。这个世界应该对他充满感激，他那些孜孜不倦的调查、秘而不宣的贡献，为近期才披露的早期殖民历史提供了许多精准信息。这位绅士所拥有的材料当中，大部分是他那位已逝的朋友、已故的历史学家穆诺斯的文件，他的逝世中断了自己那富于价值的劳动。唐·安东尼奥将这些文件随同其他各种各样的文献一起转交给我，他的善意与雅量一方面让这份职责轻松了不少，同时也让我深感责任重大。

有了这些资源，以及我当时的环境容易获得的其他帮助，我努力尽自己最大的能耐，争分夺秒地利用在异国他乡旅居的机会，开始构建这部历史。我勤奋地校勘自己所能搜集到的关于这个主题的所有著作，不管是印刷品还是手稿；力所能及地将这些材料与原始文件、历史研究中可靠的启迪进行比较；力图在那些不可避免要发生矛盾的地方确立事实真相，譬如几个人记录了同一件事实，但是由于他们的兴趣和情感迥异，其观察视角也随之大相径庭。

在从事这项工作的过程中，我尽量避免沉湎于推测或者泛泛而谈，除非偶尔自然而然地脱离主题。我比较喜欢对人物、事件或者时代所表现出的特征进行详细而周密、不漏掉任何细节的叙述，并力求将每一个事实置于这样的立场：让读者能够自己去感知事情的功过，形成自己的准则和结论。

鉴于历史上许多观点都需要取自同期事件和同时代文献的解释，我更倾向于在作品的最后提供一个单独的实例加以说明，而不是将其夹在中间阻碍叙述的完整性。这种方式能够让我可以沉溺于更大范围的细节，特别当主题不同寻常、趣味盎然，而普通的阅读过程不能包含其信息资源的时候尤其如此。

总而言之，本著以极为迥异的面貌呈现在公众面前。对此，我仅能向大家保证的是自己说真话的诚挚愿望，对我作品中提及的民族绝无偏见，对我的主题怀有强烈兴趣，具有勤能补拙的热诚去弥补自己意识到的不足之处等等。

华盛顿·欧文

马德里，1827

附——我很惊讶地发现自己身陷一些美国作家的指控当中，他们说我没有充分指出自己从唐·马丁·费尔南德斯·德·纳瓦雷特的文集中所得到的帮助。我曾以为自己在前面的序言即在第一版的时候已经对此有足够的说明：最初，正是他的文集促使我着手这份工作，并在随后提供了此书的主要材料；几乎在引述的每一页，我都用脚注加以说明。在准备这个修订版的时候，我很仔细、认真地检视了这件事情，但是发现在已经确认来源的基础上，没有任何需要增加的内容。

为了说明纳瓦雷特先生本人对拙著和鄙人的看法与情谊，我在此附加一段那位优秀人士写给我的一封信的摘选，还有一段摘自他本人文集第三卷的序言。公开一段如此褒奖的话没有别的意思，仅为证明自己在这个问题上的清白。

摘自一封来自马德里、1831 年 4 月 1 日的信

我颇感欣慰，文集所公布的那些关于美洲历史发端的文献和通告，落入一位如此能够赏识其真实性之人的手中。他能够批判地看待这些史料，并能将其传播四方；他确立了最根本的事实真相，而这些真相迄今为止曾经被一些带有偏见或有系统的作家掺了假。

在其《西班牙航海文集》第三卷的序言里，纳瓦雷特先生引述了其劳动成果的前两卷在文坛发表以来自己收到的各种感言。

“这点的显著证据，”他继续说道，“是来自华盛顿•欧文先生的《哥伦布与大航海时代》一书，这部作品的出版获得了当针对哥伦布及其航海发现的敌对情绪，这种情绪曾影响了部分欧洲本地人；他有机会查阅一些优秀书籍和珍贵手稿，能与传授这些事项的人士进行交谈，手上总能拿到我们最新发表的那些真实文献。他能够让自己的历史著述尽量全面、公正、准确，使之大大地超越了他之前的作家所完成的同类作品。他在这部作品中增加了自己的常规方法和实用布局；其风格生动、纯净、雅致；各种名士要人的公告和哥伦布的关注点融为一体，对各式问题的考察总是闪烁着真知灼见、渊博学识和良好品位。”

目 录

CONTENTS

卷一

哥伦布的出身、父母、早年生活；哥伦布早期的航海经历；葡萄牙亨利亲王领导下的大发现进展；哥伦布在里斯本定居——关于海洋岛屿的想法；哥伦布确信西边存在未发现陆地的依据；哥伦布与保罗·托斯卡内利之间的通信——葡萄牙与地理大发现相关的事件——哥伦布呈送给葡萄牙朝廷的提案——离开葡萄牙是否在远古时代，远离历史和传说能够涉猎的范围，在文明历程某些久远的时期，那时，如同某些人的想象，技艺可能已经兴盛到某种程度，即使我们所定义的古代人也未曾知晓，大西洋两岸已然存在着某种交流；是否柏拉图的叙述、有关亚特兰蒂斯岛的埃及传奇确实并非寓言，而是某个辽阔国度的模糊传说，而此国已经被我们地球的一次强大震荡（一些巍峨大山之巅还残留着海洋痕迹）所吞没，此类问题必定成为朦胧和空想推测的来源。就历史已确证的范围来看，直至15世纪末被发现之前，人们对西半球的陆地和岛屿一无所知。一艘漂游的三桅帆船偶尔可能会看不见旧大陆的路标，或者在指南针远未发明之前，受风暴驱使着跨越苍茫的水域，却再也不能回来揭示海洋的秘密。而且，尽管不时有些证物漂向旧世界的海岸，给那些善于琢磨的居民提供证据，说明远在他们水域的界限之外还有陆地，可是无人敢贸然扬帆起航，去寻找那片笼罩在神秘和危险之中的陆地。或者，倘若关于斯堪的纳维亚航海者的传说正确无误，他们那神秘的维音兰便是拉布拉多海岸或纽芬兰海岸，那他们仅仅向那个新世界投注了短暂的一瞥，没有形成任何确定和永久性的知识，而且很快就再次被人类遗忘。可以确定的是，到了15世纪初，当那些最聪明的头脑到处寻找地理知识中的零散启迪之时，对大西洋西部地区的全然无知在学者当中仍然很普遍；那片广袤的水域被待之以敬畏和惊奇，好像是在用一团混沌将世界束缚起来，使之猜测不透、畏而远之。关于这一点，我们不需要更多的证据，没有什么能比杰出的阿拉伯作家哈里发·阿尔·伊德里斯、别名努比亚人的描述更具有说服力，他的同胞是中世纪最大胆的航海家，而且掌握了当时已知的所有地理知识。

“海洋，”他写道，“环绕着地球可居住区域的终极边界，所有超出此界之外的地方均属未知。没有人能够验证与此相关的任何事情，因为航行的难度和危险程度、其巨大的朦胧昏暗、莫测的深度、频繁的暴风雨等阻碍了一切，那里庞大的鱼类和狂暴的大风也让人畏惧。但是那片水域里有不少岛屿，有的岛上有人居住，有的无人。没有哪个水手胆敢进入这些水域深处；即使有人去过，他们也仅仅是沿着海岸航行，惧怕地远离。这片海洋的波涛，虽然卷起来像大山那样高，却可以连绵不绝，所以，假如波浪爆发，船只将不可能破浪而行。”

本书接下来的任务是要讲述一位水手的事迹和命运，他是首个具有料事如神的判断力、勇敢无畏的气魄并掌握了这片危险深海奥秘的人。正是他那吃苦耐劳的本领、坚定不移的持之以恒、不畏艰难的胆识，让地球两端得以彼此沟通。他坎坷一生的故事正是旧世界历史与新世界历史的连接点。

第一章

哥伦布的出身、父母、早年生活

克里斯托弗·哥伦布，或者是意大利语拼写的科伦坡，大约于1435年生于热那亚市。他是多米尼科·科伦坡和苏珊娜·丰塔纳罗萨夫妇的儿子。其父亲是羊毛梳理匠，似乎他们家祖祖辈辈都在热那亚从事这门手艺。自从他名满天下，荣誉纷沓而至、应接不暇以来，有人曾试图证明他的家世显赫，好几个贵族家庭声称是他的家门。有可能其中部分人确实如此，因为意大利在那些年代长期不和，许多贵族家庭分崩离析、四散零落，当部分家族分支仍然住在富于贵族气派的世袭城堡和领地时，另一些分支则混迹于城市最卑微的人口之中。然而，这一事实于他的名声无补，成为各种贵族家庭争夺目标的本身，已经远比证实他具有最显赫的血统更能证明他的功绩。他的儿子费尔南多在这个问题上有其真实的感触。“我的观点是，”他说，“与其让自己蒙受任何高贵祖先的福荫，还不如做这样一位父亲的儿子尊贵。”

哥伦布是家中四个孩子中的长子。他有两个弟弟——巴塞洛缪和贾科莫或者詹姆斯（西班牙语拼写为迭戈），还有一个妹妹。关于他的这个妹妹大家知之甚少，仅知道她嫁给了一位平生默默无闻的人，名叫贾科莫·巴瓦莱洛。年幼的哥伦布就显示出对海洋的强烈兴趣，因此，他接受的教育主要是引导他适应海员生活；但是此等教育也仅是其捉襟见肘的父亲所能供给的一般性学习。除了寻常的阅读、写作、语法和算术等科目，他还学习了拉丁语，并接受绘图和设计方面的专门训练。此外，他还被送去帕维亚大学待了短暂时间，他在那里学习了几何、地理、天文和航海等知识。随后，他回到热那亚市，据一位当代历史学家所言，他在那里协助其父亲从事羊毛梳理的行当。这种说法遭到哥伦布的儿子费尔南多极其愤慨的反对，但是并不是没有这种可能，而且他也不能向我们提供他父亲当时从事何种职业(而不是梳羊毛)的任何信息。然而，哥伦布在自己父亲那里并没有干多久，根据他本人的叙述，他仅在14岁的时候，就开始了航海生活。

在追踪像哥伦布这类人的早期生活时，因其行为对人类事务影响巨大，关注他们到底有多少是受到外界的影响、有多少是归功于他们与生俱来的天赋等问题饶有趣味。在其后半生，感怀于自己出面进行的宏大伟业时，哥伦布带着一种庄严而迷信的情感回顾了自己的事业生涯：他将自己早期对海洋不可抑制的执着、对地理学习的热情等都归功于神的启迪，认为是神在为他做准备，因为天将降大任于斯人，而他是被选中来完成崇高法令的那个人。

然而，哥伦布早年显露出来的航海嗜好，对于生长在沿海城市那些富于进取精神、想象力生动的男孩子而言很平常。对于他们，海洋是通往冒险的宽阔大道，是充满浪漫的区域。热那亚呢，与陆地接壤的那面受困于四周崎岖的山脉，故而贫穷，几乎没有提供在海边的立业之地；同时，丰富而广泛拓展的商业活动、遍访每一个国家、在海上游弋、在每个海域战斗等情景，自然会导致其子弟把波涛海浪视为他们的吉祥之地。许多人也因为这个城市内部肆虐的暴力内讧、经常喋血街头等问题移居国外。热那亚一位历史学家对这种导致青少年外漂的倾向痛心疾首。他说，他们走了，怀揣将来会衣锦还乡、荣登故里的愿望，但是根据长久的经验，我们知道，假如有 20 人离开热那亚，能够返回的还不到两人：他们要么死于国外，要么随他们的外国妻子而居，或者面对导致共和国四分五裂的国内纷争风暴而不愿意抛头露面。

此外，对地理知识的强烈热情，哥伦布早年就受到感染并激发了此后的职业生涯，也是他所处年代易于发生的事情。地理发现是灿烂的光明坦途，这一点永远都是 15 世纪的区别性特征。经过僧侣式顽固盲从和谬误学习的漫漫长夜，地理学随同其他科学，在欧洲国家几乎消失。幸运的是，人类并没有将其丢弃：它已经躲进了非洲的怀抱。当那些在教堂回廊里卖弄学问的老学究们浪费时间和才华，以无所事事的狂欢作乐和诡辩的辩证法混淆学识的时候，阿拉伯的圣贤们云集在塞纳尔，在辽阔的美索不达米亚平原上测量纬度、计算地球的周长。

因此，那些得以幸运地保存下来的真知灼见，自此开始传回欧洲。科学的复兴伴随着书信的复兴。在唤醒大众对古典文献热忱的众多作者中，普林尼、庞波尼乌斯·梅拉和斯特拉博等人重新获得关注。从这些人的著述中，人们重新获得了早已在公众心目中隐遁的大量地理知识。那条曾经被遗忘、突然之间又重新打开的通道，激起了人们前往追寻的好奇心。世纪之初，托勒密的作品被高尚博学的希腊人伊曼纽尔•克莱索莱瑞斯翻译为拉丁文，从而使其思想更为意大利学生所熟知。另一种译文也紧随其后，詹姆斯•安吉尔•德•斯卡皮阿里亚的译文得体优美，该版本成为意大利图书馆的寻常读物。阿威罗伊、阿尔弗拉加努斯以及其他阿拉伯圣贤的著述也受到追捧，这些人在欧洲黑暗时期保存了科学的圣火。

复苏的知识尽管存在局限，并不完善，然而，就像晨光返照，似乎在召唤新创造的出现；它们带着令人惊叹的魅力，突然展现在那些富于想象力的头脑里。他们惊讶地发现，自己对周围世界如此无知。每一步都是新发现，因为在他们本土之外的每个地方，都是某种程度上的未知领域。

这就是 15 世纪早期有关这门有趣学科的状态和感觉。而在非洲大西洋海岸线一带开始的大发现唤醒了更加强烈的兴趣，像热那亚人那样热衷于海事和商业的人们，这些发现必定具有更特别的感受。我们认为正是在这种氛围的熏陶之下，哥伦布才在他的童年时期萌发了对宇宙志学研究的赤诚热爱，这影响了他一生的命运。

他在帕维亚大学度过的短暂时光，仅让他掌握了必要学科的入门知识。他随后表现出对相关学科知识的熟练掌握，一定是他在自己坎坷漂泊的一生当中，在操劳和沉浮之间，利用闲暇时光勤奋自学的结果。他是属于拥有强大天赋的那类人，他们在人生起步的时候就不得不与贫困和障碍抗争；在其奋斗生涯的始终，他们在遭遇中获得胆识，在消灭困难的过程中获得本领。这样的人学会了以小手段去谋求大目标，并且能利用他们自身的能量和创造力去弥补这一缺陷。这一点，从其最早的发端贯穿于整个人生，都是哥伦布历史的显著特点之一。他的每一次行动，其方法上的欠缺和明显的不足，都增强了其成就的显赫。

第二章
哥伦布早期的航海经历

哥伦布，如前所述，在其14岁左右就开始了自己的航海生涯。他的第一次航海是与一位名叫科伦坡的远房亲戚同行，后者是大海上勇敢坚强的老水手，其勇敢让他出人头地，在古老的地方志中偶有提及。有时他任自己舰队的指挥，有时又担任热那亚舰队司令。他似乎很大胆，敢于冒险，乐意为任何事业战斗，即使在可以依法解决的时候也会寻衅闹事。

那些年代，地中海的航海业非常危险、富于挑战。一次商务远征类似于一次战事巡航，海上商人经常不得不从一个港口战斗到另一个港口。海盗几乎合法化。那时候，大海上风起云涌：意大利国内各地区之间纷争不断；加泰罗尼亚人到处巡航；贵族私自组建舰队，他们在自己的领地上享有类似于主权国的权力，并豢养了小规模军队和海军；私人冒险者的船只和舰队四处游弋，他们类似于海上雇佣兵，时而被敌对政府所雇用，时而在大海上搜索，寻找那些非法战利品。这一切，随同抵抗伊斯兰力量发动的圣战，将本已狭窄的主要通航海域变成狭路相逢、波谲云诡的危险场所。

这就是哥伦布成长时期颠沛流离的教育环境，如此严酷的逆境应该在其才干形成初期留下了非常有趣的印迹。然而，他生平中这段很有益的阶段都被黑暗笼罩。他的儿子费尔南多，原本应该是能够揭开这一谜团的最佳人选，却对此讳莫如深，并不时给出一些自相矛盾的线索让我们更加困惑。也许是基于某种曲解的自尊原则，他不情愿揭示如此辉煌崛起的父亲那贫困而低微的境况。

我们所掌握的有关他的第一次航海叙述是他参与了海军远征。此次远征由卡拉布里亚公爵即安茹的约翰出资，于 1459 年在热那亚组织进行。他打算入侵那不勒斯，希望能替其父亲、国王雷尼耶（或者雷纳托）收复那个王国，后者的另一名号是雷内，普罗旺斯伯爵。热那亚共和国援助他船只和金钱。这项行动的光辉性质吸引了那些勇气非凡和不安分之人的关注。侠士贵族、雇佣军人、胆大妄为的海盗、不顾一切的冒险家、唯利是图的政客，都赶去集结在安茹的旗下。经验丰富的科伦坡参与了这次远征，他不是带着自己的大帆船，就是带着热那亚舰队的一名指挥官，随同他上船的还有他那位年轻的亲戚、未来的地理发现者。

为了夺取那不勒斯王冠，安茹的约翰领导的这场战争持续了大约四年，其间经历了各种变故，但最终未果。此次远征中的海战部分因其勇猛无畏的行动而著称，哥伦布也参与其中。有段时间，当公爵沦落到伊斯基亚岛避难的时候，仅余下少量的船只护卫和控制着那不勒斯湾。

在这次英勇但命运多舛的征战过程中，哥伦布奉命执行了一次凶险的航行任务，去拦截一艘来自突尼斯港口的桨帆船。哥伦布本人在多年后的一封信中偶然提到了这件事。他说：此事就发生在我身上；雷尼耶国王（他是神的化身）派我去突尼斯夺取“费尔南迪纳号”船，可是，当我到达位于撒丁岛区的圣佩德罗时，我得知有两艘船，与桨帆船在一起的还有一艘宽体大帆船。此情况让我的船员颇为犯难，他们决定不再继续前行，并返回马赛再调遣一艘船和更多的人。由于我不能以任何方式强迫他们，我表面上认同他们的愿望，调整罗盘，扬帆全速前进。那时候是晚上，第二天早上，我们进入了卡塔赫纳海角，而所有的人都坚信不疑地认为他们是在去马赛的途中。

关于这次驶入突尼斯港口的英勇航行，我们没有发现更多的记载，但从上述细节中，我们看见了坚定而执着的精神。这些早期迹象预示着他在从事更重要的事业时，能确保成功。面对心怀不满的船员，他的权宜之计是通过略加欺骗行船的航向，让他们继续未竟之事。他在第一次航海大发现时又故伎重施，改变先前的推算，重新规划航道。

时隔多年以后，关于哥伦布这段时期的情况，我们仅有一两条模糊不清的线索。他应该一直在地中海和利凡特（Levant）一带从事航海事务：有时是商业航行，有时受聘于意大利城邦之间类似于战争的竞争，有时则参与对付异教徒那种虔诚但带有掠夺性的远征。历史学家们让他于1474年成为几艘热那亚船队的船长，为法国的路易十一效劳，自作主张地在海上冲撞和捕捉西班牙船舰，以报复西班牙人入侵法国南部的鲁西荣地区，危及法国与西班牙之间的和平。同样，在1475年，据说他和自己的热那亚舰队与一支驻扎在塞浦路斯岛的威尼斯舰队擦肩而过时，逞能似的兴风作浪，高喊热那亚的战斗口号“万岁圣乔治！”，从而设法刺激威尼斯人的嫉妒和骄傲，试图挑起一场战斗，尽管对峙的两国当时是处于和平共处时期。

这些事情全都被错误地归在哥伦布身上。这些事迹或错误行为，要么是他的亲戚，那位热那亚海军老司令，要么是一个与老司令具有同样家族精神的侄子所为——后者名为小科伦坡，以便与其叔叔区别开来。两人都喜欢暴力对抗，如同他们的成长模式，不够谨慎。费尔南多•哥伦布把这个小科伦坡描述为著名海盗，他对异教徒的所作所为非常可怕，以至摩尔人的母亲常用他的名字来吓唬顽劣的孩子。哥伦布偶尔与他一起航海，如同他偶尔与其叔叔一起出海一般，而且，根据费尔南多的叙述，哥伦布还在重要场合指挥过他舰队中的一艘船。

某一次，听说威尼斯人有四艘满载货物的桨帆船正从佛兰德斯返航，小科伦坡便停泊在葡萄牙海岸（里斯本和圣维森特海角之间）等候他们。一场殊死之战开始了，双方的船彼此套接起来，船员们拳打脚踢，从这艘舰打向那艘舰。战斗从早上一直持续到晚上，双方都在大屠杀。哥伦布指挥的船与一艘巨大的威尼斯桨帆船交手。他们投掷手榴弹和其他猛烈的飞弹，对方的桨帆船笼罩在火焰之中。双方的船被铁链和铁扣紧固在一起不能被分开，大家都陷入一场大火之中，并且很快就成为一团炽热的火球。船员们跳入大海，哥伦布抓住漂浮在身边的一叶船桨，而且，由于游泳技能十分了得，他在足有 2 里格远的地方上了岸。他的儿子费尔南多说，感谢上帝给他力量，让他得以幸存，以便日后成就更大的事业。待到他从疲惫中恢复过来，便去了里斯本。他在那里发现了许多热那亚同胞，并在他们的诱导之下定居下来。

这就是费尔南多讲述他父亲第一次抵达葡萄牙时的情景，现代历史学家们普遍采用了这一说法。但是考察那段时期的各种历史记载，此处所描述的那场海战发生的时间似乎在哥伦布抵达该国数年之后。虽然他参加那次海战的可能性并不是没有，但是他此前一定在葡萄牙已经居住了一段时间。事实上，查阅该王国的历史，我们就会发现，那时候该国的航海业正处于辉煌时期，对于像哥伦布那样有着自己爱好和追求的人而言，这一点已经具有十足的吸引力。据此，我们应当得出这样的结论：他第一次去里斯本并不是什么孤注一掷冒险的意外结果，而是在具有强烈好奇精神的指引下，追求荣华富贵的慎重之举。

第三章

葡萄牙亨利亲王领导下的大发现进展

现代大发现事业在哥伦布时代之前不久才起步，我们探讨的这个时期正是葡萄牙开展宏大行动的年代。有些人认为航海大发现起源于14世纪一桩浪漫事件。有位名叫马查姆的英国人，与他迷恋的一个女子飞往法国，途中被恶劣的天气驱使到看不见陆地的海上。他们在公海上漂流了一段时间之后，来到一个无人居住的未知海岛，岛上覆盖着美丽的森林，这就是后来被称为马德拉的岛屿。有些人把这个解释当作寓言对待，声称加那利群岛才是近代大发现的第一个成果。这个著名的岛群正是古代人的幸运群岛，是他们的金苹果乐园所在地，是托勒密计算经度的起点，但是已经被世界遗忘了。确实，有些模糊不清的叙述，言及这些岛屿曾经偶尔有人涉足，其间隔时间很长，且年代鲜为人知，主要是那些在海上游弋的阿拉伯人、诺曼人或热那亚冒险家们的三桅船去过。但是，所有这一切都不能确定，也没有带来什么有益结果。直到14世纪，这些岛屿才实实在在地被重新发现、复归人类。从那时起，偶尔会有来自各国的勇敢航海家光顾该群岛。这些岛屿的发现所带来的最大益处是，对这些岛屿的频繁远征锻炼了航海者的胆量，使他们敢于远去大西洋冒险，去熟悉海洋，在某种程度上，去见识它的危险。

大发现的产生并非偶然，而是一位决策大师深思熟虑的结果。此人便是葡萄牙的亨利亲王，其父是绰号为“复仇者”的约翰一世，其母是兰开斯特的菲利帕、英格兰亨利四世的妹妹。这个杰出王子的性格特别值得一提，正是他的伟业激发了哥伦布的天赋。

亨利在陪同其父远征非洲、攻打休达（Ceuta）的摩尔人之后，获得了关于几内亚海岸及其内陆地区的许多信息，这些情况其时还不为欧洲人所知晓。由此，他产生一个念头，如果沿着非洲西海岸航行，那必将有重大发现。返回葡萄牙之后，这个念头占据了他的脑海。他离开躁动的宫廷，前往萨格雷斯附近的阿尔加维一个乡村闲居。此地与圣维森特海角毗邻，可以俯瞰海洋全景。他在那里汇聚了当时杰出的科学家，开始研究那些与航海技艺相关的各门知识。他本人是个颇有才干的数学家，并成为在西班牙的阿拉伯人都知晓的天文学大师。

在研究古代人的作品时，他找到了自认为丰富的证据，证明非洲可以环绕航行。据说，基齐库斯的欧多克索斯曾经由红海驶入了大洋，并继续行驶到了直布罗陀；而迦太基人汉诺也带领60艘船组成的舰队从直布罗陀海峡出发，沿着非洲海岸航行，据说抵达了阿拉伯海岸。确实，这些航行受到好几个古代作者的怀疑。而环绕非洲航行的可能性呢，尽管长期得到地理学家们的肯定，却也遭到希帕克斯的否定。希帕克斯认为每个海洋都是封闭的，周围都是特殊形状的盆地，而非洲是一块延伸至南极的大陆，环绕着印度洋，从而在恒河以外与亚洲相连。托勒密采纳了这个观点，在亨利亲王的时代，前者的著述是地理学的最高权威。但是，亲王坚持古代人的信念，认为非洲可以环行，并发现他的看法得到更现代的众多学者支持。解决这个问题，实现环绕非洲航行，值得成为一个亲王为之奋斗的目标。想到若是由葡萄牙来完成此壮举将给自己的国家带来的巨大利益，他不由激情澎湃。

意大利人或者如北欧人所称呼的伦巴第人，曾长期垄断亚洲贸易。他们曾在君士坦丁堡和黑海建立了商业机构，在那里获得了位于赤道附近的香料群岛生产的丰富物产，此外还有丝绸、树胶、香水、宝石，以及埃及和亚洲南部盛产的其他奢侈物品，并将这些物资发送到整个欧洲。威尼斯和热那亚共和国正是靠这些贸易才变得富足而强大。他们在最偏远的地方修建工厂，甚至在天寒地冻的莫斯科和挪威也有建树。他们客商的荣华富贵堪比王公贵族。整个欧洲都是他们商业王国的附庸。然而，这种贸易必须经过各种各样的中间环节，深受延误和内陆航行的费用以及商队那繁琐冗长和不确定旅程等因素的影响。长期以来，印度的商品都通过波斯湾、幼发拉底河、印度河和奥克苏斯河等水路运送至里海和地中海，从那里再转送到欧洲各集市等新目的地。埃及的苏丹征服了阿拉伯之后，重建了贸易的古老通道，但是其成本依然很高，且延误照旧。一些贵重物品不得不通过红海运输之后，再由骆驼运送至尼罗河畔，从那里进入埃及再送达意大利商人的手上。因此，当东方富裕的买卖被这些敢于冒险的垄断者所独占时，每件商品的价格被庞大的运输费用提高了不少。

亨利亲王的宏伟构想如下：环绕非洲航行，开辟一条便捷的通道直达这些商品的货源，让其变成黄金潮涌进他的国家。然而，他的思想比较超前，不得不与无知和偏见进行抗争，忍受延宕。但凡生动而富于洞察力的头脑，都会遭遇那些迟钝和怀疑之人迟缓的合作。那时，大西洋航行还处于起步阶段。水手们满腹狐疑地看着狂暴喧嚣的浩瀚大洋，似乎根本就没有彼岸，畏惧在看不见陆地标志的海洋上航行。每一处险峻的海岬和远远延伸的海角都是一道阻碍他们前进的墙壁。他们战战兢兢地沿着巴巴里海岸慢慢移动，一旦冒险越过直布罗陀海峡稍远的距离，就认为自己完成了一次精彩的探险。诺恩角是为他们胆量设置的极限，他们在那里踌躇不前，不愿意越过那些岩石，那些击打着岩石的狂风巨浪似乎在发出威胁，要把他们极力推向怒吼的深渊。

除了这些模糊的惧怕之外，他们还有其他担忧，而且，这种畏惧还得到哲学本身的支持。他们仍然相信，地球在赤道上环绕着一圈炙热的地带，太阳在其上空保持燃烧热度垂直照射，这一带不可通行的热量将地球分为两个半球。他们认为博哈多尔海角是安全航行的最大极限，并迷信地认为，无论是谁，一旦越过那里将一去不复返。他们沮丧地看着附近湍急的洋流和击打着干燥海岸的狂暴海浪，想象着越过此处便是可怕的热带区域，那里遭受烈日炙烤、一片火海，那些冲击着岸边的波涛也因天庭难耐的炽热而沸腾不已。

要消除这些错误观念，并制订一份与他的宏图大略相当的航海计划，亨利亲王建立了一所航海学院，在萨格雷斯修建了天文台，并邀请当时最杰出的教授做航海学院的教师，委任马洛卡的詹姆斯为校长。此人精通导航，并娴熟地掌握了航海图和仪表制作技术。

该机构的影响很快就显露出来。所有与地理和导航相关的已知知识均被收集起来，并归纳出一个体系。地图绘制方面得到巨大的改进。指南针也得到更广泛的应用，尤其是在葡萄牙，指南针可以让水手在最阴霾的白天和最黑暗的夜晚航行，从而让水手们更加大胆和敢于冒险。受到这些有利条件的鼓舞，以及在亨利亲王慷慨大度的刺激下，葡萄牙航海业以其勇往直前和广泛发现而著称。博哈多尔海角被跨过了，热带地区也穿过了，幻想中的恐惧也解除了；从布兰科角到佛得角，非洲海岸更多的地方被探索出来；佛得角和亚速尔群岛这片远离大陆300里格的区域也从未曾察觉到的海洋帝国中被发掘出来。

为了保证计划能够安静地开展，充分享有他的发现，亨利获得了一份罗马教皇圣谕的保障。该圣谕授予葡萄牙王国有权拥有在大西洋可能发现的土地，包括印度，并大赦所有可能在这些远征中死亡的人。同时以教会的权威，恐吓可能干涉这些“基督教征服”的所有人员。

亨利死于1473年11月13日，并没有完成他雄心勃勃的伟大目标。直到很多年后，瓦斯科·达·伽马才与一支葡萄牙船队沿着亨利指出的航道前行。他越过好望角，沿着印度洋南部海岸航行，从而开辟了通向东方富庶地区的商业捷径，实现了亨利的期望。但是，亨利在有生之年，已经足以收获一颗伟大而聪慧的头脑所带来的最丰厚奖赏。他看到，通过自己的努力，他的祖国已经步入繁荣的康庄大道。葡萄牙人的地理大发现是15世纪的奇迹，值得钦佩，而葡萄牙，作为所有国家中最弱小的一个，突然之间崛起成为最重要的国家之一。

所有这一切成果，不是靠武器，而是靠技艺；不是靠内阁谋略，而是靠一所学院的智慧。这是属于一个亲王的伟大成就，他被描述为“充满了崇高进取的思想，堪称慷慨精神的典范”：其人正是为实现其“才华用于正道”这一高尚座右铭而生，这是志向高远的亲王最值得拥有的天资。

亨利在临终之时，嘱咐自己的祖国开辟通往印度的航线。他曾经成立公司和协会，将商业热情注入此项事业，使之对于拥有事业心的个人而言，既有利可图又有竞争。一些新探索项目的启动，或者某支远航归来的船队带来的那些关于新开发的大片土地和新近到访过的王国的故事，让里斯本不时掀起阵阵兴奋的喧闹。一切都是信心百倍的承诺和乐观的期待。非洲海岸那些成群结队、生活悲惨的人群被夸大成为强大的国家，航海者们不断听到在更远的地方还有更富庶的地区。而那个时候，地理知识尚处于微光隐现的状态，人们的想象力与航海发现携手并进，当后者还在以其缓慢而谨慎的方式摸索着踽踽而行的时候，前者已经令人惊奇地占据了一切。葡萄牙人热衷于发现的名声和不断发起的远征吸引了全世界的关注。来自各地的陌生人、学者、好奇者和冒险者等云集里斯本，打探详情或参与这些新兴事业。克里斯托弗·哥伦布便是其中之一，不管是否如前面所述，是孤注一掷冒险后被海水抛甩的偶然结果，还是受到强烈的好奇心和对荣华富贵的追求所驱使至此。

第四章

哥伦布在里斯本定居——关于海洋岛屿的想法

哥伦布于1470年抵达达里斯本。那时的他年富力强，风度迷人。他的儿子费尔南多、拉斯·卡萨斯以及与其同时代的其他人分别对他进行了详细描述。根据这些描述，可以得知他身材高大、体格匀称、肌肉发达，举止高贵庄重。他的脸型稍长，既不算丰满也不算瘦削；他的肤色白皙、脸上有雀斑、面色较红润；他长着鹰钩鼻，颧骨相当高，眼睛是浅灰色，时常炯炯有神，整个面容威严神气。年轻的时候，他的头发颜色比较浅；后来由于操劳和困境，据拉斯·卡萨斯所言，他的头发很快变成灰色，在30岁左右已经满头白发。他性格中庸、饮食简单、衣饰简朴、善于言谈，与陌生人在一起时令人愉快、平易近人，而且，他在日常生活中和蔼可亲、恬淡谦和，家人与他很亲近。他的脾气天生比较急躁，但他能够以其精神中的宽宏大度克制自己，让自己的言行举止彬彬有礼、温文尔雅，并且从不放纵自己胡言乱语。纵观其一生，他因恪守自己的宗教职责而著称，非常严格地遵守斋戒和教会仪式。他的虔诚并不仅限于纯粹的形式，那种崇高而庄严的宗教热情已经深入骨髓，以至他的整个性格都染上了浓厚的宗教色彩。

在里斯本，他习惯在一家名为诸圣修道院的教堂参加宗教活动。该修道院里有部分具有一定社会地位的女士，她们要么在修道院寄宿，要么担任某种宗教职位。哥伦布结识了其中一位，她就是多娜·菲利帕，巴托洛梅奥·莫尼斯·德·佩雷斯特雷洛的女儿。多娜的父亲是一位意大利骑士，最近才去世。他曾是亨利王子麾下最杰出的航海家之一，曾经将圣港岛变为殖民地并任总督。两人相识后很快发展为相互爱慕，最后成婚。这场婚姻似乎是单纯的感情结合，因为女方穷困潦倒。

新婚夫妇与新娘的母亲住在一起。后者觉察到哥伦布对与航海相关的所有事项都感兴趣，便将自己知晓的有关已故丈夫的所有航行和探险经历都告诉了哥伦布，还把丈夫的所有文件、航海图、日志、备忘录等都交给了他。就这样，他熟悉了葡萄牙的航海路线、他们的计划和构想等。而且，因其婚姻和居住地，他自然入籍成为葡萄牙人，并偶尔参与远征几内亚海岸的航行。不出海的时候，他就靠绘制地图和航海图养家糊口。他拮据的境况迫使他厉行节约，但是我们得知，他还是拨出自己微薄收入中的一部分，用于救济他在热那亚年迈的父亲，供养他年幼的弟弟们上学。

那些时候，制作正确的地图或航海图，需要某种程度上足以让其拥有者出人头地的知识和经验。地理学才从埋没多年的黑暗中冒出头。托勒密的体系仍然是一个权威标准。15 世纪的地图显示出真理与错误并置，地图上从古迹流传下来的事实和最近的发现与流行寓言、夸张的猜想混为一体。在这样一个时期，航海大发现掀起的激情正在寻求促进该事业的所有支持，像哥伦布这样一位拥有相关知识和技能、有能力的宇宙学家必定大受赏识，他所绘制的地图和航海图的高度准确性让他在当时的科学研究者中声名鹊起。我们由此发现，他在里斯本居住的初期，与佛罗伦萨的保罗·托斯卡内利有通信联系。后者是当时最著名的科学家，他们之间的交流对哥伦布产生了极大影响，激励他从事后来的事业。

他在地理方面的工作不仅让他得以与学者交流，而且还培育了他有益于航海事业的系列思想。在不断比较地图和航海图、标注航海发现的进展和方向的过程中，他逐渐意识到世界上还有多少地方仍然处于未知状态，并开始思索探索未知世界的方式。他的家庭事务和通过婚姻建立的关系，都与这一思索脉络一致。他曾经在近期发现的圣港岛居住了一段时间，其妻在那里继承了一点财产。夫妇俩住在那个岛上的时候，她给他生了一个儿子，他给儿子取名为迭戈。岛上的居住可以说是让他走到了地理大发现的最前沿。他妻子的妹妹嫁给了佩德罗·科里奥，一位著名的航海家，他曾经一度担任过圣港岛总督。由于家庭生活的日常交往，他们频频相聚，其交谈的话题自然会转向附近正在进行的沿非洲海岸的发现，通往印度航线的漫长寻找，以及在西方存在一些未知陆地的可能性等。

在圣港岛居住期间，必定有往返于几内亚的航海家经常拜访他们。因此，置身于大发现的活跃和喧闹之中，与那些因为发现而发迹、获得荣华富贵之人交流谈心，在那些近期才成功发现的航道上航行，哥伦布那热情的心燃起了投身于这项事业的激情。那是一个凡是与航海生活相关的人或者靠近海洋居住的人普遍很兴奋的年代。近期的发现点燃了他们的想象力，让他们对其他岛屿充满向往：那些岛屿更美丽、更富庶，而且在大西洋那无边无际的汪洋上等待被发现。古代人关于这个主题的观点和幻想再次得以流传。安蒂拉岛的故事，即迦太基人发现的海洋中的大岛被频繁引用，而柏拉图想象中的亚特兰蒂斯岛再次找到了坚定的信徒。许多人认为加那利群岛和亚速尔群岛不过是亚特兰蒂斯沉没后的残留，那片被淹没陆地的其余部分和较大碎片也许还存在，不过是在大西洋更偏远的地区。

大众意识在这个重大时代处于兴奋状态的最显著症状之一便是谣言满天飞，据说在海洋中偶尔会看见不知名的岛屿。其中许多仅仅是寓言，是为迎合公众主流情绪编造出来的。很多这样的谣言起源于航海者们狂热的想象力，他们或许将那些悬浮在天际线上的夏季云彩看成了岛屿，这些云彩经常诱使水手们产生看见了远方岛屿的想法。

可能正是这种幻想的氛围，才构成安东尼奥·利昂，一位马德拉岛居民给哥伦布讲述那个故事的基础。他确定地说，从那里向西航行100里格之后，他就看见远方有三个岛屿。但是，此类故事最受到肯定的推动并积极维护的是加那利群岛上的人讲述的那些，他们长期生活在一种奇异的光学幻觉之中。他们想象着自己可以不时看见西面有座庞大的岛屿，岛上有高高的山脉和深深的峡谷。阴天和能见度低的天气里，岛屿不会出现，但是在热带气候常见的晴朗天气里，大气纯净、透明，远处的物体完全可以分辨得清清楚楚。确实，那个大岛只是偶尔才露峥嵘，其他时候，即使是最清爽的天气，也不一定看得见一丝痕迹。然而，每当它出现的时候，它总是在相同的位置呈现出相同的形状。加那利群岛的居民非常相信那个岛屿的真实存在，他们曾向葡萄牙国王申请去发现和接管那个岛屿，该岛确实成为数次远征的目标。然而，那个岛屿从未被找到，但是它仍然继续偶尔欺骗大家的眼睛。这片虚构的陆地引发了各种不着边际和异想天开的想法。有的人认为那是亚里士多德提到过的安蒂拉岛；有的人则认为那是七城岛，之所以叫这个名字是源于一个古老的传说——据说在摩尔人征服西班牙期间，有七个主教带着众多追随者逃离西班牙，在天国的引导下去了大洋某个不知名的岛屿，在那里建立了七座辉煌的城市；也有些人认为它是另一个传说中的岛屿，据说有位名叫圣布兰登的苏格兰牧师曾在6世纪时登上了那个岛。大家普遍相信后一个传说。那个幻想之岛便被称为圣布兰登，或圣伯龙登，并在地图上长时间地标注在加那利群岛西部较远的位置。神话般的安蒂拉岛也是如此这般在地图上进行了标注。这些错误的地图和幽灵岛屿在各种时期均会引发主张，声称新世界早在被公认的发现之前就已经为人所知了。

然而，哥伦布认为所有这些陆地的表象不过是幻觉而已。他猜测那些幻象可能是海洋中的岩石造成的，在特定大气的影响下，这些岩石在远处可能呈现出岛屿的外观；或者，它们可能是漂浮的岛屿，普林尼和塞内卡以及其他人曾经有所提及，这些浮岛由扭曲的植物根茎或重量较轻的多孔石组成，岛上覆盖着树木，可能在海洋上随风漂浮。

圣布兰登岛、安蒂拉岛和七城岛，早已被证明是神话故事或大气造成的错觉。然而，关于这些岛屿的传言所引起的关注，展示了大西洋西部区域尚处于未知状态时公众对该海洋的想法。哥伦布带着极大的好奇心将这些记录下来，也许对他的想象产生了一些影响。不过，虽然他也具有幻想的气质，他那洞察一切的天赋要为这些冥想的产生寻求更深层次的来源。过往事件的推动，他的儿子费尔南多说，引发他重新研究以前读过的那些地理作者的著述，并思考那些可能证实在他脑海里逐渐形成的理论的天文学因素。他设法让自己熟悉与地理相关的所有信息，不管是古代人的著述还是当代人的发现。他自己的航海经验使他能够纠正他们的许多错误、欣赏他人的许多理论。他的天赋因此产生了决定性的转向，注意到在大量的公认事实、理性的假设、天马行空的叙述和流言蜚语当中，他那宏伟的发现计划在其充满活力的大脑的强力运作之下怎样脱茧而出，是饶有趣味的事情。

第五章

哥伦布确信西边存在未发现陆地的依据

在前面几章，我们已经尝试着展示哥伦布所处时代的精神和事件怎样酝酿了他的宏伟计划。可是，他的儿子费尔南多却致力于提供精确数据，用以说明其父大发现计划的基础。“这样做的目的，”他指出，“是为了说明，一个如此伟大的计划是怎样在微弱的论点上建构起来并逐渐明朗化的，而且，也是为了满足人们渴望确切了解导致我父亲从事这项伟业的环境和动机的需求。”

由于这一论断是从他父亲的文件中找到的笔记和公文总结出来的，实属奇特有趣，值得特别关注。在这份备忘录里，他从三个方面整理形成了自己父亲的理论基础：1. 事物的本质；2. 博学作者的权威；3. 航海者的报告。

首先，他将第一条确定为基本原则，即地球是一个水陆组成的球体或球状物，可以从东向西环绕旅行，当站在地球两端对应点时，人类可以脚对脚。从东到西的周长，根据托勒密，哥伦布以赤道为界，将其划分为两半球，每 15° 有 24 小时，共 360° 。他将托勒密的地球观与泰尔的马里努斯早期的地图进行比较，据此猜想，古代人已经知道了 15 小时的区域，即从直布罗陀海峡或者说从加那利群岛延伸至亚洲秦尼城（Thinae）这个范围，后者是已知世界所了解东部的最远界限。葡萄牙所发现的亚速尔群岛和佛得角群岛已经将此时区向西部前沿推进了一个多小时。那么，根据哥伦布的估计，至少还余下八小时时区，或者地球周长的三分之一依然处于未知、未探索状态。这些空间，在很大程度上主要位于亚洲的东部地区，也许面积更广，甚至环绕全球，并抵达欧洲和非洲的西部海岸。横亘在这些地区之间的海洋，他指出，可能比当初预测的要小得多——如果采纳那个阿拉伯人阿尔弗拉加努斯的意见，因为他减少了每一度的尺寸，那么地球的周长比其他宇宙学家计算的要短——哥伦布曾经一度相信此理论。如果承认这些前提，那就表明：如果顺着一条直线从东到西，航海者就可以到达亚洲的末端，并发现任何出现在途中的陆地。

第二点是列举了一些作者的名字。他们的著述对他产生了很大的影响，让他相信那些横隔的海洋面积适中，容易跨越。其中，他引用了亚里士多德、塞内卡和普林尼等人的观点，即从加的斯港到印度仅需要几天的路程；他还引述了斯特拉博的话，因为该作者也注意到海洋包围着地球，在东方洗刷着印度的海岸，在西部则冲击着西班牙和毛里塔尼亚的海岸。所以，只要一直沿着同一条平行的路线，就能容易地从此岸抵达彼岸。

为了证实亚洲，或者他总是称之为印度的地方，远远延伸至东部，以至占据了未开发的大部分区域，他引述了马可•波罗和约翰•曼德维尔的叙述作为佐证。这些游客在13、14世纪期间，访问了亚洲那些遥远的地方，到过远远超出了托勒密设定的区域。

他们关于那块大陆以东范围的描述对哥伦布产生了极大的影响，使他相信，如果一直往西航行，用不了多久，就会将他带到东方的海岸，或者抵达与此毗邻的那些宽阔而富有的岛屿。关于马可·波罗的信息可能是来自保罗·托斯卡内利那位佛罗伦萨的著名医生，前面已经提到过他，两人在1474年有通信来往，这位医生曾经将自己写给里斯本一位博学泰斗费尔南多·马丁内斯的一封信的副本转寄给哥伦布。这封信谈到了西行至印度的装备条件，声称从里斯本到契丹附近曼吉省的直线距离仅为4000英里，那里被确定为中国北部的海岸。关于这个国家，他借鉴了马可·波罗的著述，给予了极其精彩的描述。他还补充说那条航线上有安蒂拉岛和斯潘阁岛，彼此之间的距离仅225里格，两岛物产非常丰富，而且为船舶停靠、获取航海物资提供了方便之处。

第三点是列举了西边存在陆地的各种迹象，这些东西已经漂浮到已知世界的海岸边。这点确实很让人好奇：一旦哥伦布的头脑开始热衷于此项探究，他到底是怎样收罗到那些看起来那么模糊、那么琐碎的实证的呢？他似乎特别重视来自老水手的信息中那些隐约闪现的光亮，因为他们近期才受聘去非洲海岸航行；他也关注那些来自新近发现岛屿居民的信息，因为在某种程度上，他们所处的位置最接近地理知识的前沿。所有这一切都详细地记录在他的备忘录里，与他已经存储在脑海里的事实和观点一一对应起来。

譬如，为葡萄牙国王效力的领航员马丁·文森蒂就曾经给他讲过一件事：在圣维森特角向西驶出450里格之后，他从水里捞出一块雕刻过的木头，其雕刻工艺显然不是出于铁制工具。由于风从西面吹过来，这块木雕可能来自那个方向一些不知名的陆地。

哥伦布还记下了妹夫佩德罗·科里奥提供的信息，后者在圣港岛看见了从同一个方向漂来的一块类似的木材。他还从葡萄牙国王那里听说了一件事：那些群岛的某些岛屿曾经发现了从西边漂浮过来的巨型芦苇。根据描述，哥伦布认为这种巨型芦苇就是托勒密所言、生长在印度的品种。

他还记下了亚速尔群岛居民提供给他的信息，他们看见了被西方的风吹送至岸边的巨型松树干，该群岛的任何岛屿都没有生长此类品种，尤其是被海浪抛摔在弗洛雷斯岛岸边的两具尸体，其长相特征与任何已知的种族都不相同。

在这些信息的基础上还增加了圣玛丽港一位水手的报告。该水手声称，在去爱尔兰的航行中，他看到了西边的陆地，船上的同伴们将其视为鞑靼国最边缘的地区。其他类似的故事也有记录，包括那些幻想中的圣布兰登岛、七城岛等传闻。对此，正如前面已经有所提及，哥伦布几乎没有采信。

这就是大致的依据。根据费尔南多所言，他的父亲正是在此基础上，从一点推导至另一点，直到他得出结论：在海洋西部存在未被发现的陆地，这些陆地有望抵达，那里很富饶，而且有人居住。

显然，上述列举的好几件事实是在哥伦布形成自己的观点之后才为其所知，仅起到了加强其看法的作用。然而，一切有助于形成如此宏伟壮举之思考过程的事物，都具有最重大的意义。此处提供的推论链，也许不是最合乎逻辑的串联，但是，由于是摘自哥伦布自己的文件，乃是人类心智史上最有趣的文件之一。

仔细地推敲了这些报告之后，很明显，激发哥伦布从事其壮举最重要的观点是排在第一位的那条原则，即古代人所知的亚洲最东面，就在距离亚速尔群岛不超过地球周长三分之一的地方。那片间隔空间在很大程度上必定填满了亚洲那些未知的边角区域，而且，假如世界的周长如他所相信的那样，比普遍认定的短，那么，只要向西航行适当的距离，就可以轻松地抵达亚细亚海岸。

让人称奇的是，这一伟业的成功多少是仰仗两个幸运的错误：一是亚洲以东那部分假想的延伸，二是假设地球比实际体积小。这两个错误都是最有学问的学者和最渊博的哲学家造成的，但是如果没有它们，哥伦布将很难敢于冒险尝试其壮举。至于直接向西航行就能找到陆地—如今我们如此习以为常的念头，却在某种程度上削弱了第一个概念的作用和首次尝试的决然勇气。但是在那些年代，正如前面已经充分说明，地球的周长仍然未知，没有人知道海洋是否浩瀚无边、不可跨越；比重和地心引力等定律也没有确定，而地球正因为这些定律才成为圆形，环球之旅的可能性才得以显现。因此，在事物仅仅处于推测的阶段，向西航行寻找陆地的可行性被认为是大自然那些难以置信的奥秘之一，但是一旦确定下来，又是再简单不过的事情了。

哥伦布形成自己的理论之后，该理论就在他心里异常坚定地扎下根来，并影响了他整个性格和行为。他说话从来不怀疑和犹豫，而是尽可能确定，似乎他的眼睛已经看见了那片应许之地。

没有什么考验和失望可以让他偏离对自己目标的坚定追求。深深的宗教情怀交织着冥思苦想，使他的思考偶尔带有迷信色彩，但那是源于壮丽崇高的信念。他把自己视为站在天堂之手上的人，是人类被选中去完成天降大任之斯人。他认为自己在《圣经》里读到了关于他目前思考的大发现之预言，这些预言隐藏在先知神秘启示录那些漆黑的阴影里。地球边缘将被连接起来，所有国家、讲不同方言和语言的人将团结在救世主的旗帜下。这即将成为他那项事业至高无上的胜利，让地球上那些偏远和未知地区与基督的欧洲融为一体。他要把真正的信仰之光带入愚昧无知的异教徒国度，将其无数的民族汇聚在教会的神圣统治之下。

其构想所具有的热诚性质升华了他的精神境界，让他的整个言行都带有庄严和高贵的气度。他几乎以一种平等的感觉与君主们商谈。他视野宏伟、无边无际；他所提议的发现属于帝国的规模；他要求的条件也相应地壮观；即使经过长期拖延、反复失望，甚至在完全一贫如洗的压力之下，他也从来没有而且永远也不会降低对一个仅仅是可能的发现所索取的看似奢侈的要求。

那些无法想象一个激情洋溢和几乎无所不知的天才如何仅凭推导的证据就能如此笃信不疑的人，试图寻求其他解释模式。当其荣耀的结果确立了哥伦布观点的正确性，有人便试图证明他已事先获得那块陆地的信息，他不过是假装去发现而已。其中就有关于一位遭遇暴风雨的领航员的闲话，据说此人就死在他家，并将一份文字叙述遗赠给他，上面记录了自己被逆风推送至西方那些未知领域的经历。然而，费尔南多·哥伦布认为这个故事如同关于影子般的圣布兰登岛那些流行传说一样，属于无稽之谈——据说有一位葡萄牙船长，他从几内亚返回的途中，认为自己看见了比马德拉岛更远的地方。这种捕风捉影的谣传流传了一段时间，出于各自不同的意图而添油加醋，其目的都是为了玷污哥伦布的荣誉。最后该谣传终于在印刷品中找到了一席之地，并得到了各种历史学家的回应，每种叙述各不相同、充满矛盾和无中生有。

还有一种说法，认为哥伦布不过是继续了马丁·贝赫姆的发现而已。后者是哥伦布同时代的宇宙学家，据说他曾在一次去非洲探险的航程中，偶然登陆了南美洲的海岸。正是在贝赫姆标注有新发现地区的地图或他设计的地球仪帮助之下，哥伦布才得以远航。该谣言起源于对一份拉丁语手稿的荒谬曲解，没有任何文件佐证，然而这种谣言有其传播方式，甚至在多年以后死灰复燃，人们对此不但没有谨慎判断，反而比之前更加狂热。但是现在这种说法已经完全被驳倒，并偃旗息鼓。贝赫姆到访的陆地是赤道之外的非洲海岸；他设计的地球仪 1492 年才完成，那时候哥伦布已经外出进行第一次航海了；地球仪上面没有一丝新世界的痕迹，由此提供了确凿证据说明贝赫姆那时还不知道新世界的存在。

有某种爱管闲事的精神，借助于学术研究外衣的掩盖，到处窥探历史的蛛丝马迹，推翻历史纪念碑，玷污和残害最公平的奖赏。应该采取措施维护这类伟大的名字，使其免遭那些用心险恶的学识之荼毒。它诋毁了历史上最有益于人类的意图之一，实际上，此事堪称典范，彰显了人类的天赋和值得赞美的进取心究竟能够成就怎样的大业。为此目的，前面的章节已经煞费苦心地追溯了这一宏大思想在哥伦布脑海里是怎样产生以及发展的过程，以表明这是他天才的构想，该构想在时代的冲击之下加速形成，并得益于一些在普通人的脑海里不起作用的零星知识。

第六章

哥伦布与保罗·托斯卡内利之间的通信——葡萄牙与地理大发现相关的事件——哥伦布呈送给葡萄牙朝廷的提案——离开葡萄牙

要确定哥伦布开始构想寻找一条通往印度西行航线的精确时间不太可能。但是有一点可以肯定，早在 1474 年，他就开始思考这个问题，但是那时他脑海里的想法比较粗略、尚未成熟。这个颇为重要的事实，在他与佛罗伦萨那位博学的托斯卡内利那年夏天来往的信件中已得到充分证实。托斯卡内利的信是答复哥伦布的一封来信，他在信中对哥伦布打算做一次向西远航的设想表示赞赏。为了更清楚地说明从那个方向到达印度所需要的条件，他给哥伦布寄了一幅地图，这幅地图部分参照了托勒密的思想，部分反映了那个威尼斯人马可·波罗的描述。亚洲的东海岸被安置在非洲和欧洲西海岸的前方，它们之间的海洋空间适度，其中斯潘阁岛、安蒂拉岛和其他岛屿均以适宜的距离置放在这片不大的海洋之中。托斯卡内利的信件和航海图极大地鼓舞了哥伦布，因为前者被认为是当代最出色的宇宙学家之一。他似乎已经得到了马可·波罗的著述，那本书已被翻译为各种文字，并以原稿的形式存于多数图书馆。该作者在书中精彩绝伦地描述了契丹、曼吉或蒙哥等国土的富庶。既然确定这些地方属于中国的北部和南部，那么，根据托斯卡内利的地图，航海者只要一直向西就必定能到达那里。马可•波罗不遗余力地描述了这些国家的君王、鞑靼大可汗的权力和威严，其都城卡姆巴鲁和杭州的辉煌与宏伟，以及被认为是日本的斯潘阁岛或兹潘吉岛上的奇观。他将此岛置于契丹对面的海洋之中，彼此相隔500里格远。他描述斯潘阁岛盛产黄金、宝石以及其他优质商品，该岛有一个君主，他所居住的宫殿屋顶上盖的不是铅板而是金块。许多人认为这位旅行者的叙述荒诞无稽，但是，尽管这些叙述充满了看似华丽的夸大渲染，随后却相继发现其中大部分正确无误。从这些描述对哥伦布的想象所产生的影响来看，它们特别值得注意。马可•波罗的著述是破解哥伦布历史许多关键之谜的钥匙。在他向各个朝廷提出的申请中，他都提及自己期待去发现的那些国家如同那个威尼斯人形容的那般拥有取之不尽的财富。大可汗的疆土成为他所有航海的探究目标，他在安的列斯群岛巡游的时候，一直自以为是地希望自己到达的地方是富裕的斯潘阁岛和曼吉与契丹的海岸。

正当试图在西方有所发现的构想在哥伦布的脑海里日趋成熟的时候，他航海去了一趟欧洲北部。关于这趟远航我们没有找到其他记载，仅有他的儿子从他的信件中摘取了下面这段话：“1477年2月，我驾船越过图勒（古人认为的极北之地）100里格，其南端离赤道73°，而不是一些人佯称的63°；也不是位于托勒密划定的西线之内，而是更远的西端。英国人，主要是那些布里斯托人，会随着他们的商船抵达这个大如英格兰的岛屿。我去的时候那里的海洋还不曾冻结，潮汐非常大，起落之间竟达 26 英寻。”

他如此描述的岛屿被普遍认为是冰岛，在托勒密的地图上，它在古代人所认为的天涯海角以西的遥远地方。

好几年过去了，哥伦布自己没有做出任何明确的努力去将他的构想付诸行动。他实在太贫穷，无法为如此重要的远征配置必需的装备。事实上，这是一项只能是具有主权的国家才能进行的事业，只有主权国才能承担他有可能发现的领土的统治责任，才能奖赏他与其贡献相称的尊贵地位和特权。据称他曾经一度想促成自己的祖国热那亚进行这项事业，但是没有成功。没有任何记载证明他曾做过这样的尝试，尽管人们普遍相信，并有认同此事的强烈倾向。他居住在葡萄牙，让他得以向那个国家恳求赞助，但是当时在位的阿方索，在其执政的后期，正全神贯注地忙于与西班牙的战争，以便让胡安娜公主继承卡斯蒂利亚的王位，根本不愿意做一件花费昂贵的和平事业。而且，公众在心理上也没有为如此危险的任务做好准备。虽然最近许多航行都远及非洲海岸和与其相邻的岛屿，指南针的引进和使用也更为广泛，但航海仍然障碍重重，水手们很少敢于冒险驶入看不见陆地的远方。

发现探索沿着非洲海岸缓缓推进，水手们害怕进入南半球航行，因为他们完全不熟悉那里的星星。对于这样的人而言，直接西行，进入那片无边无际的汪洋大海当中，去寻找某块幻想陆地的远航计划，看起来如同现在大家乘着气球就动身去太空寻找一些遥远的星星一样不切实际。

然而，拓展航海领域的时机就在眼前。那个时代有利于知识的快速发展。新近发明的印刷技术让人们的思想和发现得以迅速而广泛地交流。它让学问走出图书馆和修道院，成为学生书桌上的家常便饭。大量信息，从前仅存于昂贵的手稿当中被精心地珍藏起来，远离穷困学者和潦倒艺术家，如今可以人手一册。从今以后，知识的进程不会再次出现倒退或者任何停顿的情况。每一步进展都能得到及时、同步和广泛传播，以上千种形式记载下来，亘古不变。不可能再次出现黑暗时代。也许有的国家可能面对光明闭眼不见，仍然任性地坐在黑暗之中，但是它们绝不能踩灭光明，那光亮仍然会照耀。借助出版物的扩散力量，它将照亮世界上那些更快乐的地方。

正在此节骨眼上，1481 年，一位与阿方索志向不同的君主登上葡萄牙王位。时年 25 岁的约翰二世，从其伯祖父亨利亲王那里继承了大发现的激情，在其执政期间恢复了所有的发现活动。他所关注的第一件事就是在几内亚海岸的圣乔治 - 米纳修建一座要塞，以保护在附近进行的金沙、象牙和奴隶贸易。

非洲的发现给葡萄牙带来巨大的光荣，但是依然花费昂贵，没有盈利。然而，只要找到通往印度的航线，预计可以补偿所有花销和辛劳，为国家开启不可估量的财富之源。亨利亲王的项目到现在已经拖沓地进行了半个世纪，激发了对亚洲偏远地区的好奇心，复苏了旅行者们不管是真是假的所有叙述。

除了前面已经提及的马可 • 波罗著述之外，还有在图德拉的拉比 • 本杰明 • 本 • 约拿——一个西班牙犹太人的叙述。此人曾于

1173 年从萨拉戈萨动身，去拜访分散在各地的希伯来部落遗迹。怀着对这项虔诚差事孜孜不倦的热情，他漫游了已知世界的大部分地区，深入过中国，并从那里去了亚洲南部的岛屿。另外还有两个修士卡皮尼和阿塞林的叙述，两人分别于 1246 年和 1247 年作为使徒大使，受教皇英诺森四世的派遣，前往劝说鞑靼大可汗皈依。还有威廉•鲁布鲁齐（或鲁布鲁克）——一个著名的科尔得利教士的日志，他受法国路易九世的派遣，于 1253 年履行过类似的差事，随后他参加不幸的十字军东征进入巴勒斯坦。这些虔诚但是荒唐的使命已经归于失败，但是他们的叙述在 15 世纪得以复苏，起到了激发公众对亚洲偏远地区产生好奇心的作用。

在这些叙述中，我们首先找到了关于著名的祭司王约翰——一个基督教国王的故事。据说他统治着东方的偏远地区，长期以来，他一直是人们好奇的目标和研究的对象。但是，其王国的位置似乎随着不同旅客的叙述而流动，而且像虚幻的圣布兰登岛那样全然找不着。所有关于这个有权势的统治者以及东方王国的揣测再度开始流传。有人认为在非洲内陆、贝宁以东发现其帝国的蛛丝马迹，那里有一个强大的国君，其皇室的徽章上有个十字架图案。约翰二世在很大程度上分享了这些叙述引发的大众兴奋。在其执政初期，他居然派遣使团去寻找祭司王约翰，去拜访他那已经成为许多宗教狂热者浪漫愿望所依托的领土。约翰二世对于东方偏远地区所形成的宏伟构想，让他特别急于实现亨利亲王的精彩计划，将葡萄牙的旗帜插到印度洋。他对于自己在非洲沿海一带发现的缓慢进程很不耐烦，那里的每一个海角和岬角对于航海业都是障碍。他求助于科学，期待能想出一些办法，以便能够进行更大范围和更确定的航行。他的两个医生——罗德里戈和约瑟夫，后者是犹太人，是其王国里最杰出的天文学家和宇宙学家，两人与著名的马丁·贝赫姆一道，就这个问题进行了学术研讨。这次会议及其劳动成果是将天体观察仪用于导航，让海员根据太阳的高度确定自身与赤道之间的距离。从此以后，该仪器得到不断改善，并被改造成为现代的象限仪。该仪器即使是在初次使用的时候，也已经具备了所有必备的优势。

这项发明对航海产生的影响不可能描述详尽。它立刻让航海脱离了陆地的漫长束缚，让航行可以自由地在深海游弋。海员现在不再像古代的航海者那样，只能沿着海岸航行，而且，一旦被迫离开了陆地，只能在星星那不确定的指引下，满腹狐疑、顾虑重重地摸索着返回。如今他们可以大胆地冒险进入未知海域，在罗盘和象限仪的指引下，信心百倍地找到自己的航线。

正是在这件事（已经为横跨无迹可寻的海洋进行地理大发现做好了导航准备）后不久，哥伦布首次尝试获取皇家对其事业的赞助。关于这点，我们拥有所有明确和无可争辩的记录。葡萄牙朝廷曾经表示，对于航海发现都会给予异常慷慨的奖励。大多数成功地为国效劳的人都被安排去掌管他们所发现的岛屿和地区，其中许多还是外国出生的侨民。在这种慷慨赠予和国王约翰二世急于找到通往印度的海上通道的鼓舞之下，哥伦布获得了向那个君主陈词的一次机会，并提出，如果国王给他提供船只和人员，他会找到一条远比沿着非洲海岸通往印度更短、更便捷的航线。

他的计划是向西直行，横跨大西洋。然后，他道出了自己关于亚洲区域范围的假说，描述了他预计到达的第一个岛屿斯潘阁的巨大财富。关于这个听众，我们有两种描述，可能各自出于截然相反立场，其中之一来自他的儿子费尔南多，另一描述来自葡萄牙的史官琼•德•巴罗斯。奇怪的是，对于这同一件事情，满腔热情的儿子和冷静且也许带有偏见的历史学家，居然持有完全不同的看法。

据费尔南多所言，国王极其认真地听取了他父亲的陈述，但是并不打算启动任何类似的新方案，因为在非洲海岸开辟航线所产生的花销和麻烦让他很灰心，而且那个任务尚未完成。但是，他父亲用以支撑自己主张的理由如此充足，国王经不起诱惑同意了。余下的唯一难题是条件，因为哥伦布是一个心高气傲的人，故而在荣誉称号和奖赏方面要求较高。只有那样，费尔南多说，他的父亲才可能名垂青史，并拥有可以配得上自己丰功伟绩的家族。

巴罗斯的说辞则是另外一套，他把国王表面上的默许归结于哥伦布缠绕不休的强求。这位历史学家说，他认为哥伦布虚荣心很强，喜欢展示自己的能耐，沉湎于异想天开的幻想，就像他所描述的斯潘阁岛一样。事实上，多年以后，葡萄牙作家再次拾起了哥伦布自负虚荣这种说法。至于斯潘阁岛，国王根本就没有认为那是空想，因为他派去寻找祭司王约翰的使团已经向他描述过，他乐意相信这些旅行者关于东方的传说。哥伦布的推论一定对这位君主的思想产生了影响，因为可以确定他将哥伦布的计划交给了一个学术委员会，该委员会负责所有与航海发现相关的事务。

该委员会的成员有两个出色的宇宙学家，罗德里戈和约瑟夫大师，还有国王的忏悔师迭戈•奥尔蒂斯•德•卡扎迪拉——休达的主教、声名显赫的学者，他生于卡斯蒂利亚，通常也因其籍贯的名字称他为卡扎迪拉。这个科学机构将哥伦布的项目视为铺张浪费、不切实际。

不过，国王似乎对此并不满意。根据他的历史学家瓦斯康塞洛斯所言，他召集自己那个由高级教士和国内最有学问者组成的议事会，询问他们的意见，是否采纳这一发现新航线的计划，或者还是继续他们已经开启的航线。

大致地介绍一下议事会就这个重大问题的讨论不会被视为多此一举吧。瓦斯康塞洛斯报道了休达的主教的发言，他在讲话中不仅毫无理由地反对该提案，甚至不赞成在非洲进行任何进一步发现行动。“他们易于分散注意力，”他说，“榨干资源、分散国家的力量，而近期的战争和瘟疫已经让国家力量极大地减弱了。因此，当他们的力量散落在国外进行那些遥远而无利可图的远征之时，却将自身暴露在活跃的敌人卡斯蒂利亚国王的攻击之下。”他继续说道，“君主的伟大，并不是体现在他们统治的疆土有多么辽阔，而是体现在他们统治的智慧和能力之上。在葡萄牙这个国家，事先不考虑与之关联的手段就启动一项事业，简直是疯狂之举。国王手上已经有足够的优势项目，没有必要再着手进行其他疯狂而异想天开的事情。如果他希望以此鼓舞国家积极向上的豪迈气概，他此刻正在进行的打击巴巴里（北非伊斯兰教区）摩尔人的战争已经足够。这场战争的胜利是实在的利益，可以削弱和弱化这些邻国的敌人，他们已经证明了自己一旦掌握权力就会变成多么危险的敌人。”

休达的主教这番冷静和谨慎的演讲直接针对葡萄牙人引以为荣的事业，激发了比利亚雷亚尔伯爵唐·佩德罗·德·梅内塞斯的民族自豪感，并予以崇高、充满爱国热情的答复。有位历史学家曾经说过，这个答复是对哥伦布的提案表示支持。但是，这种支持并没有清晰地显露出来。他也许对那个提案待之以尊重，但是他雄辩的目的主要是为了维护葡萄牙已经开展的事业。

“葡萄牙，”他指出，“不是刚刚起步的国家，其君主们也不是因穷困潦倒、缺乏物资才去从事发现事业。即使我们认为哥伦布提出的这些建议是推测，他们为什么要放弃已故的亨利亲王所开创的事业呢？何况那些项目已经有了这样坚实的基础，前景那么令人乐观！”他接着说道，“王国嘛，就是要通过商业让自己致富，依靠联盟让自己强大，通过征服获得帝国疆土。一个国家的意见可能并不总是一致，但是总体倾向于让国家繁荣富强。葡萄牙与欧洲各国的君主们和平共处，进行扩展性事业没有什么可怕的。当世界上其他国家都认为大海如此令人畏惧的时候，葡萄牙有勇气深入海洋去洞察其秘密和恐惧，那才是莫大的光荣。如此一来，忙忙碌碌，就不会因为漫长的和平时光而懒散——懒散呢，是罪恶的祸根，是无声的锉刀，可以一点点地将一个国家的力量和勇气磨掉。”他补充说，“用虚构的危险来威胁葡萄牙，这对于国家名声是一种侮辱。葡萄牙在遭遇那些最确定无疑、最大的危险时，已经证明了自己的勇猛无畏。伟大的灵魂是为伟大的事业而铸就的。我非常想知道，像休达的主教那么虔诚的高级教士怎么会反对这项事业，该事业的终极目标可是扩大天主教信仰，将其从南极传到北极，光耀葡萄牙民族，为其国君建立帝国和长盛不衰的名声啊。”他最后宣称，“虽然是一个战士，我敢预言，仿佛听到来自天堂的声音和灵魂，无论君主从这项事业中收获什么，都将比以前那些最勇敢和最幸运的君王所得到的成功更幸福、更持久。”就环航非洲这个项目而言，伯爵热情洋溢和慷慨激昂的演讲击败了主教大人的冷漠推理，为其注入了新的热情并取得了辉煌成就。然而，哥伦布的提案却遭到议事会一致的谴责。

眼看约翰国王仍然对此番事业表现出意向，休达的主教便建议先不告诉哥伦布他们的决定，同时暗中派出一艘船前往他指定的方向，这样也许能确定他的理论是否有任何根据。通过这种方式，既能确保获得该提案的所有先机，又能保全皇家的脸面，让其不至于为一个有可能被证明不过是妄想的计划而举行正式谈判。国王约翰呢，在此不幸的时刻，居然一时软弱地同意了这个计谋，这可有违他一贯的公证和雅量。他们打着议事会需要审议的幌子，要求哥伦布提交自己航海提案的详细计划以及他将用于规划自己航线的航海图和文件。这些资料到手之后，他们立刻派遣一艘轻快帆船，表面上假装给佛得角群岛运送供应物资，实际上带着密令去寻找指定的路线。离开那些岛屿之后，那艘轻快帆船向西航行了好几天，直到遇上暴风雨。当导航员什么也看不见，眼前是不可估量的一派荒凉，不断在前面铺展延伸的汹涌波涛之时，导航员失去了所有的勇气返航了，嘲笑哥伦布的计划完全是异想天开、荒谬透顶。

这次骗取他的项目方案进行毫无价值的尝试激怒了哥伦布，他拒绝了国王约翰试图重新谈判的所有提议。那时，他的妻子也在前些时候过世，这就解除了将他与葡萄牙捆绑在一起的家庭关系。因此，他下定决心抛弃一个对他如此不信任的国家，去其他地方寻找赞助。临行前，他委托其弟弟巴塞洛缪带着他的提案去见英国国王，但他似乎对那个地方并没有抱很大的希望，其时的英国绝对不具有后来让其崛起的航海精神。哥伦布最大的依靠还是他的个人努力。

1484 年，快到年底的时候，他带着儿子迭戈离开了里斯本。他的离开不得不悄然进行，以免如某些人声称的那样，国王约翰应当予以阻止，或如其他人的揣度，应该由他的债权人加以阻止。像其他许多伟大的构想者一样，当他们忙碌于那些可以广泽人类的计划时，自身却穷途末路、沦落潦倒，不得不在贫困中苦苦挣扎。然而，这种情形在其坎坷的一生当中，也不是最无趣的场景之一。在某种意义上，他是一路乞讨着去一个个宫廷，主动向国君们提出要去发现一个世界。

卷二

哥伦布离开葡萄牙之后的动向——他在西班牙提出申请——斐迪南和伊莎贝拉的性格特点；哥伦布在西班牙朝廷；哥伦布在萨拉曼卡委员会面前据理力争；在卡斯蒂利亚朝廷进一步提出申请——哥伦布跟随战争中的朝廷辗转各地；哥伦布在拉比达修道院；格拉纳达投降之时向朝廷提出申请；与西班牙两个君王商议相关事宜——在帕洛斯港准备远征；哥伦布在帕洛斯港——为大发现航海做准备

第一章

哥伦布离开葡萄牙之后的动向——他在西班牙提出申请——斐迪南和伊莎贝拉的性格特点（1485）

哥伦布离开葡萄牙之后随即采取了怎样的行动尚不能确定。据说，大约在这个时候，他亲自向热那亚政府提出了他的航海计划，因为他以前曾经以书信的方式提出过。可是，该共和国当时正处于缓慢的衰退时期，而且被一场对外战争搞得焦头烂额。卡法地区落入了土耳其手中，那可是国家在克里米亚持有重金的地方，她的旗帜正处于被逐出爱琴海群岛的关键时刻。国家精神随同其财富一起垮掉了。无论对国家还是个人，事业皆是繁荣兴盛的产物，在最需要发挥其作用的苦难日子里，却更易于凋落。所以，热那亚因挫折而灰心丧气，对哥伦布的提案充耳不闻。那可是能为其增添十倍荣耀的事业啊！而且，其国运还会因为手握商业的黄金魔杖而长盛不衰。据说，哥伦布在热那亚时，从其微薄的财产里抽出一部分将自己年迈的父亲安排妥当。同时，可以肯定，正是在这个时候，他带着自己的提案去了威尼斯。提案在那里遭到了拒绝，因为国家事务正处于临界状态。然而，这仅仅是流传的说法，没有纪实文件证据予以支撑。哥伦布离开葡萄牙后的行踪，第一个确凿无疑、无可争辩的线索是1485年，他在西班牙南部现身。我们发现他在那里混迹于西班牙贵族中间碰运气，其中好几个人拥有巨额财产，在他们自己的领地里享有近似独立的主权。

其中最重要的人物是麦地那-西多尼亚和麦地那-塞利两地的公爵，两人的家产包括沿海一带的公国，坐拥港口、航运，以及众多听命于他们的家臣。在西班牙与摩尔人的战争中，他们对王国效劳的方式更像联盟的君王而非诸侯附庸，要么亲自带着军队上战场，要么自己任命军官率兵去参战。他们领地内的建筑规模几乎可以媲美帝王；他们的宫殿里挤满了才俊人物和贵族出身的年轻骑士，这些人在他们的资助下习武练艺、成长成才。

哥伦布与麦地那-西多尼亚公爵有过多次会晤，公爵有段时间曾被此计划的辉煌前景所吸引，但其灿烂的光辉给这项事业蒙上了一层不可企及的色彩，他最后还是拒绝了，将其视为一个意大利空想家的梦想。

麦地那-塞利公爵起初也同样青睐这个计划。有段时间他在自己房子里款待哥伦布，而且确实打算拨给他三四艘轻便快帆船。正当这些船在公爵位于加的斯港对面的圣玛丽港准备出海的时候，他突然改变了主意。他的主要顾虑是倘若此事取得成功，其涉及的发现将非常重大，除了主权国家，其他任何人都没有权利拥有，而且，如果由他独自承担这件事情，西班牙政府可能会不悦，公爵因此取消了自己的行动。但是，发现哥伦布接下来打算向法国国王申请赞助时，他不愿意西班牙就此错失如此重要伟业的机会。

公爵写信给女王伊莎贝拉，强烈推荐哥伦布的构想，希望引起她的注意。女王做出了有利的答复，并要求将哥伦布送去她那里。于是，哥伦布带着公爵写给女王的信，动身前往那时候位于科尔多瓦的西班牙朝廷。公爵在信中向女王提出请求，一旦此远征付诸实施，他应该享有自己的份额，而且要在他的圣玛丽港配置所有装备，作为给他为了支持王国而放弃该项伟业的补偿。

哥伦布在西班牙朝廷寻找出路的时候，正好赶上西班牙君主国最辉煌的时期之一。斐迪南和伊莎贝拉的婚姻让阿拉贡和卡斯蒂利亚王国联盟，半岛的基督教权力得到巩固，结束了曾经长期分裂国家的国内纷争，确保了对穆斯林的统治。此刻，统一后的西班牙拧成一股力量，全力投入征服摩尔人的奇侠事业。曾经像洪水一样泛滥全国的摩尔人，如今被围困在格拉纳达王国的山区里。斐迪南和伊莎贝拉的胜利之师不断推进，把这个剽悍的民族逼进了一个狭窄的范围。在两个君王的统治之下，西班牙各个小王国开始万众一心，像一个国家那样统一行动，艺术与军事同时显著崛起。斐迪南和伊莎贝拉，前面已经说过，他们虽然生活在一起，但是其关系不同于普通夫妻之间的关系——财产共享、丈夫发号施令——他俩更像两个严格遵守盟约的君主。凭借各自的王国，两人在主权上也各自为政，他们有各自的议会，而且往往彼此远离，分别位于帝国不同的地方，各自行使自己的王权。然而，他们的结合非常幸福，两人有相同的观点、共同的利益，彼此极为尊重，这样的双重管理从来没有妨碍他们在目标和行动上的一致。与主权相关的所有行动都冠以他们两人的名字，所有公文都由两人一起签署下达；流通的钱币上镌刻着他俩的肖像，皇家印章上面展示的是卡斯蒂利亚和阿拉贡的联合纹章。

斐迪南中等身材、体形匀称，因为运动锻炼而健壮活跃。他举止从容、挺拔、威严，前额光洁、坦荡，似乎因为部分秃顶而显得更加高贵；他的两道浓眉分开，其颜色与头发一样是亮栗色，眼睛清澈而生动，肤色有点红润健康，但是因为战争的煎熬而略显枯焦；他的嘴型很好，中规中矩，表达的时候显得和蔼；他的牙齿洁白，但是比较细小、不整齐；他说话的声音较高，语速快、流畅。他的天赋是头脑清晰、理解能力强；他的判断严肃而肯定。他在衣饰和饮食方面要求简单，脾气稳定，笃信自己的宗教；他做事从不知疲倦，以至有种说法，即他似乎靠工作才能让自己休息。他是一个伟大的观察者、善于识人，在内阁权术谋略方面无人能及。这就是他那个时代的西班牙历史学家给他的写照。可是，还得补充一点，据说他在宗教上偏执多于虔诚；他的抱负是热望而非大度；他发动战争的行为一点也不像骑士，更不像个君王，与其说为了光荣，不如说仅为统治权；他的政策冷漠、自私、狡诈。他在西班牙的名号是“明智和谨慎”，在意大利是“虔诚”，在法国和英国则是“野心勃勃和背信弃义”。他无疑是最精明的政治家之一，但也是有史以来坐上王位的最彻底的利己主义者之一。

在描写斐迪南的时候，简述一下这个君主的运气不会被视为不敬吧，因为他的政策对哥伦布的历史和新世界的命运至关重要。成功总是眷顾他的一切。虽然是小儿子，他却靠继承登上阿拉贡王位，依靠婚姻获得了卡斯蒂利亚王国，通过征服得到了格拉纳达和那不勒斯。他占领了纳瓦尔省，将其视为任何占有者的附属，那时教皇朱利叶斯二世将纳瓦尔的君王胡安和卡特琳娜逐出教会，将他们的王位给予第一个占有者。他派军队进入非洲，将突尼斯、特黎波里、阿尔及尔等大部分的北非伊斯兰国家制服或将其降格为隶属国。哥伦布的发现让他毫无代价地获得一个新世界，因为他的配偶伊莎贝拉承担了此项事业的所有费用。他开始主政的时候在心里定下了三个目标，带着偏执和强迫似的狂热致力于这几件事情：征服摩尔人，驱逐犹太人，在他的领土上建立宗教裁判所。他全部完成了这些事情，教皇英诺森八世授予其“天主教陛下”称号作为嘉奖——他的继任者执着地保留了这个头衔。

那时的作家一直热衷于描绘伊莎贝拉，而时间已经认可了他们的颂扬。她是历史记载里最纯洁、最美丽的人物之一。她身材姣好，个子适中，仪态极为高贵优雅，举止庄重，令人愉悦。她的肌肤白皙，头发是偏红的赤褐色，眼睛是清澈的蓝色，表情亲切；她的面容有一种非凡的谦逊、温文尔雅，其实，是一种奇妙的坚定意志和认真精神的体现。虽然强烈依恋自己的丈夫并专心致志地维护他的名声，但她始终保持自己作为一个联盟君主的独特权力。她的美貌、人格尊严、敏锐的天赋以及宽广的心胸等方面犹胜于他。她身上体现了男性的积极坚定与女性的温柔仁慈等气质的完美结合，她加入自己夫君那些战事委员会，亲自参与他的事业；在某些情况下，她行动的坚定性和勇猛无畏甚至比她的丈夫有过之而无不及；同时，在真正光荣理念的激励之下，她为他那些精于算计的政策注入了更崇高和慷慨的气质。

正是在他们执政时期的政务历史上，伊莎贝拉的性格才闪耀着最杰出的光芒。她的扶植与母性关怀始终指引着法律改革的方向，治愈了漫长内战带来的伤痛。她热爱自己的子民，在努力为他们谋取福祉的时候，竭尽所能地缓和自己丈夫的严厉措施，尽管目标一致，他那些措施却因错误的热情使人愤怒。因此，尽管她的虔诚几近偏执，也许太过于受其忏悔神父的影响，她仍然对一切以牺牲人性为代价去推行宗教的措施抱有敌意。她极力反对驱逐犹太人和建立宗教裁判所，但是西班牙不走运，她的抵触被自己的忏悔牧师慢慢抑制下去了。虽然她是对抗格拉纳达战争的灵魂，却总是倡导要对摩尔人仁慈宽厚。她认为，战争从根本上是保护基督教信仰，是为了将自己的子民从凶悍强大的敌人手中解救出来。虽然她所有的治国思想和言行举止具有帝王般的高贵和威严，她的私人生活习惯却简单、节俭和朴素。在忙碌国事之余，她在身边聚集了杰出的文学和科学方面的人才，她让他们做顾问，指导她提高文学和艺术水平。在她的资助之下，萨拉曼卡才可能上升到这样的高度，在那个时代众多的学术机构中脱颖而出。为了普及知识，她推动了颁发荣誉和奖励等措施；她培植新近发明的印刷艺术，鼓励在王国的每一个地方建立出版社，免去书籍的所有税费，而且我们得知，在印刷术开始初期，西班牙印刷的书籍比现在这个文学时代还要多。

有时，一个国家的命运到底有多少取决于个人品德很令人惊叹，他们又是怎样通过集合、激发、指引一个国家的潜在力量，使之具有伟大的精神，可以说是给国家留下他们自身伟大的印记的呢？这样的生命实现了守护天使的理想，他们是受天国的委派来守护帝国命运的人。这就是葡萄牙王国的亨利亲王，这就是目前西班牙杰出的伊莎贝拉。

第二章

哥伦布在西班牙朝廷

哥伦布抵达科尔多瓦时，负责接待他的是阿隆索·德·金塔尼利亚，卡斯蒂利亚共和国的财政总管，但是他很失望，因为他期待着能够立刻觐见女王。他发现这个城市处于军事战备的喧嚣当中。那时正值那场战争的关键时刻。敌对的格拉纳达国王们，叔叔莫利·布阿卜迪勒和他的侄儿穆罕默德·布阿卜迪勒刚刚结成联盟，西班牙需要采取迅速有力的措施予以狠狠打击。

西班牙的所有骑士都应召上战场。科尔多瓦街头回荡着骏马的踢踏声和阵阵军号，因为贵族们天天带着他们的家丁来到这里，彼此炫耀自己军队的数量和他们显赫的任命。朝廷就像一个军营，国王和女王身边围着西班牙骑士的精英、经历了与摩尔人数次浴血奋战并取得赫赫战功的骑士老将，以及混杂在军事委员会里的高级教士和修士，他们深切关注并插手这场关于信仰的战争。

这个时候要促成哥伦布那样的诉求显然不合时宜。事实上，两个君王在这多事之秋的一年里没有片刻得闲。早在春天，国王便动身去围攻摩尔人的城市雷萨。虽然女王一直待在科尔多瓦，她也一直忙着向军队输送援军和物资，同时处理民务这边激增的紧急事项。6 月 12 日，她前往军营，开始围攻莫克林，两个君王在格拉纳达的维加驻扎了一段时间，以不懈的精力继续这场战争。他们刚一回到科尔多瓦，还没来得及公开庆祝他们的胜利，就不得不出发去加利西亚平复莱莫斯伯爵的叛乱。之后，他们直接从那里去萨拉曼卡过冬。

这一年的夏秋两季，哥伦布一直住在科尔多瓦，客居在阿隆索·德·金塔尼利亚的住所，后者是其理论的热情拥护者。通过他的张罗，哥伦布结识了罗马教皇的教廷大使安东尼·赫拉尔丁和他的兄弟亚历山大·赫拉尔丁，后者是斐迪南和伊莎贝拉幼子的老师，两人都是朝廷很重要的朋友。无论他在哪里获得直陈胸臆的机会而听者尚且明智的时候，哥伦布那庄重的举止、认真诚恳的态度、高瞻远瞩的观点、论证切合实际的精明等特点，即使未能产生说服效果，也令人肃然起敬。

虽然在科尔多瓦逗留的日子无所事事、悬而未决，他还是结识了该市一位芳名贝娅特丽克丝·尤拉里奎兹的女士，该女士出身贵族，但家境已经衰落。他们之间的关系没有以婚姻的方式予以认可，但是直到他临终的时候，一直对她满怀敬意和柔情。她是他第二个儿子—生于次年（1487）的费尔南多的母亲，他对待此子与其嫡子迭戈的态度始终完全平等，费尔南多在父亲死后就成了研究他的历史学家。

那年冬季，哥伦布随着朝廷去了萨拉曼卡。他那位热心朋友阿隆索·德·金塔尼利亚，在那里发挥其影响力，为他争取到了著名的托莱多大主教、西班牙红衣大主教佩德罗·冈萨雷斯·德·

门多萨的支持。这可是朝廷最重要的人物，彼得•马特尔戏称他为“西班牙的第三国王”。无论是和平还是战争，国王和女王总是让他随侍左右。他陪同他们参与活动，如果没有征求他的意见，他们永远不会采取任何实质行动。他有良好的判断力，思维敏捷、擅于言谈，能妥善处理一应事务。他的外表高尚可敬，衣着简单却出奇地适宜得体，举止也宽厚柔和。虽然是位高雅的学士，但是，像他那个年代的许多博学之士一样，他对宇宙学却知之甚少。当哥伦布的理论首次在他面前提及时，他立刻觉得该理论含有异端邪说，与宗教经典里描述的地球形状不相符。好在他是一位头脑敏捷、理智的人，进一步解释就对他产生了效果。他意识到，试图拓展人类知识的范围或者查明造化的杰作，无论在什么程度上都没有违背宗教教义。一旦消除了顾忌，他便允许将哥伦布介绍给他，并亲切接待了哥伦布。后者知道这个听众的重要性，与红衣大主教的会晤几乎等同于与君主的交流，因此，他尽自己最大的努力解释和论证自己的提案。头脑清醒的红衣大主教聚精会神地听着，对哥伦布那高贵而真挚的态度很满意，因为这就表明他不是一个普通的策划者。他觉得哥伦布那套理论既宏伟又质朴，而且许多支撑论据都具有力量。他由此断定这件事具有很高的价值，值得君王们考虑。通过他的陈词，哥伦布最终获允觐见君王。

关于这场会晤我们掌握的细节寥寥无几，我们甚至不能确定伊莎贝拉女王是否在场，看起来最有可能的情况是恰恰相反。哥伦布在宫廷现身的时候显得极为谦和，但是泰然自若，既没有被宫廷的华丽晃得眼花缭乱，也没有被王座可怕的威严所吓倒。他口若悬河、热情洋溢地畅谈自己的计划，如同他后来所声称的那样，他觉得自己被来自天上的烈火点燃了，认为自己是天国选中来实现其宏伟计划的代理人。

斐迪南识人能力甚强，他不可能不欣赏哥伦布的性格。他察觉到，无论他的想象怎样好高骛远，他的看法多么庞大空幻，他的方案却有科学和实践基础。地理大发现的可能性激起了他的雄心壮志，这可远比葡萄牙已经获得的荣耀更加重要。对于这个敏感而贪婪的君王而言，也许这项事业的吸引力远不止这一点，倘若成功，他能够抢先一步夺得敌国长期艰苦奋斗的成果，而且打开直通印度的跨洋通道，从他们那里赢得东方贸易的垄断。

不过，像往常一样，斐迪南冷静而谨慎，面对一个涉及这么多科学原理的问题，他不愿意相信自己的个人判断。他决定采纳王国中最有学问的那些人的意见，并以他们的决定为导向。于是，普拉多修道院德高望重的费尔南多·德·塔拉韦拉，那位女王的忏悔牧师，西班牙最博学、皇家高度信任的饱学之士之一，受命召集最有学问的天文学家和宇宙学家，以便与哥伦布举行一次会议，就其提案的立足点进行审查。待到对该事项有了充分了解，他们将共同商议，并将集体意见形成一份报告呈递给君王。

第三章
哥伦布在萨拉曼卡委员会面前据理力争（1486）

关于哥伦布提案那次有趣的会议在萨拉曼卡举行，那里可是西班牙的学术重地。会议地点在圣斯蒂芬的多米尼加修道院，提案审查期间，哥伦布就住在那里，并得到了极为热情的接待。

当时，尤其在该国，宗教与科学联系紧密。珍贵的学术资料被藏在修道院里，只有从修道院出来的人才能坐上教授席位。僧侣的势力不仅限于教会，还遍布全国。朝廷里有权有势的职位，除了世袭贵族之外，几乎完全被神职人员所占据。甚至军队首脑里也不乏出现戴着头盔、穿着铠甲的红衣主教和大主教，因为在对抗摩尔人的圣战中，主教们不时将自己的牧杖扔在一旁，拿起长矛。那个时代最突出的特征是学术的复苏，但是更普遍盛行的还是宗教狂热，而在热情奉献方面，西班牙超过了所有其他基督教国家。那个王国刚成立了宗教裁判所，任何带有异端邪说气息的观点都会让其主人遭到厌恶、憎恨和迫害。

正是在这样一个时期，一群由神职圣人组成的委员会聚集在圣斯蒂芬的大学修道院，审查哥伦布的新理论。委员会的成员有天文学、地理学、数学和其他学科的教授们，以及教会各种显贵和博学的修士们。就在这些饱学之士云集的会议上，哥伦布将到场提出并捍卫自己的推论。他曾被粗俗和愚昧之人嘲笑为空想家，但是他相信自己仅需要一个开明的团体，平心静气地听取他的推导，以确保必胜的信念。

很有可能，这个学术团体的大多数人事先就抱有偏见，他们来的目的就是反对他，正所谓位高权重之人容易对拮据的申请者产生抵触。总有一种倾向将接受审查的人视为类似于行为不良者或骗子，其过失和错误有待被发现和曝光。出现在一个学术团体面前的哥伦布也处于最不利的情形：一个无名的航海者，不是任何学术机构的成员，缺少一切能让神圣的权威不时变得迟钝的身外之物和背景，唯一能依靠的仅是与生俱来的才干。团体中有些人抱以当时的普遍观念，认为他是一个冒险家，或者充其量是一个空想家；另一些人则带着病态的急躁，凡是针对陈规教义的任何创新都会让他们不耐烦，而这些教义易于对生活在隐居状态中的乏味、迂腐之人产生影响。

在这个令人难忘的大会上，古老的修道院大厅呈现出一幅多么精彩的壮观场面啊！一个普通的水手，站在由教授、修士和教会显贵要人等组成的威风阵列中间，以其天生的口才维护自己的理论，而且，如同往常一样，恳求从事发现新世界的大业。我们得知，当他开始陈述自己信念的基础时，仅有圣斯蒂芬的修士独自关注他，此人在这个学术联合会里比其余的人更精通科学。其他人似乎都固守在一个顽固的立场背后，认为那么多学识渊博的哲学家和宇宙学家一直致力于研究世界的形状，而且，几千年来这么多能干的航海家一直在海上航行，一个普通人居然胆大妄为地推测还有如此庞大的发现等待他去探索。

这个学术团体提出的几条反对意见流传到了我们这里，掀起了针对萨拉曼卡学院花销的众多嘲讽，但它们所证明的，与其说是那个机构独有的缺陷，还不如说是科学在当时的不完善状态。虽然知识在迅速拓展，但是其进步方式仍然受到修道院顽固的阻碍。当古老的光芒被践踏熄灭，仅留下信念来填补需要探究的领域之时，所有学科依然以那个时代的模糊介质进行思考。人类在宗教争端的迷宫里不知所措，只得折回前进的步伐，从古代知识的疆界往后撤。因此，这场讨论一开始，地理目标就被搁置一旁，哥伦布遭到了摘自《圣经》和《旧约》引文的猛攻：《创世记》"大卫诗篇""先知篇""使徒书"和"福音书"等。在此基础上，还增加了各种各样圣人和教士评论者的阐述：圣克里索斯托和圣奥古斯丁、圣杰罗姆和圣格雷戈里、圣巴兹尔和圣安布罗斯以及令人敬畏的信仰捍卫者拉克坦提乌斯•费米亚鲁斯。教义要点混合着哲学讨论，如果出现了与《圣经》文本或与神父们的评语相冲突的情况，数学论证将无足轻重。因此，南半球存在地球对映体的可能性，这个曾经得到古代最富有智慧之人的普遍认可，而且被普林尼称为是学者和无知者之间一场大较量的问题，却成为萨拉曼卡部分圣人的绊脚石。其中有几个坚决否定哥伦布这个立足点，他们引用拉克坦提乌斯和圣奥古斯丁作为论据，这两人在那些时日几乎被视为福音权威。不过，虽然这些作者都是学识泰斗，而且是被称为教会学术黄金时期两个最伟大的杰出人物，他们的著述却将科学封存在永久的黑暗之中。

从拉克坦提乌斯著述中引用来驳斥哥伦布的那段话完全是牵强附会、极其荒谬，与一个如此严肃的神学家身份完全不相称。“难道有人会如此愚蠢，”他问道，“相信地球上有两个正好对应的地区，那里的人正用他们的脚对着我们，那里的人走路脚跟朝上、头朝下吗？难道这世界上有个地方的所有事物都是颠倒的吗？那里树木的树枝向下生长，那里的雨、冰雹和雪都是朝上飘？”他补充说，“地球是圆的这种想法，是产生这个有关对映体的寓言，让他们的脚跟飘在空中的原因。因为对于这些哲学家而言，一旦他们走上歧途，便会一直荒唐下去，用一个错误维护另一个。”

性质更严重的反对意见进一步利用了圣奥古斯丁的权威。他认为对映体这个概念与我们信仰的历史基础不兼容。既然断言在地球另一端有人居住的陆地，那就意味着相信有的民族并非亚当后裔，因为他们不可能越过横隔的海洋。所以，这是怀疑《圣经》，因为《圣经》明白无误地宣称，所有人都来自一个共同的祖先。

这些未曾料到的偏见就是哥伦布在大会刚开始需要面对的，与学院相比，这些偏见肯定更让修道院津津乐道。他那最简单的命题即地球是球形，也遭到《圣经》比喻文本的反对。他们指出，在《圣经》的《诗篇》部分，天堂被描述为像一块兽皮那样伸展开来，意即，根据评论者的释义，就好比在古代游牧民族当中，用动物皮制作的一块幕布或帐篷顶。而且，圣保罗在他的《希伯来书》中，将天堂比作帐幕或帐篷，铺展在地球上空，自此，他们推断地球是平的。

哥伦布是个虔诚而笃信的人，发现自己身处危险之中，不仅要被裁定为错误，而且还要被裁决为鼓吹异端邪说。虽然其他更熟悉科学的人承认地球的球体形状，以及存在适宜居住的另一半球的可能性，但他们搬出了古代人的妄想，坚持说由于热带地区无法承受的炙热，人类不可能到达那里。他们提出，即使可以跨越热带区域，地球的圆周那么大，至少需要三年航程方可抵达，而参与航行的人一定会饥渴而亡，因为船只不可能装载可供这么长时间使用的物资。他们根据伊壁鸠鲁的权威论断告诫他，即承认地球是球体，但唯有北半球才适宜栖息，那个区域是天国用天篷遮盖起来的地方；地球对面的一半是一片混沌、深渊，或仅仅是汪洋大海。还有一个算不上最荒唐的异议，倘若船能成功地以此航线抵达印度最末端，那艘船可能永远也回不来了，因为圆形的地球会隆起类似山脉一样的部位，那种地方即使在最顺风的时候，船只也不可能通行。

这些便是错误和偏见的例子，其中愚昧无知与学识共存，也不乏迂腐偏执。对此，哥伦布必须在其理论接受审查期间据理力争。我们能否知道，当一个科学联合会的学者们紧抱着如此含糊、粗糙的观念不放时，哥伦布在朝廷到底经历了怎样的艰难和延误。不过，我们不应当猜测这些问题是否全都被提出过，因为在此提到的所有反对意见都被记录在案，这些观点因其出奇的荒谬而得以永存。也许，提出这样荒谬的异议仅是少数人，那些沉浸于神学研究之人在修道院处于与世隔绝的退隐状态，在那种地方，来自书本上的错误观点很少有机会得到当代实践经验的修正。

毋庸置疑，反对意见让那个杰出的科学联合会的本质更令人信服、更名副其实了。但是，应该补充一点才算是公正，即哥伦布的答复对于那些博学审查官中的许多人很有分量。在答复以《圣经》为依据的反对意见时，他指出，那些有灵感的作家不是以宇宙学家身份进行技术上的表达，而是修辞性的，要用一种所有人都能理解的语言来说话。至于神父们的阐释，他以尊重的态度将其看作是虔诚的训诫，而不是将其视为要么承认要么反驳的哲学命题。面对摘录于古代哲学家的反对意见，他以平等的态度大胆而巧妙地予以反驳，因为他深入研究了宇宙学的所有观点。他表示，那些圣人中最杰出的人都相信两个半球均适宜居住，但是，在他们的想象中，是热带阻碍了双方的交流。而他能够彻底排除那个困难，因为他曾远航去过几内亚的圣乔治-米纳，那地方几乎位于赤道均分线，他发现该地区不仅可以穿越，而且人口众多、果实丰富、畜牧兴盛。

当哥伦布站在这个学术团体面前明确表态的时候，他的表现就是一个坦诚而单纯的航海家。也许，由于自己任务的伟大意义和听众们的威严气质，他显得有些胆怯。但他怀有某种程度的宗教情感，这让他有信心去从事他所认为的伟大使命，而他性情热烈，行动起来风风火火、激情四射。拉斯·卡萨斯以及其他与其同时代的人，谈到过他那种威严的个性、高尚的举止、权威的气度、炯炯有神的眼睛及其声音中具有说服力的语调等。这些特征要如何才能让他的话语充满威严和力量呢？撇开他的地图和航海图，暂且不管他那实用而科学的学问，他那富于远见卓识的精神开始还击反对者提出的出于教义方面的异议；他以其人之道还治其人之身，口若悬河地道出《圣经》中的华丽篇章和先知们那些神秘的预言；在他热情迸发的时刻，他认为那些预言正是对自己所提出的崇高发现的榜样和预告！

有的人被哥伦布的推理所说服，被哥伦布的口才激起了热情，其中有位名叫迭戈·德·德萨，一位可敬和博学的圣多米尼克级别修士。他当时是圣斯蒂芬修道院的神学教授，但是后来成为塞维利亚的大主教、西班牙位居第二教会要职的显贵人物。这位杰出而学识渊博的神学家的心智超越了书本知识的狭隘偏见，他能领会到智慧的价值，即使那智慧出自未受教育者之口。他不仅仅是一个被动的听众：他对该事业表现出了极大的兴趣，并调用他所有的力量支持哥伦布，平息那些比他更顽固的教会兄弟们的盲目热情，为他争取到了一个即使不算毫无成见也算是平心静气的听证会。据说，通过他们的共同努力，他们说服了学界最有学问的人。其中最大的难题就是要让哥伦布的计划符合托勒密的宇宙学，因为所有学者对他的学说均笃信不疑。倘若此时有人告知他们，那个叫哥白尼的人已悄然在世，其太阳系学说将颠覆托勒密那地球位于宇宙中心的宏论，那么，即使是这些圣人中的最开明者，将会感到怎样的震惊啊！

然而，尽管百般努力，这个学术团体惰性的偏执和学术骄傲仍然占据主导地位，他们拒绝接受一个默默无闻的外国人的论证，他既无财富，也没有关系和任何学术声誉。“这是必须的，”拉斯·卡萨斯说，“在让众人理解他的结论和推导之前，哥伦布应该首先消除自己那些听众的反对意见所立足的错误原则。这个任务总是比讲授教义更难办。”偶尔有会议举行，但都没有产生任何决定。那些愚昧之人，或者更糟糕的是，那些偏见之人，以一种迟钝之人的顽强毅力，依然固执地坚持反对立场；那些更开明、更明智的人对他们从心里感到厌倦的讨论几乎不感兴趣，而且这些问题与他们的日常事务没有关系；即使是那些带着赞许听取该计划人，也仅将其视为一个令人愉快的幻象，充满可能性和希望，但是永远无法实现。费尔南多·德·塔拉韦拉，那个受到特别委托负责此事的人，一点也不相信此事，而且，由于过多地忙于公众关注的搅和与喧嚣也不敢施压结题，因而，此次审查经历了持续的拖延和怠慢。

第四章

在卡斯蒂利亚朝廷进一步提出申请——哥伦布跟随战争中的朝廷辗转各地

1487初春，卡斯蒂利亚朝廷离开萨拉曼卡前往科尔多瓦，准备马拉加那场令人难忘的战斗。如今已是阿维拉主教的费尔南多·德·塔拉韦拉，作为女王的忏悔神父一路陪同，在涉及战争的问题上做她的精神顾问。这一事件打断了萨拉曼卡学术委员会的讨论，此时，那个学术机构还没来得及做出决定。随后在漫长的日子里，哥伦布都处于被搁置的状态，徒劳地等待着那份主宰其申请命运的报告。

通常认为哥伦布不厌其烦地四处恳求的那几年时光，被浪费在令人昏昏欲睡和一成不变的接待室里了，但是看起来恰好相反，那些日子通常危险重重、充满惊险，而且，为了跟进自己的诉求，他被带进这场野蛮、颠沛流离的山地战争那些最为惊心动魄的场所。有好几次，他被传召去出席在君王附近召开的会议，那时他们正好在摩尔人统治的正中心地带围城。但是，战事的动荡让朝廷匆匆辗转各地，宫廷里一派军营的喧嚣和混乱，常常致使那些会议无法召开，所有与战争没有直接关系的事务都被排除在外。

每当朝廷有点闲暇和休憩的时间，都会再次表示要考虑他提案的意向，但是战事的仓促动荡又会将这个问题再次搁置一旁。

1487 年春季的那场战役充满变故和危险，那是萨拉曼卡会议之后不久发生的事。国王斐迪南差一点就被老摩尔君主在贝莱斯-马拉加前面突袭杀死，在科尔多瓦的女王和整个朝廷一时陷入恐惧痛苦和焦虑之中，直到确信他安然无恙才放下心来。

接着，两个君王在马拉加城前面扎营，进行令人难忘的围城。此时，哥伦布被传唤到朝廷。他发现宫廷在一块高地撑开丝绸大帐篷，居高临下地俯瞰马拉加肥沃的山谷。西班牙参战贵族的营地沿着王宫两侧延伸，直至海边，形成一个半圆，显得壁垒森严，展示了那个骑士民族在骑士时代的军事盛况，以及那个重要城市被围得水泄不通的情景。

围城持续了数月，摩尔人强大的防守、无数的计谋、频繁猛烈的突围，让朝廷难得有片刻闲暇。此次围城过程中，哥伦布递交给君王们的申请差一点就被猛然终止——一个狂热的摩尔人企图暗杀斐迪南和伊莎贝拉。他误将一顶华丽的贵族大帐篷看作是皇家帐篷，攻击了唐·阿尔瓦罗·德·珀图盖尔和莫亚的侯爵夫人唐娜·比阿特丽克斯·德·博瓦迪利亚，国王和王后安然无恙。重伤唐·阿尔瓦罗之后，袭击者在对侯爵夫人下手时被其侍从击败，并立即被砍成碎片。此处提到的这位女士具有非凡的美德和人格力量。她后来对哥伦布的申请产生了极大的兴趣，并发挥很大的影响将其推荐给女王，女王对她有一份特别的恩宠。

1487 年 8 月 18 日，马拉加投降。在此次激烈的围城期间，看似根本无暇顾及哥伦布的问题，但是阿维拉的主教费尔南多•德•塔拉韦拉在场，因为他在进入这座彰显隆重的宗教胜利的被占领城市之时出现了。战争结束之后，朝廷班师返回科尔多瓦，但几乎立刻就被瘟疫赶了出来。

将近一年来，朝廷一直处于不断迁徙状态，有时在萨拉戈萨，有时在经由穆尔西亚入侵摩尔人领土的路途上，有时又在巴利亚多利德和梅迪纳 - 坎波。哥伦布也参与了一些搬迁，但要在兵器铮铮和不断行军途中寻求一场安静而专注的听证会完全是徒劳。这些耽搁让他感到疲惫和气馁，便开始考虑去其他地方申请赞助，并且似乎已经与国王约翰二世就返回葡萄牙开始了谈判。他给那个君王就此事写了封信，并收到一封签署日期为 1488 年 3 月 20 日的回信。此信邀请他返回葡萄牙宫廷，并向他保证，他不会遭遇可能针对他的任何诉讼，无论是民事还是刑事。他还收到了英格兰亨利七世的信函，邀请他去该国，并提供了鼓舞人心的承诺。

就在此时，西班牙两个君王授权采取的行动一定表示了强烈的希望，诱使哥伦布忽视了这些邀请。我们在一份备忘录里找到了这种推测的依据，里面记载了财务司库冈萨雷斯支付给哥伦布一笔钱，使他能够听从召唤去卡斯蒂利亚王宫。根据这份备忘录的日期，这笔钱一定是在哥伦布收到了葡萄牙国王的信函后立即支付的。看起来国王斐迪南的意图是阻止他带着他的提案去找另一个而且是对手的君主，并让此事先搁置起来，等他空闲下来再予以检查，而且，如果可行，便付诸行动。

1489 年春天，延期已久的调查似乎处于即将启动的前夕。哥伦布得到通知，去出席在塞维利亚城举行的一个学者会议。皇家下令那里为他提供住宿，并要求他在途中可能要经过的所有城市和集镇的地方法官们，免费提供哥伦布及其随行人员的食宿。这样的资助在当时非常必要，因为即便是现在，那些用于接待旅客、被称为小旅馆的简陋房屋也鲜为人知。

塞维利亚市遵从了皇家的命令，但是如同往常一样，预定的会议延期，一场突发的战斗将其中断。“其中，”那个地方的一位年长的年代史编辑说，“有人看见哥伦布同样也参加了战斗，证实了他那与其智慧和崇高愿望如影随形的卓著勇气。”

此处言及哥伦布如此光荣地参加的那次战斗是格拉纳达战争最辉煌的战役之一。伊莎贝拉女王宴请了整个朝廷，包括一系列高级教士和修士，其中要特别提及哥伦布提案的那位拖沓仲裁者费尔南多•德•塔拉韦拉。此次战役的成功主要归因于伊莎贝拉的出场和决策。被围得水泄不通的巴扎城英勇地抵抗了六个多月，在她抵达后很快就投降了。12 月 22 日，哥伦布看见莫利•布阿卜迪勒，格拉纳达两个敌对国王中年长的那个，带着他的所有余部和他所拥有的王权，亲自向西班牙两个君王投降。

此次围城期间发生了一件事，此事似乎给哥伦布虔诚而热忱的心灵留下了深刻印象。有一天，两位可敬的修士来到西班牙军营，要求面见君王禀奏要事。两人是来自设立在耶路撒冷圣墓修道院的教会兄弟。他们带来了埃及大苏丹的信息，后者威胁道：如果两个君王不停止对格拉纳达的战争，他就要处死自己领土上所有的基督徒，捣毁他们的修道院和教堂，毁坏圣墓。该恐吓未能改变两个君王的意图，但是伊莎贝拉同意自此直到永远，每年支付1000达克特金币给负责看护圣墓的僧侣用度，还赠送了她亲自刺绣的一块面罩，用以挂在圣墓的神龛上面。

两个修士言谈中的基督徒在圣地蒙受的苦难和屈辱，加上苏丹的傲慢和威胁，激起了西班牙骑士们诚敬的愤慨，许多人怒火中烧、热血沸腾，渴望再次前往巴勒斯坦那片神圣的平原大地，重演信仰的较量。可能是与那两个修士的交谈，以及受到身边众多士兵心中那被唤醒的诚敬和骑士热诚的感染，哥伦布首次产生了一个狂热的想法，或者甚至在心里暗自立誓——此誓言时常在他脑海里闪现，直到他去世的那一天——他决定，只要他所策划的事业取得成功，他拟将从自己预期发现中所获得的收益奉献一次十字军东征，将圣墓从异教徒的势力中拯救出来。

如果说此次战役的喧嚣和动荡阻碍了预期的会议，随之而来的庆祝对哥伦布所关注的事情则是再好不过的机遇了。1490年2月，斐迪南和伊莎贝拉盛况空前地凯旋，返回塞维利亚。接着便开始筹备他们的大女儿伊莎贝拉公主与葡萄牙王位的法定继承人唐·阿隆索王子的联姻。婚礼庆典定在4月份，其场面盛况空前。整个冬、春两季，宫廷处于川流不息的游行和快乐的喧闹之中。在塞维利亚，除了欢宴、比赛、火炬游行，其他一概视同无物。在此战争与庆典交替的喧嚣之中，哥伦布要怎样才能获得被关注的机会啊？

在这漫长的恳求过程中，他的谋生手段部分来自绘制地图和海图，以及可敬的修士迭戈·德·德萨偶尔慷慨解囊予以资助。另外，由于两个君王的吩咐，每当他应召随着朝廷辗转或参加任何指定的咨询会议期间，他都属于皇家随员，要为他提供食宿，并发放款项支付他的费用。皇家财务主管、塞维利亚的弗朗西斯科·冈萨雷斯的账本上至今还保存有几笔这类款项的备忘录，这些材料最近才从西曼卡斯的档案室里被人发现。在某种程度上，正是这些备忘录，我们才得以追寻哥伦布跟随那个处于战争动荡流动的朝廷的活动。

整个这段时间，他遭到了不断的嘲笑和侮辱，那些浅薄无知者奚落他不过是个梦想家而已，那些偏执狂也诬蔑他为冒险家。据说，即便是孩子，在他经过的时候，也会指着自己的前额，因为他们受到教唆把他视为疯子。

1490 年的夏天过去了，但哥伦布仍然在悬而未决的状态中干着急、受尽煎熬。随后的冬天也不顺利。正当他在科尔多瓦烦躁不安、焦虑地消磨时光的时候，他得知君王们准备动身去参加在格拉纳达的维加举行的一场战役，决心将胜利旗帜飘扬在那座城市的塔楼上空，否则，决不将营地从那座城市前面撤离。

哥伦布意识到，一旦战斗开始，两个君王上了战场，要期待有人关注他的诉求，那将是白费工夫。即便不是怒火中烧，他也厌倦了自己所经历的一再拖延，就这样好几年时间已经白白地浪费了。他现在迫切需要一个决定性的、带着诚意的答复，不能回避。因此，两个君王要求费尔南多·德·塔拉韦拉与那些查阅过该项目的科学家一起，举行一个决议性的会议，然后报告他们的决定。主教拖沓地执行了君王们的指令，最后向他们的国王和女王陛下提交了一份报告。报告声称，作为该团体大致的意见，所提交的方案没有用处，不可能实现，而且，它不应该成为这么伟大的君主去从事的那类事业，如前所述，其基础非常薄弱。

尽管这份报告令人不快，两个君王并不愿意就此关闭一扇可能通向重大利好的大门。该学术团体里许多学识渊博的成员也支持本提案，尤其是胡安王子的导师弗雷·迭戈·德·德萨。他所处位置和牧师的角色使他有门路向君王们进言，他便煞费苦心地发挥自己的作用，试图抵消委员会的决定。同时，朝廷考虑这项事业的呼声也逐渐高涨，许多地位显赫尊贵的人士也成为该项目的倡导者。因此，费尔南多·德·塔拉韦拉奉命去告知那时仍在科尔多瓦的哥伦布，虽然目前战争耗费的大量精力和费用让两个君王不可能进行任何新事业，但是一旦战争结束，他们将既有时间也有意向处理他所提出的事项。

经过那么多令人厌烦的会议出场、焦急的期待、迟迟未决的希望之后，这不过是一个苟延残喘式的答复。哥伦布不愿意从中间人那里听到这样的消息，便启程前往位于塞维利亚的宫廷，他要从君王们的口中亲自得悉自己的命运。他们的回答几乎一模一样，拒绝现在启动该项目，但是给他希望，即等待他们从战争的操劳和花销中解脱出来就予以赞助。

哥伦布认为这种无限期的拖延纯属逃避其诉求的礼貌模式，并推测君王们的赞同意向已经被那些无知偏执的反对意见抵消了。因此，他失去了对这种含糊承诺的一切信任，这样的承诺已经导致多次失望。他放弃了从君主那里获得支持的所有希望，逃离了塞维利亚，想到被蒙蔽多年，浪费了那么多珍贵的时光，他义愤难平。

第五章
哥伦布在拉比达修道院

距离安达卢西亚的小海港帕洛斯 - 莫格尔大约半里格路程的地方，有一座至今还屹立在那里的方济各修士的古老修道院，该修道院专门供奉拉比达的圣马利亚。一天，有位陌生人步行到此，他衣着简朴，但是气度不凡，随行的还有一个小男孩。他们在修道院门口停下来，向看门人给孩子要一小块面包和水。正当他在接受这点微薄食物的时候，修道院的院长胡安·佩雷斯·德·马切纳正好路过，他被陌生人的外表所吸引，根据他的神态和口音观察到他是个外国人，便与他交谈起来，很快便得知他的详细故事。那个陌生人就是哥伦布。那时他正在去附近韦尔瓦镇的路上，准备去找他的妹夫，后者娶了哥伦布亡妻的一个姊妹。

该院长是一个信息广博的人。他的注意力已经在某种程度上转向地 理和航海科学，很可能是因为他与帕洛斯港毗邻。那里的居民算得上西 班牙最有进取心的航海者，他们频频远航去非洲海岸那些新近发现的岛 屿和地区。与哥伦布交谈使他产生了浓厚的兴趣，并被其见解的宏伟性质所打动。这真是一桩了不起的事，在修道院的单调生活中，居然来了一位性格如此奇异之人，来人抱定决心要从事如此非凡的一项伟业，却 在他的修道院门口讨要面包和水。

可是，当他发现这个航海者正要放弃西班牙去法国朝廷寻求赞助，自己的国家即将永远失去那么重要的事业之际，这位虔诚修士的爱国之心不由恐慌起来。他把哥伦布挽留下来做客，由于对自己的判断缺乏自信，他请来一位研究科学的朋友去与哥伦布交谈。那位朋友就是加西亚·费尔南德斯，一位居住在帕洛斯的医生，正是那位为这个有趣的听证会提供证言的同一人。费尔南德斯同样被这个陌生人的外表和谈吐所打动。修道院举行了几次会议，每次都有几个帕洛斯的老水手参加。其中就有马丁·阿隆索·平松，此人是当地一个家境富裕、航海经验丰富的家族的家长，这个家族以探险远征而著名。这些航海家讲述的事实支持哥伦布的理论。总之，在拉比达修道院那些静悄悄的回廊里，在帕洛斯的航海人当中，他的提案得到了尊重，这在宫廷那些圣人和哲学家当中可是求之而不得的。马丁·阿隆索·平松尤其确信它的可行性，因此他主动提出负担财力和人力参与此事，并愿意承担哥伦布重新向朝廷提出申请的费用。

弗莱尔·胡安·佩雷斯的信念得到那些有学识和有实践经验的顾问的确认。他曾经担任过女王的忏悔牧师，知道她总是乐意接见那些担任神圣天职的人。他建议立刻就这一议题给她写信，并恳求哥伦布推迟旅程，等候答复。后者很容易被劝服了，因为他觉得，离开西班牙，他似乎又抛弃了自己的家园。他自然也不情愿在另一个朝廷重演他在西班牙和葡萄牙所经历的苦恼和失望。

拉比达修道院那个小型议事会现在睁大眼睛寻找一位大使出发去完成这一重大使命。他们选择了莱佩的一位名叫塞巴斯蒂安·罗德里格斯的领航员，他是附近沿海一带最精明、最重要的人物之一。女王此时在圣菲，这是在皇家军营发生大火之后，在格拉纳达前方的维加地区修建的军事重镇。那位诚实的领航员不辱使命，忠实、迅速、成功地完成了自己的任务。他找到门路见到了仁慈的女王，并递交了修士的信函。伊莎贝拉对哥伦布的提案一直有好感。她写信回复胡安·佩雷斯，感谢他及时的贡献，并要求他立即前往王宫，让克里斯托弗·哥伦布满怀信心，静候她进一步的消息。领航员花了整整14天才将这封皇家信函带回，给修道院那个小小的团体传来了巨大的喜悦。热心肠的修士接到信函就立刻给他的骡子备鞍，午夜前就秘密赶往王宫。他穿过摩尔人占领的地区，骑着骡子进入了新建的圣菲城，两个君王正在那里监督对格拉纳达首府的严密封锁。

胡安·佩雷斯的圣职让他得以在一个以宗教热情著称的宫廷里自由出入，并且，一旦获准出现在女王面前，鉴于是她的前任忏悔神父这层关系，他能够自由进言。他以其特有的热忱为哥伦布的事业求情，根据实际了解的情况说起了哥伦布那可敬的动机、他的专业知识和实践经验，以及他可以履行这项事业所具备的完美能力等情况。他描绘了该事业立足的可靠原理、必定成功的有利条件，以及能给西班牙王冠带来的荣耀等。很可能伊莎贝拉从未听见过如此真挚热诚、言辞恳切、感人至深的极力推荐。她天生比国王乐观，更容易受到感动，心胸更容易接纳热情和慷慨的冲击，她被胡安•佩雷斯的描述打动了，佩雷斯还得到了深受女王宠爱的莫亚的侯爵夫人的支持，后者以一个女人客观无私的热情参与了这件事的讨论。女王要求让哥伦布再次去见她，而且，以她那著名的善意和体谅，想到了他的贫穷和卑微困境，她下令转发给哥伦布两万马拉维地的弗罗林金币，用以支付他的交通费、一头旅行用的骡子，以及得体的服饰，使他能够体面地出现在宫廷里。

这位可敬的修士立即传达了他这次使命的成果。他将钱和一封信通过一位帕洛斯居民之手转交给加西亚•费尔南德斯医生，后者再将其转交给哥伦布。哥伦布听从了信中传递的指示，脱下身上破旧的装束，换上了更适合宫廷氛围的服饰，还购买了一头骡子，整个人因为希望而精神焕发，他再次动身前往位于格拉纳达前方的军营。

第六章

格拉纳达投降之时向朝廷提出申请（1492）

哥伦布到达王宫时受到了友好接待，而且由他那坚定的朋友、总会计长阿隆索·德·金塔尼利亚负责款待。然而，那时正值多事之秋，他的事情还不能立即得到重视。他到的时候恰逢其时，见证了格拉纳达向西班牙军队投降那令人难忘的场景。他看到了布阿卜迪勒——最后一位摩尔国王，从阿兰布拉宫出来，交出了摩尔人国家最钟爱的政府所在地的钥匙；同时，国王和女王以及西班牙所有骑士和地位显赫的尊贵要人，自豪而庄严地列队向前移动，接受这一象征投降的标志。这是西班牙历史上最辉煌的胜利之一。经过近 800 年的痛苦抗争，新月旗终于被彻底推倒，取而代之的十字架在其位置上高高屹立，西班牙旗帜在阿兰布拉宫最高的塔顶上空高高飘扬。整个朝廷和军队沉浸在盛大的节日喜庆当中。空中回荡着欢呼声与胜利之歌以及吟诵感恩赞美诗的声音。四面八方都能看见军事庆祝和宗教供奉，因为这次战争不仅被视为武力的胜利，还是基督教的胜利。国王和王后在人群之中移动，比往常显得更加威严庄重，每双眼睛都视他们远非凡人，仿佛他们受天堂的委派，前来拯救和重建西班牙。王宫里挤满了那个尚武之国和那个激动人心的年代最杰出的人物：贵族精华、最高级别的教士、游吟诗人和艺人，以及在浪漫和美丽如画的年代里的所有扈从。除了武器的熠熠光彩、长袍的沙沙声、音乐和庆典的喧嚣，其他一概皆无。

想知道我们的航海家在这遍地皆是灿烂辉煌、歌舞升平的场景中的写照吗？一位西班牙作家如此写道："有位寂寂无名、鲜为人知的人此刻跟着来到宫廷，混杂在一群缠绕不休的申请人当中，在接待室的角落里以发现一个世界那华而不实的项目滋养着他的想象，在普世欢腾中显得忧郁和沮丧。他冷淡地几乎是轻蔑地注视着这次征服的结束，尽管其结果让所有人心胸都充满了欢乐，而且似乎已经达到欲望的最高境界。此人就是克里斯托弗·哥伦布。"

不管怎样，现在出现了契机，君主们终于承诺要处理他的提案了。与摩尔人的战争已经终结，西班牙摆脱了入侵者，两个君王可以安心地将注意力转向不熟悉的事业。他们兑现了给哥伦布的承诺。他们委派信得过的人与他谈判，其中就有费尔南多·德·塔拉韦拉，由于近期征服成功，他被提拔为格拉纳达大主教。然而，谈判伊始，意想不到的困难就出现了。哥伦布太过于自恃其事业的宏伟性质，要求必须答应他提出的高昂条件，否则一概不予理睬。他的主要条款如下：授予他舰队司令的称号及其特权，成为他将发现那些地区的总督，无论是通过贸易还是征服获得的所有收益，他要享有十分之一。与他一起商讨此事的朝臣对这样的要求愤慨不已。看见一个被他们视为穷鬼的冒险家，所要求的级别和尊严居然超越了他们自己的地位，他们的骄傲受到了打击。有人冷笑着说，他的提案就是一个狡猾的安排，无论如何他所要求的荣誉都有保障，即使失败也没有什么损失。对此，哥伦布立即予以答复，在享有八分之一利润的条件下，他可以出资八分之一。要做到这一点，他毫无疑问是在指望帕洛斯那位富有的航海家马丁•阿隆索•平松的资助。

但是，他的条件被裁定不予接受。费尔南多•德•塔拉韦拉一直认为哥伦布是个爱做梦的投机者，或者是个生活拮据的口粮申请人，但是瞧瞧此人，就是这个在他的接待室里进出多年、食不果腹、衣不蔽体的推销者，却以如此高傲的语气索取一个接近王座那般令人敬畏尊贵的职位，主教不禁又惊又怒。他向伊莎贝拉禀报，倘若这么杰出的王国将那么尊贵的荣誉浪费在一个不知名的陌生人头上，皇家将颜面尽失。他指出，这样的条款，即使在成功的情况下，也算高得离谱，但是如果失败，将成为西班牙君主严重轻信的把柄，贻笑大方。

伊莎贝拉一向重视她那些忏悔神父的意见，大主教是她的忏悔神父，对她的影响尤甚。他的建议制止了她起初的赞同。她认为该提案的优势不值得花那么高的价格购买。他们向哥伦布提供了折中的条件，譬如一些看起来无上光荣、更有利的好处等。但是，一切都是白费工夫：他不会放弃自己的任何一条要求，谈判被迫中断。

不得不佩服哥伦布，自从他开始建构大发现的崇高理想以来，他所展现的目标和精神高度始终坚定不移。从他在与佛罗伦萨的保罗·托斯卡内利的通信中宣布自己的构想开始计算，时光已经远远超过了18年，其中绝大部分时间都消耗在向各个朝廷提出申请的过程中了。在此期间，贫困、忽视、嘲笑、凌辱和失望，他什么没有遭受过啊！但是，没有什么能够动摇他的毅力，也没有什么可以让他降低要求，接受他认为配不上自己那份事业尊严的条款。在所有谈判中，他忘记了自己目前的低微身份，忘记了自己眼下的贫穷；他那充满激情的想象力认识到自己所思忖的大发现的重要性，他感觉到自己是在就一个帝国进行谈判。

虽然他生命中绝大部分光阴都耗费在毫无结果的恳求之中，虽然没有把握，不知同样令人厌烦的过程是否会在任何其他宫廷里进行，但是在西班牙经历的屡次失望让他愤怒到极点，他决定宁可永远放弃，也不愿意在自己的条件上进行妥协。因此，他向自己的朋友告别，骑上骡子，于1492年2月初离开圣菲前往科尔多瓦，打算即刻从那里启程去法国。

哥伦布为数不多的几个朋友是其理论的狂热信徒，当他们看见他真的放弃了这个国家的时候，心里充满了苦恼，认为他的离去是国家无法弥补的损失。当中就有阿拉贡教会的收税员路易斯·德·圣安杰尔。他决心尽其所能地避免如此恶果，在阿隆索·德·金塔尼利亚的陪同下，他获得了直接面见女王的机会。情况的紧迫性给了他勇气和口才。他没有让自己一味地恳求，而是在恳求中几乎夹杂着责备，表示对女王的决定感到吃惊，一位表现出有勇气从事那么多伟大而艰巨事项的女王，在这件损失这么小而收益可能是无法估量的事情上居然会踌躇不前。他提醒她，此举可能为上帝增添多么大的荣耀，在提高教会的地位、拓展她自己的权力和统治方面能起到怎样的作用。假如这份事业被她弃置，由其他国家来完成，那么，此事必定成为她本人的遗憾、其敌人的胜利、她朋友的悲痛！他提醒她，其他国君通过地理大发现为自己赢得了什么名利和领土，眼前就是超越他们所有人的机会啊。他恳求女王陛下不要被学者们的决断所误导，认定该项目就是一个空想家的梦想。他证明哥伦布的判断是正确的，他的计划合理且切实可行。即使失败，对王权也不可能有丝毫折辱。在如此重要的事情上，即使是为了澄清一个疑问，也值得花费精力和财力，因为类似的问题应该由开明大度的君王主持查证，去探索宇宙的奥妙和秘密。他说哥伦布已经慷慨地表示愿意承担八分之一的费用，并向她禀明，这一伟大壮举所需要的费用不过是两艘船和大约 3000 克朗。

这番话以及随后更多论据，因其坦率真挚的热诚所赋予的说服力形成了强烈的鞭策，据说莫亚的侯爵夫人也在场，她也发挥她自己的口才力劝女王。伊莎贝拉慷慨大度的精神被激将出来。仿佛是第一次，这项事业在她的脑海里突然展露出其真正的壮丽前景，于是，她宣布了要从事这项伟业的决定。

但是还有片刻踌躇。国王对此事很冷淡。而且，战争已将国库消耗得一干二净，肯定需要时间予以补充，她怎么可以动用亏空的国库做一件国王反对的事情呢！圣安杰尔胆战心惊看着这一幕，不由焦虑万分。接下来的一刻却让他吃了定心丸。凭借与她本人和此番事业相称的一腔热诚，伊莎贝拉大声说道：“我为我自己的卡斯蒂利亚王国承担这份伟业，并保证用我的珠宝来筹集必要的资金。”这是伊莎贝拉一生中最值得骄傲的时刻，她将作为新世界大发现的守护女神而名垂青史。

圣安杰尔急于保护这一崇高的冲动，便向女王陛下保证不需要抵押她的珠宝，因为他已经预先准备好了必要的资金。他的提议被欣然接受，资金确实是来自阿拉贡的金库，圣安杰尔的会计师从斐迪南国王的国库里预支了17000弗罗林。但是，那个精明的君主在随后的几年让自己的王国得到了赔偿：作为这笔贷款的报酬，哥伦布从新世界带来的首批黄金中，有一部分便用来给位于阿拉贡的萨拉戈萨大皇宫的大厅拱顶和天花板镀金，那里是古时候的阿尔加费里亚或摩尔国王的居住地。

哥伦布独自一人赶路，他穿过维加，来到了皮诺斯桥，这里离格拉纳达约两里格路程，就在埃尔维拉山脚下。摩尔战争期间，这条通道很出名，因为基督徒和异教徒在此地经历了许多殊死搏斗的遭遇战。就在这里，他被女王派来的快递信使以全速冲刺的速度赶上了，女王召他返回圣菲。他犹豫了一会儿，不愿让自己再次陷入宫廷的拖延和含糊其词，可是，当得知女王脑海里突然产生了对该项目的热情，并且已经恩准实施该计划时，他不再感到一丝怀疑，将骡子的缰绳转了个方向，喜不自禁地急忙赶回圣菲，对那位女王的诚信满怀信赖。

第七章

与西班牙两个君王商议相关事宜——在帕洛斯港准备远征（1492）

回到圣菲，哥伦布立刻见到了女王，她对他仁慈宽厚的接待抵偿了过去所有的忽视。为了尊重她这种突然表现出来的热情，国王表示了他那迟到的赞同，但伊莎贝拉才是这一伟大事业的灵魂。伊莎贝拉是被一种崇高、慷慨激昂的热情所推动，而国王呢，如同他进行其他事业一样，在此事上表现出同样的冷淡与算计。

如此便与两个君王达成了完美共识，皇家秘书胡安·德·科洛马奉命拟定协议条款。以下是协议内容：

1. 在其有生之年，哥伦布本人、其后嗣和继承人，在他可能在海洋中发现或取得的所有陆地和大陆范围内，将永远享有舰队司令的职位，与卡斯蒂利亚王国的高级舰队司令在其辖区内所享有的荣誉和特权类似。

2. 他将成为上述所有陆地和大陆的君王代表（副王）和总督，有权为每个岛屿或省份的政府提名三个候选人，君王将在其中选择一人。

3. 无论是通过发现、购买、交换或者是通过舰队司令的职位等任何方式获得的所有珍珠、宝石、黄金、白银、香料和其他一切物品、商品，在先行扣除成本之后，他应该有权给自己保留十分之一。

4. 他或他的副将，应该是那些地区与西班牙之间发生的一切贸易事务和纠纷的唯一裁决者，如同卡斯蒂利亚王国的高级舰队司令在其辖区内享有的类似司法管辖权。

5. 如果他能够在本次以及之后的所有时候，承担八分之一的经费，用于装备本项事业的船舶，那么他将提取八分之一的利润。

最后这一条，即允许哥伦布承担此项目八分之一的费用，是当他受到指责，说他在自己不承担任何费用的情况下却要求那么多报酬之后，他出于一时激愤的提议。他履行了这一约定，在帕洛斯港平松家族的帮助下，给船队增加了第三艘船。如此一来，这次由一个强大国家所举行的盛大远征，实际上是由其构想者个人承担了八分之一经费，而且，为了该事业的成功，他甚至押上了自己的性命。

该协定由斐迪南和伊莎贝拉共同签署，签署地点是维加或格拉纳达平原上的圣菲城，时间是 1492 年 4 月 17 日。同时还拟定了一封具有同等意义的特派信或给哥伦布的委任书，并于同月 30 日，由两个君王在格拉纳达城正式签署并颁发。通过这些文件，副王和总督的官职和特权才能成为他家族的世袭权利，他和他的继承人才有权在其名字前面添加“唐”的前缀。在那个年代，这个称号仅授予有等级和有身份的人，可是，自从这个前缀在西班牙普及使用以来，它已经失去了所有价值。

尽管这一次颁发的所有皇室公文都由斐迪南和伊莎贝拉共同署名，但是由女王的卡斯蒂利亚王国独自承担所有费用，而且，在她有生之年，除了卡斯蒂利亚人，极少有人获得在新领土上安居立业的许可。

帕洛斯-莫格尔港口被指定为配置武装船队的地方，毫无疑问，哥伦布期待着居住在那里的马丁·阿隆索·平松的合作和他那热心的朋友拉比达修道院院长的协助。在详述这项伟大事业的实施细节之前，基于设想了并将其付诸行动的杰出人物的性格特征，他特别提及了这种崇高甚至是驱使他行动的神示精神。他的一个主要的目标无疑是传播基督教信仰。他期待到达亚洲末端，开辟一条通往大可汗那辽阔而宏伟帝国的便捷交流通道。这位异教君主皈依基督教的问题，以前一直是各位教宗和虔诚的君主们最热衷的目标，为此，他们曾向东方最偏远的地区派遣各种各样的使团。现在，哥伦布认为自己要去启动这一伟大工作：将启示之光传播至地球末端，从而成为实现《圣经》崇高预言之一的工具。斐迪南听到这样热忱的展望，不免自鸣得意。但是于他而言，宗教从来都屈从于利益，何况，最近对格拉纳达的征服让他发现，扩大教会的影响可能是扩张自己统治的一种值得赞赏的手段。根据那个时期的教义，每个拒绝承认基督教真理的民族，都是基督徒侵略者的公平奖品。而且，很可能斐迪南受到的激励更多是关于曼吉、契丹以及属于大可汗其他省份所拥有的财富的描述，而不是急着让大可汗及其半野蛮的子民皈依。

伊莎贝拉的动机高尚得多：想到能够实施如此伟大的救赎工

作，她心中充满了虔诚的热望。因此，尽管动机不同，两个君王在这点上与哥伦布的看法特别一致，所以，当他后来启程远航的时候，君王给他的信函实际上是写给鞑靼的大可汗的。

哥伦布的热烈狂想并没有到此为止。预测他的发现将带来取之不竭的财富，他建议，他们所获得的财宝应该奉献给一个虔诚的目标，即将耶路撒冷的圣墓从异教徒的势力范围拯救出来。两个君王对这种想象力的迸发一笑了之，但表示他们对此很满意，并向他保证，即使没有他所预期的资金，他们也意欲进行那桩神圣的事业。也许国王和女王认为这是一时兴奋的即兴念头，但它却是哥伦布深深珍藏的计划。这是一个奇怪而颇具特色的事实，却从来没有引起特别关注。光复圣墓是他雄心壮志的伟大目标之一，他的余生都在为此苦苦思索，并郑重地在他的遗嘱里做了规定。事实上，他后来认为，这是他被天堂选中作为代理人的主要工作，而他的伟大发现不过是天将降大任于斯之前的预备计划，以便为成就其大业提供物质准备。一份表示恩宠，带有伊莎贝拉心地善良、周到体贴特征的切身关怀，也在哥伦布离开宫廷之前赐予了他。5 月 8 日，女王发布了一份特许证或叫特许信，任命他的儿子迭戈——其法定继承人，做王子的侍从，并发放津贴以做生活用度。这可是一项仅授予地位显赫家庭子女的殊荣。

这一举措解除了他最大的后顾之忧，让他感到无比欣慰。经历了足以让任何普通人绝望的拖延和失望之后，哥伦布终于在 5 月 12 日离开宫廷，满心欢喜地动身前往帕洛斯港。让那些在进行任何伟大而有价值的事业时面对困难就退却的人记住：自从哥伦布开始构思他的伟业，到他能够将其付诸实施，整整过去了 18 年的光阴；那些日子的大部分时间他几乎都在无望的恳求中度过，他贫困、被忽视、被奚落嘲笑；他生命的最好时光都浪费在苦苦的挣扎之中；当他坚持不懈，终将戴上成功的桂冠之时，他即将年满 56 岁了。他作为榜样鼓励那些勇于进取的人，永远不要绝望。

第八章
哥伦布在帕洛斯港——为大发现航海做准备

到了帕洛斯之后，哥伦布立即前往附近的拉比达修道院，可敬的弗雷·胡安·佩雷斯在那里张开双臂迎接他，哥伦布再次成为他的客人。帕洛斯港曾经因为某项轻罪遭到皇家枢密院的责罚，要求他们组织两艘武装轻快帆船为王国服务一年，这两艘船注定要成为哥伦布武装船队的组成部分。他配备了必要的文件和证书，以便在处理与其远征相关的所有必要事务时能够强制服从。

第二天早晨，即5月23日，哥伦布在弗雷·胡安·佩雷斯的陪同下，前往帕洛斯的圣乔治教堂，佩雷斯的品格和身份使他在附近一带举足轻重。当地镇长、议员以及许多居民已经接到通知到场。就在这个教堂的门厅里，在所有在场人员的面前，一位公证人宣读了一份皇家敕令，命令帕洛斯当局在接到此通知后十天之内备好两艘轻快帆船准备出海，并将船及其船员交与哥伦布调度，后者同样有权获得和装备第三艘船。三艘船上的所有船员都按照武装船雇用海员的标准发放常规工资，并提前四个月支付。他们必须沿着哥伦布指挥的方向航行，并根据皇家授权，所有事务均服从于他，但是必须遵守一项规定，即无论他本人还是他们都不许去位于几内亚海岸的圣乔治－米纳或葡萄牙最近才发现并占有的其他任何地方。只有得到哥伦布签署的良好品行证书，才能解除他们对皇家应尽的义务。

在安达卢西亚边界沿海一带，面对政府当局和各种身份地位等人士，同样也宣读了命令，要求他们提供各种物资和辅助设备，以合理的价格装配即将远征的船只，造成任何妨碍将受到惩罚。提供给这些船只的所有物品将免掉税务；所有针对参与远征的个人和任何个人财产的刑事程序，在其出海期间予以暂停，并在此人返回两月之内不得进行。

地方政府承诺将绝对服从这些命令，但是，当这次即将进行的远征性质公之于众后，这个小社区陷入了惊愕和恐慌之中。被要求参加如此令人绝望劳役的船舶和船员被视为牺牲品。船主拒绝装备船只；在无边无际的汪洋大海上进行如此不合情理、荒唐的航行，即使最大胆的海员也不免胆怯退缩。大海深处那些未知区域被想象出各种可怕的故事和寓言，在一个由当代最敢于冒险的航海者组成的社区，人们对此项任务也极度惧怕，再也没有什么比此更强有力的证据说明此次远航的胆量和魄力了。

数周过去了，不仅没有获得一艘船，皇家命令的其他任何事情也没有完成。因此，两个君王再次发出指令，命令安达卢西亚沿岸的地方法官强制征用他们认为合适的任何属于西班牙子民的船只，并迫使船长和船员随同哥伦布航行，去皇家指定的任何方向。皇家内务官员胡安·德·佩纳洛萨，被派去监督这项命令是否得到妥善执行。他一接手这个职位，每天就有200西班牙金币，而该款项，连同命令要求收取的其他罚金，都是从诸如不服从和怠慢皇命的那些人那里收缴而来。哥伦布按照这封信的指示在帕洛斯及其邻镇莫格尔采取行动，但是进展缓慢、收效甚微。那些地方的社区陷入彻底的混乱，还发生了骚乱，但是仍然没有产生效果。最后，马丁·阿隆索·平松连同他的兄弟维森特·亚涅斯·平松挺身而出，两位都是勇气非凡和能力超群的航海家、船主，并雇有海员。他们与帕洛斯和莫格尔两地许多从事航海的居民有着千丝万缕的关系，在附近一带很有影响。他们参与了这次探险，并按要求装备了其中一条船。另外两艘船，连同船主和船员，在两个君王武断的命令下，由地方法官强制服役。此事是发生在专制权力控制商业时期的一个引人注目的实例，体面人士被迫带着他们的人和船，就这样参与一项在他们看来近乎疯狂而绝望的事业。装备船只期间，被强迫上船的船员当中麻烦不断、困难丛生。这些问题主要是戈麦斯·拉斯孔和克里斯托瓦尔·金特罗煽动并纵容起来的，两人是被强行征用的两艘船中“平塔号”的船主。他们本人及其朋友设置了各种障碍进行阻挠，试图拖延或挫败这次航行。船上雇用的填塞船板隙缝的捻缝工干活粗心马虎，并在被命令重做一遍时逃匿。某些曾自愿入伍的海员后悔自己太过鲁莽，或听从了自己亲属的劝阻，伺机撤回；部分人直接逃跑并躲藏起来。所有这一切都采取了最严厉、最独断的措施强制执行，全然不顾大众的偏见和反对。

平松家族的示范和影响对平息这些反对行为起了很大的作用，并吸引了他们许多朋友和亲戚上船。据推测，他们已经向哥伦布提供了他必须支付的八分之一资金。还有一种说法是马丁·阿隆索·平松将与他分享利润份额。然而，由于这次远征没有产生直接利润，类似的要求从来没有提出过。但是，在远征筹备期间和开始阶段，平松家族的帮助即便不是不可或缺，也是至关重要。

历尽了寻求赞助期间各种朝廷设置的巨大束缚之后，人们惊讶地发现，一支武装船队所需求的物资竟然如此微不足道。很明显，由于担心过多的费用要求会引起障碍，哥伦布已经将他的需要减少到最低限度。三艘小船显然是他要求的全部。其中两艘是轻便的三桅帆船，被称为轻快帆船，比在内河和沿海一带航行的更现代一些的船舶好不了多少。古代一些印刷品和绘画中可以看见这种类型的船。画中的这种船是敞开式，中间没有甲板，船头和船尾较高，有前甲板和供船员住宿的船舱。彼得·马特尔是与哥伦布同时代的学者，他说三艘船中仅有一艘装配了甲板。哥伦布认为船只小巧具有优势，因为这种船在发现航行中让他能够靠近海岸，并进入较浅的河流和港口。第三次航海时，当他沿着帕里亚湾海岸贴岸而行的时候，就抱怨自己那艘近百吨重的船太大。但是，在未知海域上进行如此漫长而危险的远征，居然仅靠着没有甲板的船进行，而且他们还得熬过频繁袭击的狂风暴雨，这样的航行至今仍然是这些勇敢航海中的非凡之举。

最后，到了 8 月初，所有困难均已克服，船舶已经为出海做好了准备。那艘专门为本次航行准备的最大船只装上了甲板，被命名为“圣母马利亚号”；哥伦布在这艘船上悬挂了他的旗帜。第二艘名为“平塔号”，由马丁·阿隆索·平松指挥，他的弟弟弗朗西斯科·马丁作为领航员。第三艘是“尼娜号”，有大三角帆，由平松三兄弟中排行第三的维森特·亚涅斯·平松指挥。另外还有三位领航员，桑丘·鲁伊斯、佩德罗·阿隆索·尼诺和巴托洛梅奥·罗尔丹。塞戈维亚的罗德里戈·桑切斯担任这支武装船队的总监，科尔多瓦本地人迭戈·德·阿拉纳任首席治安官。罗德里戈·德·埃斯科瓦尔作为皇家公证人一路陪同，皇家的军事行动总是派遣这样一位军官，负责对所有事务做官方记录。此外，还有一名医生和外科医生以及各种私人冒险家、几名仆人、90 名水手，总共 120 人。

船队一切准备就绪，只等出海。哥伦布呢，由于深知此行事关重大，便向修士胡安·佩雷斯做了忏悔，并参加了教堂的圣餐仪式。他的官员和船员们也纷纷效仿，他们满怀敬畏，以最虔诚和最感人的仪式开始了这项壮举，把自己交付给天国的特殊指引和保护。他们的离开让整个帕洛斯社区弥漫着深重的阴郁，因为几乎每个人都有一些亲戚或朋友在这支舰队的船上。水手们的情绪已经因自身的恐惧而沮丧消沉，他们留在身后那些人的苦恼让他们更加愁闷，那些人流着眼泪、带着惨淡的强烈预感互相悲伤地告别，仿佛再也看不见彼此了。

卷三

哥伦布启程开始第一次航海；继续航行——首次注意到罗盘指针的变化；继续航行——水手们的恐惧五花八门；继续航行——发现陆地

第一章

哥伦布启程开始第一次航海（1492）

哥伦布在这次值得纪念的航海扬帆起航之日，他就开始定期写日志，以备西班牙君王检查。像他的其他所有行为一样，日志体现了他是如何深切地感受到自己此番壮举的伟大和庄严。他打算以《凯撒评论》的风格坚持写下去，后来也确实遵循了这一风格。日志以一篇恢弘典雅的序言开场，以下引用的一段话阐述了导致他本次远征的动机和见解。

“奉我主耶稣基督之名。最虔诚的基督徒，最至高无上最卓尔不凡和最强大的君主，海洋诸岛屿和我们王国西班牙的国王和女王在上：就在今年，1492 年，两位殿下终于结束了与统治欧洲的摩尔人之间的战争，在伟大的城市格拉纳达终结了所有战事。今年 1 月 2 日，我看见殿下的皇家旗帜由军队插上了那座城市的堡垒——阿兰布拉宫的塔顶上，看见摩尔国王离开城门，前往我主君王殿下面前亲吻御手。就在同月，我曾经给殿下的相关告请便立即有了结果，我在其中曾言及印度地区和一位称为大可汗的君主，在我们的语言中，大可汗即万王之王；提及他和他的前任曾经多次派人到罗马，恳求我们神圣信仰的博士们，对他予以相同的指引。可是，神父们从来没有满足他的要求，从而让很多人迷失，去相信偶像崇拜，吸收了让人沉沦毁灭的教义。因此，殿下，作为天主教徒和君主，神圣基督教信仰的热爱者和推动者，穆罕默德教派与偶像崇拜和异教的敌人，决定派遣我—克里斯托弗•哥伦布，到印度上述地区，去觐见上述提及的君主，看看那里的人民和土地，全面了解他们的风土人情，找到让他们皈依我们神圣信仰的途径。殿下还命令我不许沿着传统的陆路前往东方，而是向西航行，而这条路呢，迄今为止，我们并不能确定是否有任何人走过。因此，殿下，在您驱逐了您王国和领土上所有的犹太人之后，却在同年同月即 1 月份吩咐我，带着充裕的物资前往印度上述提及的地方。殿下为此赐予我莫大的恩宠，授予我爵位，让我从此可以在姓氏里拥有‘唐’的标记，任命我为海洋舰队司令，并且册封我为即将在海洋里发现或获得的所有岛屿和大陆的永久副王和总督，恩准我的长子成为我的继承人，并永远代代世袭相传。所以，同一年，即 1492 年 5 月 12 日星期六，我离开格拉纳达城去了帕洛斯，一个海港。我在那里武装了三艘船，为这次任务进行了周密准备。同年 8 月 3 日星期五，日出前半小时，我带着充足的物资和众多海员，离开帕洛斯港，起航前往陛下的加那利群岛。从那里驶入我拟定的航线，并一直航行，直至抵达印度，向那里的国君递交陛下的国书，完成您所吩咐的使命。为此，我打算在此次航行期间撰写日志，每天准时记下我有可能要做的事情，所有见闻、经历等，这些将在下文中出现。另外，君王陛下，除了每晚描述白天发生的一切，在白天描述晚上的航行，我还打算绘制海图，标注海洋水域和陆地方位的确切情况，进而打算编制一本书，用绘图说明赤道两边纬度和西行经度的整体情况。所有这一切的根本，是我定当废寝忘食、密切关注航行，确保完成这些任务，这必将是浩繁的劳作。”

这就是由哥伦布本人正式明确表述的这次异乎寻常的航海的目标。他日志里尚存的重要事实在本书中随处可见。

1492 年 8 月 3 日星期五，一大早，哥伦布从索尔茨岛起航，这是一个由奥迪埃尔河的分支组成的小岛，位于韦尔瓦镇的前方，哥伦布在此转向西南方向前往加那利群岛，打算从那里向正西方直行。他准备了一幅地图或海图作为航行指南，这幅图在保罗·托斯卡内利送给他那幅地图的基础上进行了改进。如今，那两幅图都不在了，倒是马丁·贝赫姆在舰队司令首次航海那年完工的地球仪或平面球形图依然还在，为了解哥伦布的海图提供了大致概念。上面展示的欧洲和非洲海岸始于爱尔兰南部，终于几内亚末端。这些海岸对面，在大西洋的另一边，就是亚洲的边缘，或者，是那个被定义为印度的地方。两岸之间放置的是斯潘阁岛或者日本岛，根据马可·波罗所说，该岛离亚洲海岸 1500 英里。哥伦布在计算中将这个岛往前推进了大约 1000 里格，远远在东方范围之外，估计大约在佛罗里达的位置，并且，他希望此岛是自己第一个到达的地方。

哥伦布欣喜如狂，经过这么多年的挫折与希望，却在陡然之间发现自己实实在在地开启了他的宏伟事业；但是，他还不能充分地享受这种喜悦，因为他对船员们的决心和毅力没有把握。只要他还留在欧洲境内，就不能确保船员们可能在后悔和惊恐之中放弃航行，坚持返航。不久后出现的种种迹象证实了他的忧惧。第三天，“平塔号”发出了遇险信号，其船舵被折断、脱落了。哥伦布推测是其船主戈麦斯·拉斯孔和克里斯托瓦尔·金特罗耍的诡计，他们故意破坏自己的船，好让其留在后面。正如前面已经提及，他们是被迫加入该项目，这极大地违背他们的意愿，而且，依照皇家命令，他们的轻快帆船也被这次远航强行征用。

发生这种情况让哥伦布极其不安。这让他预先尝试了接下来的困难，他意识到部分被强行招募的船员会进一步制造麻烦，他们全都充满了怀疑和不好的预感。目前他的航行正处于关键时刻，一些琐碎的障碍或许就能让恐慌和叛乱在船上蔓延，直至最后彻底挫败此次远征。

当时风势强劲，他无法提供援助，否则会危及自己的旗舰。幸运的是，马丁·阿隆索·平松是位熟练而本领高强的海员，他指挥的“平塔号”成功地用绳索固定了船舵，重新控制了那艘船。然而，这只不过是暂时、欠缺的权宜之计，那些固件第二天又松动了，其他船舶被迫缩短航程，等待那艘船固定船舵。

“平塔号”的损坏状况及其漏水的情况，让舰队司令决定在加那利群岛短暂停靠，另找一艘船来替换。哥伦布认为自己离那些岛屿不远，但是船队的领航员对此持有异议。此事证明哥伦布在观察力和计算能力方面具有的优势，因为他们在9日上午就看见了加那利群岛。

他们在这些岛屿逗留了三个多星期，试图寻找另一条船，但未果。所以，他们不得不为“平塔号”打造了一个新船舵，将其修复至可以航行。“尼娜号”的大三角帆也改成了方形帆，这样便可以让船舶的航行更平稳、更安全，并能与其他船只保持同行。

在这些岛屿穿行的时候，船员们看见特内里费岛上那高高的山顶冒出了火柱和浓烟，都被吓坏了，如同惊弓之鸟，任何特殊现象都会让他们惊慌失措，并将其解释为灾难的征兆。哥伦布煞费苦心地打消他们的恐惧，给他们解释那些火山大火的自然原因，并引用埃特纳火山和其他著名火山来证明他的解释。

他们在戈马拉岛储备木材、淡水和食物的时候，从耶劳岛方向来了一条船，船上的人报告说有三艘葡萄牙的轻快帆船在耶劳岛周围徘徊，据说其目的是打算抓捕哥伦布。舰队司令怀疑这是出于葡萄牙国王的诡计，是为了报复他投奔西班牙为其效劳，因此，他立即出海，急着远离这些岛屿，并偏离航道，唯恐发生什么事情挫败他在如此不利的情况下才开始的远征。

第二章
继续航行——首次注意到罗盘指针的变化（1492）

9 月 6 日清晨，哥伦布起航离开戈马拉岛，可以说现在才开始进入发现的区域，在此他们将与旧世界这些边缘岛屿告别，驶向大西洋西面那些未知海域。然而，三天来，海洋彻底的宁静让船上的风帆萎靡不振，仅在离陆地很近的范围内游荡。这样的耽搁让哥伦布着实难熬，他非常急切地渴望自己能够远离任何陆地、远离行船，因为这些纬度的大气层很纯净，视力可达极其遥远的地方。在接下来的星期日，9 月 9 日破晓时分，他看见了距离大约 9 里格的耶劳岛，这是加那利群岛最后的岛屿。就是在这岛上，有人看见了葡萄牙的轻快帆船，因此，他正处于危险的附近。幸运的是，随着太阳的升起，微风开始吹拂，他们的风帆再次鼓起，仅一天的路程，耶劳岛的最高点就渐渐从地平线上消失了。

看着陆地最后一丝痕迹渐渐隐去，船员的情绪开始低落。他们似乎真正与那个世界告别了。他们的后面是人类心中珍爱的一切：国家、家庭、朋友、生活本身；而他们前面的一切都是混沌、神秘和危险。尤其在当下这个焦虑不安的时刻，他们丧失了再次见到自己家园的信心，非常绝望。许多坚毅的水手都泪流满面，有的甚至失声恸哭。舰队司令千方百计抚慰他们的痛苦，用自己那些光辉灿烂的期望激励他们。他描述了自己正带领他们前往的那些宏伟壮丽的国度：印度洋上的那些岛屿遍地是黄金和宝石；曼吉和契丹地区那些辉煌的城市的财富无可匹敌。他承诺给他们土地和财富以及一切可能引起他们的贪婪或激发他们想象力的事物，况且，他的这些承诺并不纯属欺骗，因为他确信自己能够一一兑现。

这时候，他向其他船只的指挥员发出命令：倘若因为意外失散，他们必须继续向西直行；但是在航行700里格之后，从午夜到天亮的这段时间他们应该停船，因为那个距离，是他满怀信心地期待着发现陆地的范围。与此同时，鉴于他认为有可能在预定的距离内不会发现陆地，并且他已经预见到水手们开始滋生的莫名恐惧会因为离家越来越远而加剧，他开始使用一种策略，并将其贯穿于整个航程。他坚持两种计算：一种是正确的，上面记载了船舶的实际航线，他将其秘密地保存起来仅供自己掌握；另一种公开给大家查看，上面记载的船舶每日航行里格都被减去一部分，从而让船员对他们每日航行的真实距离一概不知。

9月11日，在离耶劳岛以西约150里格的位置，他们偶然遇见了一截桅杆，其大小看起来似乎属于一艘约120吨重的船只，桅杆显然在水中已经浸泡很长一段时间了。船员们现在是草木皆兵，对每一件可以激发他们的希望或恐惧的事情都很敏感。他们满眼悲伤地看着这件属于某位不幸航行者的残骸，在那些未知海域的入口处不祥地漂流。

9月13日傍晚，离耶劳岛约200里格的时候，哥伦布首次发现了罗盘指针的变化，这种现象之前从未出现过。大约是在夜幕降临的时候，他感觉到指针不是正对着北极星，而是向西北方向偏离了大约半个点，或者 5° ~ 6° 。第二天早晨这种情况更甚。此现象让他很困惑，认真观察了三天之后，他发现随着他前进，指针偏离情况越严重。深知他的人随时会陷入恐慌，起初他并没有声张，但是很快引起了导航员的注意，他们对此充满惊愕。就好像随着他们向前航行，大自然的规律正在改变，而且他们正在进入另一个受到未知力量影响的世界。他们担忧罗盘即将失去其神秘功能，如果没有指南针的引导，他们在这浩瀚而无迹可寻的海洋会遭遇什么啊？

哥伦布用自己的科学知识和智慧解释造成此现象的原因，以减轻他们的恐惧。他指出，指南针的方向并不是直接对准北极星，而是对准某个固定而不可见的点。因此，指针的变化并不是出于罗盘的任何谬误，而是由北极星自身的运动所导致的。而北极星呢，就像其他天体一样，有其自身的变化和运行轨迹，每天都会绕着极点旋转一圈。导航员们视哥伦布为知识渊博的天文学家，对他极为赞赏，因而很重视他的理论，由此便打消了自己的惊恐。那时候哥白尼的太阳系还不为人所知，因此，哥伦布的解释貌似有理，非常有创意，显示其思维的灵活性，能随时应对出现的紧急情况。提出这个理论的初衷，也许只是为了满足他人的想法，但哥伦布随后对此说法似乎仍然很满意。现在我们已经熟悉了这种现象，但对其形成的原因仍然一无所知。它是自然界的奥秘之一，可以进行日常观察和实验。之所以看起来简单是因为熟悉，但是研究起来会让人类心智意识到自己的局限，使实践之经验受阻，让科学之骄傲受挫。

第三章

继续航行——水手们的恐惧五花八门（1492）

9 月 14 日，航海者们欢欣鼓舞，认为他们看见了陆地的先兆。一只苍鹭和一种名为拉博 - 德 - 洪科的热带鸟在船舶周围盘旋，这两种鸟都不敢出现在远海区域。第二天晚上，一颗流星让他们肃然起敬，哥伦布在自己的日志里将其称为一团硕大的火焰，就在离他们四五里格的地方，似乎是从天庭堕入大海。这些流星在温暖的气候很普遍，特别是热带地区，它们总是出现在那些纬度，在宁静蔚蓝的天空，仿佛从天国降落下来，但是在阴云密布的时候却从未出现。在那些美丽的夜晚，某个空气清澈的晚上，当每颗星星都闪耀着最纯净的光泽之时，那些流星时常拖曳着一串灿烂的发光体延续 12 ～ 15 秒，很像一团火焰。

到目前为止，风向一直有利，偶有短暂的阴天和骤雨。每天他们都取得了很大进展，虽然根据他的秘密计划，哥伦布向船员们公开的计算每日都有意地缩减了几里格。

他们现在进入了信风影响的区域。在热带区间，信风受太阳的影响，风向稳定地从东向西，掠过相邻几个纬度的海洋。风向有利、好风推送，他们在宁静的海面上稳定而轻快地滑行。就这样行驶了多日，他们都没有转换一下船帆。哥伦布一直借助于稳定的天气和适度的宁静航行，在海洋的这片区域里，天气尽管不凉爽，却非常柔和清新。他用朴实无华但表现力很强的语言，将这些纯净、温暖惬意的清晨比作安达卢西亚的 4 月，并指出，仅需要夜莺的歌声，那种幻觉就完美了。“他有理由这么说，”可敬的拉斯·卡萨斯如是评论，“因为在去西印度群岛的半道上，我们体验到的恬淡非常不可思议。船越是接近陆地，他们越能感知空气的温暖与柔和，天空的明净，从树林和森林散发的馥郁芳香，肯定比安达卢西亚的 4 月更令人心旷神怡。”

现在，他们开始看见大片草本植物和杂草从西边漂过来，并随着他们的前进其数量不断增加。有些杂草看起来是生长于岩石间，有的则是生长在河流中的水草；有些草色泛黄、枯萎，有些草色葱绿，仿佛才被冲离陆地。他们在一块草堆上发现了一只活蟹，哥伦布将其小心地保存起来。他们还看到了一种白色的热带鸟，这种鸟从来不在海上休憩。金枪鱼也开始在船舶周围嬉戏，“尼娜号”上的船员还捕杀了一条。哥伦布现在回想起亚里士多德描述过的情景：加的斯（Cadiz）的某些船舶在沿着直布罗陀海峡外的海岸线航行时，被一阵猛烈的东风吹向西边，最后到达了海洋一处覆盖着大片杂草的区域，此地类似于沉没岛，他们就在那里看见许多金枪鱼。他推测自己到达了被称为草海的地方，正是此地让古代的水手们沮丧地折道返回。但是此地却被他视为令人鼓舞的希望，将其视为陆地就在附近的迹象。这并不意味着他认为已经抵达了自己寻找的目标——亚洲的东端，因为，根据他的计算，他离开加那利群岛才航行了360里格，他认为印度大陆应该在更远的地方。

9月18日，天气如同以往，自东而来的微风稳定、柔和，鼓满了每一张帆。用哥伦布的话说：大海像塞维利亚的瓜达尔基维尔河一样平静。他认为随着自己的前行，海水越来越淡，并意识到此现象证实了这里的空气特别芬芳、纯净。

船员们情绪高涨，每艘船都力图争先，每一个水手都热切地想爬上望台，因为君王答应奖赏一万马拉维地给第一个发现陆地的人。马丁•阿隆索•平松挂满所有船帆，而且，由于“平塔号”是一种快船，他通常都能保持领先的位置。当天下午，他冲着舰队司令欢呼，并告知他：根据大量飞翔的鸟群和北方天边的外貌，他认为那个方向有陆地。

北方确实显得比较朦胧，如平常乌云笼罩大地的情景。日落时分，那团乌云所呈现的形状和质量不由让许多人幻想着他们看见了岛屿。因此，大家普遍希望朝那个方向行驶。但是，哥伦布坚决认为那纯属幻觉。每个在海上航行的人一定都曾目睹过位于海天之际的云团所造成的欺骗，特别是在日落和日出时分。其时，眼睛在想象力和渴望的干扰之下，很容易将云朵看成自己所希望的陆地。此种现象在热带地区尤胜，那里的云彩在夕阳中会呈现出最奇异的形状。

第二天，细雨阵阵但无风相随，哥伦布认为这是有利的迹象。两只鲣鸟也飞到了船上，他观察到，这种鸟极少飞离陆地20里格。于是，他用一根200英寻的绳索探测水深，却发现深不见底。他认为自己可能在介于南北岛屿之间航行，但他不愿浪费目前有利的顺风去探寻究竟。此外，他曾自信地断定，只要航向稳定向西，就一定能发现陆地。他的整个探险正是建立在这个假设之上，因此，一旦他表现出怀疑和动摇，那就是在自己人面前拿自己的信誉和权威来冒险，并且只能盲目地根据罗盘的刻度一步一步地航行。因此，他决定始终大胆西行，直到抵达印度海岸。如果以后有合适的时机，在回程的时候再去寻找这些岛屿。

尽管他谨慎地不让大家知道他们航行的真实距离，航行的长度已经开始让他们感到极度不安。他们西行的距离已经比以往的任何人远多了，尽管已经超出了可以得到救助的范围，他们每天仍然继续把大片的海洋抛在身后，并一直向前挺进、挺进，进入了似乎无边无际的深渊。确实，各种陆地的迹象让他们满心欢喜，而且，其他迹象也一直出现，但是一切都在用枉然的希望嘲弄他们：短暂的喜悦之后，那些希望一个接一个地飘走了，他们眼前扑面而来的依然是无止境延伸的大海和天空。即便和煦的微风在船尾均匀吹拂，他们别出心裁的恐惧也将其演变为惊恐的诱因，因为他们已经开始胡思乱想，认为这些海域的风可能总是以自东而来的为主导，倘若果真如此，他们要返回西班牙就不可能了。

哥伦布努力消除这些令人丧气的预感，有时通过论证和劝导，有时则尽力唤起新希望，指出一些陆地的新迹象：9 月 20 日，风向改变，从西南方向吹来了轻柔的微风。尽管这种风向对于他们目前的航程不利，却让大家受到鼓舞，因为此风的方向证明这里并不总是从东边吹过来的风占优势。几只鸟也飞来拜访船队，其中有三只是在树林和果园里盘旋的小种鸟。清晨，鸟儿飞来啾啾鸣唱，到傍晚又飞走了。鸟儿的歌声鼓舞了沮丧的水手，将其视为陆地的声音而欢呼。他们观察到，较大的飞禽翅膀强劲，倒是有可能敢于冒险飞向海洋深处，但这样的小鸟太弱小了，不可能飞远。鸟儿的歌声表明，它们并没有因为自己的飞行而精疲力竭。

第二天，海洋要么是彻底的宁静，要么吹拂着来自西南方向的微风。目光所及之处，大海均覆盖着水草。这个区域的海洋经常出现这种现象，有时看起来好似一片被淹没的广袤草地。这要归结于数量庞大的水下植物，它们在海底生长成熟之后，被海浪和洋流的运动从海底卷起，上升到水面上。草海的出现起初让大家非常满意，但是，随后在许多地方，它们变得非常密集并纠结成团，在一定程度上阻碍了船队的航行，如此一来，他们只得放慢航行速度。船员们现在想起了一些关于冰冻洋的故事，据说在那种地方，船舶有时会固定不动。因此，他们尽可能努力地避开这些浮动的物质，以免那样的灾难发生在自己身上。有的人认为这些杂草证明海洋开始变浅了，并开始谈论暗礁、浅滩和危险的流沙，谈论触礁的危险。由于是在汪洋大海之中，他们的船可能会腐烂、散架，远离人类救助的任何渠道，没有任何海岸可供船员们避难。他们显然对亚特兰蒂斯那个沉没岛的古老故事有些混淆的概念，担心他们正在抵达海洋中的那片区域，据说那里被淹没的陆地和一个被海水吞没之国的废墟会阻碍航行。

为了打消这些恐惧，舰队司令经常求助于水砣测深，但是，尽管他用深海绳进行探测，仍然触不到海底。这时，海员们的意识渐渐开始出现异常。他们充满模糊的恐惧和迷信的幻觉：每件事都可以成为令他们惊恐的诱因，他们不停地喃喃细语，以此困扰自己的指挥官。

连续三天，从南面和西面不断吹来夏季轻软的微风，大海平滑如镜。远处有条鲸鱼撅起其庞大的身形，哥伦布立即指出这是利好迹象，肯定这些鱼一般仅出现在与陆地为邻的海域。然而，船员们却为这平静的天气感到不安。他们注意到自己所经历的逆风既短暂又不稳定，而且非常轻柔，甚至在海面上都没有吹起些许涟漪，大海平静得就像死水汇聚的湖泊一样萎靡凝滞。他们说，这些陌生地区的一切都与他们曾经习惯的世界截然不同。唯一盛行且恒久强劲的风来自东方，这些风根本没有力量去打扰大海蛰伏的沉寂，因此，他们面临的危险要么是消失在无边无际的停滞水域之中，要么被逆风阻扰，永远不能返回自己的祖国。

哥伦布继续以令人钦佩的耐心劝导船员打消这些幻想，他指出，海洋的宁静无疑是起风的附近有陆地的缘故，那样的地方没有足够的空间对海面造成影响，故而掀不起大浪。不过，恐惧往往将想象中的危险放大了一千倍，变换了无数形式，即使最活跃的智慧也无法一一消除。哥伦布愈加辩解，船员们的私下抱怨便越发激烈。终于，9 月 25 日星期日，大海在无风的情况下突然发生了巨大的膨胀。外洋经常发生这种现象，要么是过去的狂风引起的定时波动，要么是遥远的气流给大海带来的运动。尽管船员们对此景象感到很惊愕，却由此驱散了由于大海的宁静而虚构的恐惧。

哥伦布呢，如同往常一样，总认为自己在这项庄严的事业中得到了天国的直接照应和监护。他在日志中暗示，大海的这次波动犹如神助，好似天意在缓解船员们日益增加的鼓噪，并将其比作率领以色列人脱离埃及奴役的摩西所得到的奇迹救助。

第四章

继续航行——发现陆地（1492）

哥伦布的处境日益危急。他越接近期待中能够找到陆地的区域，其船员的急躁情绪越大。那些增加他信心的有利迹象受到船员们的嘲笑，被他们斥为虚妄；正当他历尽千辛万苦，眼看就要实现自己的目标之际，却面临着船员反叛并迫使他返航的危险。他们沮丧地看见自己仍然在向前飘荡，这片无边无际的汪洋大海在他们眼里只是环绕可居世界的荒芜水漠。要是他们的食物吃完了怎么办？他们的船已经非常脆弱，已经不能支撑他们驶过的航程，但如果他们仍然向前推进，每时每刻都在增加身后那庞大的距离，没有中间停靠的海港补充食物和整修船舶，他们要怎样才能够返航？

他们就这样彼此灌输着不满，三五成群地聚集起来，煽动着暴动反抗的情绪。只要我们考虑到西班牙气质中那种天生的火暴脾气和控制不住的急躁，而且这些人当中很大一部分人的出海是强迫所致，我们毫不怀疑危险迫在眉睫，船员们终将爆发一场公开造反，迫使哥伦布返航。他们召开秘密会议，对他表示强烈不满，认为他是一个亡命之徒，执着于一个疯狂的幻想，想要做一些异常的事情来让自己声名狼藉。跟着一个不惜牺牲自己的生命以获取功名并显然满足于此的人，他们是多么痛苦和危险啊！他们到底被什么责任所束缚，必须继续跟着他呢？或者要到什么时候，他们的协议条款才算履行完成？他们已经航行至未知海域，远远超出了人类敢于抵达的地方。他们参与了这项事业并坚持走了那么远，他们的所作所为已经足够为自己赢得勇敢与胆大无敌的人格。他们到底还要走多远去寻找仅仅是猜想中的陆地呢？难道他们要航行到自己消失的那一天吗？或者要等到一切返航都不可能的时候？如果是那样，他们将成为毁灭自己的始作俑者。

而另一方面，难道他们不该关注自己的安全，在一切都还为时不晚的时候回头吗？谁还会责怪他们呢？哥伦布的任何投诉都没有分量，他是外国人，没有朋友，也没有影响。他的计划曾经受到学者们的谴责，遭到各阶层人士的反对。没有任何团体支持他，他的失败会让一大群眼睁睁地等着他失败的反对者幸灾乐祸。或者，阻止他投诉的一个行之有效的办法：他们可以把他扔进大海，然后发布消息，说他在忙着用自己的仪器观察星辰的时候掉到海里去了。这可真是一份让人毫不起疑、无懈可击的报告。

哥伦布并没有忽视船员们的反叛倾向，但他依然神态自若、沉着稳定，轻言细语地舒缓一些人的情绪，想方设法刺激部分人的骄傲与贪婪，公开恐吓那些不听话的人：如果他们胆敢做任何事情妨碍航行，那一定会受到重罚。

9 月 25 日，风向再次变得有利，他们得以恢复向西直航。

海面上风平浪静，船只比肩而行，哥伦布与马丁·阿隆索·平松就前者在三天前派人送到“平塔号”上的海图讨论了许久。平松认为，根据地图上的指示，他们应该已经进入了斯潘阁岛和舰队司令在那个位置标注的其他岛屿附近。哥伦布也有此意，但认为船舶可能受主潮流的影响而偏离了自己的航线，或者他们还没有走到领航员计算的距离。他希望把海图返还给他，而平松呢，将其绑在一个绳索的末端，扔到哥伦布的船上。当哥伦布、他的领航员以及几个经验丰富的海员正在一起研究地图，努力从中辨认出自己的实际位置时，他们听到“平塔号”传来一声叫喊。抬起头来时，看见马丁·阿隆索·平松登上船尾喊着：“陆地！陆地！先生，我要我的奖励！”他边喊边用手指着西南方向，在那个方向约25里格的地方，确实显现出了陆地的面貌。见此情景，哥伦布一下跪倒在地，感谢上帝。马丁·阿隆索也不断重复着赞美诗《荣耀归于主》，他的船员和舰队司令的船员也一起念诵赞美诗。

船员们登上桅顶或爬上索具，睁大眼睛使劲地往所指的方向看。越来越多的人相信那个方向有陆地了，大家实在无法控制自己的喜悦，以至哥伦布发现有必要偏离他一贯的航线，坚持通宵向西南方航行。可是，曙光终结了他们所有的希望，那不过是一场梦而已。那片幻想中的陆地结果什么也不是，不过是傍晚的云团，一夜之间便消失得无影无踪。他们心情沉重地再次恢复西行，要不是为了顺从他们嚷着要去那里的愿望，哥伦布绝不会改变自己的航线。

一连数天，他们的航行都顺风顺水，大海静谧，气候温和宜人。海水非常平静，水手们情不自禁下海在船只周围游泳取乐。海豚开始多起来，飞鱼也在空中飞蹿，有的甚至掉到了甲板上。持续出现的陆地迹象转移了船员们的注意力，不知不觉地引诱他们前进。

10 月 1 日，按照舰队司令旗舰领航员的计算，自从离开加那利群岛以来，他们已经向西航行了 580 里格。哥伦布向船员们展示的是 584 里格，但是他私下的测算是 707 里格。第二天水草开始从东边飘向西边，第三天居然鸟儿都不见踪影。

船员们现在开始担心他们是在岛屿之间航行，鸟类已经从一个岛屿飞向另一个岛屿了。哥伦布也曾有类似的怀疑，但拒绝改变自己的西行路线。人们再次开始咕哝和恫吓，但在第二天，飞翔着的鸟类又开始光顾他们了，陆地的各种迹象开始多到不计其数，人们的心态已经从意志消沉过渡到自信的期待。

由于渴望获得承诺的津贴，船员们不断叫喊着陆地，哪怕是最不具备特征的形状也会惹来喊叫。为了制止这些让人持续产生失望的错误预报，哥伦布宣称，如果任何人发出这样的通告之后，陆地不能在三天之内发现，那么他将随之受到惩罚，被剥夺申报奖金的权利。

10 月 6 日晚上，马丁 • 阿隆索 • 平松开始对目前的航线失去信心，建议他们朝着偏南方向前进。但是，哥伦布仍然坚持向西直行。

注意到他与船队中像平松这样重要的人物之间观点有异，同时又担心偶然发生的事情或什么计谋可能让船队失散，他下令，假如任何一艘船与他分开，都必须向西航行，并必须努力尽快重新归队；另外，他还要求所有船只在日出和日落时分都要保持在他的旗舰附近，因为这些时候的大气状态最有利于发现遥远的陆地。

10月7日早上日出时，舰队司令的几个船员认为他们看见了西边的陆地，但是由于非常不清晰，没有人敢大胆宣布，以免弄错了，失去获得奖励的所有机会。不过，“尼娜号”的船况较好，便向前挺进，以确定是否属实。过了一会儿，“尼娜号”的桅顶挂起了旗帜，并鸣放了一枪，这是预先约定的发现陆地的信号。新的喜悦唤醒了这支小舰队，每双眼睛都转向了西边。然而，随着他们走近，他们建立在云端之上的希望消失了。傍晚时分，幻想中的陆地重新融入了空气之中。船员先前有多兴奋，现在就有多沮丧，但是新的情况又让他们振作起来。哥伦布观察到成群的小种鸟朝西南方向飞去，便得出结论，这些鸟必定是周边有陆地的确证，因为鸟儿可以在那些地方找到食物和栖息之处。他知道，葡萄牙航海人十分重视鸟类飞行的轨迹，正是循着鸟儿的飞行，他们才发现大部分岛屿。他现在已经航行了750里格，在他的计算中，这应该是找到斯潘阁岛的距离，既然该岛还没有出现，他很可能因为纬度方面的一些错误而错过了该岛。因此，10月7日晚上，他决定改变航向，朝着鸟类普遍飞往的西南偏西方向前进，并朝着这个方向至少航行两天。毕竟，该航向没有太偏离他的主航线，而且，这样既能迎合平松兄弟的心愿，也能激励他的一干追随者。

他们朝这个方向连续航行了三天，而且他们走得越远，陆地迹象愈加频繁而令人振奋地出现。飞翔的小鸟颜色迥异，有的像在地里那样鸣唱着，在船只周围飞来飞去，然后继续飞向西南方，甚至夜间也能听见鸟儿飞翔的声音。金枪鱼在平静的海面上嬉戏，他们还看见了一只苍鹭、一只鹈鹕和一只鸭子，都朝着同一个方向飞翔。船边漂过的植物新鲜葱绿，似乎才离开陆地，而空气呢，哥伦布观察到，如同塞维利亚 4 月的微风那么甜蜜芬芳。

可是，船员们把所有这一切都视为诱骗他们走向毁灭的众多错觉。待到第三天晚上，他们眼瞅着太阳落下之后仍然是无边无际的地平线时，突然爆发了激烈的吵闹。他们厉声斥责，反对如此固执、玩命地在无边的大海上航行。他们坚持要掉头回家，放弃这令人绝望的远航。哥伦布尽力柔声细语地安抚他们，并承诺给予大回报。当他发现自己是在火上浇油，便以一种坚决的口气告诉他们，咕哝抱怨没有用，探险队是奉君王之命去寻找印度地区，无论发生什么，他都决心坚持下去，直到在上帝的祝福下，他完成这项壮举为止。

哥伦布现在与他的船员公然对抗，他的处境变得很危急。幸运的是，附近有陆地的显示在次日变得不容置疑。除了大量新鲜的水草，诸如生长在河流中的品种，他们还看到了一种在岩石周围生长的青鱼；然后是一支最近才从树上掉下来、长着浆果的荆棘从他们身边漂过；接着他们捡起了一根芦苇、一块小木板，其中最重要的是一件有人工雕刻的物品。现在，所有阴霾和叛逆都被乐观的期待取而代之，一整天，所有眼睛都在焦急地观望，希望自己能第一个发现寻找已久的陆地。

到了晚上，根据舰队司令旗舰上一成不变的规矩，水手唱了《圣母颂经》，或者歌颂圣母马利亚的晚祷歌，随后哥伦布向船员们发表了感人的演说。他指出，上帝已经显示了对他们的恩惠：用轻柔的顺风指引他们穿过宁静的海洋，不断用新鲜的迹象振作他们的希望，并在他们恐惧日盛的时候增加新迹象，从而引领他们、指导他们到达应许之地。现在，他提醒他们，记住他在离开加那利群岛时发出的命令：在向西航行 700 里格之后，午夜起他们将不再航行。目前的情况使得这样的谨慎很有必要。他认为有可能在当天晚上他们就能发现陆地，因此，他下令在船头安排一个警觉的瞭望员，承诺除了君王奖励的津贴以外，他会给任何发现者做一件天鹅绒的紧身短上衣。

一整天都微风习习，海面显得比以往更辽阔，他们取得了很大进展。日落时分，他们再次调头向西，并以极快的速度乘风破浪。“平塔号”性能优越，一直保持领先。船队洋溢着无比生动的热烈气氛，那一夜没有人合过眼。随着夜幕降临，哥伦布站在自己旗舰船尾那高高的塔楼或船舱顶上，眼睛沿着朦胧的天际线扫视，坚持紧张不懈地观察。大约 10 点，他认为自己看见一丝亮光在极远的地方闪烁。由于担心自己的热切渴望可能会自欺欺人，他叫来佩德罗·古铁雷斯，国王寝宫的一位绅士，问他是否看到了这样的亮光，后者做出了肯定的答复。由于怀疑那亮光仍然属于某种妄想的错觉，哥伦布又叫来塞哥维亚的罗德里戈·桑切斯问了同样的问题。但是，待到后者登上船尾小屋的时候，那亮光却消失了。随后，他们又看到过一两次突然出现和移动的亮光，就好像是一位渔夫船上的火把，随着波浪起伏而忽升忽降；又或者是岸上某人手持火把挨门串户，那亮光便随着他挨家挨户的走动忽上忽下。这些亮光转瞬即逝，非常不确定，几乎没有人会予以重视，但是，哥伦布认为它们是陆地确凿无疑的迹象，而且，这片土地有人居住。

他们继续航行，凌晨两点，“平塔号”传来一声枪响，这是发现了陆地的欢乐信号。最先看见陆地是一位名叫罗德里戈·德·特里亚纳的水手，但是后来奖励判给了舰队司令，因为是他先看见了亮光。此时，两里格之外的陆地现在已经清晰可见，于是他们把船帆收起来，焦急地等待天亮。

在这短暂的等候时刻，哥伦布一定是心潮澎湃、思绪万千。历尽千辛万苦、渡过重重危难，他终于实现了自己的目标。海洋巨大的奥秘被揭开了，他那曾经被圣人们嗤之以鼻的理论成功地建立起来，他已经能够确保自己的光辉与这世界一样永存了。

很难想象这样的人在此时此刻的心情，或者面对前方那片还笼罩在黑暗之中的陆地时，他脑海里那些蜂拥而至的揣测。根据其岸边漂过来的植物来看，那里显然土地肥沃。他还认为，自己已经感知到了芳香植物林的香味。他看见的移动亮光证明那里有人居住。但是，那里的居民是怎样的呢？他们与地球上其他地方的居民长得相像吗？或许他们是某类陌生而怪异的种族，如同那个时代容易对所有遥远和未知区域产生的想象中的一样吗？莫非他是来到了印度海深处某个荒僻的岛屿吗？或者这就是那个著名的斯潘阁岛，他那黄金梦的目标？诸如此类的猜测一定成千上万地涌上他的心头，他与自己那些着急的船员一样，等待着夜晚的过去，想知道晨光揭开的是一片野蛮的荒野，还是照亮一片香料树林和闪闪发光的神庙、金碧辉煌的城市以及东方文明所有的美妙景象。

卷四

哥伦布在新世界的首次登陆；在巴哈马群岛巡航；发现古巴并绕岛环行；进一步沿古巴海岸绕行；寻找猜想中的巴布丘岛——“平塔号”脱逃；发现伊斯帕尼奥拉岛；沿着伊斯帕尼奥拉岛海岸航行；海难；与当地人的交易活动；修建纳维达德要塞；纳维达德要塞的管理规定——哥伦布起航返回西班牙

第一章

哥伦布在新世界的首次登陆

星期五早上，即 10 月 12 日，哥伦布第一次看见了新世界。天刚破晓，他的眼前出现了一个平坦的岛屿，该岛方圆几里格，岛上覆盖着树木，像一个绵延不尽的果园。尽管显然是未开化的样子，但是人口众多，因为居民从树林的各个方向涌出朝着海滩跑来。他们完全赤身裸体，而且，当他们站在那里凝视船队时，从其态度和姿势来看，他们惊讶得不知所措。哥伦布发出信号要求船舶抛锚，让小船载人并武装起来。他进入自己的小船，身着华丽的猩红色服饰，举着皇家旗帜。而马丁·阿隆索·平松和他的兄弟维森特·亚涅斯则稍微靠后，共同在他们的小船上等候，两人各自手上举着一面本次航海的旗帜，上面饰以一个绿色十字架的纹章，两侧的字母分别是 F 和 Y——卡斯蒂利亚王国国君费尔南多（或斐迪南）和伊莎贝拉的首字母，最顶上是王冠。

当他向岸边靠近时，作为一个乐于接受各种各样愉悦观感的人，那纯净柔和的空气、水晶般透明的海水、异常美丽的植物等都让哥伦布兴奋不已。他还看见岸边垂挂的树枝上结着不知名的果实。一踏上陆地，他就跪下来亲吻大地，眼里噙着喜悦的泪水感恩上帝。其余的人也纷纷效仿，他们的心确实也洋溢着同样的感激之情。然后哥伦布拔出剑，展示皇家旗帜，身边站着两个船长，还有罗德里戈·德·埃斯科韦多——船队的公证人，罗德里戈·桑切斯，以及所有登陆的人。他以卡斯蒂利亚两个君王的名义，郑重地占领该岛，将其命名为圣萨尔瓦多。履行了必要的形式和仪式之后，他要求所有在场的人宣誓服从他，作为舰队司令和副王，他代表着两个君王本人。

船员们的心中此刻迸发出最热烈的狂喜。他们才把自己当作是牺牲品，正匆匆走向毁灭；现在他们都将自己看作是命运的宠儿，任由自己纵情欢乐。他们热情洋溢地围拢在舰队司令身边，一些人拥抱他，一些人亲吻他的手。那些在航程中最难制服和最躁动不安的人现在变成最忠诚和最热情的人。有些人恳求他帮忙，仿佛他已经荣华富贵加身。许多卑鄙的灵魂，那些曾经对他傲慢无礼而激怒他的人，如今蜷缩在他的脚下，乞求原谅他们给他带来的一切麻烦，并保证将来会绝对服从。

黎明时分，岛上的原住民就看见船只在他们海边徘徊，他们便猜测那些东西是夜间从海洋深处冒出来的怪物。他们在海滩聚集，极为焦虑地观望着那些东西的举动。那些怪物绕道转航显然不费吹灰之力，船帆转换收叠，形似巨大的翅膀，这些都让他们充满惊奇。当他们看见西班牙人的小船靠近海岸，一些奇怪的生物穿着闪闪发光的钢铁或者不同颜色的服饰在海滩登陆时，他们惊恐地逃进了树林。但是，当发现那些东西既没有试图追逐也没有骚扰他们，他们便渐渐从恐惧中回过神来，带着极大的敬畏接近西班牙人，频频地俯卧在地，做出崇拜的样子。在举行占领仪式期间，他们一直胆怯而钦佩地盯着西班牙人，审视他们的肤色、胡须、闪亮的盔甲和华丽的服饰。舰队司令特别吸引他们的注意力，他那居高临下的身高、威严的神态、猩红色的衣服、其同伴对他的顺从等，所有这些都显示出他是指挥官。当他们进一步从恐惧中恢复过来后，他们开始接近西班牙人，触摸他们的胡须，检查他们的手和脸，欣赏他们白色的肌肤。哥伦布对他们的温顺和易于相信别人的单纯很满意，并且完全默许承受他们的详细审视，以其仁慈赢得了他们的心。他们现在认为那些船是从包围他们天际之外的水晶苍穹驶过来的，或者是乘着那些宽敞的翅膀从天而降，眼前这些神乎其神的生物是天空的居民。

西班牙人对岛上原住民的好奇也绝不亚于对方，因为这些人与他们之前见过的任何种族都截然不同。他们的外貌显示出这里既没有财富也没有文明的希望，因为他们完全赤身裸体，在身上涂着各种颜色。有些人涂抹的颜色仅限于在脸上的一部分、鼻子或眼睛周围，有的人则全身都涂满了，使他们的外貌看起来野性而奇特。他们的皮肤是黄褐色或者黄铜色，而且完全不长胡须。他们的头发不卷曲，直而粗糙，不像在同一纬度的非洲海岸最近发现的部落；部分人将头发剪短至耳朵上方，但是脑后有几绺长发披在肩上。他们的面容呢，虽然因为涂上颜色而显得模糊让其大为减色，但看起来比较悦目。他们长着高高的前额，眼睛非常漂亮。他们中等身材、体形匀称，大多数看起来都在三十周岁以下。这群人中只有一个女性，非常年轻，像她的同伴一样裸体，体形非常优美。

由于哥伦布认为自己登陆的岛屿位于印度的末端，他便按照一般称谓把原住民称为印第安人。在其大发现的真正性质被众人所知之前，大家普遍采纳这一称呼，并且，从那以后，一直用来泛指所有新世界的原住居民。

岛民友善、温顺。他们唯一的武器是长矛，矛尖用火进行了硬化，要么镶嵌了燧石，要么是鱼牙或者鱼骨。没有看见任何铁器，他们看起来也不熟悉铁质的属性，因为，当拔出剑来递给他们时，他们会毫无防备地从剑刃那端接过去。

哥伦布给他们分发彩色帽子、玻璃珠、铜铃铛以及其他小物件，如同葡萄牙人与非洲黄金海岸的民族打交道的惯例。他们急切地收下了礼物，把玻璃珠挂在自己的脖子上，极其满意自己华丽的装饰和铜铃铛的声音。西班牙人整日待在岸上，在经历了充满焦虑的远航之后，他们在岛上美丽的树林里消除自己的疲劳，很晚才回到船上，所见所闻让他们兴高采烈。

第二天早上，天刚破晓，岸上便挤满了原住民。有些人下水向船队游过来，另外一些则乘着他们称为“卡鲁”的小舟，这些小舟由一棵树挖空制作而成，能容纳一人或四五十人不等。他们用桨板巧妙地控制小舟，如果小舟翻了，他们会毫不在乎地在其周围游弋，仿佛其天性如此，能够极其灵巧地扶正独木舟，并用葫芦将其包装起来。

他们急于获得更多玩具和小饰品，显然并不因为这些东西到底有多大的价值，而是在他们眼里，任何来自这些陌生人手中的东西都拥有超自然的功效，因为它们来自天国。他们甚至捡起玻璃和陶器碎片，把它们当作宝贵的奖品。除了鹦鹉和棉纱，他们能用于交换的东西寥寥无几。他们驯养了大量的鹦鹉，棉纱也很充裕，愿意以 5 ～ 20 磅重的大棉纱球换取最微不足道的小玩意儿。他们还带来一种叫木薯的面饼，这是他们的主要食材，后来也成为西班牙人的重要食物来源。木薯饼由一种叫木薯的巨大根茎制作而成，当地人在地里进行种植。他们将这些根茎切成小粒，再将这些颗粒磨碎或压碎，用一种夹具将其拉伸，做成宽薄饼，然后使之干硬，以便长期保存，吃的时候再浸泡在水中。这种食物淡而无味，但是营养丰富。不过在准备这种食物时，从中挤出的水汁是一种致命毒药。另外还有一种木薯无此毒性，根茎可食，可煮、可烤。

发现者的贪婪很快就被当地人鼻子上的小金饰激发出来。后者欣然将其取下来交换玻璃珠和铜铃铛。双方都为这样的交易欣喜若狂，无疑都在欣赏对方的单纯。但是，由于黄金是所有从事大发现事业的皇家垄断目标，哥伦布严禁没有得到他明确指示的任何黄金交易。他对棉花交易也下达了同样的禁令，无论在哪里发现多少，所有买卖都属于王国。

他向当地人打听这些金子出自何处。他们用手指向南方，回答说在那边。按照哥伦布的理解，那边住着一个非常富有的国王，他所用的器皿都用黄金打造。他还了解到在南方、西南方和西北等方向都有陆地。最后提到的那个方向的人经常去西南方向寻找黄金和宝石，他们在途中经常袭击这些岛屿，并带走当地居民。

几个当地人还向他展示了自己与那些入侵者战斗时受伤的疤痕。

很明显，这些幻想的情报中很大一部分属于哥伦布方面的自欺欺人，因为他陷入了想象的符咒，让每个目标都具有自己的形状和颜色。他相信自己已经来到马可·波罗所描述的岛屿之间，这些岛位于契丹对面，在中国海上。他把一切解释都与那片富裕地区的描述相吻合。因此，当地人言及的来自西北方向的敌人，他将其认定为亚洲大陆的人，是鞑靼大可汗的子民；那个威尼斯旅行者描述他通常向那些岛屿开战，奴役岛上的居民。其南面盛产黄金的国家，不是其他，必定就是著名的斯潘阁岛。而那个使用金质器皿的国王，一定是那位拥有辉煌城市和灿烂宫殿的国君，他的屋顶上盖着金块，马可·波罗就是用如此华丽的辞藻对其加以赞美。

哥伦布首次踏入新世界的那个岛屿被当地人称为瓜纳哈尼。它至今仍然保留哥伦布取的名字圣萨尔瓦多，但是英国人将其称作卡特岛（猫岛）。他在登陆的前一天晚上所见到的亮光也许是在华特林岛，它位于东边几里格的地方。圣萨尔瓦多是卢卡约群岛或巴哈马群岛系列岛屿中较大的一个，其走向为东南和西北，从佛罗里达海岸到伊斯帕尼奥拉岛，包括古巴的北部海岸。

10 月 14 日早上，舰队司令在破晓时乘着船队的小船动身去侦察该岛，直接向东北方驶去。海岸四周环绕着一道岩石暗礁，里面的海水深度和宽敞的海港足以接纳所有基督教国度的船舶。入口处很窄，里面有几个沙滩，海水平静如池水。

岛上看起来到处树木森森、溪流淙淙，中央有一个大型湖泊。

小船一路前行，途经两三个村庄。村里的居民，无论男女，都跑到岸边、扑倒在地，举起手，眼望天空，不是感谢上苍，就是把西班牙人当作某种超自然生物进行膜拜。他们与船并行奔跑，追着朝西班牙人喊叫，打手势邀请他们上岸，为他们提供各种水果和盛满水的容器。当他们发现船队继续航行，许多人便跳入大海，游着尾随小船，有的人则划着独木舟追赶。舰队司令友善地接待了他们所有人，送给他们玻璃珠和其他小玩意儿，他们无不大喜过望地收下，将其视为来自天上的礼物，因为这些野蛮人坚定不移地认为白人来自天上。

就这样，他们一路兼程，最后来到一个小半岛。此地也许只需要两三天的工夫，就可能将其与大陆隔开，让海水环绕，因此，哥伦布将其指定为要塞的绝佳位置。半岛上有六个印第安小屋，房屋四周的果园和花园像卡斯蒂利亚的一样美丽。此时水手们划船已经疲惫了，而该岛在舰队司令的眼里也没有展现出足够的重要性，他无意于将其变为殖民地，于是，他返回船队，随同带走了七个原住民，他希望他们能够学会西班牙语，以后担任翻译。

储存部分木材和淡水之后，他们当天晚上就离开了圣萨尔瓦多岛。舰队司令迫不及待地想到达富裕的南方地区，自以为能证明那就是著名的斯潘阁岛。

第二章
在巴哈马群岛巡航（1492）

离开圣萨尔瓦多时，哥伦布一时竟然不知道自己该去哪里。岛屿数量众多，个个葱绿、平坦、肥沃，从不同方向向他发出邀请。他船上的印第安人比画着暗示他，这里的岛屿数不清，而且岛上人口稠密，彼此处于交战状态。他们提到的名字有100个以上。哥伦布现在已经不再有任何怀疑，确认自己正置身于马可·波罗所描述的群岛之中，这些岛屿远离大陆，分布在秦或中国那浩瀚的大海上。根据那个威尼斯人的描述，岛屿的数量多达七八千；岛上盛产药材、调味料和香料树，还有金、银和其他许多珍贵的商用物品。

在探索那个富庶岛屿念头的驱使之下，他选择了在视线范围内最大的岛屿作为下一站。那个岛看起来大约5里格的距离，船上那几个印第安人让他明白那里的原住民比圣萨尔瓦多的居民富有，他们戴着金手镯、金脚环和其他大量的黄金饰品。

夜晚来临，哥伦布下令顶风停船，因为船队在这些未知岛屿之间航行比较艰难、危险，而且，他害怕在黑暗中冒险登陆陌生海岸。早上，他们再次起航，但是遇到了逆流，直到日落时分，他们才在该岛抛锚。次日（16日）早上，他们上了岸。哥伦布举行了庄严的占领仪式，将该岛命名为圣马利亚-康赛普西翁。岛上居民的情况与圣萨尔瓦多如出一辙。他们表现出了同样的惊讶与敬畏，也同样温顺与单纯，而且，同样赤裸与赤贫。哥伦布没看到金手镯和金脚环或任何其他贵重物品：那些东西要么是他的印第安向导虚构出来的，要么是他自己的误解。

回到船上，正当他准备起航时，“平塔号”一位来自圣萨尔瓦多的印第安人跳入海中，游向一条满载原住民的大独木舟。轻快帆船放下小船去追他，但印第安人把自己的轻便小舟划得飞快，小船追不上，而且，他们靠岸后便逃到树林里去了。水手们便把独木舟作为奖品，回到自己的船上。不久，从该岛另外一处出现了一条小独木舟向船队中的一艘船靠近，舟上只有一个印第安人，他来的目的是想用一个棉花球换取铜铃铛。当他靠近大船停下、害怕上船时，几个水手跳入海中把他俘虏了。

哥伦布在高高的船尾仓里看到了发生的一切，便命令将俘虏带到他跟前。那印第安人害怕得发抖，谦卑地交出他的棉花球作为礼物。舰队司令极其仁慈接待了他，没有收下他的礼物，反而把一顶彩色帽子戴在他头上，将一串绿色珠子给他套在胳膊上，把铜铃铛挂在他的耳朵上，然后下令将他和他的棉花球重新放回独木舟，释放了他，这让他十分惊讶、大喜过望。哥伦布还下令把那条抢回来绑在“尼娜号”上的独木舟解开，让其物归原主。当那个印第安人回到岸边，他的同胞们簇拥着他，审视和欣赏他的华丽饰物，倾听他讲述自己所经历的友善待遇。

这就是哥伦布不断采取的温和、明智的预防措施，以便给当地人留下良好印象。船队离开康塞普西翁岛后又发生了一件类似的事情，那时船队打算前往西面几里格距离的一座更大的岛屿。在两岛之间的半道上，他们追上了仅有一个印第安人的独木舟。那人仅带了少量木薯饼和一葫芦清水作为航海储备，还有少许像龙血一样的红色颜料，以便在需要登陆的时候乔装打扮。他身上的一串玻璃珠是已经给过圣萨尔瓦多原住民的那种，这就表明他来自那里，很可能他是在岛与岛之间奔波、传递船队到来的消息。哥伦布很佩服这个纯朴的航海者的毅力，靠如此脆弱小舟进行如此大范围的航程。由于要去的那个岛还很遥远，他下令让那个印第安人及其独木舟都上船。在船上，哥伦布对他非常友善，请他吃面包和蜂蜜，还让他喝葡萄酒。天气非常平静，他们直到天黑得不能抛锚的时候才抵达那个岛屿，害怕岩石会割断他们的缆绳。这些岛屿周围的海水非常透明，他们白天可以看到海底，并据此选择船舶停靠的位置。海水很深，两个射程的距离都无法下锚。因此，他们把那位印第安乘客的独木舟吊下去，把他的所有财物归还给他，将他欢天喜地送上了岸，去让当地人准备他们的到来。同时，船队则顶风停下，直到清晨。

这类善举获得了预期效果。那一夜，当地人就乘着独木舟围绕在船队周围，给他们送来了水果、根茎和洁净的泉水。哥伦布在他们当中分发了小礼物，那些上了船的人就送糖和蜂蜜。

第二天早上登陆时，他将这个岛命名为费尔南迪纳，以示对国王的敬意，此岛即当今的埃克苏马岛。居民在各方面都与前面的岛民相似，但是他们似乎更机灵、更聪明。一些妇女披着斗篷、围着棉围裙，但更多的人完全赤身露体。他们居所的结构像亭子或高高的圆形帐篷，用树枝、芦苇和棕榈叶搭建而成。房屋非常干净整洁，以树冠伸展的树林为庇护。他们的床用两根木杆结网编织而成，称之为吊床，这个名字自此以后便在海员中广泛使用。

奋力环游小岛时，哥伦布发现，距离西北海角两里格的地方有个优良港湾，足以停泊 100 艘船，其出口处有个岛屿将其分割成两个出入口。在此，大家拎着木桶去寻找水源，哥伦布便在树丛的阴凉处稍事小憩，他说此地比他曾经见过的任何地方都更美丽："这个地区如同安达卢西亚的 5 月间那般，空气清新、草木葱绿；树木、果实、草本植物、花卉，甚至多数地方的石头都与西班牙的有着天壤之别，就像夜晚与白天的差别一样。"该岛居民的表现与其他岛民一样，证明他们根本不经常看见文明人。他们带着敬畏和钦佩看待西班牙人，尽管他们自己处于赤贫状态或者不如说是生活方式简单而自然，但是仍然力所能及、倾其所有来接近这些人。他们拿出自己地里和树林里结出的果实，还有棉花，这可是他们最贵重的物品，还有他们驯养的鹦鹉。他们带着那些去寻找水源的船员到最清凉的泉水旁，最甘甜和最新鲜的流水边，帮他们装满木桶，并帮着将其滚动到他们的小船上。他们就这样寻找各种途径取悦自己的天外来客。

然而，尽管这些原始的贫困状态可能会取悦诗人的想象力，却成为西班牙人不断失望的根源。黄金样本的缺乏，印第安人不断透露的关于黄金岛的信息，已经让他们的贪婪磨刀霍霍了。

10 月 19 日，他们离开了费尔南迪纳岛，朝着东南方向去寻找一个名为萨奥美托的岛屿。根据向导的手势，哥伦布的理解是那里有一个金矿，还有一位国王，他是周围所有岛屿的君王；国王住在一个大城市，拥有巨大的宝藏，穿着华丽衣服、戴着黄金珠宝。他们找到了那个岛屿，但是发现那里既无国君，也无金矿。无论是哥伦布误解了当地人的意思，还是当地人以他们自己的贫困程度来估量其他事物，均夸大了某些野蛮人酋长那微不足道的生活状态和零碎饰品的价值。然而，该岛令人愉快的景象让哥伦布宣称其景色超越其他所有岛屿。和其他岛屿一样，岛上覆盖着未知品种的树木、灌木和草本植物。气候同样温和，空气柔和芳香。这里陆地较高，有座秀美青翠的小山，透明的波涛轻轻冲刷着岸边的细沙。

在该岛的西南端，他发现了优质的淡水湖，湖边的树林枝丫悬垂在水面上，沿岸覆盖着茂盛的植物。他下令在这里将船上所有的水桶装满。“这里有大型湖泊，”他在日志里写道，“湖泊四周的树林非常神奇。在这里，以及所有岛屿的一切都是郁郁葱葱，好似安达卢西亚的 4 月间。鸟儿的歌声如此动听，似乎让人永远也不忍心离开。鹦鹉成群、遮天蔽日，其他大大小小的鸟类众多，其中多数与我们曾经见过的迥然不同，这一切实在美妙。除此以外，还有千余种树木，各有其特定的果实，全部都有奇妙的味道。所以，我在这个世界最大的麻烦就是不认识这些物种，因为我非常肯定，每一个物种都有极高的价值。我将带一些树木作为标本，当然还要带一些草本植物。”对于这个美丽的岛屿，他以自己的皇家赞助人伊莎贝拉的名字为名，此岛即当今的伊斯拉 - 拉尔加和埃克苏美塔岛。哥伦布一心一意要找到东方药材和香料，在接近这个岛的时候，他就认为自己已经嗅到了空气中据说是从印度洋岛屿上飘过来的辛辣味道。“当我来到这个海角的时候，”他说，“从岛上的鲜花和树木传来的香气如此芬芳温柔，真是世上最甜蜜的事物。我相信，这里的许多植物和树木在西班牙会很贵重，它们可以用来制作酊剂、药品和香料，但我对此一无所知，这点让我特别忧虑。”

这里的海域鱼类非常丰富，是这个新世界多数物类新颖特征的组成元素。这些鱼所具有的热带绚丽色彩堪与鸟类媲美，有些鱼类的鳞片像宝石那样折射出光芒。当它们在船舶周围游动时，透过清澈的波浪，可以看见它们发出璀璨的金光和银光。而海豚则让人赏心悦目，即使排除其自身元素，其色彩变幻也如同寓言故事所描述的变色龙。

这些岛上没有发现动物，但是有一种从来不吠、类似于兔子或野兔的狗，当地人称之为“乌蒂亚”，另外还有无数蜥蜴和巨蜥。后者是让西班牙人厌恶和恐惧的一个物种，视其为凶猛和含有剧毒的大蛇，但后来发现这些巨蜥完全无害，其肉还被印第安人奉为美味佳肴。

哥伦布在这个岛上盘桓了几天，徒劳地寻找其虚构的国君，或试图与他建立联系，直到最后时刻他才极不情愿地开始相信自己错了。但是很快，前一个妄想还没有消失殆尽，后一个已经接踵而至。西班牙人不断询问当地人所拥有的黄金出处这个问题，他们的答复都是不约而同地指向南方。哥伦布现在开始听说那个方向有个被称为古巴的岛屿，但是，他根据当地人的手势所收集到的关于那个岛屿的信息，都染上了他自己想象的色彩。按照他的理解，那个岛屿幅员辽阔，盛产黄金、珍珠、香料，他们用这些贵重物品进行广泛贸易，而且还有大型商船来往进行交易。

将这些错误描述与亚洲海岸进行比较，如同他根据马可·波罗的描述在其地图上进行的标注，他得出该岛必定是斯潘阁岛的结论，上述提到的那些商船必定属于大可汗，后者在这些海域一直保持着广泛的贸易往来。据此，他拟订了相应的计划，决定立即驶向该岛，让自己熟悉其港口、城市和物产，以便建立贸易关系。然后，他将寻找另一个名叫波希奥的大岛，当地人对该岛的描述同样精彩。他在这些岛屿的逗留时间将根据自己所发现的黄金、香料、宝石以及其他东方贸易物品的产量而定。此后，他将前往印度大陆寻找杭州城，这段航程应该在十天之内。根据马可·波罗的描述，杭州是世界上最壮丽的都城之一，他将在那里把卡斯蒂利亚君主的国书亲自递交给大可汗，等到他收到大可汗的回函，他将拿着这份文件洋洋得意地返回西班牙，以此证明他已经完成了这次航海的伟大目标。这就是哥伦布即将离开巴哈马群岛去寻找古巴岛之时，他心中所构思的满足其想象力的宏伟计划。

第三章

发现古巴并绕岛环行（1492）

连续数日，哥伦布被逆风和静滞的大海所耽搁，不能出发，其间还遭遇了猛烈的阵雨。自从他来到这些岛屿当中，这样的骤雨不时肆虐一阵。此时是秋雨绵绵的季节，但是在那些炎热的气候里，夏天的炙烤仍然盛行，这种炽热大概始于 8 月下弦月开始之际，并一直持续至 11 月。

终于在 10 月 24 日午夜，他从伊莎贝拉岛起航，但是因为无风几乎被困至正午。后来微风乍起，而且，就在他观察之际，开始热烈地吹刮起来。每张船帆都张开了，他将船头对着西南方偏西的方向，因为他得知古巴陆地位于伊莎贝拉的那一面。经过三天航行，途经了一组有七八个小岛的岛群，他将其命名为阿雷纳群岛，据猜测，该群岛应该是如今的穆卡拉斯群岛。在横跨巴哈马海岸和海峡之后，他于 10 月 28 日上午驶入看得见古巴的地方。他首先发现的地方被认为是努埃维塔斯 - 普林西比岛以西的海岸。

随着向这座宏伟的岛屿靠近，他被其展示出的庄严、恢弘气象所震撼。岛上高耸入云的山脉让他想起西西里岛上的群山；这里的山谷土地肥沃，高贵的河流浇灌着狭长而平坦的平原；这里有雄伟的森林，有险峻的海角和伸展开去并消失在远方的海岬。他在一条美丽的河流上抛锚停泊，河水清澈透明，没有岩石和浅滩，两岸树木悬垂。他在此登陆并占领了该岛，将其命名为胡安纳，以示对王子胡安的敬意；给那条河流取名圣萨尔瓦多。

船队抵达的时候，岸上有两条独木舟离岸，但是见到前往探测河水深度以便停船的小船靠近时，独木舟迅速逃离了。舰队司令参观了两间被其居住者遗弃的小屋。屋里仅有少量渔网和其他一些捕鱼工具，渔网是用棕榈树纤维、骨头鱼钩和鱼骨叉等制成；他还遇见了在其他较小的岛屿上见过的那种狗，它们从来不吠。他下令对屋里的东西保持原样，什么都不许带走。

回到自己的小船后，他沿河上行了一段距离，越来越沉醉于此地的美景。两岸树木参天、枝繁叶茂，有些树上果实累累，有的枝头鲜花盛开，而在一些树上则是果实与花朵并枝，显示这里植物的丰饶永远在轮回。其中棕榈树众多，但是其品种与西班牙和非洲的有差别，当地人用其巨大的叶子来盖自己的小屋顶。

哥伦布对这个地区的美丽赞不绝口，可在他所见到的风景里找到依据。在如此快速变化而热烈的气候条件下，植物异彩纷呈、种类繁多、茂盛华美。碧绿的树林、姹紫嫣红的鲜花和盛开的花朵，在透明纯净的空气和深邃宁静的蔚蓝天空中显得特别鲜艳生动。森林也是生机盎然，羽毛绚丽的各种鸟类成群结队。色彩斑斓的鹦鹉和啄木鸟在翠绿的树林中亮光闪闪，蜂鸟在花丛中流连忘返，就好像一直被人传颂的，仿佛是一道灵动的彩虹微粒。透过森林开阔处，可以瞅见远处热带稀树草原上猩红色的火烈鸟，它们看起来好似在军营集合的士兵，还有一只高级侦察鸟在担任警戒，一旦有任何危险迫近便会发出警报。每一种植物上居住的各种昆虫部落也美丽异常，在这个生机勃勃的自然世界里一点也不比其他物种逊色，其灿烂的甲胄像宝石一样光彩夺目。

这就是生长在这些热带气候的动植物所创造的美妙景象，在这里，如火如荼的太阳将自己的光彩洒向每一件物体，加快大自然进入旺盛繁殖的速度。一般情况下，鸟类的音调并不悦耳，因为已经有人观察到，在飞禽当中，歌声甜美的鸟类极少拥有漂亮的羽毛。但是，哥伦布注意到，树林中歌声婉转的鸟儿种类繁多，并时常误认为听到了夜莺的歌声。其实，那种鸟类在这些地区尚未所知。实际上，他沉浸在一种看什么都顺眼的心态之中。他的心中百感交集，享受着希望得以实现的满足，以及虽然来之不易却足以值得其千辛万苦的荣耀奖赏。他以发现者那种迷恋和狂喜的眼光看待身边的一切，既带着胜利的欢欣，也交织着赞赏。在探索那个靠自己的进取心和英勇才获得的处女世界的魅力之时，很难想象他当时那种欣喜若狂的情感状态。

从他对美丽景色的赞不绝口以及他从田园声响和事物中获得的显而易见的愉悦可以看出，他非常乐意接受大自然的这些恩典和奇观对某些灵魂所产生的快乐影响。他以其特有的热情讲述了这些感受，同时又像孩童的文辞那般拙朴天真。当谈及小树林中某个可爱的场景或那些令人喜爱的岛屿那花团锦簇的海岸之时，他说："人们可以在这里住上一辈子。"古巴像一个极乐世界一样突然映入他的眼帘。"这是眼睛所能见到的最美丽的岛屿，"他说，"密布着优良的港口和深深的河流。”这里的气候比其他岛屿更温和，晚上不冷也不热，鸟儿和蟋蟀整夜歌唱。事实上，热带地区的夜晚有一种美丽，在深蓝色的天空深处，星星闪烁着的纯净柔和光辉，与清澈亮丽的月光辉映着，遍洒在丰富多姿的风景和香气袭人的树林之上，较之白天的辉煌壮丽，更有一种撩人心魄的魅力。

树林的清香和花朵的芬芳让哥伦布产生幻象，仿佛嗅到了东方香料的香气。在海边，他发现了那种生产珍珠的牡蛎贝壳。从那些直接生长在海水边的青草，他推断冲刷这些岛屿的海洋非常安宁，从来没有任何愤怒的巨浪鞭笞过这些海岸。自从来到安的列斯群岛以来，他所经历的天气都非常温柔平和，他由此得出结论，笼罩在这些幸福海洋上的气候永远安详宁静。他几乎毫不怀疑，它们偶尔也会爆发出阵阵狂怒。夏洛瓦通过实际观察之后评价道：“这些岛屿四周的海面通常比我们的海洋更加平静，但是，就像有些人遇到困难就会兴奋，他们表达激情的猛烈程度会如同此种情形发生的概率一样罕见，所以，当大海被激怒时，它是可怕的。它会冲破所有界限，在陆地上泛滥，横扫一切拦路的障碍，留下骇人的破坏痕迹，以显示洪水肆虐的程度。正是在这些名为飓风的暴风雨之后，海滩上才覆盖着海洋里的贝壳，其光泽和美丽程度大大超过在欧洲海洋岸边发现的那些。”但是，这是一个奇异的现象，几乎每年都会肆虐巴哈马群岛以及古巴附近其他岛屿的飓风，其影响力却很少波及这片幸运之地。看起来似乎随着飓风迫近该岛，其狂暴的要素也因为受到诱惑而变得温柔起来。

在一种类似于想象力爆发的状态中，哥伦布发现自己每走一步，都找得到某种证实他从当地人那里获取的或者是他自认为从当地人那里获得的信息。他认为自己掌握了确凿证据，证明古巴拥有金矿和香料树林，其海岸还盛产珍珠。他不再怀疑，这就是斯潘阁岛。于是他拔锚起航，贴岸西行。根据译员的手势，此地国王的宏伟都城就坐落在那个方向。航行途中他偶尔登陆，走访了几个村庄，特别是一个坐落在一条大河边的村子，他给那条河取名为里约-马雷什。村子里的房屋都用棕榈树枝整齐地建成亭子的样式，街道的布局并不规整，房舍东一处、西一处地散落在树林中和枝繁叶茂的树荫下，像一个营地的帐篷。如今在古巴内陆的一些村庄，许多西班牙定居点的住宅依然是这种情形。里面的居民已经逃往山区或藏在树林里。哥伦布仔细地观察了他们住宅的建筑和家具。这些房子是他到目前为止所见当中建设得最好的，并且打理得非常干净。他在屋里发现线条粗笨的雕像、木制面具，这些东西的雕刻颇具匠心。所有这些迹象表明，这里比他在那些较小的岛屿上所观察到的更加艺术和文明，他猜测随着他走近陆地，这种迹象还应该有所增加。他发现所有小木屋都有捕鱼工具，便由此得出结论，这些海边仅有渔民居住，他们将自己捕捞的鱼带到内陆城市。他还认为自己找到了牛的头盖骨，以此证明岛上有牛，但是此物应该是在这些海岸边发现的马纳蒂或小海牛的头骨。

朝西北方向航行一段距离后，哥伦布看见了一座庞大的岬角，根据上面生长着的树林，他将其命名为棕榈树岬，那里形成通往今天被称为拉古纳-莫农的东部入口。在这里，“平塔号”上的三位印第安人，即瓜纳哈尼岛上的原住民，告知指挥官马丁·阿隆索·平松，在那个岬角后面有一条河，从那里出发仅需要四天的旅程就能抵达古巴南坎，一个盛产黄金的地方。凭着这一点，他们在古巴中心指定了一个省——南坎，即当地语言所指的“正中心”。然而，平松专注地研究过托斯卡内利的地图，吸收了哥伦布关于亚洲海岸的所有想法。因此，他得出结论：印第安人谈论的是忽必烈汗，鞑靼国的君王，马可·波罗曾经描述过他的部分领土。他从印第安人那里了解到，古巴不是岛屿，而是陆地，且幅员辽阔，一直延伸到北部，而统治周围地区的国王正在与大可汗打仗。

平松立即将这一整套错误和误解的信息告知哥伦布。它立即终止了舰队司令沉迷至今的错觉，即这就是斯潘阁岛，但是其替代物同样令人愉快。他认定自己一定是抵达了亚洲大陆，或者是他定义为印度的地方，如果是这样，他就离曼吉和契丹不远了，那可是他远航的最终目的地。至于统治着这个邻国的那个国君，必定是某些东方国君的后裔，因此，他决定去寻找棕榈树岬后面的那条河，带着卡斯蒂利亚两个君王的一封推荐信，去给那个君主献上一份礼物。等到拜访那个君王的国度之后，他将前往契丹的首都，大可汗居住的地方。

然而，每次试图抵达那条讨论中的河流的努力均以失败告终。一个岬角连着另一个岬角，没有理想的抛锚位置，风向也转为逆风，天空开始显露恶劣天气的凶险威胁，他只好返回里约 - 马雷什河。

11 月 1 日，日出时分，哥伦布派出小船上岸去拜访几间房屋，但是其居民逃到树林里去了。他推测他们必定误以为自己是大可汗派去巡航远征的军队，要把他们抓去当囚犯和奴隶。下午，他再次派出小船带着印第安译员上岸，他指示译员向当地人保证：西班牙人是爱好和平、用意良善的民族，他们与大可汗没有关系。那个印第安译员在船上向海滩上的野蛮人宣布了这个信息，毫无疑问，其中的部分意思让他们感到极为困惑，之后，他便跳入水中游到岸边。他深受当地人欢迎，而且非常成功、有效地打消了他们的恐惧，当天黄昏，就有超过 16 支独木舟划到船队周围，带来棉纱和其他一些用于交易的小物品。除了黄金，哥伦布禁止交易其他任何东西。也许只有这样，才能诱惑当地人交出自己国家的真正财富。可是，他们什么也不能提供，所有人都没有那种贵重的金属饰品，仅有一人的鼻子挂着一件银饰。哥伦布从这个人那里获悉，国王住在离此地大约四天路程的内地；他说已经派出许多信使去告诉他有陌生人在此地上岸的消息；他说，不出三天时间，信使们就会随同众多客商从国王那里返回，与船队进行贸易。留意哥伦布的想象力是怎样步步为营地欺骗他本人的真是奇妙，而且，他是如何将所有线索编织成为由虚假结论构成的统一网络的呢？他聚精会神地钻研托斯卡内利的地图，参照自己航行的测算，仔细思考曲解了的印第安人的话，他想象出自己必定到了契丹的边界，而且，离大可汗的都城大约 100 里格。他急于赶到那里，尽可能减少在一个下属君主的领土上耽搁的时间，决定不再等待信使和商人的到来，而是派遣两位特使去其住所寻找邻国的国君。

为了完成这个任务，他挑选了两个西班牙人，罗德里戈·德·赫雷斯和路易斯·德·托雷斯，后者是位皈依了基督教的犹太人，通晓希伯来文和占星术，甚至还懂一点阿拉伯语。哥伦布推测这个东方君王或许对其中某一项比较熟悉。他还派了两名印第安人做他们的向导，其中一位是瓜纳哈尼本地人，另一位是住在河岸小村庄的村民。两位大使带着珠串和其他小饰品作为旅途费用。他们的任务是向那个国王通报，哥伦布奉卡斯蒂利亚两个君王之命，前往送信和一件他准备亲自呈递的礼物，以便建立国家之间的友好交往。他们还要精确地了解某些省份、港口、河流的位置和距离，舰队司令根据自己所掌握的关于亚洲海岸的描述对此进行了具体规定。他们还另外携带了香料和药物标本，以确定该国是否大量存在那些物品。大使们带着这些东西和指令出发了，按照要求，他们应该在六天之内往返。今天，许多人会对此次使命嘲笑不已：居然向古巴内陆一个赤身裸体的野蛮酋长派遣大使，将其误认为是亚洲国君。可是，这就是本次航海的奇异特质，一系列持续的黄金美梦，全都可以在马可•波罗那部魅力十足的著述里找到解释。

第四章

进一步沿古巴海岸绕行

在等待派遣大使返回这段时间，舰队司令下令将船侧倾、修理，他自己则忙于收集有关该国的信息。那天他们离开之后，他乘着小船沿河上行了两里格，直到来到淡水区。他在这里登陆，爬上一座小山，瞭望内陆。然而，他的视线被茂密高耸的森林、充满野性但美丽丰饶的华美景象所遮挡。他认为这些树木中有的是沉香木，许多都气味浓郁，他毫不怀疑它们拥有宝贵的芳香品质。航海者一般都渴望找到在东方的适宜气候条件下生长的贵重商品，而且，他们的想象力不断受到自己的希望所欺骗。

两三天来，舰队司令处于兴奋之中，他不断接到报告通报发现了肉桂树、肉豆蔻和大黄，但经过检查后证明都是谬误。他向当地人展示了这些物种和其他香料与药物的标本，并从他们那里得知此类物品在东南方向很多。他拿出黄金和珍珠给他们看，几个年长的印第安人谈到一个国家，说那里人的脖子、手臂和脚踝都戴着这样的装饰品。他们反复提到“波希奥”这个词，哥伦布便猜测这是讨论中那个地方的名字，那里应该是某个富裕地区或岛屿。然而，这些描述混杂着巨大的夸张和不完整，他们描述了在远方的那个民族，那些人长着一只眼睛，还有的人长着狗头，他们是食人族——割断俘虏的喉咙、吸他们的血。

所有这些关于黄金、珍珠以及香料的报告，可能许多是为了讨好舰队司令而编造出来的，其目的是说服他相信自己是在东方富裕的海岸和岛屿之间。在生火加热沥青修理倾侧的船舶时，船员发现他们燃烧的木材发出一种强烈的气味，经检查之后便宣称那是乳香树脂。邻近的森林里盛产这种木材，其数量之多，让哥伦布自鸣得意地认为每年会收集到1000公担这种珍贵的香脂，远比从西奥斯和爱琴海群岛其他岛屿获得的数量更加充裕。在对这个植物王国进行研究的过程中，在寻找珍贵的商业奢侈品的时候，他们遇见了土豆，一种不起眼的根茎，那时几乎毫无价值，但是对于人类，此物远比获得的东方所有香料都珍贵。

11月6日，两位特使回来了，每个人都挤过来想听听关于这个地区内陆的消息，还有他们受命拜访的那个都城的君王情况。穿越12里格之后，特使一行来到一个有50幢房屋的村庄。那些房屋的造型与海岸边的形状差不多，不过是稍大一些。全村居民至少上千人。村民极其隆重地接待了他们，把他们带到最好的房子里，并将他们安置在看起来应该是椅子的物件上面，那种家具用单块木板按照四足动物的形状搭成。然后，他们为大使们提供了果实和蔬菜。在按照野蛮人的礼节和待客法则行事之后，他们便围着来客坐在地上，等候倾听他们说道来意。

那个以色列人路易斯•德•托雷斯，发现自己的希伯来语、占星术和阿拉伯语一点用处也没有，而那个卢卡亚译员只得承担起演说家的职责。他以印第安风格发表了一次常规讲话，在讲话中赞美了白人的力量、财富和慷慨大方。结束演讲之后，那些印第安人拥挤在这些奇妙生物身边，如同像往常一样，他们认为这些人是超人类。有些人触摸他们，检查他们的皮肤和衣服；有的人亲吻他们的手脚，表示服从和崇拜。过了一会儿，男性退出，女性继续重复同样的仪式。一些女性在腰间围了一圈网状棉花，多少有所遮掩，但是，一般情况下，男女均完全赤身裸体。他们当中似乎存在社会等级和阶层，还有一个有些权力的首领，而先前遇到的所有当地人当中，群体成员之间看起来完全平等。

那里完全没有黄金或其他贵重物品的影子，而当他们将桂皮、胡椒等香料标本给当地人过目时，居民们告诉他们，这附近没有发现这些东西，但在遥远的西南方有。

因此，那两位特使决定返回船队。当地人真心实意想诱使他们多停留几天，但是看到他们决意离开，一大批人便急着要与他们同行，想象着他们即将返回天空。然而，他们仅带走了一个主要人物及其儿子以及一个照看其儿子的佣人。

在回来的路上，他们第一次目睹了一种野草的用途，人类这种一时心血来潮的独创从此被转换成全世界的奢侈品，完全无视所有感官的对抗。他们看见几个闲逛的当地人手里拿着火把和用树叶包裹着卷起来的某种干燥植物，他们把那个树叶卷点燃一端之后，把另一端放进嘴里，不断地吸取、喷出烟雾。他们把这种卷起来的植物称作烟草，此后，这个名字便用来指制作烟卷的植物。虽然西班牙人随时准备好遇见奇迹，但是看着这种奇异、显然令人作呕的嗜好，他们还是惊奇不已。

回到船队后，两个大使极尽赞美之词地描述·了那个地方的美丽与丰饶。他们看见了许多由四五座房屋组成的小村子，大多人口密集；房屋隐藏在树林里，树上结满了色彩诱人、香味馥郁的不知名果实。房屋周围是田地，地里种着阿吉或甜椒、马铃薯、黄玉米或印第安玉米、某种类似于羽扇豆或豆类的植物，还有他们用来做木薯饼的木薯。地里种的这些植物与树林里的果实便是他们的主食。有大量种植的棉花，有的刚播种，有的已经充分长成。他们的屋子里也储存着大量棉花，有的纺成纱线，有的织成网，当地人就用这种棉纱网做成吊床。使团一行看到了许多长着罕见羽毛的鸟类，都是未知品种；还看见许多鸭子、几个小鹧鸪；西班牙人还听到一种鸟鸣，将其误认为夜莺。但是，他们的所见所闻都呈现出一种原始与朴素的社会状态。就西班牙人本身被当作是奇迹这一点已经清楚地表明，那里的人对文明人很陌生，他们也没听说任何内陆城市明显优于自己到访过的地方。

特使的报告终结了哥伦布关于那个野蛮君王及其都城的许多绚丽幻想。然而，他是在一片被施了魔法的地区游弋，这里的每一步开始都是令人愉快的痴心妄想，轮流对他的想象施展魔力。特使们外出期间，印第安人用手势告诉他东边有一个地方，那里的人们用火炬沿河两岸收集黄金，然后用锤子将其锻造成金条。谈到这个地方时，当地人再次使用了“巴布丘”和“波希奥”这两个词。照例，他猜测这两个词语应该是岛屿或国家的专有名词。关于这两个词语的真正含义有各种不同的解释。据说，印第安人用这两个词语指陆地的海岸，此外，他们还用另一个词“卡里塔巴”表示此意。也有一种解释称波希奥是房子的意思，印第安人经常以此词来表示人口稠密的岛屿。因此，这个词经常用于指代伊斯帕尼奥拉岛，与该岛更通用的名字海地（Hayti）一样，意即高地；根据其范围，偶尔也被称为基斯科亚（整体）。

这些和其他词语的误解，是哥伦布永久性错误的来源。有时他猜想巴布丘和波希奥表示同一岛屿，有时又认为两者分别指不同的地方或岛屿；而基斯科亚呢，他认为其意思是指马可•波罗曾经提及的奎赛或杭州（即天国之城）。

他的伟大目标是抵达东方某些富庶而文明的国家，他能与之建立商业关系，并将那里大量的东方商品作为本次大发现丰富的战利品带回国。季节在向前推进，凉爽的夜晚预示着冬天的临近，因此，他决定不再继续向北，也不打算在未开化的地方滞留。照目前的情形，他还没有殖民的途径，只好返回东南偏东方向，去寻找巴布丘，他相信在亚洲沿海能找到富裕文明的岛屿。

离开那条他命名为里约-马雷什的河流之前，他带走了几个当地人，准备把他们带回西班牙，意欲教他们语言，以便在未来的航海中担任译员。他带走的人当中有男有女，因为他从葡萄牙探险发现者那里得知，当有女性陪伴的时候，男人更容易满足于航海，在返程的时候更有耐性。带着当时那种宗教感情，他期待能让这些野蛮人的皈依、对当地人施行教化的手段展现信仰的伟大胜利和王国的荣耀。他猜想印第安人没有宗教系统，但是有接受其影响的性情，因为他们对西班牙人的宗教仪式表现出了极大的尊敬和重视，能很快就生搬硬套地重复任何教给他们的祈祷，并能以最有教化意义的虔诚画十字。他们对未来状态有想法，但存在局限和困惑。“他们承认灵魂不死，”彼得·马特尔说，“而且脱离了身体的包裹之后，他们想象着灵魂会飘往树林和群山，永远住在洞穴里，他们并不认为灵魂可以不吃不喝，而是应该在那里得到供奉。洞穴和空旷的地方能听到应答的声音，拉丁语系将其称为回声，他们认为这就是离去的灵魂，在那些地方飘荡。”

根据哥伦布自以为在这些人当中发现的自发诚敬的倾向、他们温顺的本性以及对所有战争技能的无知，他宣称，让他们成为教会虔诚的成员和皇家忠诚的子民是轻而易举的事情。他将自己的注意力用于思考把这些地方变成殖民地能够产生的优势，期待着大规模的黄金贸易，他认为该岛内陆必定盛产黄金；至于珍珠和宝石，虽然他现在啥也没见着，却不断听到相关描述；对于树胶和香料，他认为自己已经找到了不容置疑的线索；而棉花呢，野生的量已经足够庞大了。据他观察，许多这样的物品有可能找到一个比西班牙更近的市场，那就是大可汗的港口和城市，他毫不怀疑自己能很快就能到达那里。

第五章

寻找猜想中的巴布丘岛——“平塔号”脱逃（1492）

11 月 12 日，哥伦布将航向转至东南偏东方向，沿着海岸线往回走。这可能被认为是他航海的另一次关键性改变，这次转向对他后来的发现产生了重要影响。他在古巴和巴哈马群岛之间被称作古河道的航线上行驶了很远。大概再用两三天多一点的时间，他就会发现自己认为古巴是大陆一部分的那个错误，这个错误一直延续到他生命结束之时。他有可能曾经非常接近美洲大陆，并曾经朝佛罗里达海岸航行过，甚至被墨西哥湾流带去了那里，或者他在沿着古巴海岸专注地向西南方前进的时候，可能抵达过尤卡坦半岛对面的海岸，并会因此成为墨西哥的发现者而实现他最殷切的期待。然而，仅仅成为一个新世界的发现者，对哥伦布已经是足够的荣耀。那些更富饶的区域将留着为后继事业增光添彩。

现在，他沿着海岸航行了两三天，没有停下来进行探索，因为没有发现人口稠密的城镇或城市。途经一个他命名为古巴角的大型海角之后，他向东航行，试图寻找巴布丘岛。但在 14 日，一阵顶头风和狂暴喧嚣的海洋迫使他返回并停泊在一个安全的深水港湾，他将那里命名为波多 - 普林西佩港。在此，他在邻近一个制高点竖立了一个十字架，作为占领此地的标志。他花了几天时间乘着小船探索了附近一些小巧而美丽的岛屿组成的群岛，从那以后，此地便以埃尔哈迪 - 德雷或国王的花园著称。而布满了这些岛屿的海湾地区呢，他把它叫作圣母马利亚海。在现代，此地一直是海盗的潜伏地，海盗们在此处那些海峡和孤寂的港口找到了安全的庇护所和隐蔽处。这些岛屿上布满了高大的树木，西班牙人认为他们在这些树林里发现了乳香和沉香。

19 日，哥伦布再次出海，但是尝试两天都劳而无功。他们顶着逆风，抵达了正东方向约 60 英里远的一个岛屿，他认为那里应该是巴布丘。风向持续不利，大海显得粗暴狂野。到了 20 日晚上，他将船头转向，并发出信号让其他船跟着他，但是，已经东行很远的“平塔号”对他的信号熟视无睹。哥伦布反复发出信号，但是对方仍然没有任何回应。夜晚来临，他缩短了船帆，将信号灯悬挂在桅顶上，以为平松会过来和他会合。那时候对方是顺风，要过来很容易，但是，黎明破晓时分，“平塔号”却再也看不见了。

这种情况让哥伦布焦虑不安。平松是一位老练的航海家，在其航海伙伴中享有极高的地位。船队的大部分人员和物资都是因他的影响和努力才装配齐全，因此，他可以拒绝听命于哥伦布，也许他认为哥伦布在航海技术和知识方面并不比他强，而且还得益于他的财力资助。本次航行过程中，他们之间产生了几次误会和争吵，当哥伦布看见平松没有任何会合约定而就此分手，不由产生了怀疑：他认为平松要么打算单独行动，以自己的名义独自进行这项事业；要么是急着赶回西班牙，独吞发现的荣耀。然而，如果试着去找他，必然会无果而终：他早已不见了踪影，他的船性能比较优越，而且，根本就不可能知道他去了哪个方向。因此，哥伦布起航返回古巴，去完成对其海岸的探索。但是他的脑海不再拥有一贯的平静和统一的目标，由于怀疑平松的计谋，他的发现进程陷入了僵局。

11月24日，他回到了古巴角，并停泊在一条河口形成的良港里，他将此港命名为圣凯瑟琳。港口与富饶的草场接壤，周围的群山树木繁芜，松树的高度足可用作最好船舶的桅杆，还有雄伟的橡树。在河床中发现了含有金脉的石头。

哥伦布持续几天沿着余下的古巴海岸航行，一路上景色壮丽新奇、青翠碧绿，纯净的河流和无数宽敞的港口让他赞叹不已。他写给两个君王的一封信中谈到了一个地方，他将那里命名为圣港岛，并用朴实无华但热情洋溢的语言描述道："这条河非常舒适，水质非常清澈，甚至河底的沙子都可以看见。两岸棕榈树众多、形态各异，是我见过的最高、最漂亮的棕榈树，还有其他无数绿色高大树木。羽毛色彩丰富的鸟类和碧绿的田野让这个地区展现出如此妙不可言的美丽，呈现出最静穆的尊贵，其魅力与优美超过了所有其他地方，如同白天赐予夜晚的光泽。由于这个原因，我经常告诉我的人，虽然我努力向陛下呈现一个完整的描述，我的语言却不能表达全部真相，我的笔也不能对其进行描述。而且，这么美丽的景象让我一直沉醉不已，竟然不知从何说起。"

哥伦布认为海水清澈透明的原因是河水的洁净，实际上是位于这些纬度的海洋特点。有些岛屿四周的海水在风平浪静的天气里清澈见底，看起来就像一汪水晶泉。岛民们可以潜入四五英寻去寻找海螺和其他壳类水生物，这些在海面上就可以看得见。清新的空气和纯净的海水是这些岛屿最了不起的魅力。

为了证明那些巨型植物，哥伦布提到了用一截树干做成的独木舟的巨大尺寸。他看到其中一条独木舟能够容纳 150 人。在印第安人的住宅发现的物品当中，有一块蜡状物，他将其取走，准备呈现给卡斯蒂利亚君王。“因为有蜡的地方，”他说，“一定还有上千种其他好东西。”据推测，这是从尤卡坦半岛带来的，因为古巴居民不习惯收集蜡。

12 月 5 日，他抵达古巴东端，即他认为的亚洲东端，因此，他将其命名为阿尔法和欧米茄，意即开头和结尾。他现在非常困惑，不知道接下来该去哪里。如果他继续不停地沿着伸向西南方的海岸航行，可能会被带到印度更加文明和富裕的地区。但是，如果采取这条航线，他必须放弃寻找巴布丘的全部希望，印第安人现在说那个岛屿在东北方向，他们对那个地方的描述仍然精彩绝伦。这就是此次非凡远航之尴尬特征，面对展开来的一个崭新的未知世界，探索者竟不知如何选择，四面八方都有奇观和美丽在吸引他。在那里，无论他转向哪条道，都有可能抛下真正能够获利和令人欢喜的地方。

第六章
发现伊斯帕尼奥拉岛（1492）

正当哥伦布的船队在古巴东端的茫茫大海上不知何去何从之时，他看见东南方向的陆地随着航行逐渐扩大，其高高的群山清晰地耸立在地平线上，显示这是一个幅员辽阔的岛屿。看见此岛，印第安人惊呼“波希奥”。据哥伦布的理解，他们用这个词指盛产黄金的地方。当看到哥伦布朝那个方向航行时，他们表现出极大的恐怖，恳求他不要去拜访那里。他们比画着向他保证，那里的居民狂暴残忍，他们只有一只眼睛，并且是食人族。其时风向不利，而且夜晚还很长，在此期间他们不敢在这些未知海域上航行，这段距离在两天的登岛航行中占了很大一部分。在热带地区透明的大气之下，相距甚远都能看见物体，纯净的空气和湛蓝宁静的天空让此地的景色显得魔幻神奇。就是在这种有利的条件下，海地这个美丽的岛屿随着他们的靠近慢慢出现在他们眼前。岛上的山峦比其他岛屿上的山峰更高，岩石也更多，但是岩石峭立在茂密的森林之中。山势连绵，逐渐伸展为茂盛的平原和绿色的热带草原，而耕地的出现、夜晚众多的灯火、白天无数的烟柱，显示此地人口稠密。该岛在他们面前展现出了热带植被所有的灿烂景象，这是世界上最美丽的岛屿之一，也注定是最不幸的岛屿之一。

12 月 6 日晚上，哥伦布进入了岛屿西端的港口，并将此港命名为圣尼古拉斯，该名一直沿用至今。此港宽敞水深，周围长着高大的树木，许多树上果实累累。港口前方是一望无际的美丽平原，一条秀美的溪流贯穿其中。各处出现的独木舟数量表明，附近显然有大型村落，但是当地人看到船队就惊恐地逃离了。

哥伦布于 7 日离开圣尼古拉斯海港，沿该岛的北海岸绕行。这边是地势较高的山区，但也有绿色的热带稀树大草原和辽阔的平原。在一个地方，他们看见了一个富饶而令人愉悦的山谷，此谷深入内陆，位于两道山脉之间，看起来耕种水平很高。

一连数日，他们在一个被称为康塞普申的港口逗留，一条小河蜿蜒穿过一片怡人的地区后在这里泻入大海。岸边鱼类丰富，有的甚至跃入他们的小船。于是，他们撒网捕捉了大量的鱼，其中几种鱼类好似西班牙已有的品种—这是西班牙人首次遇到与自己家乡的品质类似的鱼。被他们误认为是夜莺以及其他几种他们已经熟悉的鸟儿所鸣唱的音调，让他们强烈地思念起遥远的安达卢西亚树林。他们认为此地周边地区呈现出了西班牙那些更美丽省份的特征，由此，舰队司令将其命名为伊斯帕尼奥拉岛。

哥伦布热切希望与当地人建立往来，但是他们在他到来的时候已经遗弃了岸边的居住地。于是他派遣六名全副武装人员深入内地。前去的西班牙人发现了好几处耕地和道路的痕迹以及生过火的地方，但居民已经出于恐惧逃进大山里去了。

虽然整个地方孤寂冷清，但是哥伦布借内陆必定有人口众多的集镇等想法来安慰自己，人们可能已经躲到那些地方去了。他看见的火堆是烽火信号，正如与摩尔人打仗的战争年代，每当沿海有任何入侵的时候，西班牙的山上就会点燃烽火报警。

12 月 12 日，在海港入口处一个居高临下的显眼之处，哥伦布极为庄重地竖立起一个十字架，表示占领了此地。当三位水手在附近闲逛的时候，他们看见了大批原住民，对方立刻飞快逃离，但是水手追赶他们，并抓获一名年轻女性，他们将她带回船队。她完全赤身露体，这对于该岛的文明程度是一个不祥的兆头，但是她鼻子上的黄金装饰品却让大家看到了此类贵重金属的希望。舰队司令很快就用自己的善良消除了她的恐惧，他送给她珠子、黄铜戒指、铜铃铛和其他饰品作为礼物，并让她穿上衣服，派了几个船员和那三个印第安译员把她送到岸上。她对得到的衣饰和所经历的待遇非常满意，以至更乐意与自己在船上发现的印第安女人待在一起。送她的那小队人深夜才返回船上，他们没有贸然进入她远在内陆的村庄。深信那个女人的报告会产生良好的印象，舰队司令第二天派遣了九名全副武装的勇敢者，动身去寻找那个村庄，陪同他们的是一个担任翻译的古巴原住民。他们在东南方大约 4.5 里格的地方找到了那个村庄，该村庄坐落在一个优美的山谷里，在一条美丽的河岸边。村里大概有上千座房子，但是当他们走近时，村民们已经逃离了。译员追上他们，向他们担保这些陌生人的善意，告诉村民们这些人来自天上，他们四处走动，分发珍贵美丽的礼物。得到保证之后，冒险回来的村民多达两千人。他们迈着缓慢的步子，战战兢兢地走近西班牙人，频频停下来把手放在自己头上，表示深深的崇敬和服从。这是一个体形良好的种族，他们比其他岛屿的原住民更美丽、更英俊。西班牙人通过自己的译员与他们交谈时，另一大群人由女俘虏的丈夫率领着走来了。他们洋洋得意地把她架在自己的肩膀上，她丈夫对她所受到的善意对待和赐予她的厚礼感激不尽。

印第安人现在把西班牙人领进自己的房子，在他们面前摆上木薯饼、鱼、根茎和各种果实。他们还带来了大量驯养的鹦鹉，真心诚意地让他们随便取用。流经此山谷的大河两岸与长满高大树木的森林接壤，林中有棕榈树、香蕉以及许多结满果实和开满鲜花的树木。气候温和，像 4 月的天气；鸟儿整天歌唱，有的甚至夜晚也不停歇。西班牙人尚未学会解释地球对立面季节的差异，在 12 月中旬听到他们认为是夜莺的歌声，让他们非常惊讶，并以此作为证据证明在此幸福的气候里没有冬天。他们带着对这个美丽地区的陶醉回到船上，讲述那里的美丽甚至超过科尔多瓦那丰美的平原。唯一让他们抱怨的是，他们在当地人中没有发现财富的迹象。在此，不可能不详述一番首批发现者对这个命运多舛的岛屿在白人到来之前的风土人情的描述。根据他们的叙述，海地人民处于一种原始野蛮的纯朴状态，一些哲学家喜欢将其描绘成地球上最值得羡慕的地方。这里被自然的恩赐所包围，全然不知人为的需要。肥沃的土地几乎无须耕种就能产出他们需要的食物，他们的河流和沿海渔产丰富，他们捕捉乌蒂亚、大蜥蜴以及各种鸟类。这些东西，对于他们那简朴和节制的生活习惯，实在是富足有余，而且，自然赐予的一切，他们心甘情愿地拿出来与全世界分享。我们得知，对他们而言，殷勤好客是必须普遍遵守的自然法则，完全没有必要知道谁是谁的援助者，每所房子都会为陌生人敞开，让其可以像自己的居所那样进出。在写给路易斯·德·圣安杰尔的一封信中，哥伦布也评价道："事实上，当他们感到自信，对我们的恐惧消失之后，他们对自己所拥有的一切非常慷慨，没有亲眼看见的人绝不会相信这一切。如果找他们要任何东西，他们从来不说没有，而是乐呵呵地把它递给你，并且就像要把心掏出来给你一样尽可能表示友好。无论你拿什么东西给予回报，无论是贵重还是廉价，他们都非常满足……在所有这些岛屿上，照我看来，男人们都满足于一个妻子，但他们却给酋长或国王20个。女人干的活似乎比男人多，我还一直不明白他们是否拥有个人财产，但是我宁愿这样想，无论一个人拥有什么，特别是一切食材，其余人都能分享。"

关于该岛居民，年老的彼得·马特尔的描述最让人满意。据他所言，那是根据舰队司令本人的谈话收集起来的。"土地对于这些人而言，"他说，"如同阳光和水一样普通。'我的'和'你的'，诸如此类所有祸害的种子，在他们当中完全没有地位。他们在如此幅员辽阔的地区，却仅需要这么少就能心满意足，他们拥有的是过剩而不是稀缺。因此，他们似乎生活在黄金世界，没有辛劳；生活在开放式的花园里，没有壕沟固守的屏障、没有分隔的树篱笆、没有防卫的城墙。他们真诚地对待彼此，没有法律、没有书籍、没有法官。他们把那些伤害他人取乐的人看作是魔鬼和坏人。虽然他们的快乐并不来自身有长物，但他们有未来的打算，例如增加用以做饼的根茎藏量，满足于这种简单的饮食，从而保持健康、免于疾病。”

这幅美好的画面很可能受到想象的渲染，却得到当代历史学家的普遍认可。他们不约而同地将这些岛民的生活描述为近似于充满诗情画意、快乐无比的黄金时代。在大酋长专制和家长式简单规则的统治下，他们没有骄傲、无所需求，国家富饶、气候怡人，自然随性、无忧无虑、悠然享乐。

第七章

沿着伊斯帕尼奥拉岛海岸航行（1492）

天气好转后，哥伦布于 12 月 14 日再度尝试去寻找巴布丘岛，但是再度受逆风所阻。在本次尝试途中，他拜访了位于康塞普申海港对面的一座岛屿，根据该岛海龟甚多的特点，他将其命名为托尔图加岛（龟岛）。当地人都能逃到岩石丛中和森林里躲起来，并沿着高地点燃报警的烽火。这个岛屿美丽异常，因此他将其中一个山谷命名为巴耶 - 德 - 帕拉伊索，或天堂谷，将一条美丽的溪流称作瓜达尔基维尔河，这是流经西班牙最美丽省份那条著名河流的名字。

12 月 16 日午夜，哥伦布再次驶向伊斯帕尼奥拉岛。在穿过将岛屿隔开的海湾途中，他察觉到有一条独木舟仅由一个印第安人驾驶。与上次的情景类似，哥伦布对此人的勇敢感到非常惊讶：居然敢于独自一人乘着如此脆弱的轻舟远离陆地，而且那么熟练地让小舟在水面上滑行，那时候海风强劲、海涛汹涌。他下令将那人和他的独木舟一起带上船，在伊斯帕尼奥拉岛海岸边—如今被称为波多 - 帕斯村附近抛锚，他将那人好好款待了一番，送上丰厚的各种礼物之后，将其送到岸边。

在与这些人的早期交往中，善意似乎从来没有失去过作用。这个印第安人与西班牙人前期登陆交往的那些人的讲述，消除了岛民的恐惧。友好交往很快就开始了，附近一个酋长也登船拜访。从该首领及其顾问那里，哥伦布进一步掌握了巴布丘岛的情况。根据他们的描述，那个岛就在不远的地方。该岛以后再也没有被提及，哥伦布似乎也没有进一步尝试去找到它的意图。古代海图中根本就不存在这个岛屿，很可能这是对印第安语言的无数误解之一，从而致使首批发现者进行了那么多无果而终的寻访。伊斯帕尼奥拉岛上的民族在哥伦布眼里比他已经见过的任何人都漂亮，而且他们性情温顺平和。他们当中部分人有黄金饰品，而且很愿意将其出售或者用来交换任何一件小玩意儿。该岛地形多样、分布合理，高高的山脉和青翠的山谷一直向内陆延伸，一眼望不到头。山坡很容易攀爬，即使最高的地方或许也能用牛耕种，而恣意生长的森林表明土壤肥沃。无数清澈美丽的溪流灌溉着山谷，许多地方看起来都可以耕种，适合种谷物、栽培果园和放牧。

被逆风困在该港口期间，有位年轻的酋长前来拜访哥伦布。他是由四名男子用一种类似于轿子的物件抬着来的，随行侍候的子民有 200 个。他赶到的时候，舰队司令正在进餐。年轻的酋长命令他的随从在外等候，他本人进入船舱，在哥伦布旁边坐下，不让后者站起来或举行任何仪式。只有两个长者与他一起进来、坐在他的脚下，两人看起来似乎是他的顾问。递给他任何吃的、喝的，他浅尝辄止，随后便递给自己的随从，神态极其庄重尊贵。他话语不多，他的两个顾问看着他的嘴唇，捕捉和传达他的想法。

晚饭后，他向舰队司令呈现了一条编织非常精巧的带子和两块金子。哥伦布给了他一块布、几颗琥珀珠子、彩色鞋子和一长颈瓶橙子花香水；他向那年轻的酋长出示了一枚西班牙硬币，上面有国王和女王的肖像，努力向他解释那两个君王的权力和气派；他还展示了皇家旗帜和十字架旗。但是用这些符号来传达任何明确的思想看起来都是劳而无功，无论怎样都不能说服那位酋长相信，地球上有个地区会产生如此这般奇妙的人和事。他也采纳了通常的说法，即西班牙人不是凡人，他们所谈论的国家及其君王必定生活在天空的某个地方。

傍晚时分，他们举行了盛大的仪式，将那位首领用小船送到岸上，并鸣响了一枚礼炮向他致敬。如同他来时一样，他坐在轿子里让人抬着离去，自己的一大群子民陪同随侍；他身后不远处是他的儿子，以同样的方式让人抬着、护送着；他的兄弟则被两个侍从搀扶着步行。他从舰队司令那里得到的礼物则被人得意洋洋地拿着走在他前面。

虽然当地人很乐意拿出他们所拥有的任何事物，但哥伦布他们在此地仅获得了少量金子。充满希望的地区仍然路途遥远，首领的一位老顾问告诉哥伦布，他很快就会到达盛产这种宝贵矿石的岛屿。离开此地之前，舰队司令让人在这个村子中央竖立了一个大大的十字架，根据印第安人乐意协助这件事以及他们盲从地模仿西班牙人祷告等行为，哥伦布推测，让他们全部皈依基督教将是一件很容易的事情。

12 月 19 日，他们天亮前就开船，但是风向不利，20 日晚他们在一个良港停泊下来。哥伦布将其命名为圣托马斯，此地可能是今日被称为阿库尔海湾的地方。环绕海湾周围的一片地区非常美丽，人口众多。居民们倾巢出动，有的划着独木舟，有的游泳，给哥伦布他们带来了各种未知品种、非常香甜可口的美味果实。这些以及他们拥有的其他任何物品，他们都免费赠送，尤其是他们的黄金饰品，他们看得出来，陌生人特别垂涎那种东西。这些民族惊人地坦诚和慷慨，他们没有任何交易的概念，自发慷慨地赠送一切。但是，哥伦布不允许他的人去占取这种洒脱天性的便宜，并下令任何东西都必须经过交换获取。附近几个酋长也来拜访了船队，并带来礼物，邀请西班牙人去他们村子，表示只要西班牙人登陆，就都会得到最殷勤的招待。

12 月 22 日，有一艘满载原住民的大独木舟来到船队，他们是奉一位极其重要、名叫瓜卡纳加利的大酋长之命前来，该岛那个片区都属于他的管辖范围。该首领的首席仆人随着独木舟到达，给舰队司令带来了一条用彩色珠子和骨头编织而成的宽大带子作为礼物，还有一个木制面具，面具的眼睛、鼻子、舌头均用黄金精心打造而成。首席仆人带来了那个大酋长的口信，恳求船队去他居所的对面，那里位于海岸以东稍远一点的位置。此时风向不利，船队不能立即接受这个邀请，舰队司令便派遣船队的公证员和几个船员一起去拜访大酋长。大酋长居住在河边的一个小镇上，他们把那地方称作彭塔桑塔，即今天的格兰德 - 里维耶尔。这是他们见过的规模最大、建筑最好的集镇。大酋长在一种类似于公共广场的地方接待了他们，那里已经为迎接客人进行了打扫和准备，并以极其隆重的礼节款待他们，送给他们每人一件棉布礼服。居民们簇拥着他们，带来各种各样的食物和茶点。他们把船员当作珍贵的客人迎进自己的屋子，送给他们棉服，以及在他们眼里任何有价值的物品；他们不求回报，但是如果给他们什么，他们都将其视为圣物一样珍惜。

大酋长原本打算留他们一整夜，但是他们不得不服从命令返回。临别的时候，大酋长把鹦鹉作为礼物送给他们，并给舰队司令捎带作为礼物的金块，成群的当地人护送船员们回到小船，拿着送给他们的礼物，争先恐后地为他们服务。

这批船员离开的时候，大量的独木舟和几个下属酋长来拜访舰队司令，所有人都向他保证该岛财富甚多。他们尤其谈到了一个名叫“锡瓦奥”的地方，内陆的一个区域，远在东部。那里的大酋长，就他们力所能及的理解，拥有黄金编织的旗帜。哥伦布，像往常一样，自欺欺人地认为“锡瓦奥”这个名字必定是斯潘阁岛的讹误，有着黄金旗帜的那个酋长一定是马可·波罗提到的那个岛上了不起的国君。

第八章

海难（1492）

12 月 24 日上午，哥伦布在日出前起航离开圣托马斯港口，向东航行，打算在大酋长瓜卡纳加利的海港抛锚停泊。风自陆地吹来，但是非常轻柔，几乎鼓不起船帆，船队艰难行进了一点距离。那天是圣诞节前夕，晚上 11 点多钟时，他们离酋长的住所还有 1 里格或 1.5 里格的路程。一直负责望的哥伦布发现海面风平浪静，船只几乎静止不动，便去休息了，因为他前一夜没有睡。一般情况下，他在沿岸航行的时候非常清醒，全天候、整夜地守在甲板上，从不信任别人的警觉性，以防突如其来的困难或危险。眼下的情况让他觉得非常安全，不仅是因为大海非常平静，还因为前一天去拜访那位大酋长的小船曾经侦察过海岸，他们报告在航程中既没有发现岩石，也没有发现浅滩。

他一离开，操舵员就将舵轮交给船上一个服务生，睡觉去了。这可直接违反了舰队司令铁定不变的命令，即掌舵人无论何时都不应该把舵轮托付给服务生。其余担任警戒的船员也赶紧趁着哥伦布不在的时候偷懒，就一会儿工夫，全体船员都进入了沉睡。与此同时，沿着海岸静静流淌的危险洋流悄悄地但是猛烈地将船只冲到一处沙滩上。那个毫无知觉的男孩根本没有注意到这种碎浪，但是它们发出的咆哮可能远隔1里格都可以听见。待到他刚感觉到船舵在撞击，听见海水涌进来的哗哗声响，他立刻开始哭喊求援。哥伦布第一个来到甲板上，其缜密的心思让他从来不会深睡。第二个现身的是该船船长，原本该他当值警戒，接着是其他半梦半醒的船员。舰队司令命令他们乘坐小船，去拔取船尾的锚，让船尾翘起来脱离沙滩。船长和水手们跳进小船，但是稀里糊涂，就像人被突然惊醒后犯迷糊那样，他们没有执行哥伦布的命令，而是划向处于顶风面半里格外的另一艘轻快帆船。

船长抵达那艘轻快帆船的同时让大家都知道了他所离开的那艘船的危急状况。他懦弱的弃船行为受到了谴责。轻快帆船的指挥官派人坐上自己的小船急忙赶去营救舰队司令，那个胆小的船长也尾随其后，既羞愧又困惑。

其时，救船为时已晚，水流已经将该船冲向浅滩搁得更严重了。舰队司令呢，眼见着自己的小船弃他而去，大船在潮流中左冲右突地摇摆，海水不断涌进船舱，便下令砍掉桅杆，希望能减轻船舶的重量，让它能够浮动起来。但是一切努力都是徒劳。船的龙骨牢牢卡在沙滩上；碰撞已经使船身裂开了好几条缝隙；隆起的碎浪不断撞击着船舷，搁浅每时每刻都在加重；最后，船终于侧翻了。幸运的是，天气依然平静，否则该船必然散架，全体船员有可能葬身于潮流和碎浪之中了。

舰队司令及其船员逃到了那艘轻快帆船上避难。船队的首席法官迭戈·阿拉纳和国王的管家佩德罗·古铁雷斯立即上岸，作为特使前往瓜卡纳加利大酋长那里，通知他舰队司令有意拜访，通报他们所遭遇的损失惨重的海难。与此同时，岸边已经吹起了一阵微风，舰队司令对自己的处境、周围可能潜伏的岩石和浅滩一无所知，便躺下来等待天亮。

酋长的居所离海难发生地大约 1.5 里格。当听到客人的不幸遭遇，他表现出了最大的痛苦，甚至流下了眼泪。他立即派出自己所有子民驾着所有能召集到的大大小小的独木舟前去救援。他们非常积极地提供援助，仅一会儿工夫就把船卸载一空。大酋长本人、他的兄弟和亲戚等所有人都力尽所能地施以援手，无论在海上还是在陆地，时刻警惕着，以便一切事情都进行得井然有序，防止船上的物品被盗或受到损害。他还不时派遣家里人或者他侍从中的主要人物前来安慰和鼓励舰队司令，向他保证自己所拥有的一切都可由他支配。

在一个文明国家，其夸耀的待客礼仪在执行时的认真细致方面，永远也不能与这个尚未开化的野蛮国度相提并论。从大船上卸载下来的物品全部堆放在大酋长的住宅附近，一个武装卫兵整夜在周围看守，等候准备存放物品的屋子。不过，即使是普通人，似乎都没有乘人之危、占取陌生人便宜的品性。虽然他们所见到的必定是在其眼中价值不可估量的珍宝，而且，这些东西可以说就搁置在海滩上，可以随便掠夺，但是他们却没有丝毫意图去偷窃或者在从船上转运上岸的过程中乘机把什么东西哪怕是最微不足道的琐碎物品占为已有。相反，他们的表情和行为处处显示出同情。假如目睹了他们关切的神情，你可以认为，他们似乎宁可这样的厄运发生在自己身上。

“这些人那么可爱、那么容易相处、那么温和，”哥伦布在自己的日志中写道，“我向陛下发誓！世界上再没有比他们更好的民族、比此地更好的陆地了。他们爱邻如己；他们的话语永远甜蜜温柔，并且言谈带笑；虽然他们确实是赤身裸体，但是他们举止端庄高雅、值得称赞。”

第九章

与当地人的交易活动（1492）

12 月 26 日，瓜卡纳加利来到轻快帆船“尼娜号”上拜访舰队司令，看见他非常沮丧，便不由伤感落泪。他再次表达了先前派人来传递的信息，恳求哥伦布不要被不幸所击倒，并愿意提供自己所拥有的一切给予援助或安慰。他已经向西班牙人提供了三间房屋暂住和储存从那艘海难船转运上岸的物品，并表示如果需要，他愿意提供更多援助。

他们正说着话，有条独木舟从该岛的另一地区划了过来，想用金块交换铜铃铛。在当地人的眼里，什么东西也没有这些玩具的价值高。印第安人特别喜欢一种舞蹈，他们会随着某些歌曲的节奏，伴随着一种用树干做成的鼓敲击发出的声响和空心木棒发出的咔嗒声翩翩起舞。但是，当他们把铜铃铛挂在身上，听见铜铃铛随着舞蹈动作发出的清脆乐音时，再也没有什么可以让他们如此欣喜若狂了。

来自岸上的水手们告诉司令，当地人运来了数量可观的黄金准备进行物物交换，他们急切地用大块的金子换取最微不足道的琐碎物品。这个消息让哥伦布大受鼓舞。细心的大酋长感觉到了哥伦布脸上的光彩，便询问水手他们在说什么。当他了解到他们的意图，并发现舰队司令非常渴望获得黄金，便比画着向舰队司令保证，离此地不远处的山里有个地方，那里盛产这种东西，其丰富的程度让其看起来根本不足为奇，并承诺在那里他想要多少就有多少。他所指并称之为“锡瓦奥”的地方，实际上是个山区，后来发现那里确实存在有价值的矿藏，但哥伦布仍然将其名字误认为是斯潘阁岛。

瓜卡纳加利在轻快帆船的甲板上与舰队司令一同就餐，之后他邀请司令去参观他的住宅。他在那里准备了一些食物，就其简朴的生活水准而言，他们提供的食物不仅很丰盛，而且都经过了精挑细选，其中有乌蒂亚或兔子、鱼、根茎以及各种果实。大酋长在自己权力范围尽一切可能向客人表示敬意，希望他能从自己的不幸遭遇中振作起来，表现出了一种令人备感温暖的同情，虽然根据其野蛮状态，这种细腻的关心原本不曾期待。事实上，他的言行举止带有某种与生俱来的尊严和文雅，这点经常让西班牙人感到惊讶。他进食的模式非常讲究，高雅庄重、缓慢节制，餐后洗手，用散发着甜美芬芳气味的植物擦手，哥伦布猜测那种植物有保持皮肤细腻柔软的功效。他的子民毕恭毕敬地侍候他，他对待子民的言行带有君王般的威严和仁慈。他的整个仪态，在哥伦布热情的目光里，代表着高贵血统那种天生的优雅和尊严。

事实上，该岛人民的君主是世袭制，他们维护该体制的模式简单而睿智——在一定程度上，就是确认血统的真实性。没有孩子的大酋长去世时，其权力将优先传给他的姐妹，而不是其兄弟，他们认为其姐妹们最有可能繁衍他的血统，因为他们发现，一个兄弟名义上的孩子偶尔可能与他们的叔伯父毫无血缘关系，但是其姐妹的孩子却必定是其母亲的孩子。其管辖形式完全是专制式，大酋长完全掌握其子民的生死大权、他们的财产甚至宗教信仰。他们几乎没有法律，完全根据自己的判断和意愿进行管理，但是他们的统治温和，子民们也毫不怀疑地愉快服从。纵观这些岛民灾难性的历史，在他们被欧洲人发现后，不断有证据表明他们对自己大酋长的挚爱和甘愿奉献的忠诚。

茶点之后，瓜卡纳加利领着哥伦布去自己住宅周围的美丽树林散步。陪同他们的原住民有上千人，那些人全都赤身裸体，他们表演了几种民族游戏和舞蹈，瓜卡纳加利下令他们以此取悦这些忧愁的客人。

印第安人完成了他们的娱乐活动之后，哥伦布也出节目予以回报，同时也打算让他们对西班牙人强大的军事实力产生难以磨灭的印象。他派人去船上取来摩尔人的弓和箭袋，还叫来一个曾经参加过格拉纳达战争、能娴熟地使用这些弓箭的卡斯蒂利亚人。当大酋长看见这个男人使用其武器的精确度，他十分惊讶，因为他本性不好战，也不习惯使用武器。他告诉舰队司令，那些经常袭击他的领土并带走其子民的加勒比人，同样也手持弓箭。哥伦布向他保证卡斯蒂利亚国君会保护他们，他的国家会摧毁加勒比人。他让大酋长知道，他的武器更强大，能够所向披靡。为了证明这一点，他下令展示了伦巴第炮或重型火炮，并用火绳枪放了一枪。

听到枪声，印第安人好像遭遇了晴天霹雳一样倒在地上。当他们看到枪弹的威力，像一道闪电那样劈碎了树木、让树木震颤不已，他们充满了惶恐。但是，当得知西班牙人将使用这些武器保护他们，对付他们可怕的敌人加勒比人时，他们的惊恐变为狂喜，认为自己得到了来自天国之子的保护，这些来自天国的人，以闪电和雷霆作为武器。

酋长此刻送给哥伦布一件木雕面具作为礼物，该面具的眼睛、耳朵和其他各种部位都用黄金铸成。他的脖子上也挂一块用同样金属打造的圆盘，头上戴着一种黄金的冠状头饰。他也给舰队司令的随员分发了礼物。他在各方面表现出的慷慨大量，即使与一个在文明生活中修养良好的君王相比也毫不逊色。

无论哥伦布回赠怎样的小礼物，都被视为来自天国的礼物而得到无比崇敬的对待。在膜拜欧洲制造的物品时，印第安人不断地重复着一个词“turey”，即他们语言中“天国”的意思。他们自称可以通过气味辨别黄金的不同质量，同样，给他们任何锡制品、银制品或其他白色金属制品等他们不熟悉的物品时，他们便拿着嗅起来，宣布其具有“天国”的高贵品质，并拿出最好的黄金进行交换。事实上，一切来自西班牙人手上的物件，甚至一块生锈的铁片、一截皮带或一颗钉帽，于他们而言都有一种值得膜拜和超自然的价值，闻起来都有一股天国的味道。然而，他们对铜铃铛的痴狂与西班牙人对黄金的迷狂不相上下。听到铃铛的声音，他们就无法控制自己的狂喜，可以舞蹈出上千种滑稽动作。有一次，一个印第安人用半把金粉换取了一个玩具，那东西一到手，他就飞快地跑向树林，边跑边频频回顾身后，唯恐西班牙人反悔自己如此廉价就出让那样的无价之宝。

大酋长的极度善良、其子民的温顺、每日用极其琐碎的小物件换取的黄金数量以及不断获取关于该岛内陆财富的消息等因素，都让舰队司令所遭遇的不幸得到了慰藉。

遭遇海难的船员们也迷上了这种轻松悠闲的生活模式。原住民的朴素让其免于忧患和辛劳，而文明人却由于许多人为的需要让其备受折磨。在西班牙人看来，这些岛民的生存状态好似一个美梦。他们从不让任何事情使自己感到不安。几块田地，几乎不需要耕种，就可以让他们获得日常饮食所需要的根茎和蔬菜。他们的河流和海岸鱼类丰富，他们的树木结满金黄色和红色的果实，热带的阳光让其味道特别鲜美芬芳。大自然的纵容和撩人的气候让他们变得柔和，一天中他们很大一部分时间都在慵懒的休憩中度过。傍晚，伴随着民族歌谣，或踩着森林之鼓的鼓点，他们在香气袭人的树林里翩翩起舞。

这个单纯的民族就这样过着慵懒而悠闲的日子，这种生活，即使享有的快乐不是最大限度，也不具备与文明生活如影相随的那种快乐的强烈深刻，但可以确保他们免于许多人为的辛酸痛苦。可敬的拉斯•卡萨斯在说起他们赤身裸体一事时评价道：看起来他们似乎还处于我们的始祖带着原罪堕落到这个世界之前的那种原始纯真状态。他可能还会补充一点：他们好像还免除了亚当的孩子应该遭受的惩罚，即，应该食用自己额头上的汗水换取的面包。

当西班牙水手回想自己辛劳而痛苦的生活，考虑到他们回到欧洲之后必须面对的忧虑和艰辛的命运，也难怪他们会以渴望的眼神看待这些印第安人那种舒适恬淡的生活。无论他们走到哪里，都会遇到亲切殷勤的款待。那里的男人单纯、坦诚、真挚；那里的女人钟情、顺从，能迅速形成牵挂，让最漂泊的心安顿下来。他们的身边都是不劳而获、闪闪发光的金子，任何享乐不费一分一厘即可获得。船员们被这些优越的生活条件迷住了，许多人都向舰队司令描述他们返航必然要经历的困难和痛苦，那么多人在一艘小型轻快帆船上会非常拥挤，请求允许他们留在岛上。

第十章

修建纳维达德要塞（1492）

许多船员表示要留下来的渴望，加上当地人友好平和的性格，让哥伦布产生了将此地建设成为未来殖民地雏形的想法。那艘遇难的轻快帆船可以提供修建一座要塞的材料，船上的枪炮和弹药可用于防御，他可以节余出足够的物资维持少量驻军一年的给养。留下来的人可以进一步探索该岛，熟悉岛上的矿藏和其他财宝来源。同时，他们可以通过交易从当地人那里换取大量黄金；他们可以学习当地人的语言，让自己熟悉他们的习惯和风土人情，以便在今后的交往中大展身手。与此同时，舰队司令可以返回西班牙，去汇报这次远航的成功，并带回增援。

哥伦布刚产生这个念头，便以其一贯的雷厉风行和敏捷作风开始着手完成这件事情。他们将沉船拆成碎片并逐个运上岸、选定地址，准备建立一座塔楼。当瓜卡纳加利获悉舰队司令打算留下部分人员保护海岛免遭加勒比人的攻击，而他本人将回国带来更多的人时，大酋长不禁喜出望外。他的子民想到能将这些神奇的人留在他们当中也表现出了同样的喜悦，期待着舰队司令带着满载铜铃铛和其他贵重物品的船再次光临。他们急切地出力协助船员们修建要塞，做梦也想不到他们正帮着给自己的脖子套上那苦难而屈辱的枷锁——永远被奴役。

要塞建设的准备工作刚一开始，就有一些去过海港的印第安人回来报告，说他们看见一艘大船停泊在海岛东端的河里，那船很像舰队司令的那些船。这些消息一时打消了哥伦布脑海里反复困扰他的诸多不安猜疑，因为这艘船不可能是别的，必定是“平塔号”无疑。他立即从瓜卡纳加利那里要了一条独木舟，让几个印第安人驾驶，并派了一个西班牙人带着一封信去见平松。他在信中措辞友好，丝毫没有抱怨他开小差，但敦促他立即归队。

三天之后，外出的独木舟返回了。那个随着独木舟前往的西班牙人报告说，他沿着海岸搜寻了20里格，但是既没有看见也没有听说关于“平塔号”的任何事情，因此，他认为先前那个报告并不正确。同时，关于这艘大船向东驶去的谣言也在海港传遍了，不过，经过调查，哥伦布认为这些传闻同样不值得相信。如此一来，他对平松的疑惑和焦虑又故态复萌。由于他的旗舰遭遇了海难，那个指挥员的逃亡在这非常时刻成为更严重的问题，并迫使他改变计划。如果“平塔号”失踪了，尽管此事在这种规模、经历了这么多不寻常危险的远航中很可能发生，那么从帕洛斯出发的三艘船仅幸存下来一艘，而且是一艘状况不很好的帆船。此次探险的最终成败，将取决于那艘摇摇晃晃的三桅船跨越如此无边无际海洋的危险返航。假如那艘船同样被毁掉，那么关于这次伟大发现的每一项记录将随之被吞没。哥伦布这个名字恐怕只会让人想起一个疯狂的冒险家，那个轻视学者观点和智者忠告的人，曾经进入茫茫海洋，但是一去不复返；他那扑朔迷离的命运和想象造成的恐惧，有可能阻止所有未来的航海事业，而新世界将如同之前一样，依然不为文明人类所知。这些因素让哥伦布决定放弃所有下一步航海计划，离开四面八方那些向他呼唤、尚未开发的神奇地区，放弃目前去寻找通往大可汗疆土之路的所有希望，立即返回西班牙去报告他的发现。

要塞建设期间，他每天都不断感受到瓜卡纳加利友好和善良的新印证。每当他上岸去监管工程的时候，那位首领都会以最殷勤的方式招待他。他拿出当地最大的房子准备接待，在地上撒满或铺满棕榈树叶，并配有像墨玉般黑亮的木头矮凳。每当他招待舰队司令的时候，总是待之以君王般慷慨的风范，在脖子上挂着黄金珠宝，或者赠送给舰队司令同等价值的礼物。

有一次，瓜卡纳加利去迎接哥伦布上岸，同行的还有五位下属酋长，每位头上都戴着黄金头冠。他们极为敬重地把他领到前面已经提到过的那所大房子，到那里后，他们请他在一把椅子上坐下。瓜卡纳加利取下自己的金冠冕，把它放在哥伦布的头上。作为回报，哥伦布从自己脖子上摘下一串精致的彩绘领珠，将其戴在大酋长的脖子上。他给大酋长披上自己那件用料讲究的斗篷，给了他一双彩色靴子，并将一枚硕大的银戒指套在他的手指上。印第安人认为这种金属价值昂贵，因为在他们的岛上没有发现此物。

大酋长发挥自己最大的能耐，赶在舰队司令返回西班牙之前，为他获得了大量的黄金。航海所需物资已经准备就绪，通过手势和不完整的翻译等方式收集到的模糊叙述，哥伦布对该岛内陆的财富产生了宏伟构想。大酋长、山脉和省份的名字在他的想象中混为一谈，被认为是能找到巨大财宝的各种地方。最重要的是，“锡瓦奥”这个名字不断出现，这个山区里的黄金区域，当地人大部分饰品的矿石都从那里获取。岛上盛产的甜椒或红辣椒让他认为自己发现了东方香料的踪迹，而且他还认为自己已经见到了大黄的样本。

以其一贯易于兴奋的性格，他从怀疑、焦虑状态转向一种乐观的期待。他现在认为自己遭遇的海难是天意，是天国在神秘暗助，以促使他事业成功。如果没有这个看似灾难的事件，他应该不会一直在岛上逗留至发现岛上的秘密财富，而是在沿岸各地稍加接触便离开。作为神助的一个特别明证，他举出自己的旗舰是在完全宁静的情况下失事为例，那时的大海可是风平浪静啊。当派人去解开船尾的锚时，领航员和船员却逃跑了。假如他们执行了他的命令，该船即可转向避开，他们将会继续自己的航程，该岛的宝藏仍然是个秘密。但是现在，他期待从这一看似不幸的事故中收获辉煌的成果。因为他希望，他说，当他从西班牙归来，他留下的那些人通过交易应该收集到一吨以上的黄金，所发现的矿藏和香料的数量应该不出三年时间，就能够让两个君王组织一次十字军东征，去拯救圣墓。这就是他向两个君王建议的宏伟目标：将这项事业的成果奉献出来做这件事情。

这就是在遥望那笔巨大财富的时刻，哥伦布的脑海里产生的虽属梦想却那么慷慨热诚的愿景。在某些灵魂里唤醒贪婪和利欲熏心的热望去积敛的东西，却立刻让哥伦布想象出高尚的支配计划。但是，我们试图阐释上帝高深莫测的法令是怎样的徒劳啊！此次海难事件，尽管哥伦布将其视为神恩之举，向他揭开了这块陆地的秘密，却成为他后来一切发现的束缚和桎梏。他的命运、他的余生，都拴在这座岛屿上了，这个岛屿注定要成为他的忧虑和烦恼根源，让他陷入无数窘困，并让他在垂暮之年蒙受耻辱和失望。

第十一章
纳维达德要塞的管理规定——哥伦布起航返回西班牙

西班牙人修建要塞的干劲非常大，当地人提供的援助也足够充分，所以，仅用10天时间，要塞就已完全建好可以使用了。他们修建了一个巨型拱顶，在其上方竖立了一个坚固的木塔，整个建筑周围挖了一道宽阔的壕沟。要塞里存放着从沉船中抢救出来或者从轻快帆船节余出来的所有弹药，安装了枪炮之后，整体看起来坚不可摧，足以威慑和击退这个赤裸而不好战的民族。事实上，哥伦布认为，征服整个岛屿几乎不需要武力。他认为要塞和对驻军的约束，更多的是用于维护西班牙自己人的秩序，防止他们在当地人中间晃荡，做出一些放肆的行为。

要塞完工了，他将要塞、邻近的村庄和海港一起命名为纳维达德城，或纳提维提，以纪念他们在圣诞节那天从海难中逃脱。许多船员自愿留在岛上，他从中挑选了39位最有能力和最具有代表性的人物：医生、造船匠、捻缝工、修桶匠、裁缝和炮手，所有人都是各自行业的专家。他将指挥权交给科尔多瓦人迭戈•德•阿拉纳，他是公证人和军队准尉，他将保留天主教君王赋予哥伦布的全部权力。如果他不幸死亡，佩德罗·古铁雷斯将接任指挥；如果，他也死亡，接任指挥的将是罗德里戈·德·埃斯科韦多。失事船上的小船留给他们捕鱼，有各类种子让他们播种，还有大量用于交易的物品使他们能够采购尽量多的黄金等候舰队司令的归来。

随着离别时间的临近，哥伦布将那些留在岛上的人集合起来，很认真地向他们发表讲话。他以君王的名义要求他们服从留守指挥官，对大酋长瓜卡纳加利和他属下那些酋长保持最大的尊重和敬意，要求他们时刻牢记应该如何深深地感激他的善良，而保持这种关系对他们的福利有多么重要。与当地人交往要慎重、避免纠纷，要永远亲切公正地对待他们，而且，最重要的是，要小心自己与印第安女人的行为。这方面的不端行为，是与野蛮民族交往过程中频繁发生麻烦和灾难的祸根。此外，他警告他们，不要把自己搞得四分五裂，为了共同安全，要保持团结；不要走出瓜卡纳加利这片友好的领地。他吩咐阿拉纳和其他几个指挥，尽量获取该岛物产和矿藏的信息，收购黄金和香料，沿岸寻找一处更好的定居点，目前的海港出入口有岩石和浅滩，不方便船舶进出，而且危险。

1493 年 1 月 2 日，哥伦布上岸与慷慨大方的大酋长及其头领们告别，打算第二天起航。他在指定给他使用的房屋里举行了一个告别宴会，称赞自己留在岛上的人员善良，特别是他的副将迭戈·德·阿拉纳、佩德罗·古铁雷斯和罗德里戈·埃斯科韦多。他向大酋长保证，待到他从卡斯蒂利亚回来时，他将带来大量的珠宝，那些东西会比大酋长及其子民见过的任何东西都更珍贵。可敬的瓜卡纳加利一想到他即将离开就甚是关切，他向哥伦布保证，对那些留在岛上的人员，他会供应给养，并竭尽自己的力量为他们提供一切服务。

为了让印第安人再次了解白人的战斗实力，哥伦布让他的船员们进行了一次小规模战斗和模拟打仗，他们使用了各种武器：剑、盾牌、长矛、弩、火绳枪和大炮。刀剑的锋利、十字弓和火绳枪的致命力量震惊了印第安人；而当要塞发射重型伦巴第火炮时，那个年代使用的石头炮弹裹着硝烟让森林晃动、树木颤抖，激发了印第安人的敬畏。但是，由于这些威力巨大的武器都将用于保护他们，他们在胆战心惊之余也为之庆祝，因为再也不会有任何加勒比人胆敢来入侵他们的岛屿了。

一天的欢庆结束了，哥伦布与大酋长及其首领拥抱，最后告别。瓜卡纳加利流下了眼泪，虽然他对舰队司令威严的风度和认为他是超人的想法充满敬畏，但是他已经完全被其仁慈的言行所征服。确实，离别的场面让双方都很伤感。船队的到来对于岛民是神奇而令他们兴奋不已的事件，然而，直到现在，他们对自己的客人还一无所知，仅知道这些人素质良好，自己也因为得到天国的礼物而更加富有；同时，粗鲁的海员们也因为他们盲目的尊重而受宠若惊，被岛民们的善良以及对他们无限的纵容而迷住了心窍。

那些上了船和留在岛上的西班牙人之间的离别最为痛苦，他们在危难和历险中建立起来的友情让彼此产生了强烈的同情。不过，留在岛上的少量驻军表现出了坚强的意志，他们期待着舰队司令带着大量援助从西班牙返回。他们承诺，到那时，他们将把岛上的一切事务给司令一个好好的交代。由于他们要带回西班牙的部分印第安人不在，那艘轻快帆船耽搁了一天才走。最后，起航的信号枪终于发射了，船员们对着那些留在一个未知世界的荒野里的少数同伴呼喊着告别，留下来的人回应着他们的呼喊，在海滩上依依不舍地凝望着他们，但是，他们注定再也等不到迎接对方的归来了。

注：有关前一章地点的情况，选自T.S. 西尼肯先生的书信

瓜卡纳加利的首府叫瓜里科。根据我可以收集到的最可靠的情报，其位置距离海滩不远，如今那里是佩蒂特-安斯村，在海地恩角东南方向约两英里的地方。

奥维耶多说，哥伦布在其停泊地点西北方向的一条小河为自己的回国航行取水，并假设他停靠的地方是佩蒂特-安斯村。这条小溪看来是从皮科莱山上流淌下来的，它穿过如今的海地恩角镇，在军械库附近的海湾汇入大海。

法国人占领该地区之后，给哥伦布供水的溪流在山脚下被法国人筑坝截流，河水被用于一些公共喷泉。

彭塔桑塔不会是别的地方，就是如今的皮科莱海岬。

从圣尼古拉斯-莫莱开始，沿着几乎是陡峭和坚硬的海岸努力向前，转过此海岬就会突然看见一片无与伦比的壮丽景象——宽敞的海湾、辽阔的平原，还有锡瓦奥山脉那遥远的科迪勒拉山系，不由让人对天地间的浩瀚、丰饶和美丽产生极其震撼的感觉。

纳维达德要塞一定屹立在豪特卡普附近，因为小船可以溯流而上达到那里，而附近再也没有其他河流能让小船通过。

瓜卡纳加利的集镇所在地一直以瓜里科著称。法国人首先在佩蒂特-安斯定居，后来他们搬迁到海湾对面，在那里建立了弗朗索瓦角镇，即现在的海地恩角，但是附近的西班牙居民仍然用其旧时的印第安名字瓜里科。

卷五

沿着海岸向伊斯帕尼奥拉岛的东端航行——与平松相遇——在萨玛纳湾与当地人发生冲突事件；返航——猛烈的暴风雨——抵达亚速尔群岛；圣玛丽岛上的事件；抵达葡萄牙——去朝廷拜访；帕洛斯港欢迎哥伦布；西班牙朝廷在巴塞罗那欢迎哥伦布；哥伦布在巴塞罗那逗留——君王和朝臣们对他的重视；教皇的分割诏书——哥伦布准备第二次航海；西班牙和葡萄牙朝廷就新发现进行外交谈判；进一步准备第二次航海——阿隆索·德·奥赫达的性格——哥伦布与索里亚和丰塞卡产生不和

第一章

沿着海岸向伊斯帕尼奥拉岛的东端航行——与平松相遇——在萨玛纳湾与当地人发生冲突事件（1493）

1 月 4 日是哥伦布在纳维达德起航返回西班牙的日子。那天风力轻微，他们必须将轻快帆船拖出海港、避开暗礁。然后，他们将船头向东，朝着一个没有长树但绿草如茵的高高海岬前进。海岬的形状像一顶帐篷，远观像一座高耸的岛屿，一条狭长低矮的陆地将其与伊斯帕尼奥拉岛连接起来。哥伦布给此海岬取名为蒙特克里斯蒂，此名沿用至今。与此地紧密相邻的地区很平坦，但是稍远的内陆有一道高耸的山脊拔地而起，山上树木葱郁；群山之间是宽阔富饶的山谷，众多溪流将其灌溉。其时风向不利，他们在海岬西边一个巨大的海湾被延宕了两天。6 日，他们乘着大陆吹向海上的风再次起航，待到他们安全绕过了海岬、向前航行 10 里格之后，风向再次转为从东面吹过来。此时，在桅杆顶端观察岩石的水手大声喊叫起来，说他看见了远处的“平塔号”。这一确定无疑的事实让舰队司令满心欢喜，兴奋的感觉传遍了整艘船，因为再次遇见自己的伙伴是海员们特别开心的事情，这样他们穿越这片茫茫孤寂的海域就有了旅伴。

“平塔号”乘风破浪朝他们驶来。舰队司令渴望与马丁·阿隆索·平松会晤，但是由于逆风阻挡，所有尝试都无果而终，而且附近也没有安全的抛锚之地，他便转回距离蒙特克里斯蒂稍微偏西一点的一个海湾。“平塔号”也尾随而至。两人第一次会晤时，平松百般解释他脱逃的理由，宣称他是迫于恶劣天气才与他们分道扬镳，而且从那时起就一直在寻找机会与舰队司令再次会合。哥伦布被动地听着，对他的道歉颇为怀疑，况且，随后得到的信息似乎证明了他的疑虑。有人告诉他，平松船上有个印第安人谈到了东边有个盛产黄金的地方，平松对此很激动。因此，他利用自己船舶的优势，当其他船被迫后退的时候，他便努力顶风而行，试图第一个发现并享有那个黄金产地。与其同伴分开之后，他在一系列小岛之间穿行了好几天。据推测，那里应该是凯科斯群岛，但是最后还是被那些印第安人带到了伊斯帕尼奥拉岛。他在那里逗留了三个星期，在之前已经提到过的那条河与当地人交易，收集了数量可观的黄金，其中一半他作为船长自己保留下来，其余的他分给了自己人，以确保他们的忠诚和保密。

这就是哥伦布私下获悉的详情。面对平松公然的违背行为，哥伦布强压住自己的愤怒，他不愿意与平松产生任何争执，以免妨碍随后的旅程。平松势力很大，船员中多数是他的亲戚和同乡。可是，他们之间的同盟关系严重受损，哥伦布对他已经丧失了信心，以致他决定立即返回西班牙。如果是在其他情况下，他会禁不住诱惑去沿岸探索，以期让自己的船满载财宝而归。

他们随后派出小船去附近一条大河，去获取航程所需的木材和淡水。当地人把这条河称为雅基河，它从内陆的高山上流下来，沿途接纳了各种小溪流的水源，在此流入海湾。他们在其河口的泥沙里发现了许多金粒，木制水桶的箍环上也黏附了一些。因此，哥伦布给它取名为奥罗河，即金河的意思。如今，这里被称为圣地亚哥。

附近有体形巨大的海龟。哥伦布还在他的航海日志里提到他看见了三条美人鱼，她们就那样站立在海面上，他还说自己以前在非洲海岸也见过此类情景。他补充说，虽然这些美人鱼具有人脸的某些特征，但绝对不是她们通常所代表的那种美丽生物。据推测，这些生物应该是马纳蒂或小海牛，由于相距甚远、视线模糊，而哥伦布的想象力又倾向于赋予这个新世界的一切事物以神奇特征，所以把这些奇形怪状的动物等同于古老传说中的塞壬女妖。

1 月 9 日傍晚，他们再次起航，并于次日抵达了平松曾经做过买卖的河流，哥伦布将这条河取名为里约 - 格雷西亚，但是这条河沿用的是其首位发现者的名字，长期以来一直被称为马丁 - 阿隆索河。此地的原住民控告平松上次来访时强行带走了四男两女。舰队司令发现那六人在“平塔号”上，拟准备带回西班牙卖作奴隶，便命令立即释放他们回家。他赠送了他们许多礼物，并给他们穿戴整齐，以弥补他们所经历的冤屈。平松方面极不情愿归还这些印第安人，说了许多过激的话。

风向很有利，因为在这些地区，信风在秋、冬两季通常是西北向微风交替而行，他们继续环岛航行，直至来到一处高高耸立的美丽海岬，他们将其命名为卡波 - 埃纳莫拉多，或情人角，但是现在大家都把这个地方称为卡布龙角。他们在离此地不远的一个港湾抛锚停船，更确切地说此地是一个海峡，3 里格宽，并且一直延伸进内陆很远的地方，以至于哥伦布起初还以为是将伊斯帕尼奥拉岛与陆地分隔开来的海湾。登陆之后，他们发现当地人与他们之前在这个岛上遇见的那些温顺平和的岛民大不相同。他们体现出凶猛的一面，身上涂着骇人的颜色；头上留着长发、绑在脑后，饰以鹦鹉和其他鸟类的艳丽羽毛。有些人身上携带着作为武器的重头棍棒；有些人的弓箭长度堪比英国弓箭手使用的长弓，箭杆是细长的芦苇，尖头镶嵌着坚硬的木材或鱼骨鱼牙。他们刀剑的材料是棕榈木，像铁一样坚硬沉重，虽然不锋利，但是较宽，其厚度近两个手指，只需要一击便能劈开头盔直击脑髓。虽然他们严阵以待，但并没有骚扰西班牙人的意图，相反，他们卖给西班牙人两张弓和几支箭，其中一人还被说服登上了舰队司令的船。

这个野蛮武士的凶猛外貌、勇敢和无所畏惧的言行让哥伦布认为他和他的同伴属于加勒比族，那些人在这些海域令人闻风丧胆，而他停泊的海湾一定是将加勒比人的岛屿与伊斯帕尼奥拉岛隔开的海峡。但是，当他询问那个印第安人时，他仍然指着东面，声称那里才是加勒比人的岛屿所在地。他还谈到一个叫曼提尼诺的岛屿，哥伦布猜想他是在说那个岛上的居民只有女人，她们每年让加勒比人去一次，以便繁衍岛上的人口。这种拜访所生下的男性后代都会交与其父，女性后代则与母亲住在一起。

这个亚马逊女战士岛屿在哥伦布的航行过程中被反复提及，这是他根据马可·波罗的著述产生的另一个自欺欺人的妄想。那个旅行者曾经描述了位于亚洲海岸附近的两个岛屿，一个岛上仅有女人，另一个岛上仅有男人，两岛的交往与前面所述类似。而哥伦布认为自己就在亚洲海岸附近，所以很容易将印第安人的手势阐释等同于那个威尼斯人的描述。

他们盛情款待了那个武士，赠送了他各种礼物，然后舰队司令送他上岸，希望通过他的调和，可以展开与其同伴的黄金交易。小船向岸边驶去的时候，他们发现树林中潜伏着50余野蛮人，他们手持弓箭、棍棒和投枪。听见船上的印第安人说出一句话之后，他们放下武器，一起走出来迎接西班牙人。后者呢，根据舰队司令的指示设法购买了几种印第安人的武器，当作古董带回西班牙。当地人出让了两张弓，但是，他们突然产生了一些不信任，或者认为他们可以战胜这一小众陌生人。他们冲进先前搁置武器的地方，抓起武器，拿着绳索返回，好像要把西班牙人绑起来。后者立刻先发制人攻击他们，伤了两个印第安人，剩下的飞也似的逃走了。西班牙人本来想乘胜追击，但是指挥小船的导航员制止了他们。这是他们首次与印第安人交手，也是白人在新世界首次让原住民流血牺牲。哥伦布悲痛地见到他所有保持友好交往的努力都付诸东流，但是，他自我安慰地想到，假如这些是加勒比人，或者是边远地区具有好战性格的印第安人，他们会对白人的力量和武器产生恐惧，从而打消骚扰纳提维提要塞那少量驻军的念头。事实上，这些印第安人属于一个大胆顽强的民族，他们居住在一个叫锡瓜伊的山区，其面积沿海岸延伸25里格，深入内陆数里格。他们与岛上其他居民在语言、外貌、举止等方面迥然有异，具有山地人那种粗野但独立而富有朝气的性格。

这个民族那种率直和大胆的精神，在这场冲突后的当天就得到了明证，他们大批地出现在海滩上。舰队司令派了一支更大的队伍，全副武装地乘着小船前往岸边。当地人自由而自信地走上前来，好像什么事情也没有发生过，在随后的交往中，他们也没有流露出任何潜在的畏惧或者敌意。统辖附近一带的酋长也在岸边。他送给小船一串小石头珠子，或者更准确地说是坚硬的贝壳珠子。西班牙人将此物件理解为友好的信物和保证，但他们并没有意识到这个符号的全部意义，贝壳串珠带子是和平的承诺，印第安人视其为圣物。不久之后，该酋长仅带了三个侍从就上了小船，然后被带上了大船。

这种坦率和信赖的行为，如此清晰地展示了一种勇敢和慷慨的本性，深得哥伦布的赞赏。他亲切地接待了酋长，在他面前摆出了船上能提供的茶点，尤其是被印第安人视为妙不可言的美食：饼干和蜂蜜。哥伦布向他们展示了船上的奇观，赠送给他和他的侍从许多礼物，之后，把心满意足的大酋长一行送回岸上。大酋长的住所很远，他不能再次来访了，但是，作为崇高敬意的表示，他将自己的黄金冠冕送给了舰队司令。在言及这些事时，研究哥伦布的历史学家们并没有提及此位山地酋长的名字。数年后，在名为迈耶奥纳贝克斯那个岛屿的历史上，出现了一个锡瓜伊人的酋长，此人无疑与那位山地酋长是同一人，他在最艰难的情况下，表现出了极大的勇气、坦诚和大度。

哥伦布在这个港湾多留了一两天。其间，西班牙人与当地人的交往非常友好，当地人带来了棉花和各种果实蔬菜，但他们仍然保持着自己的武士特征，总是佩带着弓箭。有四个印第安年轻人对位于东边那些岛屿的描述非常精彩，哥伦布决定在返回西班牙途中去接触一下，并说服了那几个印第安人陪同他们担任向导。因此，1月16日，天还没有亮，他们趁着顺风离开了这个港湾。由于那次与本地人冲突的缘故，他给此港湾取名为戈尔夫-安第斯之箭，或箭头湾，但是，此地如今以萨玛纳海湾著称。

离开海湾后，哥伦布首先朝东北方向航行。那几个印第安年轻人向他保证，他在那个方向会发现加勒比人的岛屿和亚马逊人居住的曼提尼诺岛。哥伦布一直希望从每个岛上带几个原住民回国，呈现给西班牙的两个君王看看。可是，航行了大约16里格之后，他的印第安向导改变了主意，提出向东南方航行。此举原本可以带他去波多黎各岛，实际上就是在印第安人当中称为加勒比岛的地方。舰队司令立即掉转航向往那个方向行驶。然而，他行进还不到两里格的时候，大海上就兴起了最有利于返回西班牙的微风。他观察到水手们脸上阴沉的表情在积聚，因为他们此刻与回家的航向背道而驰。考虑到他本人几乎不能掌握这些人的感觉和情绪、他们反复违抗命令的表现、他与平松之间那不可靠的信任，以及船舶的破损情况，他突然停顿下来。只要他延长归期，他此次发现的整个命运就会受到无数偶然性的影响，一次不利的意外事件不仅会葬送他本人和他那脆弱的船，还会将他所有的航海记录永远埋葬在汪洋大海之中。因此，他克制着寻找进一步发现的强烈意向，决定确保他已经获得的发现免生意外，于是，他再次调转航向。船员们满心欢喜，他们又重新驶向返回西班牙的航线了。

第二章

返航——猛烈的暴风雨——抵达亚速尔群岛（1493）

哥伦布去程时非常有利的信风成为他返航的同等阻力。有利的微风很快就消失了，在 1 月份余下的整段时间里，盛行的轻风一直从东面吹来，让他们寸步难行。“平塔号”糟糕的航行状况也让他们经常耽搁，该船的前桅受损非常严重，让它几乎带不动船只。天气持续温和宜人，海洋非常平静，他们打算带回西班牙的印第安人经常跳入水中，在船只周围游泳。他们看见许多金枪鱼，并杀了其中一条，还捕杀了一条大鲨鱼，这让他们暂时有了食物供应，因为船上已经开始出现食物短缺——船上的食物供应已经减少到只有面包、葡萄酒和阿吉辣椒了，最后一种食物是他们从印第安人那里学来的，用作重要食材。

2 月上旬，他们已经航行至北纬 38°，离开了信风横行的航道，他们遇到了更为有利的顺风，让他们可以直航西班牙。由于频繁地变化航向，领航员们对自己的计算都充满困惑，各自的测算结果有着天壤之别，离真实情况差得就更远了。哥伦布呢，除了保持仔细计算之外，他还很警觉地观察大海、气流、天空等出现的迹象，他本人及其船队的命运，在他们正在跨越的这片未知海域里，都取决于这些观察。他解密这些自然现象所达到的智力水准，在普通海员看来，几乎具有超自然的能力。此时此刻，他就注意到那片庞大的漂浮水草在什么地方开始、在哪里结束，并根据它们的出现等情况得出结论，自己现在正处于去程时遇到这片水草的同一经度，也就是说，他们在位于西班牙耶劳岛以西约 260 里格的位置。2 月 10 日，舰队司令船上的维森特·亚涅斯·平松与导航员鲁伊斯和巴托洛梅奥·罗尔丹等人，审核了航海图表，比较了他们的计算，以便确定当前的情况，但没有达成一致意见。他们一致认为目前到西班牙的距离，比哥伦布相信是真实的计算至少要近 150 里格，并且处于与马德拉群岛同一纬度，而哥伦布知道他们几乎是在朝着亚速尔群岛的方向航行。但是，他容忍了他们，让他们继续执迷不悟，甚至有意增加他们的困惑，好让他们对这次航海保留混乱的记忆，这样一来，只有他自己才清楚通往那些新发现地区的航线。

2 月 12 日，就在他们自鸣得意地认为陆地在望的时候，大海突然狂风大作，海面旋即波涛汹涌。他们仍然坚持向东航行，但是异常费力、危险。第二天日落之后，风更急、浪更高，东北方向偏北的位置出现了三道闪电，哥伦布认为这是暴风雨即将来临的信号。暴风雨很快就裹挟着可怕的暴力降临了，他们那渺小而脆弱的船舶是开放式、无甲板，根本不适应大西洋的狂风暴雨。整个晚上，他们的船在光秃秃的桅杆下被迫顺风疾行。随着 14 日黎明的到来，暴风雨短暂地停歇了一会儿，他们前进了小段距离，但是从南面再次刮起了加倍猛烈的狂风，风暴肆虐一整天之后，夜间的风力更加狂暴，船只在逆浪中苦苦挣扎，破碎波时刻在威胁着吞没船舶或者将其击成碎片。他们只得顶风停船三小时，仅让船只稍微移动，以便可以让其保持在波涛之上，但是暴风雨还在增强，他们的船再次被狂风推着疾行。“平塔号”很快就在黑夜里失去了踪影。舰队司令尽可能保持东北方向，以便靠近西班牙海岸。他在桅顶挂起信号灯，希望“平塔号”能看见并保持同行。但是，由于“平塔号”的前桅缺陷，根本抵挡不住这种风暴，不得不被风吹着向北疾驰。有一段时间，“平塔号”还回复了舰队司令的呼唤，但是它的信号灯光亮越来越远，最后竟完全消失，再也看不见了。

哥伦布整夜都在顺风疾行，满脑子都是对自己船只命运的不祥预感以及对平松安全的担忧。随着天亮，大海成为狂乱碎波的可怕汪洋，在飓风的煽动下狂暴无比。哥伦布环顾四周，焦急地搜寻“平塔号”，但是毫无踪影。他现在做了一张小帆，好让船只保持在海面上，以免巨大的波浪将其打翻。太阳升起的时候，风浪也随之强烈起来；在那惨淡的一整天，那艘无助的船无奈地被狂怒的暴风雨驱使前行。

眼见所有人类的努力都是徒劳挣扎，不免让人更加惊慌失措，哥伦布便郑重起誓、苦行忏悔，努力平息天国的愤怒。按照他的吩咐，他们取一些豆子放进一顶帽子里，豆子的数量等于船上的人数，并将其中一颗豆子刻上十字架。每个船员都立下誓言，只要他抓到那颗有标记的豆子，他将去瓜达卢佩的圣马利亚皇家修道院神殿朝圣，奉上五磅重的蜡烛。舰队司令第一个伸手便抽到了那个签。从那一刻起，他就把自己看作朝圣者，必然要履行此誓言。他们以同样的方式进行了另一轮抽签，此签是承诺去洛雷托的圣母马利亚小教堂朝圣，该签由一个名叫佩德罗·德·比利亚的水手抽中，舰队司令答应承担他的旅程费用。第三签是去莫格尔的圣克拉拉朝圣，在那里举行一次庄严弥撒，整夜在教堂里熬更守夜，此签也被哥伦布抽中。

暴风雨继续肆虐，威力丝毫不减，舰队司令和所有水手一同发誓，如果得以幸免，无论他们在哪里首次登陆，他们都将穿着衬衫、赤脚列队前往供奉圣母的教堂，敬献祈祷和感恩。除了这些一般的求神息怒等行为，每个人还立下了各自的誓言，承诺要去自己最喜欢的圣殿朝圣或守夜，或进行其他忏悔和感恩的仪式。然而，天国似乎对他们的誓言充耳不闻，暴风雨变得更加狂暴可怕，每个人都因为迷惑而绝望。由于缺乏压舱物品，船舶的危险加剧，淡水和食物的消耗极大地减轻了船的负担，令其在海浪的摆布下翻来覆去地折腾。为了补救这一缺陷，让船平稳下来，舰队司令下令将所有空桶盛满海水，这项措施在一定程度上缓解了当务之急。

与此次漫长而可怕的恶劣天气抗争期间，哥伦布的心承受着最令人揪心的折磨。他万分焦虑，担心“平塔号”已经在狂风暴雨之中沉没了。如果发生了那样的事情，他发现的整个历程、关于新世界的秘密，只能依靠自己这艘脆弱的多桅帆船了，而海洋的一个巨浪就可能将其永远埋葬湮灭。从他写给两个君王的信件可以判断出他那时心潮激荡、思绪难平的心理状态。“如果仅我一人处于险境，”他说，“我还可以对这样的厄运少一些悲痛，因为我的生命属于至高无上的造物主，也曾在其他时候离死亡仅一步之遥。但是一些想法让我不禁陷入无尽的悲痛和苦恼之中：我是受到上苍的启迪才获得了进行这项壮举的信心和把握，并且已经实现目标凯旋，正处于可以说服我的反对者，确保能为殿下增加巨大的荣耀和扩大辽阔的疆土之时，我的死亡却让原本应该取悦神圣陛下的一切成为泡影。而且，如果没有其他人的陪伴，我的悲痛也不会如此沉重，因为他们是在我的劝说之下才被生拉硬拽与我同行的。他们在危难之时诅咒的不仅是自己的末日，还有被我的话语所激起的恐惧，在他们下定决心的各种时刻，我的话阻止了他们返航。最重要的是，想到我的两个儿子，我倍感心疼，我将他们留在科尔多瓦的学校里，在陌生的土地上穷困潦倒，他们的父亲没有尽到丝毫的照顾之责啊！如果苍天有眼，殿下可能会善待他们。一方面，虽然我能从信念中得到慰藉，坚信是神不允许基督教会承载如此巨大的提升工作，制造了那么多麻烦和矛盾，让其保持不完美；然而，另一方面，我反思自己的罪过，作为惩罚，上帝可能打算剥夺原本在今世赐予我的荣耀。”

在这些忧心如焚的阴郁日子，一项应急措施应运而生。虽然他和他的船可能会消亡，但是他的辉煌成就可能让他名垂千古，也能确保他的君王获得大发现的利益。他在一张羊皮纸上简要叙述了他的远航和大发现，以及他以天主教陛下的名义占领的新发现陆地。写完之后他就密封起来，在封面上写下“致国王和女王”，并在上面写下一个承诺：任何人将此未开封的包裹呈现给国王女王，将获得一千块达克特。接着，他用一块漆布将其包裹起来，放置于一块蜡的中心，然后把整个物件装进一个大桶扔到海里，他的人认为他是在履行某项宗教诺言。唯恐这件纪念物永远到不了陆地，他以同样的方式密封了另外一份，将其放置在船尾楼，这样一来，即使这艘轻快帆船被海浪吞噬，那木桶也会漂浮起来幸存下去。

这些预防措施在一定程度上缓解了他的焦虑，更让他感到宽心的是暴雨之后，日落时分，西边出现了一线晴朗的天空，让人不由心生希望，风向可能要转至那个区域了。这份希望得到了证实，一阵顺风随之而来，但是大海依然巨浪滔天、喧嚣翻腾，那一夜几乎寸步难行。

15 日清晨，破晓时分，在主桅楼的一位名叫瑞·加西亚的水手大喊“陆地”。再次见到旧世界，船员们的狂喜几乎等同于他们首次看见新世界时的感受。那片陆地在东北部偏东面，径直对着轻快帆船的船头，领航员们对此照样产生了迥然不同的看法：一位认为那是马德拉岛，另一位认为那是里斯本附近的辛特拉岩，多数人呢，被自己的殷切希望所骗，都把那块陆地置于西班牙附近。但是，哥伦布根据自己私下的计算和观察，断定那是亚速尔群岛中的一个。靠近一点便证实了那是一个岛屿，离他们不过五里格的距离。眼见他们已经能够确保快速进港，船员们暗自庆幸，哪知风向再次改变，从陆地吹来的风直接刮向东北的偏东方向，而西面那波涛汹涌的大海仍然巨浪翻滚。

两天来，他们在看得见那座岛屿的四周徘徊，徒劳地挣扎着靠近该岛，或者抵达他们透过暴风雨的雾气和飘摇偶尔瞥见的另一个岛。17 日傍晚，他们距离前一个岛非常近，正要准备抛锚，但是锚链断了，不得不再次折回海上四处游荡。直到第二天早晨，他们才在该岛北侧的庇护下抛了锚。一连好几天，哥伦布都处于烦乱和焦虑状态，几乎食不下咽、寝不安席。虽然忍受着痛风疾患的巨大折磨，他也一直在甲板上坚守瞭望职责，暴露在冬天的寒冷和滂沱的风暴，以及大海涌浪的淋浇之中。直到 17 日晚上，他才得睡片刻，并不是因其心绪安宁下来，而是因为身体极度疲惫所致。这就是他在返回欧洲途中所经历的困难和危险，倘若他在去程时遭遇了此等危难的十分之一，他那些胆怯而喜好拉帮结派的船员定会拿起武器对抗这次壮举，他将永远不会发现新世界。

第三章

圣玛丽岛上的事件（1493）

派遣小船上岸时，哥伦布便确定该岛是圣玛丽岛，位于亚速尔群岛最南端，属于葡萄牙王国的领地。岛上的居民看见一艘轻快帆船在此锚泊，无比惊奇：那船居然可以经受住这场飓风，因为这场大风以其史无前例的狂暴已经在此肆虐15天了。但是，当他们从小船上的船员那里得知，这艘遭受暴风雨凌虐的船舶带来了海洋另一边陌生国度的消息时，他们更是充满了惊愕与好奇。当问及哪里可以安全地停泊这艘轻快帆船的时候，他们指着附近一个港口作答，但是说服了其中三个水手留在岸上，满足他们想知道这次无与伦比的航海更多详情的愿望。

晚上，岛上有三个居民向那艘轻快帆船欢呼，岛上的总督胡安·德·卡斯塔涅达派了一条小船载着家禽、面包和各种糕点来到船上。总督声称与哥伦布相识，请来人转达了他许多赞美和祝贺，并为他不能亲自过来而致歉，因为天时太晚，而他居住的地方相距甚远，但是他承诺第二天早上登船拜访，届时会带来更多茶点，而那三个船员将继续留在岛上，以满足他自己对于这次航海极为好奇的心态。由于邻近岸上没有房子，送信人就在船上住了一夜。

第二天早上，哥伦布提醒自己人要信守他们的誓言，即在他们首次登陆的地方举行一次虔诚的游行。在附近海滩上，离海边不远的地方有一个小型的隐居所或专门供奉圣母的教堂，他立即安排去履行那个仪式。那三个信使回村之后就派了一个牧师过来主持弥撒，半数船员上岸游行，他们穿着衬衫，赤脚走到教堂；舰队司令则在船上等候，待他们归来之后，他再带着其余人去履行相同的仪式。

然而，一场胸襟狭隘的接待正在等候着这些遭受暴风雨摧打的可怜海员首次返回文明人的栖居地，与他们在新世界的野蛮人中间所经历的同情和殷勤简直是霄壤之别。他们刚开始祷告和感恩，村里的一群暴民就全力以赴地赶来，在总督的率领下包围了教堂，把他们全部囚禁起来。

由于陆地有一处地势较高，遮住了教堂，挡住了轻快帆船的视线，舰队司令对此次变故一无所知。到了 11 点钟，那些朝圣者还没有归来时，他开始担心他们被葡萄牙人扣留了，或者是小船被海岛周围的拍岸浪冲到岩石上摔碎了。因此，他起锚驶向可以看见那个教堂及其附近海滩的地方。在那里，他看见许多武装骑兵在岸上下马，进入小船向大船驶来。舰队司令的心头此刻又浮现出当初葡萄牙针对他本人及他的事业存有敌意的怀疑，他命令手下人拿起武器，但是要藏起来，准备好保卫大船或突袭那条小船。然而，后者却以一种和平的姿态靠近。岛上的总督也在船上，在驶入可以打招呼的距离时，他要求保证他的人身安全，让他能登上大船。舰队司令爽快地答应了这一要求，但葡萄牙人仍然保持谨慎的距离。此刻，哥伦布的愤怒爆发了，他指责总督背信弃义，他的不义之举不仅是对西班牙君王的不恭，此等不光彩的暴行还会让他本人的君王蒙羞。哥伦布向总督通告了自己的地位和封号，展示了他的特许证书，上面盖着卡斯蒂利亚王室的印章，并威胁总督说自己的政府将施行报复。卡斯塔涅达则回之以蔑视和挑衅，宣称他所做的一切正是遵照自己国家国王的旨意行事。

经过一场不了了之的争执之后，小船回到了岸上，让哥伦布对此料想不到的敌意困惑不已，担心在他离开期间西班牙和葡萄牙之间爆发了战争。第二天，暴风雨变得异常猛烈，以致他们被狂风驱逐离开了自己的锚地，被迫驶向大海，朝圣迈克尔岛方向航行。轻快帆船在极度的危险中东游西逛了两天，船上半数的船员还被扣留在岸上，余下的人大部分是新水手和印第安人，这两类人在困难的航行中几乎同样起不了作用。幸运的是，海浪虽甚，但是一点也不像最近才在海上肆虐的逆浪，否则，人手那么弱，轻快帆船几乎不可能熬过这场风暴。

22 日晚上，天气开始缓和下来，哥伦布回到了先前在圣玛丽岛的锚地。到达后不久，一条船就划过来，带来了两个牧师和一个公证人。经过一场谨慎的谈判和安全保证之后，他们登上了轻快帆船，要求检查哥伦布的文件，并代表卡斯塔涅达向他保证，只要他真的是受西班牙君王的差遣进行这次航海，那么总督将在自己的权力范围内向他提供所有服务。哥伦布认为此举是卡斯塔涅达的计谋，用以掩盖他自己收回先前采取的敌对立场。但是哥伦布抑制了自己的愤慨，对总督的友好安排表示感谢。他出示了与此次航海相关的文件，满足了神父和公证人的要求。第二天早晨，被扣留的小船和水手都被释放了。后者在拘留期间，从岛上居民那里收集到一些信息，解释了卡斯塔涅达行为的缘由。

原来葡萄牙国王猜疑哥伦布的探险有可能妨碍自己的发现，便命令所有海岛和偏远港口的指挥官，无论在哪里遇见他，都要将他抓住并扣押起来。根据这些命令，卡斯塔涅达起初希望在教堂里突袭哥伦布。那次尝试失败之后，本来打算用计将哥伦布控制起来，但是发现他有所戒备，便打消了那个念头。这就是舰队司令回归旧世界时所受到的首次招待，预示着他为了一个有史以来人类赋予自己同胞的最大利益，自己终其一生所得到的报答竟然是磨难和麻烦。

第四章

抵达葡萄牙——去朝廷拜访（1493）

哥伦布在圣玛丽岛多待了两天，试图准备木材和压舱物，但是拍击海岸的冲浪太猛，他们没法上岸。风向开始朝南，船只停泊在岛外非常危险，但是去西班牙则是顺风。他于2月24日起航，天气一直非常宜人；27日，在距离圣维森特角125里格的时候，他又遭遇了反方向的狂风和狂浪喧嚣的海洋。他的毅力几乎被这些危险和延迟耗尽，似乎离家越近就越显艰难。他忍不住抱怨起来，可以说是到了家门口还被“拒之门外”。他将肆虐在旧世界海岸的狂野风暴与其新发现地区的风和日丽、宁静的海洋和温柔的气候相比较，认为那里永远都是那么宜人的气候。“好吧，”他说，“但愿神圣的神学家和圣贤哲学家们宣布，人间天堂就在东方尽头，因为那里是最温和的区域。”

经历了几天的暴风雨和恶劣天气之后，大约在3月2日星期六的午夜时分，快帆船遭到一阵强飑的袭击，暴风撕裂了所有船帆，以无法抗拒的暴力持续肆虐，迫使船只在未张帆的情况下飞速前进，使之时刻面临毁灭的威胁。在这黑暗而危急关头，船员们再次向天国呼吁帮助。他们抽了签，承诺赤脚前往位于韦尔瓦的圣马利亚圣殿朝圣，和往常一样，哥伦布抽中了该签。再次发生这种情况比较奇异。拉斯·卡萨斯虔诚地认为，这是神在暗示舰队司令，这些风暴都应该算在他的头上，以磨去他的骄傲，防止他僭越，把上帝的造化视为自己大发现的荣耀，而他不过是被选中为主实现目标的工具而已。

种种迹象表明陆地就在附近，他们认为那一定是葡萄牙海岸。但是暴风雨越来越猛烈，让他们一度怀疑是否有人能够活着抵达一个港口。所有船员都许愿，假如他们能够幸免于难，他们将在下周六斋戒面包和水。第二天晚上，恶劣的天气更加糟糕。海洋像被撕裂一般狂乱，掀起山一样的滔天巨浪，他们的轻便快帆船时而被抛向空中，紧接着仿佛沉入张着大嘴的深渊。间或大雨如注，空中处处电闪雷鸣。

正是在这个可怕的夜晚，首轮夜班时，海员们发出了“陆地”的喊声。这在以往通常会大受欢迎，但是现在增加了情况的危急程度。他们不知道自己身在何处，也不知道去哪里寻找港湾；他们害怕被推向岸边，或撞上岩石，往常殷切渴望的陆地现在对他们而言是恐惧。因此，他们收起船帆，尽可能保持在大海上，焦急地等待着天亮。

3 月 4 日天亮时分，他们发现自己离开了辛特拉岩石，来到了塔霍河口。虽然他们非常不信任葡萄牙人的好意，但是仍在肆虐的暴风雨让哥伦布别无选择，只好驶入河口寻找庇护。随后，3 时许，他在拉斯特罗对面抛锚停泊，船员们怀着巨大的喜悦，感谢上帝让他们逃离了众多险境。

居民从海滩的各个地方跑过来，祝贺他们，认为他们的船得以幸存简直是奇迹。原来整个上午，他们都在万分焦急地注视着这艘船，为它的安全祈祷。当地最年长的水手向哥伦布保证，他们从未见过在冬天出现如此猛烈的暴风雨，许多船受困于恶劣的天气，在港口停泊几个月了，而且，发生了无数海难。

上岸之后，哥伦布立即派遣一个快递信使前往西班牙，向国王和女王通报他的大发现。他还给葡萄牙国王写信，请求允许他随着自己的船只进入里斯本，后者当时在瓦尔帕莱索。因为关于他的轻快帆船满载黄金的消息已经传遍了，他在塔霍河口感到不安全，而且，此地周围是拉斯特罗那样的地方，人口稀少，居民贫穷却敢于冒险。为了避免对其航海性质的任何误解，他请葡萄牙国王放心，他没有去几内亚海岸，也没有去葡萄牙其他任何殖民地，他是从斯潘阁岛和印度末端回来的，这是他一直向西航行才发现的地方。

第二天，驻扎在拉斯特罗的一艘大型葡萄牙军舰的船长唐•阿隆索•德•阿库尼亚，传召哥伦布去其军舰介绍自己及其船只。哥伦布明确自己作为卡斯蒂利亚君王的舰队司令的权利和尊位，拒绝离开自己的船，或者派遣任何人去葡萄牙军舰。然而，当军舰指挥官得知他的军衔及其航海的非凡性质之后，立刻鼓声喧天、横笛袅绕、军号嘹亮地来到哥伦布的船上，向一种勇敢和慷慨的精神致敬，并主动提出愿意为他提供一切服务。

这艘神奇的多桅船停靠在塔霍河口的消息传到了里斯本，船上满载新发现世界的人民和物产，其效果也许只可意会、不能言传。近一个世纪以来，里斯本最主要的光荣都来自航海大发现，但是现在有一个成就让其所有的荣光都黯然失色。即使该船载着另一个星球的奇迹而来，也不可能比此更能激发人们的好奇心了。连续几天，塔霍河口都呈现出一派欢乐动人的景象；各式各样的驳船和小船停满了港口，将那艘轻便快帆船围在中央。从早到晚，船上挤满了参观者，其中既有地位显赫的骑士，也有各种王室官员。所有人都全神贯注地倾听哥伦布和他的船员讲述本次航海发生的事情，以及他们所发现的新世界的种种情况。他们带着永不知足的好奇凝视着那些不知名的植物和动物标本，但是最受关注的是印第安人，这些人与目前他们已知的所有种族如此不同。有些人想到一个发现竟然如此崇高、如此有益于人类便充满了慷慨激昂的热情；而关于那片尚未被瓜分的蛮荒之地盛产黄金、珍珠和香料的描述则激起了部分人的贪念；另一些人则抱怨国王及其大臣对哥伦布的不信任，正因为如此，葡萄牙才永远失去了如此巨大的收获。

3 月 8 日，一位名叫唐•马丁•德•诺劳鲁的骑士给哥伦布带来了约翰国王的一封信，信中对他的到来表示祝贺，并邀请他前往当时在瓦尔帕莱索的宫廷，那里距离里斯本大约 9 里格。同时，国王以其一贯的气度发布命令，要求立刻不遗余力、无条件地满足舰队司令本人、他的船员和船舶的一切需要，而且，一切免费。

哥伦布原本会欣然回绝葡萄牙皇家的邀请，因为他对国王的好意不信任，但是暴风雨天气将自己置身于这个国王的权柄之下，他认为自己应该审慎行事，避免生疑。所以，他当晚就在自己导航员的陪同下去了瓦尔帕莱索。第一天晚上，他在萨克拉本歇息，那里已经为体面地款待他做好了准备。天气阴雨绵绵，直到第二天晚上他才到达瓦尔帕莱索。临近皇宫之时，国王的内务府主管骑士就出来迎接他，并以盛大的仪式护送他进宫。这个国君对他的接待够得上一个开明君主的气度。他下令让他坐在自己面前，只有皇室显要才可享有这样的荣誉。在对他的壮举所取得的成果多番祝贺之后，国王向他保证，他王国里的一切东西，不管是其君王还是他本人需要效劳的，都可以听从他的使唤。

随后是一次促膝长谈，哥伦布描述了自己的远航和他发现的地区。国王看似听得很高兴，心里却暗自感到悲哀和屈辱，想到此等辉煌的事业曾经一度向自己提出过，可惜被拒绝了。一个偶然的评论显示出了掠过他脑海的思绪。根据1479年与卡斯蒂利亚君王签署的条约要点，他对此次发现是否真正不属于葡萄牙王国表示了怀疑。哥伦布回答说他从来没有见过那些条款，也不知道该条约的任何内容；他得到的命令是不许去米纳，也不能去几内亚海岸，他认真谨慎地执行了这些命令。国王亲切作答，表示对他的正确行为感到满意，并让哥伦布相信，这些事务在两国之间很容易调整，没有必要请人仲裁。当晚，哥伦布退场时，他让在场的一位主要人物克拉图的长老负责安排哥伦布歇息，那人尊敬而殷勤地款待了他。

第二天，国王就新发现地区的土壤、物产和人民，以及航行的线路等方面进行事无巨细的了解，所有这些哥伦布都予以充分答复，努力以最清晰的方式说明这些地区迄今未被任何基督教国家发现和占领。不过国王仍然感到不安，唯恐这项巨大和不明确的发现妨碍了自己新近获得的领土。他怀疑哥伦布没有找到通往其远征目标那些地区的捷径，那些地区是否包含教皇的诏书赐予葡萄牙王国的领土，即自诺恩角至西印度群岛之间发现的所有陆地都归葡萄牙。

他向自己的顾问暗示了这些怀疑，他们急切地予以肯定。其中部分人正是曾经嘲笑过这项事业、讥笑哥伦布做白日梦的人。对他们而言，这项事业的成功是混乱之源，而哥伦布载誉归来更让他们深感受辱。他们无法想象那时候让哥伦布升华并高于一切卑鄙算计的崇高而慷慨的念头，将他的一切行动归结于最卑微和最不光彩的动机。他那合情合理的狂喜被解释成侮辱性的凯旋，他们对他横加指责，说他在与国王谈论自己的发现的时候，语气夸耀而自负，仿佛是在报复君主曾经拒绝了他的提议。所以，这些人迫不及待、极其渴望在国王已经疑虑丛生的脑海里推波助澜。一些人曾经见过轻快帆船带来的原住民，他们声称，那些土著人的肤色、头发、举止等，都与位于葡萄牙发现区域航线之内那部分印度地区的当地人一致，那些地区是包含在教皇颁发的诏书里的。另一些人指出，特尔希拉（Tercera）群岛与哥伦布发现的那些群岛之间几乎没有距离，由此，哥伦布的发现显然属于葡萄牙。眼见国王心神已乱，有人竟然提出，为了阻碍这些事业的实施，应该暗杀哥伦布。他们可以宣布哥伦布死有余辜，因为他企图用虚假的发现来欺骗和搅乱两个国家。有人建议，暗杀哥伦布轻而易举，可以不引起任何憎恨。他们可以利用他高傲的态度激起他的骄傲，惹怒他，让他与人发生争执，然后仿佛在不经意间，在体面的场合将他打发掉。

很难相信，居然有人会向约翰二世这么正直的国君提出如此邪恶和卑鄙的建议，但是无论是葡萄牙还是西班牙的各类历史学家，均断言这是事实，而且与过去就哥伦布问题向君王提出的背信弃义之建议吻合。朝廷里有一种虚假的忠诚，往往易于通过卑鄙下流证明其狂热，当此现象以个人忠诚的面貌出现时，国王的弱点就是容忍其最荒唐的错误。

幸运的是，国王有足够的雅量，没有采纳那种极不公正的手段。他公平地对待哥伦布的丰功伟绩，尊他为人类的杰出奉献者。作为一个慷慨大度的君主，他觉得自己有责任保护所有被霉运驱逐至自己港口的陌生人。国王议事会有些人建议采取更大胆的军事策略。他们提议允许哥伦布返回西班牙，但是，在他准备好第二次远征之前，他们应该派遣一支强大的队伍，在两位曾跟随舰队司令航行的葡萄牙水手的指导下，去占领那些新发现的区域。毕竟，占有才是最好的权利，而且，动用武力才是解决如此悬而未决之问题最明确的方式。

这个建议兼具胆识与谋略，因而更让国王中意。他暗自打定主意，立刻将其付诸行动，决定让当时最杰出的船长之一唐·弗朗西斯科·德·阿尔梅达指挥本次远征。

与此同时，受到上宾般款待的哥伦布由唐·马丁·德·诺劳鲁护送返回船上，随行的还有一长列皇家骑士，另外还有两头骡子：一头供他本人使用，另一头给他的领航员。国王还赏赐了那个领航员20埃斯帕丁那或杜克特金币。途中，哥伦布在维拉弗兰卡的圣安东尼奥修道院停留去参见女王。她曾表达了热切的愿望，希望看到这位非凡而有魄力的人，因为他的丰功伟绩成了每个人的谈论主题。他发现女王由几个她最宠幸的女士陪同，他在那里受到了最令人舒心的招待。女王陛下让他讲述了远航的主要事件，描述他所发现的那些地区，她和她的侍女们对他的叙述产生了急切的好奇。那天晚上，他住在尔兰德拉，早晨他正准备出发的时候，国王的一位仆人到了，准备送他到边界。如果哥伦布意欲从陆路返回西班牙，葡萄牙皇家将为他提供马匹、住宿以及一切他可能需要的东西。然而，天气好转了，他更愿意回到自己那艘轻便快帆船上。于是，3月13日，他起航出海。15日，太阳升起的时候，他平安抵达了索尔茨岛，并在中午时分进入帕洛斯海港。前一年的8月3日，他正是从那里扬帆出海，还不到七个半月的时间，他便完成了航海史上最重大的航行。

第五章

帕洛斯港欢迎哥伦布（1493）

哥伦布的凯旋成为小港口帕洛斯历史上的一大盛事，那里的每个人都或多或少在关注他本次远征的命运。当地最重要、最富有的船长投身其中，几乎每一个家庭都与航海者沾亲带故。船队离开，远赴一次看起来是妄想与孤注一掷的航行，让这个地方弥漫着阴郁和幻灭的气氛，整个冬季肆虐的暴风雨更是加剧了公众的沮丧。许多人像失去了朋友那般唉声叹气，而想象让他们的命运蒙上了神秘的恐怖，脑海里出现的画面是他们在渺无人烟、茫茫无际的汪洋大海上随波逐流，要么被岩石、流沙和漩涡所湮灭，要么成为海洋深处那些怪物的口中之物，人们轻信在遥远而人迹罕至的海域居住着这样的生物。如此神秘莫测的命运，具有某种远比任何确定而普通的死亡本身更可怕的因素。

所以，当看见河里伫立着船队中一艘船的时候，居民们激动不已，但是，当他们得知那艘船是发现了一个世界才凯旋之时，整个社区更是爆发出巨大的狂喜。钟声长鸣、店铺关门、所有生意都暂停：一时之间，人们奔走相告、人声鼎沸、万人空港。有些人急于知道亲戚的命运，有的人在打听朋友的消息，所有的人都想知道一次如此精彩绝伦的航海的细节。哥伦布上岸的时候，众人蜂拥而至来看望他、欢迎他；大家汇集成一支浩浩荡荡的队伍前往大教堂，感谢上帝让这个地方的人获得这么显著的发现—在巨大的喜悦中忘记了他们曾经为此项壮举设置的无数障碍。无论哥伦布走到哪里，人们都高声欢呼、向他致敬。此情此景与几个月前他离开时尾随的喃喃抱怨和诅咒形成多么强烈的反差啊！或者，与当初刚到帕洛斯的那个贫穷的过路人在修道院门口为自己的孩子讨点面包和水的情景相比，此时又是多么鲜明的对照啊！

得知朝廷在巴塞罗那，他觉得应该立刻乘船前往。但是，考虑到他们在海上经历过的种种危险和灾难，他决定取道陆路。他派人送信给国王和女王，禀告他的到来，随即便带领他从新世界带来的六个原住民起程前往塞维利亚听候命令。有一个原住民已经死于海上，还有三人因生病留在了帕洛斯。

事情非常凑巧，而且似乎得到了很好的证实，就在哥伦布回到帕洛斯的那天傍晚，正当塔楼上的胜利钟声还在空中回荡的时候，马丁•阿隆索•平松命指挥的“平塔号”同样也进入那条河。自从在暴风雨中与舰队司令分散之后，“平塔号”被狂风吹到了比斯开湾，并设法到了巴约纳港。由于怀疑哥伦布能否在暴风雨中得以幸存，平松立即给两个君王写信告知他自己航海发现的消息，要求允许他本人亲自进宫细说详情。天气一好转，他便再次起航，期待着在自己家乡帕洛斯获得凯旋迎接。进入海港时，看到舰队司令的船停泊在那里，得知他已获得热烈欢迎，平松死心了。据说，他害怕在哥伦布凯旋之时与他见面，担心自己因为曾在古巴海岸将他抛弃而遭到逮捕。但是他是个很有决断的人，不太可能沉溺于这样的恐惧之中。最有可能的情况是，他意识到自己的行为不当，因而不愿意在公众对哥伦布满腔热情的时候公开露面，或许是看到他一直不愿意承认比自己高明的人荣誉加身而感到不愉快。总之，他走进小船，悄悄上岸，远离公众视线，直到听闻舰队司令离开之后才回家。想到哥伦布获得多少荣誉和赞颂，对他的谴责就有多深，他身心俱损、万念俱灰。最后，君王们给他的回信终于来了。来信充斥着对他的指责，并禁止他在宫廷露面。这封信对他的羞辱将他推上了绝路，精神上的极度痛苦加重了他的身体病痛，仅几天时间他就死了，成为深重懊恼的受害者。

但是，任何人都不能站在平松的墓前对他一味严厉苛责！他的功绩和贡献均有资格享有最高赞誉，他的错误应该得到宽容。他是西班牙最先理解、赏识哥伦布事业的人之一，当哥伦布在帕洛斯穷困潦倒、默默无闻的时候，他以自身的参与鼓励哥伦布，并用自己的财力予以资助。甚至当君王的圣旨都不起作用的时候，是他让哥伦布得到了船和物资配置，并在最后与自己的兄弟和朋友们登上了远征的船队，为此押上了自己的身家性命和全部所有。因此，他赋予自己在很大程度上分享这项不朽壮举之光荣的权利。令人遗憾的是，他一时忘却了这项事业的庄严性质，对其指挥官没有绝对服从，屈服于自身利益的诱惑，才犯下不服从命令的错误，给自己的名声蒙上阴影。然而，他的过错可以酌情减轻，究其原因可能是他习惯于指挥的角色，这让他很不耐烦被人控制，而且他意识到自己为这次探险提供了极大的帮助，可以在船队拥财自重。他具有了不起的职业功绩，得到所有同代人的认可，自然拥有慷慨的情操和光荣的抱负。这一点非常明显，因为他深陷自己不当行为所带来的耻辱之中，备感酸楚。一个卑鄙小人，不会因为做了一件卑鄙的事情而成为自我谴责的牺牲品。他的故事说明了一个道理：仅一次背离职责，就可以抵消一千次奉献所取得的功绩，一时的软弱是怎样玷污了一世的英名。同时也说明非常重要的一点，即在任何情况下，一个人不仅要忠实于他人，还要忠实于自己。

第六章

西班牙朝廷在巴塞罗那欢迎哥伦布

哥伦布写给西班牙君王的信在朝廷引起极大的轰动。该事件被宣布为他们执政鼎盛时期最卓越的成就，而且，由于该事件与征服格拉纳达如此接近，被宣告为神恩显灵，表示神欢喜他们在忠于信仰的事业中所取得的胜利。突如其来、轻易获得的新帝国和无限的疆土，显然还有无限的财富，让两个君王一时之间竟然眼花缭乱，随之，他们的第一个念头是要确保一切到手的东西都能免于纠纷。抵达塞维利亚不久，哥伦布就收到两个君王的信，他们在信中表达了极大的喜悦，要求他立即前往王宫，商议第二次以及更广泛的探险远征。由于最适宜航海的夏天渐渐逼近，他们希望他能够在塞维利亚或其他什么地方进行准备，以便能够尽快开始远征，并请哥伦布通过返回的快递信使告诉他们，朝廷这边需要做些什么。这封信件对他的称呼是“唐·克里斯托弗·哥伦布、我们的海洋舰队司令、印度群岛副王和总督”，同时还承诺给他更多奖赏。哥伦布即刻遵从君王的命令。他给君王提交了一份备忘录，上面列举了下一次远征需要的船只、人员和军需物品等，然后在塞维利亚着手部署，准备一旦条件许可，便带着六个印第安人和新世界各种各样的奇珍异宝和物产，前往巴塞罗那。

那时，哥伦布航海大发现的名声已经响彻了整个国家，由于他的路线途经西班牙最好、人口最多的几个省份，他的旅程好似一个君王的巡游。无论他经过哪里，当地居民都倾巢而出，他们站满了道路两侧、挤满了村庄。城镇的街道、窗口和阳台都挤满了渴望的观众，人们的欢呼声响彻云霄。蜂拥而至的大量人群让他的旅程不断受阻，他们都渴望一睹他本人和那些印第安人的真容。他们万分讶异，仿佛哥伦布一行是来自另一个星球的原住民。根本不可能满足那些如饥似渴的好奇心，哥伦布及其随行人员每走一步都会遇到抛向他们的无数问题。照例，流行传闻夸大了真相，让新发现的国度充满了各种各样的奇观。

大约 4 月中旬，哥伦布抵达了巴塞罗那，那里各项准备已经就绪，拟为他举行一个隆重、盛大的欢迎仪式。那个时候季节宜人，天气美丽而宁静，怡人的气候让这个令人难忘的仪式更加辉煌壮丽。当他走近仪式地点时，许多年轻朝臣和西班牙绅士与汇集起来的广大民众一起前来迎接他、欢迎他。他进入这座高贵城市的情景好比罗马人惯常向征服者颁发法令的一次胜利。排在队列前头的是印第安人，他们根据自己的野蛮风格涂上颜色，穿戴着本族的黄金饰物。印第安人之后是各种各样的活鹦鹉、未知物种的鸟类和动物标本、被认为具有珍贵品质的珍稀植物，同时还有小心翼翼并惹人注目地展示的印第安人的黄金头饰、手镯和其他黄金饰品，以便让大家对新发现地区的财富有所了解。跟随在这些展示品之后，是骑着马，被一支漂亮威武的西班牙骑士队伍簇拥着的哥伦布。无数人将满大街挤得水泄不通，窗户和阳台上挤满了美人，屋顶上都是观众。就好像仅用眼睛盯着这些来自一个未知世界的战利品或者那个去发现这些东西的杰出人物，也不能让公众心满意足。这个事件具有某种崇高性质，它将一种庄重的情感与公众欢乐融为一体。它被视为意义重大的天意神恩，以奖励君王们的虔诚。而发现者气宇轩昂、庄重威严，看起来与其成就的显赫和尊贵很相称，与从事这类漂泊活动者身上惯常见到的那种年少轻狂有着云泥之别。

为了以合适的盛典和礼遇迎接他，君王们下令将他们的王座安置在一个巨大而华丽的公共大厅里，王座上方的华盖装饰着金色锦缎，显得富丽堂皇。国王和女王端坐在此，等待他的到来，他们身边是王子胡安，出席的还有朝廷的显要人物以及来自卡斯蒂利亚、瓦伦西亚、加泰罗尼亚和阿拉贡的主要贵族，大家都迫不及待地等着见到这位给国家带来无法估量利益之人。在一群光彩照人的骑士簇拥之下，哥伦布终于进入了大厅。拉斯·卡萨斯说，在人群中间，他那庄重而威风凛凛的神态特别显眼，灰白的头发让他的面容令人肃然起敬，使之具有罗马元老那种威严的外貌；温和的笑容让他容光焕发，显示出他很享受自己达到的这种境界和荣耀；当然再也没有什么比这些代表国家甚至全世界感激与赞赏的褒奖，更能打动一颗燃烧着崇高志向的心灵了，而且他意识到自己完全实至名归。随着哥伦布走近，两个君王站起来，仿佛接见一个地位最高的人。他屈膝，意欲行吻手礼，但是君王们在允许这种忠顺之举时有些犹豫。他们以最亲切的方式扶起他，命令他坐在他们面前。在这个骄傲而讲究繁文缛节的宫廷里，这可是罕见的恩宠。

在他们的要求下，哥伦布开始讲述此次航海中最惊心动魄的事件，描述新发现的岛屿。他展现了未知鸟类和其他动物标本，具有药用和香料价值的珍稀植物，还有天然金沙、原生金块以及原始风格打造的黄金饰品。当然，最重要的是那些地区的原住民，他们才是大家热切关注的目标和永不枯竭的兴趣所在。他宣称，所有这些，不过是更多等待发现的前奏而已，随后更大的发现将给国王和王后陛下的领土增加不可估量的财富领土，以及皈依真正信仰的所有民族。

当他讲完，两个君王跪倒在地，紧握双拳伸向天空，眼里满含喜悦和感激的泪水，向上帝倾诉他们的感激和赞美，感谢上帝给予他们这么大的眷顾。所有在场人士纷纷效仿，这场豪华的集会弥漫着深情而庄重的热情，抑制住了所有常见的胜利欢呼。在乐器的伴奏下，皇家教堂的唱诗班开始吟唱赞美诗《感恩赞美》，最后交汇成为神圣和谐的大合唱。可以说，这样的音乐让听者的情感和思绪都飞向了天国。“因此，”可敬的拉斯•卡萨斯说，“就好像在那个时刻，他们传递的是天国的喜悦。”光辉灿烂的西班牙朝廷就是以这么庄严虔诚的方式庆祝这一神圣事件，他们供奉音乐和赞誉作为感恩献礼，把发现另一个世界的荣耀归于主。

当哥伦布从君王面前退出来，整个朝廷都护送他去自己的住所，身后是人声鼎沸的民众。接连许多天，他是所有人好奇的对象，无论他出现在哪里，都会被众多仰慕者围住。

即使当他的脑海里充满了光荣展望之际，他也没有遗忘要拯救圣墓的诚敬计划。前面已经提及，他第一次向西班牙君王提出自己的主张时，曾经滔滔不绝地谈到，要将他发现的获利来实现这个伟大目标。想到自己现在即将拥有的巨大财富，他非常兴奋，发誓要在七年内组建一支拥有4000匹马和50000士兵的军队去拯救圣墓，并打算在随后的五年内再组建一支力量相当的军队。这个誓言记录在他写给君王的一封信里，他曾经提到过此信，但是这封信再也找不到了，因此不能确定是在他首次航行快要结束之时写的信，还是后来，当其发现结果的重要性和财富更充分地显示出来的时候才有这样的打算。他的著述常常隐晦地暗示此事。在1502年他写给教皇亚历山大六世的一封信中，也有关于没有实现这个目标的说明。要全面了解哥伦布的性格和动机，这项有远见的目标是回忆的根本。可见在他的脑海里，这个念头一直与其大发现事业缠绕在一起，神圣的十字军东征是那些神圣目标的圆满结局，正因为如此，他才认为自己是天国选中的代理人。这个目标显示他的心灵怎样超越了那些自私自利、唯利是图的看法——他的心中是怎样充满了那些虔诚和英勇的谋划，在十字军东征的时代，这些谋划是怎样激发了人们的思想，并指引着最勇敢的战士和最杰出的国君们从事他们的事业。

第七章

哥伦布在巴塞罗那逗留——君王和朝臣们对他的重视

哥伦布伟大发现的喜讯并没有局限在西班牙，大使之间的交流、学者之间的通信、商人之间的谈判、旅行者的报告等将此消息广为传播，整个文明世界为此充满了惊愕和欢乐。假设那个时候就有印刷出版业，那该是多么令人快意啊！像现在这样，对每个已发生事件的猜测每日都会涌现出来！对于这项千载难逢的顶级事件，我们是多么渴望得知公众对此最早的想法和感受啊！即使是当代作家的首次公布，虽然仅是简短的附带一说，也因为写于那个年代而让人兴趣倍增，因为其展示了如此重大的消息是怎样通过这种随意的方式传遍了全世界。阿莱格雷托•阿莱格雷蒂在其编制的《锡耶纳年鉴（1493 年）》中，借助于他们在西班牙的商人信函和各种旅行者的口述，提到那里刚公布了这件事。此消息通过热那亚大使弗朗西斯科•马尔凯西和乔瓦尼•安东尼奥•格里马尔迪传回该国，并作为当年的胜利事件记载下来。对于热那亚共和国，虽然她可能轻视了这个让自己成为此发现女主人的机会，但是自那以后，便一直顽强地坚持是自己诞生了该发现的发现者，并以此为荣。这个消息很快传到了英国，那个时候，该国的航海力量相比之下还不那么重要。然而，此消息在伦敦引起很大的惊叹，成为亨利七世宫廷里的重大话题并赢得赞赏，他们把这一发现宣布为“一件非凡的神迹”。我们根据北美大陆未来的发现者塞巴斯蒂安·卡伯特本人的经历证实了这种影响，那时他就在伦敦，受到此事的启迪才产生了追随效仿的雄心壮志。

事实上，文明社会的每一个成员都在为所发生的事欢欣鼓舞，正如置身于其中，难免对此多少都会感兴趣。对有些人来说，此事开辟了一个崭新的、无限的探究领域；对另一些人而言，此事意味着一份事业，每个人都带着强烈的渴望等候关于这个未知世界的进一步发展，那里依然笼罩着神秘的面纱，仅对其部分地区的惊鸿一瞥就已经充满如此多的惊奇。我们从一封信件中大致证实了学者们的感触，这是当时彼得·马特尔写给其朋友庞波尼乌斯·莱阿图斯的。“你告诉我，我和蔼可亲的庞波尼乌斯，”他写道，“当你读到我的信，向你证实了那个隐藏至今的对映体世界，你高兴得跳了起来，你欢喜得热泪盈眶。你的感觉和行动都好像变成了一个以学问著称的人，我能想象得到，对于一颗富有修养和纯真的心灵而言，其他任何营养都比不上这样一个消息更令人愉快。当我与那些地区返回的聪明人士攀谈时，我感到一种精神上的美妙狂喜。好比一个守财奴发现财富增加时的感觉。我们的头脑啊，曾被生活中的日常操劳和社会的恶行弄脏了，庸俗化了，亦因为思忖这些光辉业绩而得到升华和改善。”

然而，尽管举世欢腾，没有人意识到这一发现真正的重要性。没有人想到这是地球上截然不同、自远古时期就被海洋隔开的一部分。哥伦布的观点被普遍采纳，认定古巴是亚洲大陆的末端，其邻近岛屿是在印度海域。这一看法与古代人观点一致，在此之前曾引述道：如果向西航行，西班牙到印度末端的距离适中。哥伦布带回来的鹦鹉也被认为类似于普林尼所描述过的在亚洲偏远地区大量存在的鸟类。于是，哥伦布到访的那片陆地就被称为西印度地区，而且，似乎他进入了一大片尚未开发的区域，还处于自然状态，因此，整个地区统称为“新世界”。

哥伦布在巴塞罗那逗留的那段时间，君王们利用每一个机会表示他们个人对他的高度重视。他任何时候都可以觐见君王，而且女王很乐意与他讨论他的事业这个话题。国王呢，偶尔可见他骑马外出，王子胡安和哥伦布总是在其左右两侧。为了让哥伦布的家族永远传承其成就的荣耀，他们给他配置了族徽纹章，纹章上面的皇家武器、城堡和狮子以及他自身的徽标各自四等分。他自己的徽标是一组环绕着海浪的岛屿。该徽章后来附加了铭文：

A Castilla yá Leon,
Nuevo mundo dio Colon.
（对于卡斯蒂利亚和莱昂，
哥伦布贡献了一个新世界。）

君王下令颁发给首次航行第一个看见陆地那个人的奖金判给了哥伦布，因为他最早看见岸边的亮光。据说第一个看见陆地的那个水手非常失望，因为他认为那是他应得的奖励。他在激怒中宣布放弃自己的国家和信仰，去非洲成为伊斯兰教徒。这则逸事仅在奥维耶多的著述中提及。他关于这次航行的叙述极不正确，里面穿插了由舰队司令的敌人告诉他的许多假话。

乍一看，夺走那个可怜水手的奖金这种行为，与哥伦布公认的气度不相符，但此事与他的整个志向相关。毫无疑问，他非常自豪于本人既是这项事业的策划者又是那片陆地的发现者这份荣誉。

仅次于国王和女王对他表示支持的是佩德罗·冈萨雷斯·德·门多萨——西班牙红衣大主教、王国的第一子民。此人品格高尚、虔诚、博学，具有帝王般的气质，他的支持举足轻重。他邀请哥伦布赴宴，在餐桌上给他指定了最尊贵的位置，并让他主持就餐仪式。在那些讲究繁文缛节的年代，这样的礼仪通常由君王主持。据说，正是在此次宴会上发生了那个有关鸡蛋的著名逸事。有位见识肤浅的朝臣在场，不能容忍哥伦布获得的荣誉，卑贱地妒忌他的外国人身份，突然问他是否想过，如果他没有发现西印度群岛，西班牙就没有其他人有能力做这件事。对此，哥伦布并没有立即作答，而是取了一个鸡蛋，邀请在座的宾客将它立于桌上。每个人都进行了尝试，但无人成功，于是他拿着鸡蛋敲打桌子，把鸡蛋的一端击破，将破碎的那端放在桌上，鸡蛋就立起来了。哥伦布以这种简单的方式说明，当他展示了通往新世界的道路之后，再也没有其他方式比跟随其道更容易的事了。

君王们对哥伦布的青睐让他一度成为贵族们的宠儿。在宫廷里，大家都争先恐后地在这个“王所喜悦尊荣”的人身上给予重视。哥伦布以适当的谦逊接纳了所有这些殷勤和荣誉，但是，想到自己可谓是凭借勇气和毅力，好不容易才在这个国家争取到了那些荣誉和爱戴，他必定感到自豪与满足。在这个现在与君王为伴、成为普遍称奇和崇敬的话题人物身上，人们已经很难认出那个默默无闻的陌生人。正是他，不久前在这个宫廷里还是大家嗤之以鼻和讥笑的对象，有的人嘲笑他是一个冒险家，另一些人则把他当作疯子指指点点。那些在其漫长的申请过程中曾经侮辱过他的人，现在试图以谄媚抹掉过去的记忆。每个曾经对他冷脸相向或者仅出于礼貌曾向他施以微笑的人，现在都妄称自己赞助和推动了新世界的发现。在朝廷进出的大人物们的史学家或传记作者无不将其纳为哥伦布的恩主，虽然，假设这些自吹自擂的赞助者哪怕仅有十分之一真正发挥过作用，哥伦布绝不可能磨蹭了七年才装备好三艘轻快帆船。哥伦布十分清楚自己所得到的微弱资助。在往后的信件中，唯一让他充满感激之情提及，视为真正热心肠并起作用的朋友，是两位值得尊敬的修士，即后来成为帕伦西亚和塞维利亚主教的迭戈·德·德萨和拉比达修道院院长胡安·佩雷斯。

君王的礼遇、大人物们的殷勤、人民的崇拜，哥伦布暂时畅饮着广受爱戴的琼浆蜜露，此时，敌意和诋毁还没来得及将其变成苦涩的毒药。他的发现带着如此意外的绚丽光芒俄然降临这个世界，引起人类的普遍喝彩，让嫉妒本身也眼花缭乱。假如历史如同浪漫小说，在英雄的愿望获得圆满成功之际便结束，人类本性大可值得赞誉，那么，我们就应该让哥伦布留在功德圆满和理所应得的功成名就的状态之中。但是，他的历史注定要成为另外一种证据，如果需要，以此说明公众喜好的反复无常，哪怕是凭借杰出贡献赢得的爱戴也不过如此。有史以来，人类所取得的伟大成就再没有比此更不可否认、更纯粹，其利益更惠及人类；然而，再也没有人像其拥有者那样受到那么多不应有的嫉妒和诽谤，甚或让其陷入更不应该遭受的不幸和苦难。因此，赫赫功绩总是如此：正是其灿烂的光辉诱发了低下和卑躬屈节者意识中憎恨的盛怒，这种怒火往往会产生短暂的影响，将其掩盖，蒙蔽世界；好比太阳，当它在天庭散发出所有光芒之时，因其自身光线的炽热，会聚集起糟糕的有毒气体，在一段时间之内，这些毒气会遮掩它的光华。

第八章

教皇的分割诏书——哥伦布准备第二次航海(1493)

在欣喜之余，西班牙两个君王不失时机地采取一切必要措施，确保他们的新收获。虽然大家以为刚发现的地区是大可汗的部分领土，属于其文明状态已经相当先进的其他东方国君，但是，天主教国王和女王陛下丝毫也不怀疑自己将其占有的权利。十字军东征时期，基督教国君之间形成了一个非常有利于其雄心壮志意图的信条。根据这一信条，打着击败基督教敌人的幌子，他们有权入侵、掠夺、攫取所有异教徒国家的领土，以便让上帝教会的统治遍及全球。为了遵照这一信条，作为所有世俗事务最高权威的教皇，被认为有权处理所有异教徒的土地，将它们分配给参与减少异教徒，将其归纳为教会统治的君主，让他们在那些愚昧无知的居民中传播真正的信仰。凭借这种权力，教皇马丁五世和他的继任者已经认可，从博哈多尔海角到印度地区所有可能发现的土地都归属于葡萄牙王国，而西班牙天主教君王在1497年与葡萄牙国君签订了条约，约束自己尊重因此而取得的领土权。正是根据该条约，约翰二世在与哥伦布交谈中，暗示他拥有这些新发现地区的权利。

因此，在收到舰队司令大功告成的第一个情报之后，西班牙君王立刻采取了预防措施，以保证获得教皇的认可。亚历山大六世新近才坐上那把神圣的交椅，部分历史学家曾用尽可以羞辱人性的所有恶习和罪行诬蔑该教皇，但此人在其能力和政治方面均表现突出。他是瓦伦西亚本地人，生来就是阿拉贡子民。按照常理推断，他的处理将有利于斐迪南，但是在他之前，一些问题的处理已经表现出他并没有善待西班牙天主教君王。在所有事件中，斐迪南深知他的世俗和背信弃义的性格，努力让自己去迎合他。因此，他派遣大使前往罗马教廷，宣布新发现是信仰的非凡胜利，声明从这片广阔的异教徒土地上传播基督教所获得的伟大光荣和收益必定回报给教廷。他们还慎重地声明，目前的发现并没有干扰“圣座”割让给葡萄牙的属地，属于葡萄牙的一切都被刻意进行了规避。政治才能和宗教虔诚同样出色的斐迪南，同时暗示教皇，希望借此让他觉察到，自己无论如何都要决心维护自己的重要所得。他的大使还奉命指出，根据许多学者的看法，这些新发现的土地已经被西班牙天主教君王占领，他们的称号同样也没有要求教皇的许可，但是，作为诚敬的国君，他们服从圣座，恳求圣座颁发教皇诏书，给予他们特许，将这些新发现地区以及有可能发现的其他地区，赐予卡斯蒂利亚王国。

事实上，获得大发现的消息不仅让罗马教廷极为惊讶，而且同样喜悦。由于发动对抗西班牙领土上摩尔人的战争，西班牙君王在教会眼中已经上升到很高的地位，那件事无异于一次虔诚的十字军东征。虽然收获格拉纳达王国已经是富足的酬报，此举还让他们有权获得所有基督教国家的感激。目前这起发现的功绩更加伟大，它实现了教会崇高承诺中的一项，体现了“列国为业、地极为业”的教义。因此，鉴于功劳如此重大、恳求如此谦逊，授予其特许没什么难度，尽管很有可能是精明君王之暗示加快了追求名利的教皇之默许。

于是，一份签署日期为 1493 年 5 月 2 日的圣谕随之发布，该圣谕授予西班牙君王在新发现地区的所有权、特权和赦免等权力，与教廷赐给葡萄牙在非洲海岸发现地区的权力相同，同样以培养和传播天主教信仰为条件。但是，为了防止两个国家在其发现的大范围内发生任何冲突主张，教廷在第二天又颁发了另一份公告，里面包含那条著名的分界线。有了这条分界线，两国的疆界就被认为清楚地、永久地划定了。这是一条理想的界线，从北极到南极，在亚速尔群岛和佛得角群岛以西 100 里格的范围。西班牙航海家在这条线以西发现的所有土地，如果在前一个圣诞节前没有被任何基督教国家占领，属于西班牙王国；在反方向发现的所有土地属于葡萄牙。教宗似乎从来就没有想到，推动两国分别在相反方向去发现，某一天他们也许会再次发生碰撞，在对映体重申领土权问题。

与此同时，君王们并没有闲着等待罗马教廷的认可，他们不遗余力地准备第二次远征。为了保证与新世界相关的事务能够规范调配，他们委派塞维利亚副主教胡安·罗德里格斯·德·丰塞卡负责管理，他随后晋升为巴霍达斯（Bajadoz）、帕伦西亚和布尔戈斯教区的主教职位，最后被任命为西印度群岛的大主教。他是名门子弟，很有势力；他的兄弟阿隆索和安东尼奥是科卡和阿莱霍斯地区的长老或领主，后者更是卡斯蒂利亚王国的财务总长。拉斯·卡萨斯把胡安·罗德里格斯·德·丰塞卡描述为一个市侩之徒，相对于精神关切，他更热衷于俗事算计，能很好地适应装备和调配一支舰队的繁忙职位。尽管他在教会已经身居高位，他的世俗工作似乎从来没有被认为与他的神圣职务相冲突。虽然不配，却享有君王永远的宠爱，把持了印第安事务约30年。此人无疑拥有经商的天赋，能确保自己职位的永久性，但是他心怀恶意、报复心重，为了满足私人怨恨，他不仅让最杰出的早期发现者饱受冤屈和悲伤，而且常常阻碍他们事业的发展，极大地损害了王国的利益。他利用自己的职务之便，隐秘、安全地进行这些勾当。与其同时代那些有影响、有信誉的作家用审慎的语言，屡次提及他背信弃义的行为，譬如洛斯帕拉西奥斯的副牧师和拉斯·卡萨斯主教，但他们显然很害怕充分表达自己的情感。后来的西班牙历史学家，总是或多或少地受教会的监控，同样对这个品质恶劣之人过于美化。他值得被推举为那些在职的背信弃义众生之警示榜样，他们经常像蛀虫一样隐藏在一项光荣事业的根部，以他们无形的影响力，使光荣行动的果实枯萎，令国家的希望破灭。

为了协助丰塞卡履行职责，弗朗西斯科·皮奈罗作为财务主管，胡安·德·索里亚任管理员或审计员与他一起工作。他们的办公室设在塞维利亚，专门处理印第安事务；同时将其管辖权延伸至加的斯港，他们在那里为这一新航线设立了海关。这就是皇家印第安大厦的起源，后来发展成为非常强大的重要机构。在海军司令的指示下，伊斯帕尼奥拉岛奉命设立了代理商行办公室。这些办公室用于随船的会计人员交换登记随船货物、船员和每艘船上的军需品。所有雇员都由两个总管、皇家财政的高级大臣统管，因为殖民地的全部费用均由王国负责，当然也接受所有收益。

所有花销和收益都要求最细致和最严格的账目，凡是与新发现陆地相关的雇员都要经过最严谨的审慎观察。如果没有得到君王、哥伦布或丰塞卡的许可证，任何人都不得去那里，不管是去经商还是建立公司都不允许，否则将受到最严重的处罚。那个时代对于商业扩展原则的无知以及葡萄牙在其非洲属地的先例，均可作为此处所体现的意识狭隘、嫉妒精神之理由，但它总是或多或少地影响了西班牙在殖民法规方面的政策。

王国保持商业专制统治的另一个例子，是皇家颁发命令，让停泊在安达卢西亚港口的所有船舶及其船长、导航员和船员，随时待命为这次远征服务。哥伦布和丰塞卡被授权装载或购买他们认为可能合适的任何船只，如果遭到拒绝，他们可以动用武力强行夺取，即使船上已经装载了其他人的货物，可以支付他们认为合理的价格予以购买。他们还有权从任何地方或船上获取必要的食品、武器和弹药，只要他们找得到并付给物主公平的价格；只要他们认为对于这次任务有必要，就可以强迫，不仅水手，还包括任何级别和驻地的军官，以合理的酬金和薪水，让他们加入舰队。民间机构和无论属于何种地位、身份的人员，都必须提供一切必要的协助，以加快本次武装准备；所有人员都受到警告，不许制造任何障碍，否则将会受到撤职和没收财产的处罚。

为了筹集此次远征费用，皇家将教会什一税的三分之二收益交与皮奈罗支配，其他经费的来源则很不光彩——犹太人的珠宝和其他贵重物品；根据一年前的偏执法令，不幸的犹太人被没收财产、逐出王国。由于这些资金仍然不足，皮奈罗获得了贷款补缺的权利。征用物品除了各种给养，还包括火炮、火药、火枪、长矛、盔甲、弩等武器。尽管引进了枪炮，与火绳枪相比，最后一种武器还是许多人的首选，他们认为弩更强大、更具有杀伤力；火绳枪需要火绳，而且由于需要铁支架支撑而显得笨重。在与格拉纳达的摩尔人进行战争期间所积累起来的军火，很大一部分在此派上了用场。前面所有命令的颁发日期几乎都在 5 月 23 日之前，那时哥伦布还在巴塞罗那。根据西班牙一贯拖拉的行事作风，这样的行动场面极为罕见。

由于自称改变异教徒的信仰是这些发现的宏伟目标，他们挑选了 12 位热心并且能干的牧师担当此任，陪同远征。其中就有贝尔纳多·拜尔或博伊尔，一个本笃会修士，很有才干，而且以其圣洁著称。但是，此人是那些来自修道院的精明政客之一，他们在那些时候逐渐沉沦于凡尘俗世的事务。他在近期与法国就归还鲁西荣的谈判中，成功地证明了自己的能力。舰队起航之前，教皇任命他作为自己在新世界的使徒牧师，并安排他担任自己教会兄弟的上级。为了庄严地履行这项虔诚的使命，他们准备了一切必需物品。女王从她自己的小教堂里拿出了装饰品和法衣，以便在所有隆重仪式中使用。从一开始，伊莎贝拉就对印第安人的福祉怀有最热诚和最同情的兴趣。哥伦布关于他们温柔而单纯品性的叙述让其赢得了伊莎贝拉的心，她把印第安人看作是天国交付于她、让其给予特殊照顾的人，她的心中充满了对他们的贫困和愚昧状况的关心。她下令要务必小心地对他们进行宗教指引，要以最大的仁慈对待他们，并嘱咐哥伦布，任何对他们犯下暴行或者不公正地对待他们的西班牙人，都要严加惩处。

据说，作为向天国敬献这些异教地区的首批皈依成果，哥伦布带去巴塞罗那的六个印第安人在极其盛大的仪式中行洗礼，国王、女王和王子胡安作为主办者主持了该仪式。他们对此抱有很大的希望，希望这些印第安人返回自己的祖国之后，能够在自己的同胞中促进基督教的推介。在王子胡安的请求之下，其中一位印第安人留在王子的家里，但不久之后就死了。有位西班牙历史学家就此发表了评论：根据我们应该持有的虔诚信仰，他是本族人中第一个进入天堂的人。

哥伦布离开巴塞罗那之前，在圣菲签订的临时协议得到了确认，他被正式授予舰队司令和所有他已经发现和有可能发现地区的副王和总督称号、薪酬和特权。他还承接了皇家印章，并获授权在他管辖的范围内，以陛下的名义授予专利特许证和委派任务，并且，在他离开的情况下，有权任命一个人顶替他的位置，让其在他离开期间享有与他同等的权力。

该协议曾假定，就所有岛屿和大陆政府机构的空缺位置，哥伦布应提名三位候选人，君王在其中选择一个任命。但是现在，为了节省时间，并表示他们对哥伦布的信任，他们授权他可以即刻任命他认为合适的人选，只要王室满意，他们可以一直在位。

他同样被授予即将起航的这支武装舰队的统帅头衔和指挥权，在船员管理、在新世界设立机构和开展未来发现等方面拥有不受限制的权力。

这是王室恩宠的蜜月期，在此期间，哥伦布享受到自己的君王给予他受之无愧的无限信任，此时，那些嫉妒之人还未敢旁敲侧击地质疑他的正直。在享尽了所有公开的荣誉和民间的称颂之后，他于 5 月 28 日向两个君王告别。整个宫廷的人一路陪同他从皇宫走到他的住处，并且在他离开巴塞罗那前往塞维利亚之时，前来送行，表示礼节。

第九章

西班牙和葡萄牙朝廷就新发现进行外交谈判（1493）

葡萄牙朝廷的进程不由让西班牙国君越发着急地催促远征队赶紧离开。在约翰二世的议员当中，不幸有几个目光短浅的政客，他们误将狡猾当作智慧。正是采纳了那些人背信弃义的计谋，他才丢失了那时还是一项光荣事业目标的新世界，按照那些人的建议，他现在试图通过计策将其讨回来。他为此准备了一支大型军队，其公开宣布的目标是去非洲探险，但真正的意图是去夺取新发现的地区。为了避嫌生疑，唐·鲁伊·德·桑德奉命去西班牙朝廷，请求允许为这次非洲之行在西班牙购买某些禁运物品。他同时还要求西班牙君王，在两个国家所属的范围明确划定之前，应该禁止其臣民越过博哈多尔海角捕鱼。哥伦布的发现呢，这个他们真正的目标仅被当作附带的事务。他提到了哥伦布抵达葡萄牙时的状态及其受到的接待，国王约翰如何对其航行的愉快结果表示祝贺，国王满意地发现舰队司令奉命从加那利群岛向西直行，他希望卡斯蒂利亚君王继续嘱咐自己的航海家沿着相似的航道航行——因为这些岛屿以南的所有区域都由罗马教皇诏书赐予了葡萄牙王国。最后，他暗示约翰国王完全相信，假如新发现的任何岛屿与葡萄牙的权利相关，两国将秉承双方已有的亲善精神进行调解。

斐迪南是个非常机警的政客，不会轻易上当。先前收到的情报就让他知晓了约翰国王的真实图谋。早在葡萄牙大使到来之前，斐迪南就派遣唐•洛佩•德•埃雷拉带着双重指示前往葡萄牙朝廷，并携带两封主旨大相径庭的信函。第一封措辞深情款款，感谢对方对哥伦布善意和热情的款待，并传递了哥伦布大发现的性质，同时请求禁止葡萄牙航海家探访这些新发现的陆地，西班牙君王已经同样禁止自己的子民染指葡萄牙在非洲的属地。

但是，如果西班牙特使发现约翰国王已经派遣或者正要派遣船队前往新世界，他将撤回那封示好的信函，递交另一封措辞严厉、语气强硬的信件，要求对方严禁此类事件。两国君王激烈的外交博弈旋即展开，让任何不熟悉他们游戏秘密的观者都为之困惑。作者雷森迪在其关于国王约翰二世历史的著述中告诉我们，葡萄牙国君通过重礼或者不如说是贿赂，在卡斯蒂利亚内阁收买了某些深获信任的成员为自己谋利，这些人会将己方朝廷最机密的审议事务告知他。路上挤满了信使，斐迪南这边刚向自己的大臣们表达他的意图，即刻就被传到对手国君那边。结果，西班牙君王好似中了什么魔法。约翰国王预见了他们所有的行动，就好似潜伏在他们的脑海里一样。他们的大使在路上与葡萄牙大使迎头相遇，后者正是奉命前来解决西班牙大使准备抗议的问题。通常情况下，当斐迪南在自己宫廷里向葡萄牙特使提出一个突兀和令人困惑的问题，这显然需要请示君王，以便获得新指令才能作答，但是对方特使迅速而肯定的答复会让他惊讶不已，其中大多数问题有可能通过密报，已经被对方预见并做好了准备。由于推测西班牙内阁会轻而易举地背叛，约翰国王在秘密奖励自己特工的同时，设法把对他们的怀疑转嫁到别人头上，他赠送给英凡塔多公爵和其他廉政不阿的西班牙大公许多贵重珠宝。

这就是诡计多端的外交技巧，而且常常被当作精明的策略，被吹捧为内阁智慧，但是所有腐败和虚伪手段与一个开明政治家和胸怀坦荡的国君不相称。孰对孰错的大原则于国于民都一样，公平、公开的行为，不可侵犯的信仰，无论这些与当前意图多么相悖，均是唯一能确保最终正大光明地成功的必要原则。

约翰国王通过上述偷偷摸摸的方式获得情报，获悉了唐•洛佩•德•埃雷拉的双重指令，于是在接待他的时候就设法阻止他拿出那封诉诸强硬的信函。他已经派遣了另外一个特使前往西班牙朝廷，让其保持心情舒畅；他现在再次任命多克托尔•佩罗•迪亚兹和唐•鲁伊•德•佩纳为大使去觐见西班牙君王，以便调解与新发现地区相关的所有问题，并承诺在他们抵达巴塞罗后的60日内，绝对不允许任何船只从事发现航行。

两位大使还奉命提出，作为有效解决所有主张的方式，在加那利群岛正西面应该划出一条线，除了两国已经占有的岛屿，那条线以北所有陆地和海洋属于卡斯蒂利亚朝廷，所有南面的地区属于葡萄牙。

现在的条件对斐迪南很有利，他的目标是利用漫长的外交谈判缠住约翰国王，为哥伦布的准备和出发争取时间。为了答复约翰国王的提议，他派遣唐·佩德罗·德·阿亚拉和唐·加西亚·洛佩兹·德·卡瓦哈尔隆重地出使葡萄牙，出行队列浩浩荡荡、场面盛大，传递了许多友好信息，但是，此次行动的整个主旨是建议将两国之间出现的领土问题予以公断，或提交罗马教廷。这次声势浩大的出使行动逐渐缓慢起来，但是为了让葡萄牙国王等候使团的到来，他们派了一个特使提前去通报消息。

国王约翰明白这个使团的全部性质和目标，并认为斐迪南在阻止他。最后，大使们终于到了，并以极其隆重的仪式极为正式地递交了他们的国书。待他们从自己面前退下之后，约翰国王看着他们的背影，轻蔑地说："从我们堂兄弟那里来的这个特别使团，既缺头脑又缺脚力。"

他是在暗指此次使命及其全权公使的特征。唐·加西亚·德·卡瓦哈尔虚荣、轻佻，唐·佩德罗·德·阿亚拉则瘸了一条腿。

据说，国王约翰在极其恼怒的时候，甚至已经隐约地表现出了敌意，瞅准机会让大使们发现他在检阅骑兵，并撂下一些模棱两可的话让他们听见，这些话可以被理解为蕴含着威胁。大使们回到了卡斯蒂利亚，让他陷于困惑和恼怒之中，但是，无论怎么懊恼，他的谨慎都阻止他走到公开决裂的地步。他曾希望教皇能出面干涉，还因此派遣了大使，投诉西班牙人假借发现之名，侵犯教宗正式恩准给葡萄牙的领土，并诚挚地恳求重新调整。在此，如前所述，他那机警的对手比他抢先一步，他注定要遭遇再次挫败。他的大使得到的唯一答复是，圣座已经如此贤明地划定了那条从南极到北极的分割线。这就是王室之间把玩的外交游戏，双方均为一个新发现的世界较劲。约翰二世能干聪明，有狡猾的顾问为他所有的行动出谋划策，但是每当需要深度而微妙的方针之际，斐迪南才是游戏大师。

第十章

进一步准备第二次航海——阿隆索·德·奥赫达的性格——哥伦布与索里亚和丰塞卡产生不和（1493）

由于怀疑葡萄牙一方会干扰他们的发现事业，西班牙君王在谈判过程中，多次写信给哥伦布，敦促他赶紧出发。事实上，哥伦布的热情无须鼓动。6 月初，他刚抵达塞维利亚，就全力以赴开始进行装备配置，利用授予他的权力征调在安达卢西亚港口的船只和船员。不久，一度在巴塞罗那逗留的丰塞卡和索里亚也加入进来，在他们的共同努力之下，一支由大小不等的 17 艘船组成的舰队很快准备就绪。他们为这次远航挑选了最好的导航员，船员都由索里亚总管出面征募。他们还为规划中的殖民地雇用了若干熟练的农夫、矿工、木工和其他行业的技工。他们还预备了无论军事还是牲畜放养均需要的马匹，还有牛羊以及各种家养动物。谷物、各种植物种子、葡萄藤、糖甘蔗、嫁接植物、树苗等都装上船，同时还装载了大量商品，包括小饰品、珠子、铜铃铛、镜子以及其他艳丽的小玩意儿，打算与当地人进行交易。当然还有大量不可缺少的各种食品、军需用品以及为病人准备的药物和茶点。

这次远征引起了异乎寻常的激动。大家对新世界充满了最不切实际的奢望。去过那里的航海者在描述时充满了夸张，事实上，他们对那里只有模糊、混淆的印象，像一场梦的回忆，而且，哥伦布本人看见的一切也是通过最具有迷惑性的方式获取的。他生动的描述和他热情洋溢的乐观展望，在激起公众高度热望的同时也孕育了苦涩的失望。贪得无厌者的贪婪之念被那些地区尚未被占用的财富激发出来，他们认为那里的河流翻滚着金沙，山区盛产宝石和贵重金属，那里的树林盛产调料和香料，海洋的岸边珍珠遍地。有的人则心怀更崇高的愿景。那是一个浪漫而激动人心的年代，与摩尔人的战争结束了，与法国的敌对也停止了，这个民族大胆和不安分的精神厌倦了和平生活的单调乏味，渴望忙碌。对于这些人，新世界呈现出一个广阔的天地，他们可以在那里从事非凡的事业和异乎寻常的冒险，这一切与处于如日中天、辉煌灿烂时期的西班牙特征如此相宜。许多地位显赫的贵族、王室官员和安达卢西亚骑士也投入了这次远征。他们受过战争训练，受到格拉纳达那场浪漫战争的鼓舞，产生了勇于进取的热望；他们当中有的是为皇家效力，有的则是自费前往。对他们而言，这次远航无异于一场新的系列十字军东征的开端，其规模与光芒都超过去圣地的奇侠事业。在他们的想象中，海洋中那些广阔而美丽的岛屿在等着自己去占领和征服，其隐秘的奇观在等待开发，他们要把十字旗帜插上他们控制了的城市城墙上。他们将从那里前往印度或者亚洲海岸，深入曼吉和契丹，改变其信仰，或者征服大可汗，反正都是一回事，从而在东方那些辉煌灿烂的国度及其半野蛮民族当中开辟光荣的军事生涯。因此，没有人确切知道自己即将着手的工作性质和目标是什么，或者他要去的那个地区的情况和特点。实际上，在这种想象的狂热中，即使严肃的事实和冰冷的现实呈现在眼前，他们也会轻蔑地加以拒绝，因为一旦公众沉迷于有关黄金的任何美梦之中，再也没有什么比受到干扰更让他们不耐烦的了。

参与这次远征的著名人物当中，有位年轻骑士名叫唐•阿隆索•德•奥赫达，其人素以非凡的个人天赋和大胆精神闻名。他在早期发现者中表现突出，参与过许多危险的探险，取得了非凡的功绩。他家世良好，其堂兄是可敬的阿隆索•德•奥赫达神父，西班牙宗教法庭的审判官；他在麦地那-塞利公爵的庇护下长大，参加了与摩尔人的战争。他身材瘦小但精力充沛，体形匀称、肤色黝黑、相貌英俊、表情生动，有着令人难以置信的力量和机敏。他是各种武器的专家，完成了所有男子汉和军事训练；他是个令人钦佩的骑手、地位最高的党派战士；他心性勇敢、精神自由、出手大方，在战斗中表现凶猛，在打斗中反应迅速，但是乐于原谅，容易忘却伤害。很长一段时间，他都是参与新世界早期远征那些轻率鲁莽、漂泊漫游的年轻人的偶像，并成为许多精彩故事里的主人公。在介绍他的历史意义时，拉斯•卡萨斯讲述了有关其事迹的一件逸事，尽管不值得记录，但它展示了这个人突出的性格特征。

有一次，伊莎贝拉女王在塞维利亚大教堂，该教堂更为人所知的名称是吉拉尔达塔。就在那里，奥赫达为了取悦女王陛下，证实他的勇气和敏捷，爬上了一根高耸入云的巨大横梁，那道梁高出塔身20英尺，在离地面如此高的地方往下看，下面的人看起来就像小矮人，这样的高度足以让奥赫达自己往下看时也不寒而栗。他迈着轻快的步子沿着这道横梁迅速走动，自信得就好似在他自己的房间里踱步。当走到末端的时候，他单腿站立，抬起另外一条腿伸向空中，然后灵巧地转动。他以同样的方式返回塔楼，丝毫未受令人晕眩的高度的影响。那时只要踩虚一步，人就会猛然落地摔成碎片。后来，他用一只脚站在横梁上，把另一只脚贴着建筑物的墙壁，扔了一个橘子到塔顶上面。此举，拉斯•卡萨斯说，证明了此人肌肉的巨大力量。这就是阿隆索•德•奥赫达，他很快就在哥伦布的追随者中脱颖而出，在每项具有冒险性质的行动中总是冲锋在前；他渴望危险，仿佛出于对危险的热爱；他战斗，似乎更多的是为了乐趣，而不是为了荣誉。

起初，参与远征的额定人数为 1000 人，但是后来批准了部分不要薪酬的志愿者的紧急申请，人数便增加到 1200。还有更多的人因为要求在船上有一席容身之地而遭到拒绝，但有些人设法暗中得到了许可。这样一来，舰队起航时的最终人数约为 1500。由于哥伦布有一种令人赞赏的满腔热情要为这事业谋取福利，拟为各种可能的突发事件准备了一切可能需要的物品，配置物资的费用便超出了预算。总管胡安•德•索里亚偶尔会对此提出异议，有时会拒绝签署舰队司令的账目，而且，在两人相处的过程中，索里亚似乎忘记了既要尊重他的性格，又要顺从他的地位等职责。为此，他受到了两个君王屡次严厉的训斥，他们强调要给予哥伦布以最大的尊重，所做的每件事都要有助于推动他的计划，让他称心如意。同样的指令也通过一封皇家信函传达给塞维利亚的副主教丰塞卡，他很可能偶尔也会沉湎于挑剔为难他的职权。他似乎对哥伦布的各种要求都表示反对，特别是后者要求有侍从和其他直接为他服务的佣人，从而组成自己作为舰队司令和副王的家政随员。主教大人认为这个要求实在多余，因为所有上船的人都听命于他。作为答复，君王下令允许哥伦布拥有10个侍从或男仆和20个从事其他家务活的仆人，并提醒丰塞卡记住他们的命令：他与舰队司令打交道的性质和方式，都应该学会让他满意；要注意，因为整个舰队都托付给他指挥，征求他的意愿合情合理，任何人都不能拘泥于形式去为难他、制造困难。

这些琐碎的分歧值得特别注意，因为它们似乎在丰塞卡的头脑中产生了影响。正是从这些琐事当中，我们追溯到此人自此以后对哥伦布表现出异乎寻常的敌意的发端。这种积怨逐年增加，并且以最让人反感和不公正的方式发泄，在哥伦布的前途暗中增加障碍和烦恼。

探险队还在港口逗留期间，就有情报告知葡萄牙的船队已经从马德拉岛起航向西而去。他们立即怀疑那条船的目的地是最近发现的陆地。哥伦布立即写信向君王禀报此事，并提议先派遣舰队的部分船只去追赶那艘船。他的提议获得批准，但没有付诸实施。在向里斯本朝廷提出抗议时，约翰国王声称那艘船的行动没有获得他的允许，他会派三艘轻快帆船去将其带回。此举陡然增加了西班牙国君的忌恨，他们认为整个事件是巧妙策划的计谋，其目的显然是派遣船只联合力量，一同前往新世界。因此，他们敦促哥伦布即刻离开，不得有片刻延误，并指示他们远离圣维森特海角航行，要完全避开葡萄牙的海岸和岛屿，以免受到骚扰。如果在他探索过的海洋见到任何船只，抓住它们，并严惩船上的船员。君王还命令丰塞卡提高警惕，一旦有任何远征船队从葡萄牙出发，就派双倍的力量去追踪。然而，事实证明这些预防措施完全没有必要。不管这样的轻快帆船是否真的在行动，不管它们是否真的由具有险恶用心的葡萄牙所派遣，它们并没有出现；在航行途中，哥伦布既没有见到这些船，也没有听说过它们的任何消息。

由于情况特殊，此处在预测历史常规进程的同时，可能还需要提及相互竞争的两国君王最终解决领土问题的方式。面对西班牙君主那无限的事业，约翰国王不可能按捺得住自己的烦躁，他不知道他们会扩展至多大，他们是否会抢先一步占有他在印度所有预期的发现。但是，他发现，他试图靠计谋胜出那个机警而熟练对手的所有努力都无果而终，而且，在罗马教廷寻求进一步帮助的希望也破灭了。最后，他只得再次求助于公平友好的协商，结果发现，凡是偏离正道，陷入充满诱惑和诡计的曲折的邪枉之道的情况通常如此：假如他保持坦诚、公开的政策，他就不会让自己陷入令人困惑的境地，而且还能更快地达成自己的目标。他主动提出，西班牙君王可以自由地实施他们的西部大发现，并遵从以子午线为区分的方案，但他表示，该条分界线的位置应该更靠近西面，因为，当那条分割线让西班牙事业拥有广阔的海域任其自由驰骋之际，他的航海家却不敢冒险越过分界线以西 100 里格的属地，而南面既没有余地也没有海空供他们向南航行。

经历重重困难和商讨，这一重大争端由两个王国派出的代表在古老的卡斯蒂利亚王国的托德希利亚斯会晤调解之下得以解决。次年，1494 年 6 月 7 日，双方签署了一份条约，根据条约，教皇钦定的分界线被移到了佛得角群岛以西 370 里格。双方达成共识，同意在 6 个月之内，各自派出同等数量的轻快帆船和水手，分别代表两个国家，与精通天文和航海的人一起，前往大加那利岛会合。他们将从那里前往佛得角群岛，再从群岛出发向西航行 370 里格，决定从南极到北极划分海洋的两国分割线。两国各自郑重保证将遵守规定的分界线，确保任何行动都不能越过适当的限度，但是双方一致同意，西班牙航海家可以自由地穿越大洋的东部区域，依法航行。受到各种情况的阻碍，去确定那条分割线的远征并未成行，但该条约继续有效，并防止了所有进一步商讨。

如此一来，瓦斯康塞洛斯说，尽管这个重大问题是两个王国之间有史以来发生的最大争端，因为他们是在瓜分一个崭新的世界，却由王权产生以来最精明的两个国君通过审慎和游说而得以友好解决。双方都对处理结果感到满意，各自都认为自己有权拥有所属范围内可能被发现的广袤地区，根本没有考虑当地居民的权利。

卷六

哥伦布启程开始第二次航海——发现加勒比群岛；瓜达卢佩岛上的活动；在加勒比群岛巡航；抵达纳维达德港——要塞的不幸；与当地人的交易活动——瓜卡纳加利的可疑行为；创建伊莎贝拉城——西班牙人染疾；阿隆索·德·奥赫达远征探索该岛内地——安排船只返回西班牙；伊莎贝拉城的不满——伯纳尔·迪亚兹·德·比萨的叛乱；哥伦布远征锡瓦奥山脉；胡安·德·卢克桑在群山中巡游——当地人的风俗和性格特征——哥伦布返回伊莎贝拉城；哥伦布抵达伊莎贝拉城——殖民地的疾患；西班牙军队在岛内的行动部署——准备前往古巴的航行

第一章

哥伦布启程开始第二次航海——发现加勒比群岛（1493）

哥伦布出发开启第二次大发现航海与他在帕洛斯的黯淡登船形成了鲜明对比。9 月 25 日，黎明时分，加的斯湾被他的舰队照得发白。3 艘大型载重船、14 艘轻快帆船风帆翼动、船身轻晃，等待出发的号令。海港回响着水手们熟知的调子，不管是升帆还是起锚。人员混杂的人群急匆匆地登船，与他们的朋友告别，对满载希望的航程及其凯旋充满信心。参加远航的人当中有意气风发，与具有浪漫性质的事业密不可分的骑士；有雄心勃勃要在这些未知海域摘取桂冠的勇敢航海家；有到处寻求新奇和兴奋、浪游的冒险家；有渴望利用野蛮部落的无知获利，既敏锐又深谋远虑的投机者；有急于扩大教会统治或者虔诚热心地宣传信仰、面色苍白的修道院传教士。所有人都充满激动和热烈的希望。公众并没有把他们看作是投身于黑暗和绝望事业的献身者，而是羡慕地注视着他们，把他们看作是受到神眷顾的凡人，要去富产黄金、气候宜人的地方，那里等待他们的是财富、奇迹和愉悦。哥伦布呢，其身高和威风凛凛的样子很惹人注目，他的身旁是他的两个儿子迭戈和费尔南多，其长子那时还是个小伙子，特来见证父亲出发，两人都为父亲的光荣感到自豪。无论他经过哪里，每双眼睛都崇敬地追随着，对他交口称赞、真诚祝福。日出前，整个舰队已经行进在大海上了。那天的气候宁静祥和，民众看着他们离去的船帆在清晨的曙光中渐渐发白之时，他们心里在期待着舰队满载新世界的财宝快乐地归来。

根据君王的指示，哥伦布的航道远离葡萄牙及其岛屿的海岸，朝着加那利群岛的西南方航行，并于 10 月 1 日抵达该岛。在大加那利岛短暂停靠之后，他于 5 日在戈马拉岛抛锚停泊，储备木材和淡水。他还在这里购买了牛犊、山羊和绵羊，准备运到伊斯帕尼奥拉岛去饲养；还购买了 8 头猪，根据拉斯•卡萨斯所言，正是这些猪，后来在新世界的西班牙定居点无限繁殖、比比皆是。他们还购买了许多家禽，这些同样成为该物种在新世界的起源；同时还买了橘子、柠檬、佛手柑、甜瓜和各种木本水果的种子，这是海洋西边的岛屿首次引入旧世界金苹果园或幸运群岛上的果实种子。

7 日，即将起航的时候，哥伦布给每艘船的指挥官一道密封指令，详细说明了他前往大酋长瓜卡纳加利住地纳提维提港的航线。这封密信仅在他们彼此意外分开的时候才能打开，因为他希望尽可能长期神秘化通往新发现地区的具体路线，以防其他国家特别是葡萄牙的冒险者会循着他的航线干扰他的事业。

从戈马拉岛起航之后，他们在加那利群岛因为无风不能航行而停泊了几天。直到 10 月 13 日，从东面吹来了一阵顺风，他们便很快乘风远离了耶劳岛。哥伦布保持西南航向，打算比他的第一次航海更大程度地偏向南方，希望能偶然遇见加勒比人的岛屿，因为他从印第安人那里获悉了关于该岛非常模糊但是很精彩的描述。由于那个区域处于信风地带，微风一直和煦稳定，大海安宁、气候宜人。24 日，他们已经在戈马拉岛西面航行了 450 里格，根本没有看见任何海草区域，而在第一次航海时更短的航行距离内就遇到了。那时，那些海藻的出现非常重要，几乎是天意，海藻鼓励他们继续保持希望，诱使他们继续毫无把握的事业。现在他们不需要这样的信号，他们充满自信与热情的期待；当看见一只燕子绕船盘旋，偶尔遭遇突发阵雨时，他们开始愉快地留意起陆地来。

到了 10 月下旬，他们在夜间遭遇了一场暴雨，并伴有热带地区的猛烈雷电。这场暴雨持续了四个小时，正当他们认为自己处于非常危险的境地时，他们看见几团轻轻摇曳的火焰在桅杆顶部嬉戏，并沿着绳索滑行，这种情景一直是水手们迷信幻想的对象。费尔南多•哥伦布对此情景的评价具有他所处时代的强烈特征：“那个周六晚上，圣埃尔莫现身了，他带着七簇火焰出现在桅杆顶上，其时雷电交加、大雨滂沱。我想说的是，那些显现的光簇被水手们确定为圣埃尔莫的化身，因此，一看见光簇，他们就念诵连祷并祈祷，坚定地认为，在他出现的暴风雨中，无人会陷入险境。即便如此，那件事我还是觉得顺其自然为好。但是，如果我们可以相信普林尼，类似的光簇在风暴肆虐的海上有时也出现在罗马水手眼前，他们说那是卡斯特和帕勒克；塞内卡同样也有这种说法。”

11 月 2 日星期六傍晚，哥伦布根据大海的颜色、海浪的特征以及风向的变化和频繁的阵雨，确信他们离陆地不远了。因此，他吩咐收帆，并要求整夜保持高度警惕。他是基于自己惯常的洞察力才做出了如此判断。清晨，西边一座高高的岛屿就出现在视野里，见此情景，整个舰队一片欢腾。鉴于发现此岛的时间是星期天，哥伦布便将此岛命名为多米尼克。随着船舶平缓地向前移动，其他岛屿也一一映入眼帘；岛上森林覆盖，鹦鹉和其他热带鸟类在岛屿之间飞来飞去。

船员们在几艘船的甲板上集合，感谢神让他们航行顺利，让他们幸运地发现了陆地，吟诵《又圣母经》和其他赞美诗。这就是哥伦布用于庆祝自己所有发现的庄严方式，实际上，这是西班牙和葡萄牙航海家普遍遵循的一种仪式。

第二章

瓜达卢佩岛上的活动（1493）

哥伦布抵达的那些岛屿属于某些人称为安的列斯群岛那个系列美丽岛屿中的一部分，该群岛从波多黎各的东端铺展至南大陆的帕里亚海岸，几乎是一个半圆，在主海洋与加勒比海之间形成一道屏障。

进入该群岛的第一天，哥伦布就看见了不少于六个大小不等的岛屿。岛上覆盖着热带植被，从岛上吹过来的微风中弥漫着森林的芬芳。

在多米尼加岛无法找到适合的锚地，哥伦布便驶向另一组群岛，他以自己乘坐的旗舰名将该岛命名为玛丽加隆岛。他在此登陆，展示了皇家旗帜，以其君王的名义占有了该群岛。岛上似乎无人居住，茂盛而密集的森林铺满了整个岛屿。一些树木繁花盛开，有的枝头压满不知名的果实，有的树木散发出辛辣的气味—其中有的长着月桂树叶，散发出丁香的芬芳。

他们自此驶向一座稍大的岛屿，岛上有一座非同寻常的大山，有一个峰顶，后来证明是一个火山口，其山势很高，溪流从中喷涌而出。当他们向前走了约 3 里格时，看见一个非常高的大瀑布，用叙述者的话，那水流似乎是从天而降。水流在降落中碎为泡沫，许多人乍一看还以为那仅是一道白色的岩石层。印第安人将这个岛称为图鲁基那，但是舰队司令取名为瓜达卢佩岛，因为他曾答应位于埃斯特雷马杜拉省的瓜达卢佩圣母修道院的僧侣，会将其修道院的名字用于一些新发现的地方。

他们于4日登上此岛，拜访了岸边的一个村庄，村里的居民都逃走了，在恐惧和混乱中，有些村民甚至抛下了自己的孩子。西班牙人爱抚地安慰这些孩子，在他们的手臂上套上铜铃铛和一些小饰物。这个村子像那些岛屿上多数村庄一样，由二三十幢房屋组成，全都围着一块公共场地或广场而建。房子由树干、芦苇和树枝编织而成，屋顶盖着棕榈树叶。房屋形状方方正正，不像其他岛屿的房屋那样是圆形，每幢屋子都有门廊或遮盖物遮挡阳光，其中一个门廊上装饰着还算像样的蛇形木刻。他们的家具有棉网吊床、葫芦制作的容器或陶器，与伊斯帕尼奥拉岛上类似物品中最好的差不多。此地有大量的棉花，有的是织品，有的纺成纱线，有的编织成质感还算不错的布料；还有许多弓箭，箭镞尖上镶嵌着锋利的骨头。食物看起来很充足。许多家养鹅与欧洲的类似，鹦鹉像家禽那么大，羽毛颜色有蓝、绿、白和朱红色，这种出色的品种被称为瓜卡马约。正是在这里，西班牙人第一次见到阿纳纳或菠萝，其味道和香气让他们既惊讶又高兴。在一间房屋内，他们很惊奇地发现一个平底锅或其他铁制容器，之前在新世界还没有见过此类金属。费尔南多·科隆猜测，这些容器的材料是某种重型石头，这些岛屿上有这样的石头，它们在燃烧后会呈现出铁质的光泽，也有可能是印第安人从伊斯帕尼奥拉岛带过来的器皿。有一点可以确定，在这些岛屿的居民当中从来没有发现过原生铁。

他们在另一所房子里发现了一艘船的尾柱。那截船尾柱是怎样抵达这些海岸的呢？看起来似乎从未有文明人到访过这里呢。难道是来自亚洲更开明国家失事船只的残骸吗？他们认为那些地区就应该位于这个方向的某个位置。或许，它是哥伦布第一次航海时在伊斯帕尼奥拉岛失去的那艘轻快帆船的一部分？也可能是一些欧洲船只上的碎片横跨大西洋漂流到了这里？后者是最有可能的假设。稳定盛行的海洋信风掀起的洋流自非洲海岸开始转为恒流，必定偶尔会将失事船只的残骸从旧世界带到新世界。早在哥伦布航海发现之前，这些岛屿和岸边的野蛮人也许曾经惊愕地注视过漂到他们岸边的欧洲船舶碎片。

让西班牙人感到恐怖的是，他们看见了人骨或者他们认为是某种非自然饮食的残余；还有头盖骨，显然是用作花瓶或其他家庭器皿。这些令人害怕的东西让他们相信自己正处于食人族或者加勒比人的住所，其掠夺性的远征和残忍的性格使他们成为这些海域的恐怖之源。

小船返回船队，哥伦布继续向前航行了 2 里格，直到深夜才在一个方便的港口停住。海岛在这一侧的长度约 25 里格，高高的山脉和宽阔的平原让其地貌变化多端。沿岸有些小村庄和村落，里面的居民已经惊恐出逃。第二天他们的小船登陆，成功地抓住了一个男孩和几个女人并将其带回。从这些人那里收集到的信息证实了哥伦布的想法，这是加勒比人的岛屿之一。他了解到该岛的居民与相邻的两个岛屿是同盟，但是他们向其余所有的岛屿发动战争。他们甚至从事掠夺的行当，乘着掏空的树干做成的独木舟航行 150 里格去抢劫。他们的武器是弓箭，箭头上嵌着用某种草药毒汁浸泡过的鱼骨或龟壳。他们袭击岛屿、毁坏村庄，带走最年轻、最漂亮的女人，让其成为他们的仆人或伴侣；他们俘虏男人，将其杀死并吃掉。

听到该岛本土人如此叙述之后，哥伦布非常不安地发现，当晚有艘轻快帆船的船长迭戈·马凯和 8 个人一同失踪。那天早上他们没有请假就上了岸，并走进树林，之后再也没有人看见或听见过他们的消息。整夜过去了，他们还是没有回来。第二天派出小分队去不同的方向寻找他们，每个小队都带着一个号手吹奏出召唤人的音调和信号。船上开炮、岸上鸣枪，但是所有努力都没用。搜寻小队当晚返回，一无所获的他们十分疲倦。在几个小村子，他们偶然碰到了本地人食人习性的证据。人体四肢被挂在房屋的横梁上，仿佛腌制了作为食物；一个最近才杀害的年轻男子的头颅还在出血，他身体的某些部位正在火上烘烤，其他部位则与鹅和鹦鹉肉一起烹煮。

白天，岸上出现了几个本地人，他们惊奇地望着船队，但是当小船靠近时，他们逃进了树林和山里。有几个女人来到了西班牙人面前请求避难，她们是从其他岛屿被抓来的俘虏。哥伦布下令用铜铃铛、珠串和号角将她们打扮起来，送上岸，希望能将男人诱使出来。女人们很快就返回，并恳求让她们上船，她们的饰物已经被剥夺一空。舰队司令从她们那里了解到，该岛大部分男人都不在，国王早就带着10条独木舟和300名勇士外出巡航寻找俘虏和战利品去了。当男人外出从事此类远征的时候，妇女就留下来负责抵御入侵，保卫自己的海岸。她们是专业弓箭手，具有其丈夫的武士精神，而且几乎与他们一样强大、勇猛。

那几个失踪者持续不见人影让哥伦布困惑至极。他迫不及待想去伊斯帕尼奥拉岛，但是在他们有可能还活着，或者还有被发现的可能性时，他极不情愿离开。在这种紧急情况下，阿隆索•德•奥赫达，就是前面已经提及在塞维利亚大教堂的塔上冒过险的那位年轻骑士，他自告奋勇带着40个人上岛寻找。随后他就出发了，在他离开那段时间，船队便储存木材和淡水，并允许部分船员上岸洗衣服、消遣。

奥赫达及其随从进入内陆深处，在山谷和悬崖峭壁顶端发射火绳枪、吹响号角，但只能听见自己的回声，热带森林的繁茂和密度使得它们几乎无法穿透。他们必须涉足大量的河流，或者在同一条溪流上迂回绕行。该岛展现出大自然极度肥沃的景象。森林中芳香浓郁的树木和灌木非常丰富，奥赫达甚至认为他嗅到了珍贵的树胶和香料的气味。空心的树木和岩石的裂隙中存满蜂蜜，果实也很丰盛，这是因为，根据彼得•马特尔所言，加勒比人在他们的掠夺巡航中，习惯把他们掠夺的那些遥远的岛屿和地区的各种植物种子、根茎带回家。

奥赫达回来了，那几个掉队者还是没有任何音信。他们失踪到现在已经过去了好几天。正当大家都失去了希望、舰队打算起航之时，船上一片欢腾，那几个失踪者从岸上发出了信号。上船之后，他们那憔悴和疲惫的神色说明他们所遭受的痛苦。几天来，他们一直困在无迹可循的森林之中，森林浓密得看不见天日。他们爬过岩石、 水过河，在荆棘和灌木丛中挣扎。有些经验丰富的水手爬上树去看星星，以此来确定自己的道路，但是伸展的枝丫和厚密的树叶遮住了天空。他们非常困扰，害怕舰队司令认为他们死了而起航，将他们抛弃在这片蛮荒之地，永远切断他们与家园和文明人居所的联系。最后，就在濒临绝望的时候，他们终于来到海边，并沿岸走了一段时间。让他们喜出望外的是，竟然看见舰队静静地停泊在那里。他们带来了几个印第安女人和男孩，但是在整个流浪过程中，他们没有遇到任何男人。幸运的是，如前所言，当时该岛大部分武士均出征在外。

尽管他们历尽艰辛，其归来也让哥伦布十分喜悦，但是，鉴于他们未经允许便擅自离开，哥伦布还是逮捕了船长，并扣减了那几个人的部分配给，因为进行如此重要的任务，有必要对每一个违反纪律的人进行惩罚。

第三章
在加勒比群岛巡航（1493）

11 月 10 日起锚，哥伦布沿着这组美丽的群岛向西北方向航行，给那些出现在眼前的岛屿命名，譬如蒙特塞拉特岛、圣母马利亚雷东达岛、圣马利亚安提瓜岛以及圣马丁岛等。其他各种岛屿，巍峨高耸、树木茂盛，相继出现在北面、西南面和东南面，但他克制着没有前往。天气随后狂暴起来，14 日，他在一个印第安人称为阿亚亚的岛屿抛锚停泊，并将此岛命名为圣克鲁兹。他派一艘小船满载人手上岸去取水和收集信息。他们发现了一个村子，该村被男人所弃，仅由几个妇女和孩子看守，这些女人大部分是来自其他岛屿的俘虏。他们很快就见识了加勒比人的勇气和凶猛。还在村子里时，他们就看见有条独木舟从该岛一个遥远的地方绕过来，进入了船队的视野。独木舟里的印第安人有两名女性，她们一直目瞪口呆地凝视着船队，非常入神，以至于小船偷偷接近都未曾察觉。小船上的人抓住独木舟的桨板，此时他们企图逃跑，但是小船挡在独木舟和陆地之间，切断了他们的退路。于是他们抓起弓箭，以惊人的力量和迅捷开始张弓射箭。西班牙人用自己的小圆盾遮住自己，但其中两人还是很快就受了伤。战斗中，女人和男人一样厉害，有一人射击的力量非常大，箭镞穿过了一块盾牌，甚至是彻头彻尾地穿盾而过。

西班牙人驾着小船撞击独木舟并将其推翻；一些野蛮人撞上了暗礁，另外一些人一边游泳一边射箭，行动灵巧得如同他们在坚实的陆地上一样。要想战胜或抓获这些人异常困难。有一个人被长矛刺穿身体，被弄上船后不久就死了。其中有位妇女，根据其他人对她的顺从和尊重来看，似乎是他们的女王。她由自己的儿子陪同，那是一位健壮的年轻人，长着一张狮子似的脸，皱着眉头，他在这次冲突中受了伤。这些野蛮人的头发又长又粗，眼睛周围涂着颜色，让他们看起来可怕至极；他们的手臂和腿部肌肉部分上下都牢固地绑着棉条带，使其膨胀到极不均衡的程度，这种习俗在新世界各个部落普遍存在。虽然被俘虏、被敌人所控制，他们仍然皱着眉头，一副蔑视的神态。在西班牙常去看望这些人的彼得•马特尔宣称，根据他自己和其他陪同者的亲身体验，看着这些人会让人不由自主地感到毛骨悚然，因为他们的外貌非常骇人、令人恐惧。在很大程度上，那种感觉无疑是想到他们是食人族的缘故。在这次冲突中，根据同一个作家所述，印第安人使用了毒箭，有个西班牙人中了一个女人的箭，几天时间就死了。

哥伦布继续航行，很快就看见了很大一组岛屿，有的岛屿苍翠碧绿、森林密布，但是更多岛屿裸露荒芜，形成陡峭的山脉。岩石呈现出明亮的湛蓝色，有些地方闪耀着白色光芒。以其一贯活跃的想象，他认为这些石头山上应该含有丰富的金属和宝石矿。这些岛屿彼此相隔很近，海水在岛屿之间狭窄的通道里猛烈翻滚，看起来大船在其中航行极其危险。哥伦布派了一艘斜挂着大三角帆的小型轻快帆船前往侦察，该船返回报告说此地有50余座岛屿，显然都有人居住。于是，哥伦布给这组岛屿中最大的一个取名圣乌苏拉，把其余的岛屿叫一万一千个处女岛。

哥伦布继续航行，一天晚上，他见到一座很大的岛屿，岛上覆盖着美丽的森林，并凹进去一个良好的避风港。当地人称其为博里肯，但是哥伦布将其命名为圣胡安-博蒂斯塔，这就是自此之后被称为波多黎各的地方。这里是从加勒比人那里逃到船队避难的多数俘虏的家乡。根据他们的叙述，此地丰饶肥沃、人口众多，统一由一个酋长管辖。其居民不能外出漫游，而且仅有几条独木舟。他们频繁遭受死敌加勒比人的入侵，因此也变成了战士，用弓箭和棍棒进行防御。在与他们的食人族仇敌对抗中，他们以其人之道还治其人之身，为了复仇而吃掉俘虏。

沿着这个美丽的岛屿绕行一整天之后，他们在西端一个海湾停泊下来，此处渔产丰富。上岸时，他们发现了一个印第安村落，像其他地方一样，村子围绕着一个像市场的公共广场而建，广场中央有一幢精心打造的大房子。一条宽敞的道路从那里通向海边，路两旁有芦苇编织的围栏，围栏里是硕果累累的园子。路的尽头是类似于露台或瞭望塔的建筑，该瞭望塔由芦苇建成，悬垂于水面之上。整个地方有种整洁和精巧的氛围，优于当地人的普通住宅，看起来似乎是某位重要首领的住所。然而，一切都显得寂静冷清。他们在那里看不到一个人影。当地人看见船队就藏了起来。在此地停留两天之后，哥伦布起航前往伊斯帕尼奥拉岛。他在加勒比群岛之间的巡游到此结束。关于这些凶猛野蛮民族的叙述引起了欧洲学者的强烈好奇，他们认为这就让有关人性缺点的一个隐晦、充满疑虑的问题水落石出了。彼得·马特尔在写给彭波尼乌斯·莱阿图斯的信中，忧心忡忡、郑重其事地宣布了这个事实：“关于莱斯特吕贡人和波吕斐摩斯食人肉的故事，已经毋庸置疑了！请注意，但是要小心，免得你毛骨悚然！”

关于这个非同寻常的种族，我们所获得的许多画面极有可能已经染上了印第安人恐惧的色彩和西班牙人偏见的渲染。他们是前者挥之不去的恐怖，是后者勇敢而顽强的对手。援引他们食人习性的证据一定带有航海人粗心和不准确的观察和添油加醋的因素，还有西班牙人心目中事先存在、先入为主的事实影响。实际上，这是新世界许多岛屿以及其他地方的原住民习俗，他们以此来保存已故亲友的遗体，有时是整个身体，有的仅余头部，有的是四肢，他们用火将这些烘干，有时仅保存骸骨。在伊斯帕尼奥拉岛原住民的住处发现这种现象时，由于对那里的本地人不存在偏见，那些东西被正确地视为死者的遗体，因为亲情或崇敬的缘故而保存下来，但在加勒比人当中发现任何类似的物件时，便被视为恐怖的食人证据。

这些人好战、不服输的性格，与其周围那些胆怯的民族迥然不同。他们的主业和活动范围，像旧世界那些游牧部族一样，特别引人注目。从襁褓开始，他们就受到战争的训练。一旦开始走路，他们勇敢的母亲就把弓箭放到他们手上，让他们很早就介入父辈的艰苦事业。遥远的海上漂泊使他们机警、聪慧。其他岛上的居民只知道根据白天和黑夜、太阳和月亮区分时间，而他们已经掌握了关于星星的知识，并以此来计算时间和季节。

关于他们起源的传统叙述，尽管极为模糊，但在很大程度上还是可以通过地理事实加以验证，并就新世界大量存在的好奇探究和推测打开了一个丰富的脉理。据说，他们从阿帕拉契亚山脉周围那些遥远的山谷迁徙至此。我们所掌握的关于他们的最早叙述，他们被描述为武器从不离手，总是处于战争状态，一路取胜、一路迁徙，直至经过一定时间之后，发现自己来到了佛罗里达的尽头。在此，他们放弃了北大陆，越过了卢卡约群岛。从那里开始，经过数年的更替，在那个广阔而碧绿的海岛链上，逐渐从一个岛迁往另一个岛；该系列岛屿，可以说是佛罗里达末端通往南大陆的帕里亚海岸的连接点。从波多黎各延伸至多巴哥的群岛是他们的大本营，瓜达卢佩岛在某种意义上则充当了他们的一个堡垒。自此以后，他们开始远征，让周边地区听到他们的名字便胆战心惊。他们成群地登上南部大陆，占领了部分陆地。迄今为止，远在奥里诺科河流域那片幅员辽阔的内陆深处也发现了他们的踪迹。荷兰人曾在汇入苏里南河的埃库茨克河岸边发现了他们的聚居区，沿着埃斯奎比河、马罗尼河以及圭亚那的其他河流，在蜿蜒曲折的卡宴河流域等地均有出现，看起来他们一路漫游到了南大洋的海滩上。正是在那里，在巴西原住民当中，有些人自称加勒比人，他们以其超常的大胆、狡猾和敢于闯荡，与周围的印第安人格格不入。

顺着这个流浪部落的足迹，去探究他们从北方大陆的阿帕拉契亚山脉，沿着镶嵌在墨西哥湾和加勒比海的系列岛屿，抵达帕里亚海滩，再越过圭亚那和亚马逊那片广袤区域，最后来到巴西的偏远海岸，如此大范围的迁徙历程，将会是原住民历史上最不寻常的研究，而且会对新世界神秘的人口问题带来许多启示。

第四章

抵达纳维达德港——要塞的不幸（1493）

11 月 22 日，舰队到达了一个地方，后来很快就确定是海地的东端，或者，按照舰队司令的命名：伊斯帕尼奥拉岛。想到终于抵达了本次航行的终点，整个舰队喜气洋洋。那些在前一次航海到过此地的船员想起了他们先前在海地林间度过的愉快日子，其余的人则迫不及待地期待着他们所描绘的黄金年代那迷人的幻景。

就在船队沿着绿色的海岸轻松航行的时候，他们派了一条小船上岸去掩埋一个来自比斯开的水手。在最近那场冲突中，该水手中了箭伤，随后不治而亡。葬礼在海滩树下进行的时候，两艘轻快帆船在岸边徘徊，守护着小船上的船员。几个当地人出现了，他们来到了船上，给舰队司令带来了邻近酋长的信息，邀请他上岸，承诺给他大量的黄金。但是，舰队司令急着赶去纳维达德，送了礼物之后便打发他们回去，自己则继续航行。随后来到了箭头湾，或者，按照如今的称呼是斯玛纳海湾，正是这里，他在前一次航海的时候，与当地人发生了冲突。在此，他让当地的一个印第安年轻人上了岸，此人陪同他去了西班牙，并已皈依了基督教。他精心地将那个印第安年轻人装扮了一番，给他佩戴了饰物，希望他向自己的同胞讲述自己见过的奇迹，以及他所经历的待遇，以便在当地人中间产生良好的影响。那个印第安年轻人许下了许多好听的诺言，但是，他要么是因为重新获得了自由，沉浸在家乡的山水中而完全忘记了西班牙人，要么就是因为他的财富和服饰使其沦为嫉妒的受害者，此后他们再也没有见过他或听见他的消息。舰队去过西班牙的印第安人现在仅剩下了一位，这是一个年轻的卢卡亚人，瓜纳哈尼岛的原住民。他在巴塞罗那受洗，以舰队司令弟弟的名字迭戈•科隆为名。他始终一如既往、忠心耿耿地对待西班牙人。

25 日，哥伦布在蒙特克里斯蒂港抛锚，急于在他首次航行时命名为奥罗河或者金河的附近确定一个定居点。当几个水手在岸边晃悠的时候，他们在一条小河那葱绿而潮湿的岸边发现了一个男人和一个男孩的尸体，前者的脖子上勒着一条西班牙草绳，他的手臂伸开，手腕被捆绑在一个形似十字架的柱子上。尸体腐烂的程度已经不可能确定他们是印第安人还是欧洲人。然而，大家立刻产生了不祥的疑惑。这种感觉在第二天就得到了确认，他们再次上岸，在离先前发现尸体一段距离的地方，他们又发现另外两具尸体，其中之一有胡子，显然是一具白人男子的遗体。

此刻，悲观的预感取代了哥伦布临近纳维达德时那种愉快的期待。近来经历了这些海岛居民的凶悍，让他对其他当地人的友好产生了怀疑，而且，他开始担心阿拉纳及其驻军已经遭遇了某种不幸。

然而，许多当地人来到了船上，他们那坦率和无畏的行为、从容不迫的举止，在一定程度上缓解了他的怀疑，因为，如果这些人最近才让白人的同伴喋血该岛，他们不可能敢于如此理直气壮地来到白人中间。

27 日晚，他抵达了纳维达德海港对面，在离陆地一里格的地方抛锚。考虑到危险的暗礁，他不敢在黑暗中上岛。天色太晚，分辨不清楚物体。哥伦布急于解开心中的疑虑，于是便下令发射了两枚炮。炮声在海滩上回荡，但是要塞没有任何回应。每一双眼睛都大睁着，希望能捕捉到一些信号灯的光束，每只耳朵都希望听到一些友好的呼喊，但是既没有灯光，也没有喊叫，更没有生命的任何迹象，一切都是黑暗和死一般的寂静。

焦虑不安地熬过了几个小时，每个人都在渴望清晨的曙光，以便让一切水落石出。大约午夜的时候，一条独木舟向舰队靠过来，但是到了一定距离后便停下来，舟上的印第安人冲着一艘船打招呼，要求见舰队司令。当指明哪艘船是舰队司令的旗舰时，他们划了过去，直到看见哥伦布才敢登船。哥伦布在自己旗舰的船舷边上露了脸，并提起一盏灯，他的面容和威严的仪表不会让人认错，独木舟上的印第安人便毫不犹豫地上了船。来人有一位是大酋长瓜卡纳加利的表弟，他给舰队司令带来了两个装饰着黄金的面具作为礼物。哥伦布问起留守在岛上的西班牙人的情况。那个当地人通报的信息让人有些困惑，或者不能完全理解，因为船上唯一的印第安译员是年轻的卢卡亚人迭戈·科隆，他的母语与海地语不同。他告诉哥伦布，有几个西班牙人染疾而亡，有的人因为内讧而倒下，有的人搬去了岛上的其他地方，他们在那里娶了印第安妻子。瓜卡纳加利遭到了卡奥纳沃的攻击，卡奥纳沃是锡瓦奥黄金山上那个凶悍的大酋长，他在战斗中打伤了瓜卡纳加利、烧毁了他的村庄；后者目前在邻近的一个小村子里养伤，不然他会亲自赶来欢迎舰队司令。

尽管这些消息让哥伦布很悲伤，但还是将他从黑暗凄凉的猜测中解脱出来。无论他的驻军遭遇什么不幸，他们没有成为当地人背信弃义的牺牲品，他关于这些人亲切善良的看法并没有错，大酋长也没有丧失被他的仁慈款待所激发出来的崇敬之情。因此，他心中最揪心的担忧烟消云散了。原来，对于一个慷慨大方的人而言，再也没有什么比自己寄予了信任和友谊之人的背叛更让人灰心了。看起来似乎有些驻军还活着，虽然他们分散在岛屿的各个地方，但是他们无疑很快就会听闻他的到来，定会赶紧回来与他会合，告诉他关于内地的许多信息。

当地人的友好性情让船员们感到满意，大家在很大程度上恢复了兴致勃勃的情绪。他们很好地款待了上船来的印第安人，让他们带着各种礼物心满意足地连夜离开，答应第二天早上与大酋长瓜卡纳加利一起回访。水手们现在安心地等待黎明的到来，满心期待着重温第一次航海时双方亲切交往的愉快场景。

早晨来临，一上午过去了，时间渐渐消逝，眼看一天快要结束，说好要来的酋长却不见踪影。大家开始忧虑，担心前来拜访他们的印第安人可能在昨晚淹死了，因为他们尽情地享用了葡萄酒，而他们那小小的独木舟很容易倾覆。附近整个地区有一种寂静和荒凉气息，特别令人生疑。他们前一次到访的时候，该海港是一派生机盎然的情景，独木舟在清澈的水面上滑行，海边、树下的印第安人成群结队，甚至跳到水里向船队游来。现在，眼前一条独木舟都没有，没有印第安人在陆地上向他们欢呼，树林甚至没有表示居住迹象的炊烟升起。

等了很长一段时间之后，哥伦布派一条船上岸侦察。上岸后，船员们赶紧寻找要塞。那里已经成为一片废墟，栅栏被冲倒，整个要塞呈现出被洗劫、烧毁和破坏的景象。到处是打破的箱子、毁损的粮食，以及欧洲服饰的残破碎片。没有一个印第安人走近他们。他们瞅见远处的树林里潜伏着两三个人，显然是在观望他们，但是一旦发现自己被注意到了，立刻消失在树林中。没有任何人来给他们解释眼前令人悲伤的景象，他们情绪低落地回到船上，向舰队司令汇报了自己所看到的一切。

这个消息让哥伦布非常烦恼，舰队现在已经在港口停泊下来，第二天早晨他便亲自上岸去查访。到达要塞废墟时，他发现一切果然如先前所描述的情形，而且，根本找不到尸体的遗骸。留守的驻军无影无踪，只有一些破碎的用具和撕裂的礼服，东一处西一处地散落在草丛中。如此景象不由让人产生诸多推测和猜想。如果要塞被洗劫，留守的驻军也许还有部分人员幸存，他们可能已经从附近逃走，或者被俘。于是，他们发射了炮弹和火绳枪，希望万一有幸存者躲在岩石和灌木丛中，有可能会听到声音后出现，但是没有人露面。那个地方笼罩着一种悲惨而死寂的气氛。对于瓜卡纳加利一方背叛的怀疑又浮上心头，但哥伦布不愿意多想。遥望远处大酋长的村庄，发现那里仅剩一堆烧焦的废墟，表明他在留守驻军的那场灾难中也被连累了。

哥伦布曾经给阿拉纳和其他军官留下命令，要求他们把购买到的财宝埋藏起来，或者在突发危险的情况下，将其扔进要塞的井里。于是，他下令在废墟上挖掘，并清理水井。趁着大家搜寻的时候，他乘着小船去附近区域查探，一是希望获得留守驻军散落各处任何生还者的消息，另外也为要塞寻找一个更好的位置。行进约一里格之后，他来到一个小村庄，村里的居民已经逃离，凡是可以携带的物件都带走了，余下的藏在草丛中。房屋里出现了欧洲物品，而且显然不是通过交换获得的，譬如袜子、布片、那艘失事帆船的锚，以及一件漂亮的摩尔人长袍，其折叠的方式与从西班牙带来的时候一样。

对着这些与一个灾难故事相关的零散物品缅怀了一阵，哥伦布才回到要塞的废墟处。废墟上的挖掘和井里的搜索都一无所获，没有发现任何财宝。然而，在距离要塞不远处，他们发现了埋在不同的地方、共计 11 人的遗体。根据这些遗骸的服饰，可以得知他们是欧洲人。这些遗体显然在地里埋葬了一段时间，因为坟墓上已经芳草萋萋。

白天的时候，若干印第安人露面了，在远处怯生生地徘徊。待到他们逐渐消除了担忧，便毫无顾忌地健谈起来。其中有些人会说几句西班牙语，知道所有与阿拉纳一起的留守驻军的名字。通过这种方法，在译员的帮助下，留守驻军的故事在某种程度上搞清楚了。

文明首次在新世界留下的足迹耐人寻味。哥伦布留下来的那些人，奥维耶多说，除了指挥官唐·迭戈·阿拉纳，以及另外一两个人，基本上都不打算遵循一个如此谨慎之人提出的清规戒律，或履行责成他们完成的重要职责。他们主要来自社会最底层，或者是在岸上不知道要克制自己、清醒行事的水手。舰队司令刚离开，他们就将他的一切忠告和要求忘得一干二净。虽然人数很少，周围都是野蛮人部落，他们的生存必须依赖于自己的谨慎和良好品行以及当地人的好意，但是他们很快就开始沉溺于最放肆的凌虐行为。有些人在贪欲贪婪的促使之下，通过各种不法手段，企图私自占有当地人的黄金饰品和贵重财物。有些人则好色成性，瓜卡纳加利允许他们每人娶两三个妻子，但他们并不满足，还要勾引印第安人的妻子和女儿。

获得的不义之财以及印第安女人的偏爱让他们内部爆发了激烈的打斗，当地人惊讶地看见自己崇拜的、从天而降的这些生灵，完全陷入了最荒唐的俗世情欲，彼此之间大发雷霆，无比凶残。

不过，假如他们严守哥伦布的一项禁令，即务必一起待在要塞、保持军事警惕，这些纷争可能不是很危险，但所有类似的预防措施很快就被遗忘了。唐·迭戈·德·阿拉纳徒劳地行使自己的权力予以干涉，在异国他乡可以将大家团结一致、彼此依赖的每一个诱因都失去了作用，所有命令、所有主从关系、所有全体一致等秩序都到了尽头。许多人抛弃了要塞，粗心大意而随便地住在附近；每个人都为自己或者纠结成为小团伙伤害和抢夺其余的人。他们爆发了派系之争，直到野心膨胀，终于导致了他们那个模拟帝国的彻底毁灭。佩德罗·古铁雷斯和罗德里戈·埃斯科韦多两人，哥伦布曾将他们留下作为指挥官副将，原本应该是在发生意外时接替指挥官，此时便乘乱得势，即使没有掌握最高控制权，也取得了与指挥官势均力敌的权力。暴力纷争随之而来，致使一个名为雅科莫的西班牙人被杀害。由于未能达到目的，古铁雷斯和埃斯科韦多带着9个追随者和他们的一群女人从要塞撤出，并将心思转向远方的事业。他们曾听说关于锡瓦奥矿藏的许多精彩描述，知道那些山区的河流拥有黄金沙滩，便动身前往该地区，积聚巨额财富的念头已经让他们利令智昏。如此一来，他们抛弃了哥伦布的另一项强制禁令，即一定不能离开瓜卡纳加利的友善领地。他们要去的地区位于该岛内陆，在玛加纳省内，由著名的卡奥纳沃统辖，西班牙人称其为“金屋主人”。这个有名的首领是加勒比人出身，具有自己民族那种凶猛气概和冒险精神。他以一个冒险者的身份去了伊斯帕尼奥拉岛，以其勇气和本领、战斗功绩，使自己成为最有权势的大酋长。居民们普遍对他的加勒比血统心存敬畏，他是岛上的英雄人物。就在此时，白人的船队在岸边出现了。关于白人的实力和勇猛等精彩描述传到了他那里、传遍了山区，他的精明让他察觉到，在这样强大的闯入者面前，他的影响力必定有所下降。哥伦布的离开给了他希望，让他认为他们的闯入不过是暂时性的。留守人员之间的龃龉和过度荒淫的行为，让他在无比痛恨的同时，也激发了他日益增强的信心。古铁雷斯和埃斯科韦多与其同伴刚来到他的领地避难，他立即就将他们处死。然后，他与玛里安大酋长结盟，后者的领地与瓜卡纳加利的领地在西面接壤，两族共同对要塞发起了突然袭击。他与他的武士们从山上出来，极其隐秘地穿越大片森林，神不知鬼不觉地来到村子附近。信赖印第安人的温柔与和顺本性的西班牙人，疏忽了所有军事防范措施。与阿拉纳一起留在要塞的仅有十个人，而且他们似乎并没有安排卫兵。其余的人则居住在附近的房子里。夜深人静的时候，所有人都在酣睡，卡奥纳沃及其武士突然发出可怕的呐喊袭击了那个地方，屋里的人还没有进入防御状态他们就占领了要塞，他们将余下白人正在睡觉的房屋包围起来放火焚烧。八个西班牙人被野蛮人追逐着逃到了海边，冲进波涛里淹死，其余的则惨遭屠杀。瓜卡纳加利和他的子民为了保护自己的客人忠诚地战斗，但是由于其性格不好战，很轻易就一败涂地。大酋长被卡奥纳沃所伤，他的村庄也被焚为平地。

这就是欧洲在新世界第一个机构的历史。它以极其微小的缩影指南，呈现了导致文明堕落的粗野恶习以及有时能够颠覆最强盛帝国的重大政治错误。所有法律和秩序都会因腐败和放纵而松懈，公共利益会成为私利和情欲的牺牲品，社区也会因各种派系和倾轧而发生剧烈动荡。直到最后，两个具有蛊惑力的煽动者，野心勃勃地企图掌控蛮荒之地一个仅有 38 人小要塞的最高权力，却最终将其搞得四分五裂、灰飞烟灭。

第五章

与当地人的交易活动——瓜卡纳加利的可疑行为（1493）

从海港印第安人那里收集到的关于要塞的悲剧故事，得到了来自另一地区消息的证实。舰队有位名叫梅尔乔·马尔多纳多的船长，驾着自己的轻快帆船向东贴岸航行，寻找更适宜的定居点，其间有两个印第安人划着独木舟上了他们的船。其中一人是瓜卡纳加利的兄弟，他以大酋长的名义恳求船长去其养伤的村庄拜访他。马尔多纳多立刻带着两三个同伴上岸。他们发现瓜卡纳加利躺在吊床上，腿瘸了，身边环绕着他的七个妻子。酋长对自己不能拜访舰队司令表现出极大的遗憾。他讲述了有关留守驻军不幸的许多细节，他和他的臣民在抵抗中所起的作用，展示了自己仍然包扎着的伤腿。他的故事与之前的叙述一致。他以一贯的殷勤款待了西班牙人，在他们离去时向每个人赠送了黄金饰品。

第二天早上，哥伦布亲自去拜访了大酋长。为了让他了解自己如今的权势和重要性，他带着许多衣着华丽、穿戴着闪亮盔甲的军官出现在大酋长面前。他们发现瓜卡纳加利斜倚在棉网吊床上。一见舰队司令，他就表现出很激动的神情，并立即谈到了西班牙人的死亡。说起留守驻军的灾难，他流下了许多眼泪，但是特别详述了他在保护自己客人方面所起到的作用，指出在场好几个在战斗中受伤的子民。从那些伤疤看来，显然是印第安人的武器所致。

哥伦布愿意相信瓜卡纳加利的真诚。当他回忆起自己船舶失事的时候，大酋长表现出其率真和慷慨大方本性的诸多证据，他简直不敢相信此人能如此阴险，可以做出此等背信弃义的事情。于是他们交换了礼物。酋长给他 800 颗一种名为“西巴”的石头珠子，印第安人认为这些石头非常珍贵，另外还有 100 块黄金、一个黄金头冠和三个装满金粉的小葫芦。但是，他认为自己的慷慨被对方回赠的丰厚礼物超越了，哥伦布回赠了许多玻璃珠、铜铃铛、小刀、大头针、针、小镜子和铜饰。较之于黄金，大酋长看起来更心仪铜器。

瓜卡纳加利的腿被一块石头猛烈挫伤了。在哥伦布的请求下，他允许在场的一个外科医生进行检查。解开伤口的包扎后，没有看见一点受伤的痕迹，但是只要移动他的肢体，他都会疼得缩起来。因为战斗已经过去一些时日，外部挫伤可能已经消失，但是那部分依然很敏感。然而，几个没有参加第一次航海的在场者并没有目睹大酋长的慷慨行为，便认为他的跛足是伪装，关于那场战斗的整个故事都是捏造，用以掩饰自己背信弃义的真相。特别是博伊尔神父，这个报复心很重的人，更是建议舰队司令立即惩罚大酋长，杀一儆百。不过，哥伦布却从不同的角度看待此事。无论发生什么，他对酋长的偏爱先入为主，内心深处拒绝相信他有罪。虽然意识到自己的无辜，瓜卡纳加利可能担心白人对他的怀疑，夸大了自己伤口的严重性，但是其子民的伤口显示是印第安人的武器所为，而他的村庄也遭到毁灭，照哥伦布看来，这些强有力的证据证实了他说的是实话。为了说服他那些满怀狐疑的随员，为了安抚那个迫害的意愿未得到满足的修士，他要求大家要真诚友好地对待瓜卡纳加利，至少在其罪行未得到充分确定之前要照办。目前，他们力量强大，不必担心他的敌意，但是在他们与当地人交往的初期阶段，采取暴力措施可能会引起普遍恐慌，那将阻碍他们在岛上的所有行动。他的大部分官员都同意这一观点，所以尽管修士提出审判的建议，他们还是就此决定，暂且相信印第安人的说辞，并继续友好地对待他们。

在哥伦布的邀请下，尽管明显地感觉得到他伤口仍然疼痛，大酋长还是在当天晚上陪同哥伦布回到船上。当白人第一次驾着两艘小帆船到达他的海岸时，大酋长就对白人的力量和伟大惊奇不已；此次看见一支舰队停泊在港口，再登上舰队司令的旗舰—那艘重型船舶时，他更是惊愕无限。他在此见到了加勒比囚犯。在海地胆小的居民眼里，他们是那么令人畏惧，即使套着锁链，他们看着加勒比人时仍然不由自主地恐惧和战栗。而舰队司令敢于入侵这些可怕生物盘踞的岛屿，可谓是将他们从其巢居的堡垒里拖拽出来了，对于印第安人而言，或许这才是白人不可抵抗之神勇最了不起的证据呢。

哥伦布领着酋长参观了自己的旗舰。各种艺术品，旧世界的植物和果实，不同种类的家禽、牛、羊、猪，以及带来岛上繁殖的其他动物，对于大酋长而言统统都是奇迹，但是最令他惊奇的是马。他仅见过最小型的四足动物，从来没有看到过任何大型动物，马匹的个头、强大的力量、可怕的外观却绝对温顺，均让他讶异不已。他打量着所有这一切非凡的物品，仿佛看到了那么多来自天国的奇迹，他至今仍然认为天国是白人的家乡。

船上有十个从加勒比人的囚禁中解救出来的女人。她们主要是博里肯或波多黎各岛上的本地人。这些女人很快就引起了大酋长的注意，他一贯表现得很多情。他与她们交谈，虽然各岛居民讲不同的语言，或者说，更可能的是同一种语言的不同方言，一般情况下，他们能够相互理解。这些女人当中，有一位的神态和举止具有某种高贵气质，明显比其同伴出众。西班牙人非常重视她、崇敬她，给她取名为卡特琳娜。大酋长与她反复交谈，其语气和方式极其温柔，尽可能表示他的怜悯和敬佩，因为尽管脱离了加勒比人的魔掌，她和她的同伴在该船上仍然是某种意义上的俘虏。

他们在酋长面前摆放着茶点，哥伦布想方设法试图恢复他们以前的亲切交往。他对待客人的各种表现均显示他的完全信任，并谈到即将去他目前的居住地附近建造房屋，打算与他住在一起。大酋长对此非常满意，但认为那个地方不利于身体健康，事实确实如此。然而，虽然竭尽所能地表示友谊，大酋长显然还是局促不安。双方相互信任的魔力被打碎了。很显然，留守驻军整体的放肆行为极大地损害了印第安人对这些天降访客的崇拜。甚至哥伦布曾努力灌输的对基督教信仰符号的崇敬，也被其信徒的肆意挥霍所打消了。尽管很喜欢饰物，但是，当大酋长理解到圣母肖像是基督教徒膜拜的对象时，舰队司令费了很大的劲才说服他在脖子上挂一个。

酋长有罪的怀疑在许多西班牙人的心目中开始堆积。尤其是博伊尔神父，以其恶毒的眼神注视着他，并私下忠告舰队司令，现在既然他在船上，不如将其拘押。但是哥伦布拒绝了诡计多端的修士的提议，因为这样做就违背了明智的政策和光荣的信仰。然而，隐藏的憎恶很难遮掩。大酋长呢，在以前与西班牙人的交往中，已经习惯于看见西班牙人笑逐颜开地表示感激之情和友谊的氛围，不可能察觉不到他们已经改变的表情。因此，尽管舰队司令坦诚而亲切地接待了他，他很快就恳求允许他上岸。

第二天早晨，岸上的土著开展了一次秘密行动。大酋长派来信使，询问司令打算在港口停留多久，信使得到消息说他第二天就起航。到了晚上，瓜卡纳加利的弟弟以交换大量黄金为由来到船上。他们观察到他私下与印第安妇女交谈，特别是那个以其尊贵外貌吸引了瓜卡纳加利关注的卡特琳娜。在船上逗留一段时间后，他回到了岸上。随后发生的事件表明，该酋长已经被这个印第安美人的处境所打动，或被她的魅力迷住了，打算将她救出牢笼。

午夜时分，当船员们进入头一阵睡眠时，卡特琳娜唤醒她的同伴。船舶停靠的地方离海岸足有三英里，而海面上波涛汹涌，但是她们就那样从船舷跳入大海，勇敢地朝岸边游去。尽管她们非常谨慎，守卫还是听到了动静并发出了警报。小船仓促地载上人，朝着岸上一处燃烧的火堆追赶，那火堆显然是为逃犯准备的信标。这些海仙女体力惊人，她们全部都安全地上了岸。其中四人在沙滩上再次被抓获，但是英勇的卡特琳娜与其余的同伴成功地逃进了森林。

天亮时，哥伦布派人去瓜卡纳加利那里要求送还逃犯，或者，如果她们没有在他那里，他也必须为他们寻找。然而，大酋长的住所静悄悄、空无一人，一个印第安人也见不着。无论是意识到西班牙人的怀疑而担心他们的敌意，或者是渴望不受干扰地享受自己的战利品，大酋长搬走了所有物品，与其家人及其随从一道，带着他的海岛美人进入内陆避难去了。这突如其来、莫名其妙的遗弃使之前就产生的怀疑成倍增长，瓜卡纳加利因此被普遍诬蔑为叛徒，背叛了白人，是背信弃义毁灭留守驻军的人。

第六章

创建伊莎贝拉城——西班牙人染疾（1493）

西班牙人在海港附近的陆地和海上所遭遇的不幸让周围显得阴森惨淡。要塞的废墟以及被杀害同胞的坟墓，不断出现在他们眼前，一想到密林深处可能潜伏着背叛者，森林看起来也失去了美丽。当地人遗弃本地之后的冷清凋零，让这个地方显得凶险不祥。轻信的水手开始认为此地受到了某些有害因素或恶意星辰的影响。这些说法足以阻止将此地建成定居点，但是还有其他更实质性的问题。相邻的土地低洼、潮湿、不利于健康，也没有可做建筑材料的石头。因此，哥伦布决定彻底放弃此地，在其他更有利的环境中建设计划中的殖民地。时不待人，长期的关押让船上的动物痛苦不堪，而船上多数人不习惯海上生活，在船上幽禁了那么久，他们非常渴望上岸休整。因此，较轻的快帆船便四处贴岸而行，进入河流和港口，寻找更有利的地址。他们也受命寻找瓜卡纳加利，尽管疑虑顿生，但是哥伦布对他依然保持好感。探险队在沿岸航行了相当长的距离之后，一无所获地返回。有的河流很好，港口也安全，但是堤岸很低、泥泞不堪，而且缺乏石头。这个地区普遍比较荒芜，即使有当地人出现，他们也立即就逃进树林。梅尔乔·马尔多纳多驶向东面，直至来到一个酋长的领地。起初，该酋长走在自已武士的前头，一副来势汹汹的样子，但容易接受安抚。从他那里得知，瓜卡纳加利已经退隐到山区。另外一队人发现了藏在附近小村庄的一个印第安人，他在对抗卡奥纳沃的战斗中被长矛所伤，因此行动不便。他关于要塞毁灭的叙述与在港口那边的印第安人一致，这点有利于洗清酋长被指控背叛的罪名。结果，西班牙人仍然不能确定谁才是这一恶毒、凄惨悲剧的真正肇事者。

由于深信该岛这部分地区没有适合定居的地方，哥伦布于12月7日起锚，希望找到拉普拉塔港。然而，由于恶劣天气的缘故，他不得不驶入蒙特克里斯蒂以东大约10里格的一个海港，把此地纳入考虑范围时，不由被其优势所打动。

该港口宽敞，可以通过一处隆起的海岬对其加以控制。海岬一侧的岩石形成保护港口的天然壁垒；另一侧可以依赖密不透风的森林保护，让其成为一个很有利的要塞位置。有两条河，一大一小，浇灌着一片葱绿而美丽的平原，是建立磨坊的有利条件。离大海约一箭之遥的地方，一条河边有一个印第安村落。此地土壤似乎很肥沃，水里有丰富的优质鱼类，气候温暖舒适。虽然已是12月中旬，但是树木枝叶茂盛、灌木鲜花盛开、鸟儿歌声婉转。他们还没有熟悉这个令人愉悦的岛屿气温，那里尚不知冬天的严酷，那里的果实和花期永远连绵不断，甚至在果实累累的同时也鲜花盛开，一年四季都是明媚的绿色王国。

另一个吸引他们在此地建立定居点的重大诱因是从邻近村庄

的印第安人那里获得的信息，即金矿所在的锡瓦奥山距离此地不远，几乎与海港处于平行的位置。因此，他们做出决定，再也没有其他地方比此地更适合建立自己的殖民地了。

于是，一幅生动活泼的场景由此展开。军队和属于陆地服务的各种人员以及雇用的各种劳务人员和建筑巧匠都下了船。粮食、交通工具、用于防守的枪支弹药、各种类型的工具都搬上了岸；同样运上岸的还有牲畜和家畜，漫长的关押已经让它们痛苦不堪，马匹尤其受罪。现场洋溢着一派欢乐气氛，大家终于从船上令人厌烦的束缚中逃逸出来，再次踏着坚实的大地、呼吸着田野甜美的空气。他们就在那块平原边上，围着一池水或一大片水域建造立营地。顷刻之间，整个地方就呈现出一派热闹景象。新世界的第一个基督教城市就这样创立起来，哥伦布将该城命名为伊莎贝拉，以表示对其皇家女赞助人的敬意。

规划拟定了，街道和广场也设计完毕。大家接着极其勤勉地建造一座教堂、一座公共仓库以及舰队司令的居所。这些房屋都用石头作为建筑材料，私人住宅则用木材、灰泥、芦苇，以及在紧急情况下能找到的诸如此类的材料。短时间内，每个人都最大限度地发挥了自己的热情。

但是，疾病很快就爆发了。许多人都不习惯海上生活，船上狭小的空间和晕船，长期食用极度损坏的盐渍食物和发霉的饼干，让多数人承受了极大的痛苦。在供其容身的房屋建好之前，他们在陆地上还承受风餐露宿的摧残；炎热和潮湿气候散发出的恶气，陌生肥沃的土壤、河流蒸发的湿气和近处森林滞留的气流，让这个蛮荒之地成为已经习惯于旧世界那些高度发达地区的体质的严峻考验。建房、清栏、栽种果园等劳作都在极其仓促中完成，繁重的劳动让这些在海上经历了那么长时间折腾，急需放松和休息的人们难以承受。

精神上的不适更加重了身体的病痛。如前所述，许多人是带着梦想和浪漫的期待参与此次远征的。有些人期待着斯潘阁岛和契丹的黄金产区，认为他们可以在那里毫不费力、轻松地聚敛财富；另一些人则惦记着亚洲遍地欢乐的奢华享受；有的人则盼着开辟英勇的冒险生涯和奇侠事业。当他们发现自己被困在一个小岛边缘的时候，该是多么失望啊！周围是不可通行的森林，注定要在一片蛮荒的原始环境中挣扎，痛苦劳作仅为生存，每一点舒适都需要百般努力。至于黄金，各地都给他们带来了一些，但为数不多，而且显然得靠耐心和持之以恒的劳动方可获得。所有这些不如意在他们的内心深处堆积起来，随着自己黄金梦的消失，他们的精神也衰退了，意气消沉的郁闷更是助长了疾病的肆虐。

哥伦布本人也没有逃过这场流行病。这项事业的艰巨性，以及发现自己不仅要对他的追随者和他的君主负责，而且要对整个世界负责的责任感，让他的大脑一直在不停地运转。要操心这么大一支舰队，需要他随时保持警觉，不仅要防止这些未知海域潜在的危险，还要阻止他那些追随者的怒火和愚蠢；那些被杀害留守驻军的命运让他备受打击，而他对自己周围那些野蛮部落的行为也无法确定。所有这些都让他心烦意乱，让他在船上无法休息；登陆之后，新的忧虑和辛劳朝他一齐袭来，再加上在陌生的气候环境下，他的境况易于暴露出的问题彻底把他压垮了。尽管如此，虽然因为病重在床上躺了几个星期，他那活跃的大脑却超越了身体的痛苦，使他能够继续指挥城市建设，监管本次远征的所有重要事务。

第七章

阿隆索·德·奥赫达远征探索该岛内地——安排船只返回西班牙（1493）

船上的货物卸载之后，有必要让大部分船只返回西班牙。此时，新的焦虑又压上了哥伦布的心头。他原本希望第一次远航时留在此地的人找到黄金，积累了珍贵的商用物品，或者至少确定了财物贸易的线索，这样他便可以迅速给船只上载。留守驻军的毁灭让所有的希望随之破灭。他清醒地意识到君王和国家对新世界怀有奢侈的期望。当返回的船舶带回去的除了一个灾难故事，其他一无所有之时，他们该是多么失望啊！因此，必须在船队起航之前采取措施，以维护自己大发现的名声，维持自己的高大形象。

到目前为止，他对该岛的内陆情况还一无所知。倘若它果真是斯潘阁岛，那么一定有人口兴旺的城市，只不过是在某处更发达的地方，在崇山峻岭形成的阻隔之外。所有印第安人都一致提到“锡瓦奥”是他们获得黄金的地方。其大酋长的名字卡奥纳沃正是“金屋主人”的意思，似乎暗示其领地的财富。据说矿藏丰富的那个区域就在岛内，径直往内地走，距离此地仅需要三四天的路程。于是，哥伦布决定在船队起航之前，派遣远征队前往探查。

假如结果证实如其所愿，那么他就能够满怀信心地将船队发送回国，带回去发现了“锡瓦奥”黄金山的喜讯。

他挑选去执行这项任务的人是阿隆索·德·奥赫达，此人正是前面已经关注过的同一位骑士，他以其大无畏的精神、强健的身体力量和敏捷的身手著称。奥赫达乐于从事一切具有危险和冒险性质的任务，而他之所以对这次远征跃跃欲试，更多的是被山地大酋长卡奥纳沃那令人畏惧的性格所吸引，因为他要深入的正是此人统治的领地。1494 年 1 月初，他从海港出发，同行的是一支人数不多但是装备精良、意志坚决的队伍，其中有几位像他一样年轻勇猛的骑士。他从南面直接向内地挺进。前两天的行军非常辛苦、艰难，途经的地区已经被居民遗弃，因为西班牙人所引发的恐惧已经传遍了沿海一带。第二天晚上，他们来到山脉一道高高的山脊，沿着一条印第安人小道，在一个陡峭狭窄的峡谷里蜿蜒攀行，晚上他们就在山顶歇息。因此，第二天早上，他们看见太阳光芒万丈地从一片辽阔而美好的平原上冉冉升起，平原上覆盖着宏伟的森林，村庄和小村落点缀其间，一切皆因为波光粼粼的雅基河而异常生动。

下山进入该平原之后，奥赫达和他的同伴大胆进入了印第安人的村庄。居民们对他们不仅毫无敌意，还以其盛情让他们陶醉其中。事实上，他们的善良甚至阻碍了西班牙人的旅程。他们需要　过许多河流才能穿过平原，所以花了五六天时间才抵达那座山脉，也就是将“锡瓦奥”的黄金区域封锁起来的山系。他们深入该地区，除了此地的自然原始状态形成的路障，他们没有遇到任何障碍。那么勇敢凶猛、如此令人畏惧的卡奥纳沃呢，必定是在其领地某个遥远的地方，因为他从来没有现身阻止他们的前进。当地人善意地接待他们，这些人赤身裸体、未受教化，像岛上的其他居民一样；这里也没有西班牙人曾经在想象中憧憬过的重要城市的任何痕迹。可是，他们却看到了丰富的自然财富迹象。山涧的沙子里黄金颗粒闪闪发光，当地人能够很熟练地将黄金分离出来，将其交给西班牙人，没有期待任何报酬。在一些地方，他们从激流汹涌的河床里捡到了大块的原生矿标本，以及镶嵌着黄金层或黄金含量丰富的石头。彼得·马特尔确认，他看见奥赫达本人从一条小溪里发现了一块重达 9 盎司的黄金原矿石。

所有这些都被看作仅是土壤表面的冲积物，它们泄露了隐藏在大山深层矿脉和岩石中间的财宝，只需要人手劳作，就可以让那些财宝得见天日。由于探险队此行的目的仅仅是确定该地区的性质，奥赫达便领着自己的小队人马返回海港，满腔热情地描述了那些山脉里的黄金前景。与此同时，一位名叫戈尔瓦兰的年轻骑士也受命去进行了类似探寻，他去的是该地区的另一片区，回来汇报了类似的信息。这些让人高兴的描述一时鼓舞了萎靡不振和意志消沉的殖民者们，并诱导哥伦布相信，只有开发了“锡瓦奥”的矿藏，才能打开取之不尽、用之不竭的财富资源。他下定决心，一旦自己的健康状况允许，就亲自去一趟大山，寻找一个适合建立采矿设施的地点。

鉴于此时正是有利于舰队返航的季节，哥伦布即刻安排 12 艘船，在安东尼奥·托雷斯的指挥下返回西班牙，仅留下 5 艘船为殖民地服务。

趁此机会，他将在锡瓦奥的河流和山区发现的黄金标本送回国，同时送回的还有所有看起来很珍奇的水果和植物。他以极其乐观的语言描述了奥赫达和戈尔瓦兰的探查结果，后者也随着舰队返回西班牙。他重申自己满怀信心的预测，表示不久就能让船只满载黄金、珍贵药材和香料等货物；目前，因为他本人及其人员的病痛以及为修建新生城市的操心和劳累，寻找财宝的事情就被耽搁下来了。他描述了该岛的美丽和富饶，谈到了那些巍峨的高山、幅员辽阔和丰饶的平原、灌溉着大地的美丽河流、土壤的快速生产能力等，这些在甘蔗以及从欧洲带来的各种谷物和蔬菜的旺盛生长中得以证明。

然而，由于还需要一段时日，他们的田地和园子里生产的粮食、家畜的繁殖才能产出足够供养一个上千人的殖民地的用度，而且，由于他们一时还不能适应当地人的食物，哥伦布请求西班牙送来目前所需要的给养。他们的粮食已经出现了短缺。盛酒的木桶质量不好，他们的酒大部分都流失了；殖民者身体衰弱，极其需要自己熟悉的饮食。他们还急需药品、衣服和武器。此外，公共建设和军事服务都需要马匹，而且，此物在吓唬本土人方面很有效果，在所有动物中，他们最害怕马。他还要求派送更多的工人和技工，以及拥有采矿、冶炼和提纯原矿等技术的人员。他推荐了各种人，希望引起君王的重视和好感，其中就有佩德罗·马加利特，一位属于圣杰戈等级的阿拉贡骑士，他需要供养妻子和孩子，因为他良好的工作，哥伦布恳求任命他为其所属等级的指挥。他以同样的方式为即将随舰队返回的胡安·阿瓜多恳求资助，并且特别提到了他的功绩。正是这两个人，注定要让他经历最令人难以释怀的忘恩负义。

他还将那些从加勒比岛屿上抓获的男女老少送上返航的船只，建议仔细教导他们学习西班牙语和基督教信仰。根据这些人的掠夺和冒险本性，以及他们对这个庞大群岛各种语言的整体掌握，他认为，当宗教戒律和文明习性改变了他们的野蛮行径和食人癖好之后，他们可以作为译员而大有所为，并成为传播基督教义的工具。

他在这封信中提出了许多合理和有益的建议，但是其中有一项最有恶意的意图，传递了那个时代盛行的有关天赋人权的错误观念，是世界上许多不公正和苦难的根源。考虑到越多这样的食人异教徒被运送到西班牙天主教的土地上，踏上救赎之路的灵魂就越多，他提出将他们作为奴隶换取家畜，供去殖民地的商人做买卖。携带这类货物的船不能在其他地方只能在伊莎贝拉岛上岸，那里会准备好交付的加勒比俘虏。每个奴隶都将征收人头税作为皇家收益。通过这种方式，殖民地将会不费毫厘就获得各种家畜，那些温和的岛民将远离好战与残忍的邻居，国库将得到极大的充实，而且，大量的灵魂将从沉沦中得救，可谓就这样被主流力量带上了天堂。正直的人有时候就是以这样奇怪的诡辩自欺欺人。哥伦布担心两个君王会对其大发现产生的效益感到失望，便急于在能够打开充足的财源之前，想出办法来减轻他们的负担。改变异教徒的信仰，无论是通过适当的还是肮脏的手段，通过劝说还是动用武力，都是那个时代通用的信条。提议奴役加勒比人，哥伦布认为是在听从自己良心的指示，实际上是听从于利益的鼓动。需要补充的是，两个君王与他的想法不一致，但是下令让加勒比人像其余岛民那样皈依基督教，这个命令出于伊莎贝拉的慈悲情怀，她在任何时候都以自己是印第安人仁慈的保护人自居。

舰队于1494年2月2日出海。虽然它没有给西班牙带回财富，但是哥伦布那封乐观的信和送回来的黄金标本让大家充满期待。他那赞许的描述得到了修士博伊尔、昌卡医生和其他可信之人以及戈尔瓦兰本人报告的证实。此时，小人的肮脏算计尚且受到慷慨大度之人的热情所压制，被这些事业的崇高性质所征服。在这个美丽而野蛮的世界引进动物和植物等新物种、修建城市、扩大殖民地、播种文明和开明帝国的种子等想法里有着某种令人惊叹的宏伟性质。它打动了学者和受古希腊与古罗马文化影响人士的心灵，令他们钦佩，让他们充满快乐的梦想和遐思，似乎实现了远古时期的诗意画面。“哥伦布，”年长的彼得·马特尔说，“如他最近写信告诉我的，已经开始建造一座城，并播下了我们的种子、繁殖了我们的动物！现在，我们说起萨杜恩、克瑞斯和特里普托勒摩斯在地球上行走，在人类当中传播新发明，谁还会对此感到惊奇呢？或者谁还会谈论建造提尔或西顿的腓尼基人呢？或者说起那些提尔人，让其漫游的欲望领着他们移民到外国的土地，建造新城、建立新社会呢？”

这些就是开明人士的善意评价，他们满怀热情地欢呼新世界的发现，并不是因为新世界会带给欧洲财富，而是因为此举为从事光荣和慈善事业开辟了新天地，而文明生活的福泽和改善将会传遍野蛮和尚未教化的地区。

注释 今日的伊莎贝拉城几乎被恣意生长的森林所覆盖，但在城中央至今可见部分屹立的教堂柱子、国王仓库的残垣断壁和哥伦布的部分住所，这些建筑都用粗琢石修建。那座小要塞仍然是令人触目惊心的废墟，要塞里稍微偏北的位置有一座高约 10 英尺的圆墩，其直径也差不多 10 英尺，实心砌体，几乎完整。看起来围绕其顶部曾经有一圈木质走廊或防卫墙以方便进出房间，其中间部位则为放置旗杆所用。我发现石头里镶嵌着一块铁夹钳残余，看来是用来固定旗杆的，便将它拽了出来。现在将这件文明在新世界最初立足点的特别纪念物托付给你，它已经在自然界暴露了 350 年。——摘自 T.S. 西尼肯先生书信。

第八章

伊莎贝拉城的不满——伯纳尔·迪亚兹·德·比萨的叛乱（1494）

伊莎贝拉的城市雏形迅速显现。一道干砌石墙将其包围起来，保护其免遭本土人的任何突然袭击，但是附近的印第安人表现出了最友好的性情，向他们提供了自己的简单食物，用以换取欧洲的琐碎物品。2 月 6 日主显节那天，教堂圆满完工，修士博伊尔和 12 位教士主持了盛况空前的大弥撒典礼以示庆祝。至此，定居的相关事宜显然已经走上了正轨。哥伦布呢，虽然仍然受到身体病痛的限制，也开始筹备自己考虑中的远征，准备前往锡瓦奥山区。此时，一场意想不到的骚乱在他那小社会里发生了，让他在一时之间只得集中精力去应对那件事情。

返回西班牙舰队的离开，在许多碍于征募条约而被迫留在岛上的人们眼里，是一幅让人悲伤的画面。他们期待立即致富的希望破灭了，厌恶强加给他们的劳动，社区里普遍流行的疾病等情况也让人胆寒，他们开始惊恐地打量四周的荒野，似乎那就是他们的希望和自身的坟墓。当最后的船帆消失在远方，他们感觉到好像与自己的国家完全隔断了联系；对家乡温暖的回忆，曾经因为周围的新鲜感和忙碌而暂时忘却，现在却突然涌上心头。返回西班牙成为支配一切的念头，缺乏深思熟虑，不探究事物的真实性质，这种当初驱使他们仓促地加入这项事业的冲动，现在反过来促使他们不顾一切地想从中解脱出来。

哪里大众的不满情绪占了上风，哪里就不乏某个大胆之徒给他们指引一个危险的方向。伯纳尔·迪亚兹·比萨就是这样的人，他颇有些地位，曾在朝廷里担任文职，以总管的身份参加了这次远征。他似乎非常看重自己的职权，早期就与舰队司令产生龃龉。他讨厌在殖民地就职，很快就拉拢一伙心怀不满之人结成团伙，并提议利用哥伦布身体上的不适，抢夺停在港口的部分或全部五艘船，然后乘船返回西班牙。证明他们偷偷摸摸返回是正当行为很容易，只需要投诉舰队司令，指出其事业的虚妄性即可，指控他在描述自己所发现的那些地区时存在恶劣欺骗和夸大其词。很有可能，其中一些人确实认为他犯下了那些为他捏造的罪名，因为贪婪希望的破灭，他们忽略了这些富饶岛屿的真正价值：其土地的产出足以让国家致富。在他们的眼里，只要不能立刻见到遍地的金子，任何地区都是贫瘠和无利可图的。虽然当地人拿到定居点的样品、奥赫达和戈尔瓦兰提供的证据不断证明，岛上的河流和山脉蕴藏着丰富的金矿，但是在那些人的眼里，甚至这些日常证据都是伪造的。有位名叫费尔明·塞多的人思想错误、执拗固执，他以金属检验者和精炼者的身份站了出来。此人事先已经接受同样的偏见，与伯纳尔·迪亚兹一起抵制本次远征。他顽固地坚持认为岛上没有黄金，或者至少，所发现的数量微不足道，根本不足以抵偿本次搜寻。他宣称，当地人带来的大颗粒原矿是被融化过的，是多年的缓慢积累，已经在印第安人的家里保存了漫长的时日，流传了一代又一代。多数情况下，事实有可能如此。至于其他一些大块标本，他宣称里面所含的黄金质量很差，本土人将其贬为黄铜。此人的话胜过事实证据，许多人都相信他，认为该岛真的缺乏黄金。直到过了一段时间，费尔明•塞多的真面目才得以确定，才能发现他的无知至少与他的固执和专横相等，此等品性易于成为爱管闲事和惹是生非合体人的主要素质。

在如此重要合作的怂恿之下，部分骚乱的人商议立刻占领船只、驶向欧洲。伯纳尔•迪亚兹•比萨在朝廷的影响力会为他们争取到有利的听证会，他们相信自己众口一词的表述可以造成公众舆论诋毁哥伦布，而公众的青睐是那么变化莫测，最容易突然任性地对曾经最崇拜的宠儿产生厌恶。

幸运的是，本次叛乱在行动之前就被发现了。哥伦布立即下令逮捕罪魁祸首。调查过程中，在一艘船的浮筒里发现了藏起来的一份针对他的记录或信息，里面尽是诽谤和歪曲。这份记录是伯纳尔•迪亚兹的笔迹。舰队司令表现得极为克制。出于对迪亚兹等级和地位的尊重，他强压着自己没有对此人处以任何惩罚，仅将他拘押在一条船上，等候送回西班牙受审，随同送回的还有关于其罪行的过程调查以及被发现的那本煽动性的记录。其余几个次要的叛乱者则根据其过失的程度予以惩罚，但是，与其罪行的严重性相比，他们并没有得到应有的教训。为了防止再次发生类似的事情，哥伦布下令，将四艘船里所有枪支和海事军需品转移到旗舰上，并将该艘船交与他绝对信得过的人负责看管。

这是哥伦布在其新政府第一次行使惩治罪犯的权力，并立即引起了最激烈的批评。虽然为了整体安全起见，他的措施很有必要，而且已经是最宽大的处理，但仍被指责为随意和报复。作为外国人来管理这些人，他的不利之处已经明显地体现出来。他需要面对民族偏见，这是所有偏见中最普遍和最狭隘的一种。他身边没有可以团结的自然的朋友，而哗变者却与西班牙有着千丝万缕的联系，在殖民地拥有朋友，而且，每一个愤懑者都对他们充满了同情。因此，这种针对哥伦布的早期敌意，在他的一生中持续扩大，由此播下了系列内讧和哗变的种子，随后导致了该岛的分裂。

第九章

哥伦布远征锡瓦奥山脉（1494）

最后，哥伦布终于从长期的病痛中康复，定居点的叛乱已被有效遏制，他开始准备即刻启程前往锡瓦奥。在自己外出期间，他将城市和船舶托付给自己的弟弟唐·迭戈管理，并任命能干的人做其顾问予以协助。拉斯·卡萨斯认识唐·迭戈，在他的描述中，迭戈优点突出、言行谨慎、性情温和平顺、心地单纯、胸无城府。他的穿着几乎与神职人员一样，其装束让他显得冷静清醒。拉斯·卡萨斯认为他内心的隐秘愿望是在教会里得到晋升，确实，哥伦布在自己的遗嘱提到这个弟弟时对此有诸多暗示。

由于舰队司令打算在山里建立一个要塞和采矿机构，便带走了必需的技师、工匠、矿工、弹药和工具。他也即将进入令人畏惧的卡奥纳沃的领土，因此，带着一支武装力量同行非常重要，这样不仅可以保证他能够抵御任何战事对抗，还能借机将白人力量强大等令人敬畏的观念传遍该地区，阻止印第安人在将来对白人社区或独自漂泊的个人施行暴力。因此，定居点能腾出来的每一个健康人员以及所有可以召集的骑兵，都被这次出行所征用，而每一个部署都是为了向野蛮人展示白人的军事辉煌。

3 月 12 日，哥伦布率领着约 400 人的队伍出发了。所有人员都装备精良，头上的头盔和身上的铠甲闪闪发亮，带着火绳枪、长矛、剑、弩等武器，邻近众多印第安人尾随其后。他们以军队的阵列从城市出发，旗帜飘飘，鼓号齐鸣。行军的第一天，他们穿过了海洋与大山之间的平原，涉水蹚过了两条河流，穿过了一片优美碧绿的地区。晚上，他们在一片令人愉快的田野中央扎营，此地正好位于通往大山的一条荒僻石头小径脚下。

攀登这条崎岖的峡谷对于这支小型军队来说异常艰巨，他们携带的各种器具和弹药成为很大的拖累。这里仅有印第安人小径，其他什么也没有。小径要么在岩石和悬崖间曲折盘桓，要么穿过蕨类植物丛和灌木丛，在热带森林那茂盛的植被当中缠结交错。许多意气风发的年轻骑士主动为军队开路。他们可能是在与摩尔人的战争中学会了这种技能，在格拉纳达山区，往往突然就需要为部队行军和运送炮弹开辟道路。他们置身于劳动者与开拓者前面打头阵，后者受到他们榜样的激励，以及优厚报酬的承诺，很快就在新世界兴建了第一条大路，这就是那条号称为厄尔波多德洛斯伊达戈尔（El Puerto de los Hidalgos）的通道，或“绅士之路”，以纪念那些修路的英勇骑士。

第二天，军队在这条陡峭的峡谷里艰难上行，并且到达了通往内陆的峡谷。正是在这里，那片应许之地突然出现在他们眼前。此地正是让奥赫达及其同伴们万分欣喜地看到了壮丽景象的地方。他们的脚下是广阔而美好的平原，好似涂了一层珐琅彩似的五彩缤纷，可以说是展现了热带植物最丰富的多样性。雄伟的森林所呈现出的那种混合之美和植物形式的壮观景象，只有在这种慷慨的气候条件下才可见到。棕榈树的高度令人惊讶，树冠盘旋伸展的红木树在斑驳杂色、枝繁叶茂的荒野里傲然挺立。无数溪流在林地深处的怀抱里蜿蜒缓行、水波粼粼，维持着森林的清新与葱茏。各式各样的村庄和小村落在树林中若隐若现，同时，森林中央袅袅升起的烟雾显示出人口密集的迹象。视野所及之处，满目皆是华丽的风景，且一直延伸至天边，直至与地平线融合。西班牙人喜不自胜地凝视着这片柔软、妖娆的国度，似乎他们想象中的人间天堂成了现实；而哥伦布呢，被其壮阔广袤所打动，将其命名为维加雷尔，即皇家大平原。

从崎岖的山路上下来之后，部队向平原挺进，他们以行军的风格、用战事器具发出震耳欲聋的铿锵声。当印第安人看见这支光芒四射的武士队伍出现在山上，钢铁闪亮、骏马欢腾、旌旗猎猎，第一次听见自己山上的石头和森林回荡着鼓号齐鸣的喧嚣，他们可能将此壮观的华丽巡游视为超自然景象。

每当他们行至人口密集的村庄时，哥伦布总是这样部署他的兵力：安排骑兵打头阵，因为马匹会在当地人当中引发恐惧和钦佩。拉斯·卡萨斯说，起初，印第安人认为骑手和他的马是一种动物，所以，当看见骑手下马时，他们那种惊讶无与伦比。此种情形说明在古老的寓言中，关于半人半马怪物传说的起源至少在大自然中能够找到依据。军队所至之处，印第安人一般都恐惧逃离，躲进自己的房屋避难。这就是他们单纯性格的表现，因为他们仅在门口放置了一些芦苇稍作遮挡，似乎这样他们就完全安全了。如此天真的行为让哥伦布非常高兴，下令自己人要一丝不苟地尊重这些脆弱的屏障，允许居民们留在他们自以为是的安全保障里。通过译员的斡旋和分发一些小礼物，当地人逐渐消除了恐惧。随之，他们的善良和感激之情无以复加，部队的行军不断受到路途上无数村庄热情好客的款待所阻扰。与军队同行的那些印第安人可以如此直截了当地与当地人打交道，他们不拘礼节地登门入户，随意取用自己迫切需要的任何物品，屋主对此不会表现出惊讶和愤怒；后者向西班牙人提出也要如此行事，当遭到西班牙人的拒绝时，他们看起来讶异无比。如此举动很有可能仅针对食材，因为我们获悉，印第安人在财产问题上并不是马虎的人，盗窃在他们当中是受到重处的极少罪行之一。但是，食品在野蛮人生活中是敞开、可以自由分享的物品，很少用于物物交换，直至白人引进贸易习惯之后才有所改变。世界上几乎每个地方未受过正规教育的野蛮人都不屑于把热情好客拿来交易。

在平原上穿行了5里格之后，他们来到了一条宽阔美丽的大河边，当地人将这条河称为雅基河，但是舰队司令把它叫作芦苇河。他并没有意识到正是这条河，在皇家平原上蜿蜒穿行之后，在蒙特克里斯蒂山附近汇入了大海，而他在第一次远航时，将其命名为黄金河。军队在其葱绿的岸边扎营过夜，沿途的美景让他们兴致盎然、兴高采烈。他们在雅基河里沐浴玩耍，享受着周围令人惬意的景观和这个宜人季节里的和煦微风。“虽然，”拉斯·卡萨斯写道，“该岛和这些印度群岛的大多数地区，一年四季月份与月份之间的气候差别不大，但是从9月至5月，这里就像生活在天堂一样。”

第二天早晨，他们乘着独木舟和木筏渡过了这条河，马匹则游泳过河。连续两天，他们一直在同样富饶的地区行军。路上的风景变化多端，丰富的水源灌溉着巍峨的森林，其中几条河流发源于锡瓦奥山脉。据说，正是这些河流将山上的泥沙裹挟着金沙冲下山来。其中有条河水质清澈，在河底光滑浑圆的鹅卵石上汩汩流淌，哥伦布将其命名为伏尔德河，或格林河（绿河），因为该河两岸郁郁葱葱、清新宜人。它的印第安名字是尼加雅瓜，该河至今仍然保持这个名字。此次行军途中，他们经过的村庄不计其数，无论在哪里，他们一般都经历了同样的款待。他们靠近的时候，居民们都逃到室内，把他们脆弱的芦苇屏障竖起来，不过，与之前一样，他们很容易就可以熟络起来，并张罗着以他们有限的财力来款待陌生人。

就这样，他们深入这个伟大岛屿的中部，那里每一处景象都呈现出美丽但未开化的大自然那种野性的华美。次日晚上，他们抵达了一道峻峭崎岖的山脉，大山形成了通往皇家平原的屏障。哥伦布得知这些就是锡瓦奥的黄金山，该区域始发于山脉的岩石峰巅。地势自此开始变得高低不平、难以行走，人们已经劳累困乏，于是，他们在一处陡峭的峡谷脚下扎营过夜。该峡谷是进山的路，他们便安排先锋队提前去为军队开路。在此，他们还派骡子回去取面包和葡萄酒，因为食物已经开始短缺。此时，他们尚未习惯食用本土人的食物，后来才发现本地食物清淡、易消化，很适合当地气候。

第二天早晨，他们沿着一道又窄又陡、在嶙峋石头中蜿蜒穿行的幽谷上山，路上他们被迫牵马而行。到达山顶时，他们再一次欣赏到了皇家大平原那令人愉悦的美景。不过，在此处望去，大平原呈现出更加恢弘的气象，平原自两侧延伸至辽阔的远方，好似一个巨大的碧绿湖泊。根据拉斯·卡萨斯所言，这片壮丽的平原长 80 里格，宽 20 ~ 30 里格，其美丽举世无双。

他们现在开始进入锡瓦奥—著名的黄金产区。仿佛大自然喜欢矛盾互补，其外部展示出的吝啬鬼式的贫穷程度，与其内部隐藏宝藏的多少成正比。这里没有皇家大平原上那种柔软华丽的风景，他们所见到的山脉多石而贫瘠，高大的松树不足以覆盖地表。山谷里的树木呢，枯槁、矮小，除了那些生长在河流两岸的植物，完全没有岛上其他地方常见的枝叶丰富的簇状植物。此地名字的本身足以说明其土壤的特点——锡瓦奥，在当地人的语言中意为石头。但是，尽管如此，大山里有幽深的峡谷和阴凉的山涧，在清澈溪流的浇灌下，翠绿的草本植物和树林地带在周围不毛之地的映衬下显得更加赏心悦目。但是，尽管土壤粗糙，让西班牙人颇为欣慰的是，在那些清澈透明的溪流的沙子之中发现了闪闪发光的金粒，虽然数量稀少，但是被视为隐藏在群山之中的财宝的重要保证。

当地人呢，由于奥赫达率领的探险队曾经到访过，便十分乐意地出来迎接他们，给他们带来了食物，更重要的是，还带来了在小河和激流中收集到的金粒和碎金。根据每条河金沙的数量，哥伦布相信附近一定有几个金矿。他还见到琥珀和青金石标本，但是数量很少，而且，他认为自己发现了铜矿。他现在的位置距离定居点 18 里格，大山崎岖不平，即使从这里出发，交通也会极其费力。因此，他放弃了进一步深入该地区的想法，决定让大批人马在这附近修建一个防御堡垒，开矿和探索该地区其余地方。所以，他在一个高处选择了一个适宜的位置，一条名叫雅尼克的小河几乎完全将此处包围起来，河水如同蒸馏水一样纯净，水流的声音像音乐般悦耳。河床中有各种颜色的奇石、大块美丽的大理石以及质地纯净的碧玉。此高地的脚下伸展开去一大片优美碧绿、被称为热带稀树草原的平原，因河流的灌溉和滋养而青翠肥沃。

哥伦布下令在此高地修建一座能够抵御当地人任何攻击的坚固木质堡垒，并在河水不能形成护卫的那一侧挖了一条深沟予以保护。他给此堡垒取名为圣托马斯，意为既虔诚又快乐，以此谴责费尔明•塞多及其怀疑一切的追随者的不信任。这些人在亲眼所见和亲手触摸之前，固执地拒绝相信岛上产黄金。

当地人呢，听说西班牙人到了附近，便从四面八方蜂拥而至，急于获得那些欧洲小饰品。舰队司令向他们表示，任何物品只能用黄金换取。听闻此言，一些人跑到附近一条河流，将沙子收集起来开始筛选，一小会儿就带着相当多的金沙返回。一个老头儿带来了两件重约 1 盎司的原生矿，当他拿到一件铜铃铛的时候，认为自己得到了丰厚的酬报。当老人注意到这些样品的大小给舰队司令留下了深刻的印象，他假装轻视这些东西，认为其微不足道，并比画着说，就在他的家乡，距离此地仅有半天路程的地方，他们发现了大如橙子的金块。有的印第安人带来了 10~12 德拉克马的金粒，并宣称在获得这些黄金的地方，有大量的大如孩童头部的原生金矿石。可是，照例，这些黄金产地总是地处一些偏僻的山谷，或者在崎岖、与世隔绝的溪流沿岸，而最富有的产地肯定在最远的地方—因为应许之地总是在山那边。

第十章

胡安·德·卢克桑在群山中巡游——当地人的风俗和性格特征——哥伦布返回伊莎贝拉城（1494）

舰队司令趁着在深山督促要塞建设之际，派遣一位年轻的马德里骑士胡安·德·卢克桑率领一小队武装人员去周围巡游，探索整个地区。根据印第安人的报告，此地几乎像葡萄牙王国那么大。外出几天之后，卢克桑回来了，带回了最令人满意的信息。他穿越了锡瓦奥大部分地区，发现了比当初所设想的更能耕种的地方。那里一般是山区，土壤上面覆盖着蓝色的圆形大个鹅卵石，而且，许多山谷有优良的牧场。由于阵雨频繁，山上的野草生长惊人地迅速和茂盛，其高度时常可及马鞍。依照卢克桑看来，森林似乎充满了贵重香料，实际上，他是受到了热带林地大量生长的这类芳香植物和药草散发的气味所欺骗。还有大株的葡萄藤，其藤蔓爬上树梢，结满了成串熟透的葡萄，果汁饱满、香气馥郁。每一个峡谷和幽谷各自拥有溪流，根据邻近山脉规模的大小，所有河流都或多或少地出产小颗粒的金子。同时，卢克桑还从印第安人那里获悉了他们山区的许多秘密，被带去察看了最多原生矿的发现地，去过黄金最多的溪流。但是，所有这些信息，他都谨慎地予以保密，除了舰队司令，他没有将其中细节告诉任何人。

圣托马斯要塞已接近完工，哥伦布将其交予佩德罗·马加利特指挥，正是他向君王推荐重用的那位骑士，他给其留下56个驻军。然后，他动身返回伊莎贝拉城。到达皇家大平原上的伏尔德河或尼加雅瓜河的时候，他发现了一队西班牙人正在赶路给要塞送给养。于是，他便在附近逗留了几天，寻找这条河最佳涉水过河的地点，建立一条连接要塞与海港之间的通道。此期间他住在印第安村庄，努力让自己人习惯当地人的食物，同时也让后者对白人产生既有好感又存敬畏的复杂感觉。

卢克桑的报告让哥伦布对当地人的性格和风俗有所了解，而且，根据他在山区和平原时旅居在这些部落当中的观察又增加了更多认识。在此，简要介绍一下这些人的性格特征和风俗习惯可能比较有趣。这些记载不仅来自舰队司令及其军官们在这次远征期间的观察，而且，时隔一段日子之后，在一位名叫诺曼的修士所撰写的简略论文中也有记载。如同他自称的那样，此人是一个穷隐士，属于杰罗姆（Ieronimites）级别，是神父博伊尔的同事，曾作为传教士在皇家大平原上居住了一段时间。

哥伦布已经发现，他在第一次航海时所形成的关于这些岛民的看法有一个错误。他们并不完全平和，也不是他所想象的那样对战事技巧一无所知。他是被自己情感中的热诚和瓜卡纳加利及其子民的温顺所蒙蔽了。加勒比人不时的袭击已经迫使海边的居民熟悉了武器的使用。海岸附近的某些山地部落，特别是那些面对着加勒比群岛一侧的部落，比平原上那些部落的性格更勇猛和好战。卡奥纳沃，那位加勒比酋长，已经将他本人的武士精神带进了海岛中心。然而，一般情况下，当地人的行为温顺谦和。如果他们之间偶有战争，持续时间也不长，并不会有大规模流血，通常情况下，他们彼此友好、热诚相待。

哥伦布还曾执迷不悟地认为海地原住民没有任何宗教观念，也因此自以为是地认为在他们的头脑中更容易引入基督教教义，没有意识到在无神论者那冷漠的心中点燃敬拜的火焰更加困难，而将已经燃烧的火焰引向一个新目标要相对容易得多。不过，几乎无人能如此缺少反应，以致对一位统管万物之神的坚定信念无动于衷。无神论的民族从来不存在。人们很快就发现，这些岛民有他们自己的信条，但是其性质模糊而朴素。他们相信一个至高无上的存在，该存在居住在天上，永生不灭、无所不能、无影无踪；他们将其归结于一个起源，该起源有母无父。他们从来不会直接向他膜拜，但会供奉一些次级神，名叫泽米（Zemes），作为那个至高无上存在的使者和中介物。每个酋长都有这个级别的保护神，他的所有公共事务都会祈求该神，假装与之协商，并且得到其子民的尊崇。酋长有一所单独的房子，作为安放这个神的寺庙，里面有一个用木头或石头雕刻，或用黏土或棉花捏成他自己的泽米神形象，而且，往往都是怪异和可怕的样子。每个家庭和每个人同样也有一个特定的泽米，或守护神，像古代人的拉雷斯和珀纳忒斯。他们被安置在房屋的每一个地方，或者雕刻在家具上面。有的人把守护神做得小一些，外出打仗时将其绑在额头上。他们相信自己泽米神的所有力量可以转移，并且经常互相偷窃。西班牙人来到他们当中之后，他们经常把自己的偶像藏起来，以免被带走。他们认为，这些泽米神掌管大自然的一切事物，每个泽米神都各司其职或分别管辖具体的事物。他们影响了季节和自然界，导致荒年或丰年，引发飓风和龙卷风、雷电和暴风雨，或者发送和煦温柔的微风和丰产的阵雨。他们统辖海洋和森林、泉水和喷泉，像海仙女涅瑞伊得斯、森林女神德律阿得斯以及古希腊神话中半人半兽的森林之神萨提尔。他们让狩猎和捕鱼获得成功，将山里的水流引入安全的渠道，让其通过温柔的小溪和宁静的河流淌下来在平原上漫游；或者，倘若被激怒，他们会让江河爆发出湍急的激流和吞没一切的洪水，淹没和损毁山谷。

当地人有自己的布提奥斯或牧师，他们假装能与这些泽米守护神交流沟通。他们实行严格的斋戒和沐浴，并吸入粉末或者喝某种药草的浸泡物，以便产生暂时中毒或谵妄状态。在这个过程中，他们妄称精神恍惚，看见幻想，泽米们会向他们透露未来的事件，或指示他们治疗疾病。他们一般都是伟大的草药医生，非常熟悉树木和植物的药用价值。他们利用自己在药用植物方面的知识治愈疾病，但总是伴之以许多神秘礼节和仪式，还有假定的符咒。他们在病人房间里吟诵和点灯，假装驱逐疾病，将疾病从病人宅邸驱赶出去，并把它发送到海边或山上去。

他们在身体上画上或者文上泽米神的形象，西班牙人视其为恐怖，因为许多都是魔鬼的形象。而被当地人尊为圣人的布提奥斯呢，也被西班牙人看作是巫师而十分厌恶。这些布提奥斯经常协助大酋长装神弄鬼欺骗他们的人民，他们通过一根空心管子以泽米神的口吻说一些玄妙深奥的话，通过预测成功鼓励印第安人去战斗，或者按照酋长的意图，要么许诺要么恫吓子民。

在所有现存记录中，他们庄严的宗教仪式仅有一项有所记载。大酋长会宣布某一天是向他的泽米守护神表示敬意的节日。他的人民会从四面八方聚集拢来，组成隆重的行进队列；已婚男女饰以自己最珍贵的饰物，年轻女性则完全赤身露体。大酋长，或主要人物，走在队列前头，敲打着一种鼓。他们就这样朝着奉为圣屋或庙宇的建筑前进，那里供奉着泽米形象。走到门口时，大酋长本人坐在外面继续击鼓，游行队伍则进去，女性携带着盛有糕点、饰有鲜花的篮子，边走边唱。布提奥斯高声喊叫着甚至是号叫着收下这些贡品。他们将糕点供奉给泽米神之后便将糕点打碎，将其分发给家长，家长们将分配到手的糕点精心保存一年时间，作为预防所有不利事故的护身符。这个仪式完毕，女性便按照指定信号开始跳舞唱歌，向泽米神表示敬意，或者颂扬先辈酋长们的英勇行为。整个仪式在恳求泽米神守望和保护本族的祈祷中结束。

除了泽米神，每个大酋长还有三个偶像或护身符，这些纯粹是石头，但是他们本人及其人民对其非常崇敬。他们认为其中一个有能力让五谷丰登，另一个可以移除女人分娩的所有疼痛，第三个能呼风唤雨或带来阳光。哥伦布送了三个这样的物件回国去给两个君王。

当地人关于造物的概念既模糊又不确定。他们认为自己所在的海地岛的存在先于其他所有地方，认为太阳和月亮最初从岛上的一个洞穴升起，然后才照亮世界。这个洞穴现在依然存在，距离弗朗索瓦海角即现在的海地恩角大约七八里格，以拉乌特敏格特这个名字著称。该洞穴深约150英尺，其高度也几乎相等，但很窄。除了入口处和洞顶的一个圆孔，洞里密不见光。据说太阳和月亮就从那里出去，上升到空中去就位。洞穴的拱顶相当平整规则，看起来不像浑然天成，倒是更像艺术品。在夏洛瓦时代，洞里还可以看见刻画在岩石上的各种泽米神形象，而且还有壁龛的遗迹，仿佛存放雕像所用。该洞穴享有极为尊崇的地位。洞里涂着色彩，饰有绿色树枝和其他简单装饰。洞里有两个肖像或泽米神。当需要下雨的时候，当地人会举行朝圣游行，载歌载舞，带着作为贡品的果实和鲜花前往那个洞穴。

他们相信人类诞生于另一个洞穴，体形大的男人生于一个大的孔穴，体形小的男人则来自一个小缝隙。这些人很长一段时间都没有女人，但是有一次，当他们在附近一个小湖边徘徊的时候，看见树林的枝丫丛中有某种动物，后来证明这就是女人。可是，当他们试图抓住她们的时候，发现女人们像鳗鱼那么湿滑，所以他们不可能抓住她们。最后，他们雇用了某类男人，这种人的双手因为患了一种麻风病而变得粗糙起来。他们成功地弄到了四个滑不溜秋的女性，正是因为她们，这个世界的人口才得以繁衍。

当男人居住在这个洞穴的时候，他们只有晚上才敢冒险外出，因为太阳光会让他们丧命，把他们变成树木和石块。有位大酋长，他的名字是瓦戈尼奥纳，曾经派遣他手下的一个人出洞捕鱼，谁料他欲罢不能，直至太阳升起，把他变成了一只歌声优美动听的鸟儿，这就是哥伦布误认为是夜莺的那种鸟。当地人还说，每年，大约在他遭受这种变形的时候，他会在夜间唱着悲伤的歌出来，哀叹自己的不幸，这就是那种鸟儿总在夜间歌唱的缘故。

像多数蛮族一样，他们也有关于宇宙大洪水的传说，几乎与多数史前传说同样富于想象。因为在自然状态下，通过一些琐碎和熟悉的因素，去解释重大事件，对于人类意识而言，这是多么奇异的事情啊！他们说，岛上曾经住着一个强大的领袖，他杀死了自己唯一的儿子，因为儿子阴谋造反。他后来把自己儿子的骨头收捡起来，遵循当地人保存朋友遗骸的习俗，将其封存在一只葫芦里面。随后某一天，大酋长和他的妻子打开葫芦对着儿子的骨头思念之时，令他们惊奇的事情发生了，葫芦里居然跳跃出大大小小的几条鱼出来。见此情景，大酋长封闭了葫芦，把它放在自己房子的屋顶上，吹嘘他将大海关在里面了，只要他高兴，什么时候都会有鱼。然而，有四个同时出生的兄弟是好奇心旺盛的好事之徒，他们听说了这葫芦的事情，就趁大酋长不在家的时候来偷看。由于疏忽，他们让那个葫芦掉在地上，摔成了碎片。哎呀！结果令他们非常惊讶和恐慌，陡然爆发了浩荡的大洪水，水中有海豚、鲨鱼，还有翻着筋斗的鼠海豚和巨大的喷水鲸鱼。洪水泛滥，淹没了地球，形成了海洋，仅留下山顶冒出水面，这就是目前的岛屿。

他们对待垂危者和死者的方式很奇特。当一个大酋长的生命没有指望时，他们会出于尊重的原则将其勒死，而不是让他像普通人那样忍受死亡的痛苦。普通老百姓会在他们的吊床上苟延残喘，人们把面包和水放置在他们的头部边上，然后就遗弃他们，让他们在孤独中死去。有时，他们将垂死者带到大酋长那里，如果大酋长允许区别对待，垂死者就会被勒死。去世后，大酋长的尸体会被剖开，用火烤干之后保存下来；其余人则仅将头部或偶有肢体等，珍藏起来作为纪念。有时，他们将整个遗体以及一葫芦水和一块面包一起埋葬在一个山洞里，有时就在死者家里将其焚烧。

对于灵魂离开身体后的存在状态，他们的概念比较混乱、不确定。他们相信晚上或者白天在荒僻的地方，独自一人的时候会碰见逝者的幽灵，有时向前移动仿佛要袭击生者，但如果行人攻击，它们便消失不见了，行人打中的仅是树木或石头。有时，它们混迹于生者当中，仅因为无肚脐才会被人识破。印第安人非常害怕遇到这些幽灵，所以不喜欢一个人到处晃悠，或置身于黑暗之中。

他们持有关于赏赐之地的观念，好人死后的灵魂会前往那里，他们在那里会与自己生前最热爱之人以及自己所有祖先的灵魂团聚。在那里，他们会不间断地、完美地享受到构成他们人世间幸福的所有欢愉。他们居住在阴凉之处和鲜花盛开的树荫里，与美丽的女人在一起，享受美味的果实欢宴。这些幸福灵魂的乐园被安置在各种地点，几乎每个部落都在各自省份指定了一些最受喜爱的地方。然而，许多人都不约而同地认为这样的乐园位于该岛西部，在美丽的哈拉瓜地区靠近一个湖泊的地方。那里有令人愉快的山谷，谷里长满了一种清淡可口、名为曼密的果实，像杏子一般大小。在他们的想象中，死者的亡灵白天会隐藏在山上那些云雾缭绕、难以企及的悬崖峭壁间，但是在晚上会降临到这些快乐的山谷，享用这种贡果。因此，生者不能吃那些果实，免得自己的朋友会因缺少他们最喜爱的营养品而难过。

原住民似乎毫无节制地沉溺于舞蹈。起初，西班牙人认为他们仅是为了消磨时间，后来才发现那些舞蹈是具有严肃和神秘特征的仪式。舞蹈构成了整个新世界原住民风俗一种奇特而重要的特征。在这些舞蹈中，创始者将一些很好理解的手势典型化。也就是说，通过象形文字似的动作，表现他们的历史事件、计划的事业、狩猎、伏击和战斗，在某些方面类似于古代人的出征舞。在谈及海地原住民盛行这种舞蹈的时候，彼得·马特尔指出，这种舞蹈是根据某种韵律和歌谣单调的吟唱进行表演，这些歌谣世代相传，详述他们祖先的事迹。“这些韵律和民谣，”他补充说道，“他们称之为阿雷托斯（areytos），如同我们的吟游诗人习惯拿着竖琴和鲁特琴演唱，他们也以类似的方式进行歌唱、舞蹈，击打着某种鱼类贝壳制作的手鼓。他们把这种手鼓叫作玛圭。他们也有关于爱情的歌曲和歌谣，还有一类歌谣是关于悲叹或哀悼的，有的甚至鼓励参加战争，所有曲调都与其主题协调一致。”如前所述，正是因为这些舞蹈，他们才对铜铃铛如此趋之若鹜。他们把铜铃铛挂在身上，让铃声与歌手的节奏保持一致。这种唱着歌谣舞蹈的模式被比作佛兰德斯地区的农民在夏季跳的舞蹈，那些遍及西班牙的在响板声音伴奏下的舞蹈，以及据说产生于摩尔人的那种狂热流行的咏唱，但是实际上，在摩尔人入侵之前，占领半岛的哥特人就存在这种吟唱了。

几乎所有民族的早期历史一般都是以原始韵文和歌谣的方式，

再通过吟游诗人的叙事诗得以保存。印第安人的阿雷托斯也属于同样情况。奥维耶多说："当一个大酋长死了，他们会在挽歌中歌唱他的生活和行为，回忆他所做过的所有好事。他们就这样形成了构成自己历史的民谣或阿雷托斯。"部分此类歌谣具有神圣的性质，蕴含了他们传统的神学观念，以及形成他们宗教信条的迷信和寓言。除了受到布提奥斯指导的大酋长儿子，任何人都不许吟唱这些歌。这些歌谣会在隆重的节日里，在人们面前吟唱。如同先前已经描述过，颂唱时还会伴着一种用空心树干做成的鼓敲击的声音。

这就是关于这个质朴民族特征仅存的几点记载，在其风俗习惯和信仰还没来得及得到足够重视而进行调查研究之前，他们就已经从地球上消失了。现在这本书不是专门讨论哥伦布所发现的这些地区及其人民的专著，除非这些信息有助于阐述他的生平事实，也许以上所述不需要这么详尽，但是，这些描写可能会让读者对在该岛接下来发生的事情兴趣更浓。

正如前面已经指出，上述许多细节均由舰队司令及其军官们，在大山里巡游和在平原短暂逗留期间所收集。照他们看来，当地人属于异常闲散和缺乏长远打算的种族，毫不关心人类为之焦虑和辛苦劳作的大多数目标。他们对所有劳动都不耐烦，几乎不会劳神费心去种植木薯、玉米和马铃薯，而这些是他们的主要食材。其余的呢，他们的溪流里渔产丰富，他们抓乌蒂亚或兔子、巨蜥以及各种鸟类，他们的树林里自然产出的果实让他们可以享用永恒的盛宴。虽然山区里有时会比较寒冷，但他们宁愿忍受一时的痛苦也不愿意麻烦，用他们树林里盛产的木棉树上的棉花织布缝衣。因此，他们整日在树荫下无所事事地虚度光阴，或偶尔进行各种游戏和舞蹈自娱自乐。

事实上，他们缺乏强烈的劳作动机，因为没有文明生活中注定让人类不幸的大多数需要，或者在气候条件较差的环境里，必须要从事无休止的劳动方可维持生计。他们没有贫瘠的冬季需要预防，特别是生活在山谷和平原的人更是如此。根据彼得·马特尔："岛上四季如春，得天独厚，享有连绵不断的夏天和收获。树木一年到头枝繁叶茂，草地总是一片绿茵。"他接着评价，"没有哪个省或哪个地区不引人注目，它们都有气势雄伟的山脉、富饶丰产的溪谷、清爽宜人的山丘和令人心旷神怡的平原、众多纵横交错的美丽河流。这里从来没有发现过任何有害动物，也没有任何掠食性的四足兽——没有狮子，没有熊，没有猛虎，也没有狡猾的狐狸和贪食的狼，整个地区完全是泽天福地。"

在皇家大草原那些温和的地区，季节轮回带来各种时令果实，当一些已经完全熟透可以采摘的时候，另一些结满枝头正在等候成熟。同时，初绽的蓓蕾和盛开的花朵预示着即将到来的成果会更加丰硕。对于生活在永恒的收获季节的人们，哪需要收藏什么以备来日之需呢！在一年四季都温暖和煦的气候里，无论大自然还是风俗都没有需要衣服的地方，何苦不辞辛劳地纺纱织布呢？

生活如此简单舒适的本土人普遍热情好客，哥伦布及其随员旅居在皇家大平原期间对此有所见识。他们走到哪里，哪里都是持续喜庆和欢乐的场面。当地人带着礼物急匆匆地从各地赶来，将他们采集于树林、溪流和大山里的财宝，放置于他们依然认为是从天国降临、给自己岛屿带来祝福的生物脚下。

完成了在皇家大平原上居住的任务，几天之后，哥伦布向好客的当地居民告别，重新踏上前往海港的征程，带着他那小队人马，经由那条在巍峨崎岖的高山峡谷里穿行、被称为“绅士之路”的道路返回。想象中，我们在高高的岩石山顶与他同行。正是在那里，皇家大平原首次展现在欧洲人眼前，我们情不自禁地停下来，带着怜悯和敬佩交织的情感回望这片美丽却注定要遭殃的土地。天赋自由、无知满足、无所事事的闲散生活等梦想，那时还尚未破灭，但是法令已出，白人已经渗透到该地，贪婪、骄傲、野心、令人憔悴的忧虑、悲惨的劳作和令人凋零的贫困，很快就会接踵而至，印第安人慵懒的天堂即将永远消失。

第十一章
哥伦布抵达伊莎贝拉城——殖民地的疾患（1494）

3 月 29 日，哥伦布抵达伊莎贝拉城，他对自己此次深入岛内的探险高度满意。海港附近的一切都增加了他对未来繁荣昌盛的期待。他设法从旧世界带到这个岛上的植物和果实，有希望迅速生长繁衍。果园、田地和花园等全都处于一种提前生长的良好态势。各种果实的种子已经萌发出幼苗，甘蔗已经长得非常茂盛；一种土生葡萄树，经过精心修剪和打理后，已经结出香气袭人的葡萄；从欧洲带过来的葡萄树插枝已经开始结出自己的果实串。3 月 30 日，有位农夫给哥伦布拿来了 1 月下旬才播种的小麦穗。较小的园艺草本植物 16 天成熟；瓜、葫芦、南瓜和黄瓜等较大品种，在种子下地之后一个月内就可以摆上餐桌。土壤得到江河溪流和频繁阵雨的灌溉滋润，在热烈阳光的刺激下，具备快速旺盛繁殖的条件，让习惯于不那么有活力的气候条件的陌生人感到诧异。

舰队司令一回到伊莎贝拉，圣托马斯要塞指挥官佩德罗·马加利特的信使就到了。来人向他报告了要塞附近的印第安人表现出了不友好的情绪，他们放弃了自己的村庄，回避与白人的所有交往，而且卡奥纳沃在集结他的武士，准备进攻要塞。事实上，舰队司令刚离开，西班牙人就不再像他在的时候那样有所忌惮，而是照例由着自己的欲望胡来。而且，他们夺取当地人的黄金，在女人的问题上待之不公，此等行为激怒了当地人。卡奥纳沃也极不耐烦地看着这些可憎的入侵者就在他的大山中间安营扎寨，他知道，除了复仇，他从他们那里什么也得不到。

然而，马加利特的消息并没有令哥伦布特别在意。根据他在该岛内地时对印第安人的了解，他一点也不担心他们的敌意。他知道他们的弱点和对白人的敬畏，而且，重要的是，他信赖他们对马的恐惧，他们把马视为凶猛的捕食野兽，这些野兽服从西班牙人，随时准备吞噬他们的敌人。因此，他给马加利特派了20人的增援队伍，补充一些粮食和弹药，再派遣30人去开通要塞与港口之间的道路，就感到足够了。

哥伦布真正深切焦虑的是在定居点不断蔓延的疾病、不满和沮丧。让田间地头多产的热量和湿度等法则，对于人类却可以致命。无排水设施的沼泽和连绵不断的大森林，火辣辣的太阳对散发出蔬菜腐烂臭气的土壤所起的作用，引发了间歇性发热和其他各种疾病，对置身于热带尚未开垦地区的欧洲人体质是极大的考验。很多西班牙人还遭受到了前所未闻的疾病的折磨，据猜测，其祸根始于他们与印第安人女人之间的放纵交往，但是该疾病的起源，无论在美洲还是欧洲，都是极具争议的话题。因此，大部分殖民者要么被真正的疾病所困，要么衰弱至无能为力的地步。药品库存很快就耗尽了，医疗救护也缺乏。对病人而言，精心护理甚至比药物更重要。每个身体健康的人要么因公务劳动所缠身，要么忙于自己的需要和关注的事务，事无巨细地做自己的事情，甚至自己做饭。因此，市政工程开始遭到懈怠，根本不可能耕耘土地至足以获得收成的程度。粮食开始短缺，从欧洲带来的多数粮食不是在船上被浪费，就是由于疏忽大意被糟蹋了，运到岸上的粮食也因为湿热天气而腐烂。殖民者似乎不可能适应当地人的食物，他们虚弱的身体状况需要自己熟悉食品的滋养。所以，为了避免彻底的饥荒，即使是已经坏掉和不健康的剩余食品，也只能限量供应。这立刻引起了众声喧哗和好捣乱人士的私下抱怨，许多身居要职者，原本应该为了共同的安全支持哥伦布实施他的举措，却反而带头抱怨，其中就有博伊尔神父，一个既诡计多端又唯恐天下不乱的人。据说，他之所以恼怒，是因为哥伦布在执行该项有益措施时严格地不偏不倚，没有区分等级和人员，对修士及其家人与社区所有人一视同仁，限量供给。

就在这种普遍不满情绪当中，面包开始短缺。储存的面粉也耗尽了，而且没有磨玉米的设施，只能采用手工磨面这种繁琐而辛苦的方式。因此，很有必要立即修建磨坊和其他对定居点福利同样重要的设施。可是，许多工人生着病，有的人假装自己的病痛比实际严重，因为大家普遍不愿意参加任何不直接产生财富的劳动。在此紧急情况下，哥伦布让每一个健康者都投入工作。而且，由于有等级的骑士和绅士如同低等级的人一样需要食品，他要求他们也通过普通劳动才能获取自己的份额。这一举措被许多具有高贵血统和自大精神的年轻贵族视为残酷打压，故而拒绝服从此号令。然而，哥伦布是一个纪律严明的人，而且认识到让人们尊重自己权力的重要性。因此，他采取有力的强制措施，迫使他们服从。这是激起针对他深刻而持久敌意的另一个原因。殖民地每一个有身份有地位的人立刻愤慨起来，并引发西班牙几个显赫家族对他的不满。他被猛烈抨击为傲慢和自命不凡的外国人，因为突然获得权力而自我膨胀，只关心自己的财富和发达，践踏西班牙绅士的权利和尊严，侮辱国家的荣誉。

哥伦布在执行规定时可能太严格、不加以区别。有些情况下甚至正义也可能变成压迫，法律的严厉也应该有所纵容方可得以调和。对于普通人仅是辛苦的劳作，强加于西班牙骑士就变成了羞辱和耻辱。许多这样的年轻人出来并不是追求财富，而是带着被哥伦布的陈述所激发的浪漫梦想。毫无疑问，他们希望通过自己的英雄业绩和侠义冒险使自己扬名立万，能够在西印度群岛继续他们始于近期的格拉纳达战争的军旅生涯。其他人大多家庭富裕，在温柔、奢华宠溺的环境里成长，几乎不能适应航海的凶险、陆地上的劳累，以及在蛮荒之地建立新兴定居点所遭遇的艰辛、风餐露宿和物资匮乏等困境。一旦生病，他们的病很快就成了不治之症。身体的不适很快因为心理疾病而加重。自尊心受伤的激愤和希望破灭的病态忧郁让他们痛苦万分；他们的病床旁边完全没有自己熟悉的温柔呵护和抚慰关心；他们意志消沉，陷入黯淡无光的绝望之中，诅咒他们离开祖国的那一天。

可敬的拉斯·卡萨斯以及其后的埃雷拉，均极为郑重地记录了各自居住在该岛的那段时间在当时流传比较广泛的大众观念，此事与这些骑士生不逢时的命运有关。

数年之后，由于伊莎贝拉城的环境不利于健康，殖民地进行了搬迁，城市被抛弃并沦为废墟。像所有颓败、被遗弃的地方一样，那里很快成为普通人敬畏和迷信的对象，没有人胆敢冒险进入它的大门。那些从附近经过的人，或者去遗址附近猎杀那里众多的野猪时，声称他们听见从墙内昼夜都发出可怕的声音。因此，劳动者害怕去耕种与其相邻的土地。拉斯•卡萨斯补充讲述了一个故事。一天，两个西班牙人偶然走进那些断垣残壁里游荡。当他们进入一条冷清的街道时，看见了两队人，从他们庄严的神态可以明显看出，他们是具有高贵血统的绅士和宫廷骑士。他们穿着古老的卡斯蒂利亚式样的华丽服装，身体两侧挂着一种轻巧细长的佩剑，头上戴着宽大的旅行帽，一如那个时候的穿着打扮。那两个人惊讶地看见在这个荒凉的地方显然居住着那种级别和外貌的人，而岛上的人居然不知道。两人向他们敬礼，询问他们从哪里来、啥时到达的。那些骑士却一直阴郁沉默，但是礼貌地举手碰触自己的阔边帽或帽子回礼，待他们摘下帽子的时候，他们的头也随着帽子脱落，他们的无头身体就站立在那里。随之，整个集合的幻影幽灵便消失了。两个观者惊恐万分，差不多被吓死，好几天都呆若木鸡。

上述传说比较古怪，说明了那个时代尤其是哥伦布不得不对付的那些人的迷信特点，同时也说明了这些骑士的死亡在普通人心里留下怎样深刻而阴暗的印象，由此显著地增加了哥伦布不得人心的程度。正如有人恶意中伤地指出，这些骑士是受到哥伦布欺骗性的承诺所诱惑才离开家园，最终成为他个人利益的牺牲品。

第十二章

西班牙军队在岛内的行动部署——准备前往古巴的航行（1494）

伊莎贝拉城里人员混杂的人口不满情绪日益增长，剩余的少量库存物资也迅速减少，这些情况引起哥伦布极大的焦虑。他渴望继续进行另外一次发现之旅，但是在启程之前，处理好岛上的事务、确保其处于安宁的状态是他责无旁贷的职责。因此，他决定将伊莎贝拉城里所有多余的人都派往内地，命令他们去拜访不同的大酋长的领土，探索该岛。通过这种方式，他们将振作起来、激发出生机，逐渐习惯当地的气候和他们的饮食，而且，这样一股力量对卡奥纳沃的阴谋诡计或其他任何怀有敌意的酋长都将起到威慑的作用。为了实施该计划，除了管理城市或看护病人绝对需要的人，每一个健康者都武装起来，组成了一支小型军队。这支队伍由250名弩手、110个火绳枪手、16个骑兵和20个军官组成。他委托佩德罗·马加利特作为总指挥，此人作为一位高尚的加泰罗尼亚人以及圣地亚哥级别的骑士，哥伦布对他寄予极大的信任。阿隆索·德·奥赫达将率领这支军队前往圣托马斯要塞，到那里之后他将接替马加利特任要塞指挥，而后者则率领主力部队继续军事之旅，途中他要特别探索锡瓦奥省，之后继续探索该岛的其余地区。

哥伦布给马加利特写了一封内容较长、言辞恳切的指令信函，希望借此管好他自己，因为这项任务需要极为谨慎细心。他要求马加利特但凡涉及印第安人事务时，最重要的是要遵循最公正和最慎重的原则；要保护他们，不要让他们遭受任何委屈和伤害，要以保护他们的信任和友谊的态度来对待他们。同时，必须要让他们尊重白人的财产，所有偷窃都要受到严厉的惩罚。军队需要维持生活的任何给养，只能由舰队司令指定的专人公平购买，购买时需要总管的代理人在场。假如印第安人拒绝出售必要的给养，马加利特应该介入并迫使他们出售，但是，要尽可能温柔，要以善意与爱护去安抚他们。严厉禁止任何个人与当地人之间的交易，这样的行为将使两个君王不悦，并损害该事业。此点务必时常谨记于心，与攫取当地人的财富相比，他们的陛下更渴望让当地人皈依基督教。军中务必保持纪律严明，所有违抗命令的行为都将受到严惩，所有人要随时在一起，任何人，不管是独自一人还是小队人，都不能离开大部队单独行动，免得被当地人各个砍掉。虽然那些人胆怯懦弱，但是再也没有人比懦夫更容易背信弃义和残酷无情。

如果这些明智的指令能够得以贯彻落实，就有可能与当地人保持友好往来。特别值得注意的是，正是因为马加利特忽视了所有这些指令，正因为他的抗命，才给殖民地带来了麻烦，让国家受到公开抨击，给印第安人带去毁灭，让哥伦布受到不当的谴责。

除了上述的命令，还有针对卡奥纳沃及其兄弟等人出其不意的攻击和防卫的特别指示。那个首领及其兄弟的好战性格，他那狡猾的政策、广泛的权力、难以和解的敌意，使他成为一个危险的敌人。尽管哥伦布提出的措施不算光明正大，但是他认为自己是在用其人之道来对付一个精明而残暴之敌人的诡计，因而自己的行为是正义的。

4月9日，阿隆索•德•奥赫达率领近400人离开伊莎贝拉。在到达皇家大平原的奥罗河时，他得知来自圣托马斯要塞的三个西班牙人被五个印第安人抢劫了财物，他们是邻近一位酋长派去协助西班牙人涉水过河的，而那位酋长呢，不仅不惩罚小偷，反倒纵容他们，分享他们的战利品。奥赫达是一个急躁、鲁莽的军人，他的司法观念都是军事那一套。抓住其中一个盗贼之后，便命令在那个村的公共广场割了他的耳朵。然后，他抓住大酋长及其儿子和侄子，将他们用锁链套着送往舰队司令所在地，之后他继续前往要塞。

与此同时，囚犯们极其沮丧地抵达了伊莎贝拉。与他们相邻的一位酋长一路陪同，他曾经向西班牙人表示了各种善意，仗着这点功绩，他前来恳求宽恕他们。他的说情似乎无济于事。哥伦布意识到在当地人心中建立对白人财产敬畏之心的重要性。因此，他下令将囚犯双手绑在身后带到公共广场，在那里由传唤者宣告他们的罪行与惩罚，拟将他们砍头。这样的惩罚，即使对于印第安人自身的公正观念也不算是出格，因为我们得知，盗窃罪行即使在当地人中间也让人深恶痛绝，虽然在他们自己的律法中并非没有其他的血腥惩罚，他们也会用穿刺刑惩罚盗贼。但是，哥伦布可能真是不想让判决生效。在行刑地点，那个友好大酋长的恳求和眼泪倍加急迫，他自己承诺再也不会重复这样的罪行。舰队司令最后决定看在他面子上做出一点让步，并释放囚犯。就在这个节骨眼上，从要塞回来的一个骑手到了，他在经过被俘的大酋长村子时，发现印第安人控制了五个西班牙人。看见他的马，虽然对方有400余人，大多数人还是逃走了。他穷追猛打，用长矛刺伤了几个印第安人，并胜利地救出了自己的同胞。

由于深信只要执行他的命令，那么这些胆小之人的敌意就没有什么可担忧的，而且，由于对自己先前为了殖民地和海岛的安宁所做的兵力调遣充满自信，哥伦布为下一步的发现之旅开始了准备工作。为了在他离开期间处理岛上事务，他组建了一个执政团，他的弟弟唐•迭戈在其中担任主席，博伊尔神父、佩德罗•费尔南德斯•科罗内尔、阿隆索•桑切斯•卡瓦哈尔和胡安•德•卢克桑等人为委员。他将最大的两艘船留在海港，因为船体太大、吃水太深，不宜用于探索未知的海岸河流。他率领了三艘轻快帆船同行，“尼娜号”或“圣克拉拉号”、“圣胡安号”和“科德拉号”。

卷七

向着古巴东端航行；发现牙买加；返回古巴——在被封为女王花园的群岛中航行；在古巴南面贴岸航行；哥伦布沿着古巴南部海岸线返回；沿着牙买加南侧海岸航行；沿着伊斯帕尼奥拉岛南岸航行，回到伊莎贝拉

第一章

向着古巴东端航行（1494）

我们现在即将记录的哥伦布探险，在今天看来可能无足轻重，因为没有任何重大发现，他只是沿着岛屿海岸贴岸而行，而这些岛屿读者已经很熟悉了。铺排一些早已被证明是谬误的观点和猜测，详述始于错误决定以及他们知道必定会终结于失望的探索事业，也许会让有些读者不耐烦。但是为了正确感受这些航行，我们必须在某种程度上，偶尔舍弃关于那些到访过的地区我们已经拥有的信息；我们必须将自己置身于哥伦布所处的年代，与他感同身受，那么大无畏惧地投入文明的风帆从未迎风招展过的那些海域。我们一定要亦步亦趋地陪着他，在那些未知海岸的海湾和海峡谨慎而大胆地前行，既不知道周围有什么潜在的危险，也不知道前面不断涌现、杳无尽头的神秘地区等待他的是什么。也就是说，每当我们看见海洋中隐约出现了朦胧的陆地，或者一线长长的岬角沿着遥远的天际伸展开来时，我们必须就此向他请教。我们必须与他一起观察每一叶掠过巨浪驶来的独木舟，并根据来者的相貌、饰物，以及通过与其闲逛的船员不完善的交流收集信息，以便了解那些未知陆地是否仍然处于野蛮和未开垦状态，是否属于海洋中文明人未曾涉足过的岛屿，或者是否属于亚洲旧大陆的板块，是其人口稠密、灿烂辉煌之帝国的荒野边疆。我们必须深入他的想法和幻想，找出支持生成其判断的数据和激发其猜测的线索；通过我们与他同行，让那些地区一度也蒙上其想象的华丽色彩。这样，我们才能哄骗自己分享探索未知宏伟大陆的喜悦，那里每一步都有崭新的奇迹和美景扑面而来，而我们最终能够，可以说是根据我们自己的熟悉了解，对于这个非凡人物的性格及其壮举的性质形成一定看法。

哥伦布目前的探险计划是重访古巴海岸，他打算以自己第一次航海放弃前行的那个地方为起点，从那里向南探索。正如前面已经提到过，他认为那里是一块大陆，是亚洲的末端。倘若是这样，按照拟定的方向，他最终必然抵达契丹和其他富庶的商业化国家，虽然根据曼德维尔和马可•波罗的描述，那些地区还属于半野蛮的状态。

4 月 24 日，他与他的小舰队从伊莎贝拉海港起航，向西直行。在蒙特克里斯蒂短暂停靠之后，他在同一天停泊在令人悲伤的纳维达德海港。他重访这一伤心之地的目的是为了与瓜卡纳加利交谈，他已经知道后者回到了自己的故居。他仍然无法相信那个大酋长会背信弃义，他过去的善意曾经给他留下了那么深刻的印象，因此，他相信，一次坦诚的解释会消除所有痛苦的疑虑，并恢复友好往来，这对于目前处于物资短缺和苦难中的西班牙人将会非常有利。但是，瓜卡纳加利仍然保持着他那种模棱两可的表现，看见船队就潜逃了。虽然他的几个子民向哥伦布保证，大酋长很快会去拜访他，但是，他并不认为就如此不确定的许诺耽搁自己的航程是明智的。

继续航行，偶尔遇逆风受阻，他于29日抵达圣尼古拉斯港，从那里他看见了古巴的尽头。他在前一次航行中将其命名为阿尔法和欧米茄，但是当地人称其为巴亚提奎里，现在以梅西岬角著称。越过那条宽约18里格的海峡之后，他沿着古巴南部海岸航行了20里格路程，然后停泊在一个海港。根据海港的规模，他将其命名为大良港，即今日的关塔那摩。该港的入口狭窄曲折，但是海水很深；港内水域宽阔，像一个美丽的湖泊，静卧在一片荒野山区的怀抱之中；山上树林覆盖，有的鲜花盛开，有的果实累累。不远处的岸边有两间芦苇小舍，海滩各处有燃烧的火堆，显示出有人居住的迹象。由此，哥伦布在几个全副武装的人员和年轻的印第安译员迭戈·科隆的陪同下在此登陆，后者是已经在西班牙受洗礼的瓜纳哈尼岛当地人。到达小屋时，他发现屋舍已经被遗弃了，火堆也灭了，没有一个人影。印第安人已经全部逃进树林和山里。突如其来的船队让整个地区充满恐慌，而且显然打断了正在筹备的一次原始但丰盛的宴会。现场有大量的鱼、乌蒂亚和大蜥蜴，有的悬挂在树枝上，有的正在火堆前的木签上烧烤。

近来长时间食不果腹的西班牙人，不拘礼节地扑向铺展在他们面前的丰富盛宴，当然，是在荒野之中。然而，他们放弃了大蜥蜴，虽然野蛮人将其奉为美味佳肴，西班牙人仍然将其视为一种大蛇而嫌恶。根据彼得·马特尔所说，正如在西班牙食用孔雀和野鸡，普通人食用该物属于正当行为。

饱餐一顿之后，西班牙人在附近闲逛，看见约 70 个当地人聚集在一处高高的岩石顶上，以一种极大的敬畏和惊奇的神情看着他们。正当他们试图靠近时，那些人即刻消失在树林和山间裂缝之中。然而，有个人比其余人更大胆、好奇心更强，他在悬崖边徘徊，胆怯而惊愕地凝视着西班牙人，有点受到后者友好表示的鼓励，但随时准备紧随其同伴迅疾逃走。

哥伦布命令年轻的卢卡亚译员走上前去与他搭话。用他自己的语言表示友好，很快就打消了他的疑虑。他走上前来迎接译员，译员告知他西班牙人的好意，他便赶紧将此情报传达给自己的乡亲。过了一会儿，就见他们从岩石上下来，从森林里出来，极为温顺和尊敬地接近陌生人。根据译员的翻译，哥伦布了解到，他们是由酋长派往海边，为一次隆重的宴会抓鱼。酋长打算宴请毗邻的首领，他们烤鱼是为了防止鱼在运输途中坏掉。这些人看起来似乎与海地原住民一样温顺平和。饥饿的西班牙人糟蹋了他们的食物，他们对此却毫不介意，表示一晚上捕的鱼就可以弥补损失。不过，哥伦布秉着其一贯的公正精神，下令给他们丰厚的补偿，然后双方握手，大家都心满意足地离开了。

5 月 1 日离开该港后，舰队司令沿着多山的海岸继续向西航行，沿岸美丽的河流、犬牙交错的宽阔海港让该岛非同寻常。越往前走，该地区变得愈加富饶，人口也越来越多。当地人挤在海滩上，男女老少都惊讶地盯着不远处缓缓滑行的船队。他们举起水果和食物，邀请西班牙人上岸。有的人乘着独木舟，给他们带来了木薯饼、鱼和盛着水的葫芦，这些东西并非为了出售，而是给陌生人的献礼。照例，他们认为西班牙人是从天而降的神仙。哥伦布给他们分发礼物，他们喜出望外、感激涕零地收下。沿着海岸继续航行一段距离后，他来到另一个海湾或深水湾。此海湾入口狭窄，湾内却宽敞，周围地区富饶而美丽。高耸的大山俯视着大海，无数村庄让海岸显得生机勃勃，其耕作的程度类似于菜园和果园。此地很可能就是如今所称的“古巴的圣杰戈海港”，哥伦布在此停泊了一夜，照常，当地人质朴的热情让他们忘乎所以。

当他们向沿岸居民打听黄金时，他们一致指向南方。根据他们的理解，当地人的意思是那个方向有一个盛产大量黄金的大岛。第一次航海时，舰队司令便获悉了关于此岛的信息，他的一些随从认为该岛可能是巴布丘—那个他们如此焦急地寻找和幻想期待的目标。他心中涌起一阵强烈的冲动，想要偏离航线去寻找该岛，而且，这个念头随着每一份新的报告而越来越强烈。因此，次日（5月3日），在向西航行至一座高耸的海岬之后，他掉转船头向南直航，而且，为了寻找这个报告中的岛屿，一度远离古巴海岸，进入汪洋大海。

第二章

发现牙买加（1494）

没等哥伦布航行多少里格，一座高耸的巨型岛屿那蓝色的顶端像云朵一样在遥远的天际缓缓升起。然而，他却花了两天两夜才到达岸边。随着渐渐临近该岛，他的心里充满赞叹。此岛群山壮美、森林巍峨、山谷富饶、村庄无数，整个地区一派生机盎然。

接近陆地时，在离岸边 1 里格多的地方，至少有 70 条独木舟向他们驶来，舟上载满了身上涂着艳丽色彩和装饰着羽毛的野蛮人。他们以战斗的阵列前进，一边大声地叫喊，一边挥舞着尖锐的木矛。译员的调停，再加上赠送给敢于比其他人先靠近船队的那条独木舟上的船员一些礼物，这支愤怒的独木舟舰队便被安抚下来，哥伦布的船队得以免除骚扰、继续航行。哥伦布在该岛中心附近的一个海港抛锚停泊，根据该港周围地区的美丽景致，他将其命名为圣格洛丽亚。

第二天早上，他在破晓时分起锚并沿岸西行，打算寻找一个避风港湾，以便将他的船侧立起来修补捻缝，因为船舶渗漏严重。航行几里格之后，他发现了一个显然很适合修船的港湾。正当他派遣一条小船前往探测入口之时，两艘载满印第安人的大独木舟向前驶来、投掷长矛，但是距离较远，长矛够不着西班牙人。考虑到将来的交往，哥伦布希望能够避免任何敌意的行为，于是便下令小船返航。由于发现海水的深度足够让其船舶停靠，他们便进入海港抛锚停泊。旋即，整个海滩上挤满了印第安人，他们身上涂着各种颜色，但是以黑色为主。有的人身上裹着棕榈树叶，不过所有人都披着茅草，头上戴着羽毛头饰。与古巴和海地岛民的热情好客不同，他们看起来具有加勒比人的好战性格，他们向船队扔投枪，海滩上回荡着他们的叫喊声和战斗呼哨声。

舰队司令认为进一步忍耐可能被误解为懦弱。他的船有必要修补，而且也需要派人上岸取水，但在此之前，给野蛮人一个下马威是明智之举，以阻止他们的任何骚扰。由于轻快帆船无法接近印第安人聚集的海滩，他便派小船载满全副武装的人员划向岸边，在靠近的时候一齐射箭，几个印第安人在这阵箭雨中受了伤，其余的便乱了阵脚。西班牙人随后跳上岸，把众人吓得四散奔逃。他们举弩再放了一排箭，并放开一条狗去撵印第安人，那狗便带着嗜血成性的狂怒去追赶。这是西班牙人第一次利用狗来对付原住民，后来在与印第安人的战争中西班牙人采用了该手段，结果非常残忍。哥伦布随后登陆并正式占领该岛，他将此岛命名为圣地亚哥，但它保留了原来的印第安名字——牙买加。根据那个海港的宽敞程度，他将其称为布埃诺港。该港形似马蹄，附近有条河在此入海。

那天余下的时光，附近一直寂静而冷清。然而，第二天早上日出之前，岸上出现了六个印第安人，并发出友好的信号。后来被证明他们是酋长们派来的使者，来此提议和平与友谊。舰队司令真诚地回应了这些提议，他给首领们分发了小饰品。不一会儿，海港再次挤满了赤身裸体、身上涂满各种颜色的印第安人，他们带来了丰富的食物，尽管与其他岛屿的食物品种一样，但是这里的质量要好得多。

船队在这个海港停泊了三天，其间与当地人保持了最友好的交往。与其相邻的古巴和海地相比，该岛的原住民表现得更机灵、更好战。他们的独木舟打造得更好，船头和船尾都饰以雕刻和绘画。虽然通常以一截树干为材料，但许多独木舟体形庞大，常以一种桃花心木为建材。哥伦布测量了一艘独木舟，竟然长达 96 英尺，宽 8 英尺，用一棵参天大树掏空而成，这种伟岸的大树在热带茂密的森林里像碧绿的高塔一样傲然挺立。每位大酋长都为拥有这样一艘独木舟而自豪，似乎将其视为他的国家之船。奇怪的是，这些岛屿部落之间存在着与生俱来的明显差异。波多黎各的原住民虽然被周围的岛屿包围，并经常受到加勒比人的频繁侵犯，却仍然性格平和，拥有独木舟的数量也很少；而牙买加呢，由于路途遥远，与其他岛屿没有往来，使其免于受到侵犯的危险，而且，环绕四周的海洋类似于宁静的地中海，岛上的居民却是一个好战的族群，其海战装备超过了其他所有岛屿。

修好了船、取了淡水，哥伦布便起航继续沿岸西行。小船队离岸很近，以致他们不断被当地人的独木舟围住。他们来自每一个海湾、每一条河流和岬角，舟上的当地人不再表现出敌意，而是急于拿出他们所拥有的一切交换欧洲的小玩意儿。航行大约 24

里格后，他们来到此岛的最西端，海岸线从那里转向南方，此时的风向不利于他们继续贴岸而行。在牙买加没有找到黄金让哥伦布很失望，而风向也有利于向古巴航行，于是他决定从那里返回古巴，而且，在没有探测到足够的距离以确定那里究竟是陆地还是岛屿之前，绝不离开。他给自己在牙买加接触的最后一个地方命名为布恩廷波湾（或者“晴天”），因为从那里向古巴航行是顺风。就在他即将起航的时候，一个印第安年轻人来到船上，恳求西班牙人带他去他们的国度。他身后跟着他的亲戚朋友，大家都在苦苦哀求，试图说服他放弃那个念头。一时之间，他竟茫然起来，不知道是该顾及家人的痛苦，还是该顺应自己热切的愿望，跟着这些神奇的陌生人去看看他们的家乡。最终，好奇心和青春期对漫游的向往战胜了亲情，他从自己朋友的拥抱中挣脱出来，而且，也许为了不看见自己姐妹们的眼泪，他把自己藏在船上一个秘密的地方。哥伦布被这一幕自然天性的真情流露所打动，也很欣赏这位青年的进取心和对他们的信任，下令要对他特别好。

假如能够更多地知道这个好奇的野蛮人后来的命运，那必定很有意义。初见文明的奇迹到底给他留下了怎样鲜活的印象—白人的国度是否与他所希望的一致。是否，如同经常在野蛮人身上发生的事情，他在城市的炫目光彩中憔悴地怀念着家乡的森林，他是否回到了家人的怀抱。早期的西班牙历史学家似乎从来没有对这些从新世界去旧世界的来访者的情感和命运感兴趣。再也没有人提起过这个年轻的冒险家。

第三章

返回古巴——在被封为女王花园的群岛中航行（1494）

在布恩廷波湾起航后，船队再次将航线转向古巴岛，并于5月18日到达了一个巨大的海角，哥伦布将其命名为卡沃－德拉克鲁兹，这个名字沿袭至今。哥伦布在一个较大的村庄登陆，在此受到酋长及其子民的友好款待，他早就听说了哥伦布及其船队。事实上，根据该酋长的报告，哥伦布发现，那些在他第一次航海沿着该岛北部海岸航行期间上船拜访过的无数印第安人，将他们的故事到处传播，他们被视为从天国降临的神奇探访者，关于他们的谣言和惊奇传遍了整个岛屿。舰队司令试图通过该酋长及其人民确定，古巴究竟是一个岛屿还是大陆。他们全都回答这是一个岛屿，但是其疆界无边无际，因为他们宣称，没有人见过该岛的尽头。这个答复，一方面显示了他们对大陆的本质一无所知，同时也让哥伦布的问题依然处于疑惑和不确定之中。古巴省的印第安名字是马卡卡。

重新起航西行的第二天，哥伦布来到一个地方，那里的海岸突然转向东北方向并延伸许多里格，然后再弯曲折回西部，形成一个巨大的海湾，或者说深水湾。他在这里遭到了暴风雨的猛烈袭击，而且还伴随着可怕的雷电，这些纬度上的雷电看起来好似将天空撕裂了一般。幸运的是，风暴持续的时间不长，否则他的处境将危险至极，因为他发现了无数低矮的暗礁和沙滩，这让航行变得很艰难。这种情况随着前行越发严重，后来桅杆顶上的水手举目之处，大海上完全是星罗棋布的小岛：有些小岛低矮裸露、遍地沙子，有的覆盖着碧绿的植物，有的树木参天、森林美丽。这些岛屿大小不一，其长宽从 1 里格至 4 里格不等，而且，距离古巴越近，其土壤越是肥沃、海拔越高。发现岛屿的数量在不断增加，根本不可能一一命名，舰队司令便给这个由岛屿构成的迷宫整体命名为“女王的花园”，因为这些岛屿层次变化丰富的绿色恰似给海面镀上了一层碧绿的珐琅彩釉。他最初的打算是从右边离开这个群岛，然后向海洋深处航行，但是他突然想起约翰·曼德维尔爵士和马可·波罗曾经曾提到，亚洲的海岸密布着数千个岛屿。他相信自己现在正置身于其中，并决定不能舍弃看见大陆的机会。如果它果真是亚洲，只要沿着这个航向，他必定很快就能抵达大可汗的疆土。

然而，进入这些岛屿之后，哥伦布很快就被困在最令人困惑的航程之中，他的船队不断面临沙洲、逆流和暗礁的危险与困难。船队被迫以一种摸索的方式航行，桅杆顶上一直有人驻守，随时都用水砣探测深度。有时，他们不得不在一小时内，按照指南针上所有定点改变航向；有时，他们只能在狭窄的海峡窘迫地踯躅而行，那时他们就必须降低所有船帆，把船只拖出来，免得搁浅。尽管采取了所有防范措施，他们还是经常触击沙滩，颇为费劲才能脱困。多变的天气也让他们的航行更加艰难，不久，天气开始呈现出反复无常的任性模式。早晨，海风随着太阳从东方的升起，以此方向吹刮一整天，随着夕阳西下，风也渐渐消失在西方。厚重的云层随着夜晚的来临聚集起来，空中电光闪闪，远处雷鸣阵阵，暴风雨来势汹汹。但是随着皓月升空，乌云四散，有的化作一场阵雨，有的则被兴起于陆地的微风吹散。

周围景物的许多特征都有利于哥伦布的想法，即他现在正置身于亚洲群岛。玻璃般光滑的水道将这些青翠的岛屿间隔开来，船队沿着这些水道滑行，岛上植被瑰丽壮观，淡雅柔和的花香飘荡，花团锦簇，芳香四溢的灌木丛，草地上众多的朱鹤或者更确切地说是火烈鸟羽毛璀璨亮丽，小树林里其他热带鸟类振翅鼓翼，种种迹象均与描述中的东方风土相似。这些岛屿普遍无人居住。然而，他们在最大的岛屿之一发现了一个相当大的村庄，并于5月22日登上了该岛。房屋主人遗弃了自己的居所，看起来他们主要依赖大海维持生计。在这些住所里发现了大量的鱼，邻近的岸边布满了龟壳。另外还有家养的鹦鹉、朱鹤，以及若干哑巴狗，后来才发现，这些狗是专门养肥用作食材。舰队司令给该岛起名为圣玛尔塔。

穿行在这些岛屿之间的时候，有一天，哥伦布看见许多当地人乘着独木舟在其中一条水道平静的水面上忙着捕鱼，不由被他们奇特的捕鱼方式所吸引。他们有一种小鱼，小鱼那扁平的头上附着许多吸嘴，这些吸嘴的吸附力非常强大，一旦粘上任何物体，哪怕被撕成碎片也不会脱落。印第安人在这种鱼的尾部绑上很长的线，将它放入水中，任其自由游走。这种鱼一般都保持在水面附近，直到它感觉到猎物的时候才飞快下沉，将自己的吸嘴贴上鱼的喉咙或乌龟壳下，怎么也不松开。最后，两者都被渔夫拉上来并从水中捞出。就这样，西班牙人见证了一只体形庞大的乌龟被捕获的过程。费尔南多•哥伦布确认，他本人在贝拉瓜海岸还看见以同样的方式捕获鲨鱼。此事已经得到各种各样航海家叙述的证实。据说，在非洲东海岸的莫桑比克和马达加斯加，当地人也采用同样的方式捕鱼。据观察："虽然野蛮人之间，有可能从未有过相互交流，但是他们在操纵控制动物的模式上却表现出了惊人的雷同。"这些渔民以一种大无畏的姿态登上西班牙人的船。他们向西班牙人供应了鱼，而且很乐意把他们拥有的一切都拿出来。对于舰队司令关于这些地区的询问，他们回答说南部和西部都布满了岛屿，至于古巴，一直向西延伸，没有尽头。

从该群岛脱身之后，哥伦布掉头朝着距此大约 14 里格的古巴岛山区出发，并于 6 月 3 日在一个大村庄上岸。他在此受到了古巴居民那出名的善良和友好的款待，他对此地居民极尽赞美，认为他们的性格比其他所有岛民都温顺平和。他说，他们的动物也比其他岛屿的动物驯服，而且更大更好。当地人欢欢喜喜、十分乐意地从不同地方给他们带来了各种各样的食物，其中野鸽子的个头和滋味尤其不凡。感觉到此鸽子有某种奇特的味道，哥伦布下令把几只刚刚捕杀的野鸽剖开，果然在其中发现了甜香料。

趁着船员们去取水和采购食物的时候，哥伦布便从可敬的酋长和村里的几个长老那里收集信息。他们告诉他，这个省的名字是沃诺非，往西边更远的大海仍然布满了无数岛屿，那里的海水都不深。至于古巴，他们中未曾有人听说在西边有个尽头，即使走上40个月都不能抵达其尽头，事实上，他们认为该岛无边无际。但是，他们提到，舰队司令可以从邻省曼贡的居民那里获得更多的信息，那个省就在西面。这个名字的发音让哥伦布立刻灵机一动，因为曼贡听起来与曼吉类似，曼吉可是大可汗最富饶的省份，那里就靠近海边。他进一步询问了关于曼贡地区的情况，并将印第安人的意思理解为，居住在那里的人像动物一样长着尾巴，他们穿着长袍将其遮掩起来。他回忆起约翰·曼德维尔先生关于东方一些偏远地区的叙述，里面叙述了亚洲某些裸体部落，其中就记录了一个与现在的情况相同的故事，他们在讲述时嘲笑自己文明邻居的衣服，调侃他们衣服的用途仅为了掩饰一些身体缺陷。据此，他变得比以往任何时候都更加自信，认为只要沿着海岸西进，自己最终必定会到达亚洲的文明区域。他自以为是地希望找到的这个曼贡地区就是富裕的曼吉省，其长着尾巴、穿着长袍的人民就是鞑靼帝国的居民。

第四章

在古巴南面贴岸航行（1494）

热烈的想象所产生的愉悦错觉让哥伦布备受鼓舞，借助于一阵强劲的顺风，他沿着假想中的亚洲大陆继续航行。现在他正好位于古巴南侧的对面，航行了将近35里格，一点也没有受到海岸和岛屿的阻扰。他的左边是广阔、敞开的海域，其深蓝色的海水表明此地海洋有足够的深度；他的右边是树木繁芜、绵延起伏的沃诺非省，山势自此渐渐隆起，绵延上升为系列内陆山脉，无数溪流浇灌着青翠的海岸，印第安村落星罗棋布。船队的出现在沿海一带引起了惊奇和喜悦。当地人欢呼雀跃地迎接这些奇妙生物的光临，他们的名声在整个岛上远近都传开了，认为他们是给当地人带来天国祝福的人。他们要么游泳，要么乘着独木舟前来，给西班牙人带来当地的物产和果实，对白人几乎顶礼膜拜。通常在傍晚的阵雨之后，来自岸上的微风轻拂，也带来了陆地上的甜蜜芳香，当地人那遥远的歌声和粗犷的音乐也隐约随风飘到船上。印第安人唱着本族的颂歌，载歌载舞，很可能是在庆祝白人的到来。辛辣的气味和欢快的声音让哥伦布感觉特别愉快，他现在乐于接纳所有愉快的事物，以至于声称一个晚上就像一个小时那么轻易地就过去了。

时间的流逝有时会显世事沧桑，其鲜明的对照，不可无知无觉。此处描述的海岸属于特立尼达市沿着夏加湾向西边伸展的同一部分，当年那里人口那么稠密、那么生机勃勃，发现者的到访让他们欢天喜地。如今，这里一切都那么静寂荒芜。文明，虽然让古巴的部分地区兴起灿烂的城市，却让此地显得如此荒僻。整个印第安民族早已作古，在那些陌生人统治之下逐渐衰微消亡，而他们曾经那么兴高采烈地欢迎来到自己的海岸边的正是这些陌生人。我面前放着一份一位知名旅行家最近在那个海岸度过一夜的叙述，但是，他的感受与哥伦布的感受简直是天壤之别！他说："我在甲板上度过了大半夜。多么荒凉的海岸啊！没有一丝光亮显示此地有渔民的小屋。从巴塔巴诺到特立尼达之间50里格的范围内，一个村庄都不复存在。然而，在哥伦布时代，这片土地甚至沿海边缘都有人居住。只要在土里挖个坑，或者当汹涌的激流犁开地面之后，还能经常发现石斧和铜质器皿——该岛古代居民的遗迹。"

两天中的大部分时间，船队都在靠近海岸这部分开阔的区域扫描似的巡游，并穿越夏加湾那片辽阔的海域。最后，他们来到了一个地方，大海在此陡然变成牛奶一样的白色，海水完全混浊，仿佛里面搅和着面粉。这种现象可能是由于海浪和水流将海底的细沙或钙质颗粒搅拌升腾所引发。此情况引起船队极大的警觉，不久，情况变得更加危急，因为他们发现自己被浅滩和珊瑚礁所包围，而且处于浅水之中。越往前走，他们的处境越危险。其时他们正在一个狭窄的水道里，那里既没有掉头的空间，也不可能逆风航行，根本没有地方可以抛锚。狂风猛烈地摇晃着他们的船，船舶面临随时搁浅的危险。最后，他们终于来到一个小岛，发现那里可以抛锚停泊。他们在那里极其焦虑地度过了一夜。许多人赞同放弃进一步执行此项任务的打算，认为他们只要能够回到当初出发的地方就已算足够幸运。但是，哥伦布既然认为这条航线会带来辉煌的发现，自然不同意放弃此次航行。第二天早晨，他派遣最小的那艘轻快帆船去探索这个新的岛屿迷宫，并进入大陆去寻找船队急需的新鲜淡水。该船返回时报告，此群岛的水道和珊瑚礁像“女王的花园”一样不计其数、错综复杂；与大陆接壤的海岸是泥泞很深的沼泽，那里的红树林长在水中，树林间距很密，好似一堵穿不透的墙；岛内的陆地看起来肥沃、多山，四处炊烟袅袅，显示那里人口甚多。在这艘轻快帆船的引导下，哥伦布冒险进入了这个小群岛。航行中他极尽小心谨慎，在沙洲和岛屿之间的狭窄水道上不辞辛劳、步步险情地穿行，频频搁浅。最后，他来到古巴的一处低矮的岬角，并将此地命名为塞拉芬海岬。此地的海岸向东伸展，形成一个让他看不到末端陆地的极深港湾。然而，在北部，可以看见远处的山脉，中间的空间清晰开阔，视线之内的岛屿分布在南部和西部，符合有关巴塔巴诺大海湾的描述。哥伦布现在朝着那些山脉驶去，此时顺风，水深三英寻。次日在一处生长着美丽棕榈树林的海岸附近抛锚停泊。

他们在这里派一队人上岸取木材和淡水，去的人发现树林中央有两处活泉。正当他们忙于砍柴和灌装水桶时，一位弓箭手拿着弩溜进森林寻找猎物，但很快就极为惊恐地飞奔返回，并大声呼叫同伴救援。他声称自己没走多远，无意间突然瞥见林间一块开阔的空地上，有一个身穿白色长礼服的人，非常像圣母马利亚慈悲殿等级的修士，以至让他起初误认为是舰队司令的专职牧师。那人身后跟着两个穿着白色束腰及膝长袍的人，三个人的肌肤都像欧洲人那么白皙。那三人后面又出现了更多人，有30人之多，手持棍棒和长矛。他们没有表现出敌意，但保持沉默，那位身着白色长袍的男子独自上前与他打招呼。但是他们人多势众，让他非常惊恐，便立刻逃走去寻求同伴的援手。但是，听说有那么多全副武装的当地人，他的同伴们非常胆怯，既没有胆量去寻找那些人，也不敢等待他们到来，而是迅速尽快返回船队。

听到这个故事，哥伦布不由心花怒放，因为他推断这些人必定是最近才听说的穿衣的曼贡居民，这就说明即使他没有身处富饶的曼吉境内，也终于抵达了一个文明国度的疆界。第二天，他派遣一队武装人员去寻找那些身着白衣的人，并命令他们，如果有必要，可以深入内地40英里，直到遇见一些居民为止。因为他认为人口密集、文明程度较高的地区有可能远离大海，那么，越过沿海的森林和山脉，就可能有城镇。那队人马穿过了环绕海岸的一条茂密森林地带，进入了一片大平原或稀树草原，那里覆盖着像成熟玉米那么高的杂草或植物，完全没有路或可行之道。他们在那里可谓陷入了缠结杂草和匍匐植物的束缚，寸步难行，历尽艰辛才推进了一英里的距离。最后，他们不得不放弃尝试，疲惫不堪地返回船队。

第二天，另一队人员奉命从不同的方向进入。他们上岸走了不远，就看见一些大型有爪动物的脚印，其中一些被认为是狮子的足迹，另外一些可能属于一种半狮半鹫的动物，但也可能是附近数量众多的短吻鳄的足迹。此景象让他们惊惶不已，于是便赶紧回到海边。返回途中，他们经过了一片森林，林中处处是草地和草甸，里面有成群的鹤，其体形比欧洲的同类大两倍。许多树木和灌木散发出的芳香气味不断误导他们，让他们满怀希望地认为自己发现了东方的香料。他们还看到了大量具有新世界植被美丽特征的葡萄藤。许多葡萄藤爬上了最高树木的顶端，其枝叶遮住了树冠，弯弯曲曲地在树枝之间缠绕伸展，沉甸甸的串串葡萄果汁饱满。与前一支队伍一样，这队人员仍然失败而归，并宣布那个地区虽然极其肥沃，却十分蛮荒、不可通行。为了证明葡萄的丰硕程度，他们采摘了大量的野葡萄。哥伦布后来将这些葡萄连同他曾经路过的白色海洋的海水标本，一起传送给两个君王。

由于在古巴从未发现有穿着衣服的印第安部落，关于穿白衣服人群的故事可能源自那个弓箭手的错觉，他的脑海里充满了关于曼贡神秘居民的想法，于是当他独自一人在森林中漫游时，可能受到一队鹤群的惊吓而产生了幻觉，附近这种鸟数量众多。像火烈鸟一样，这种鸟也是结队觅食，其中总有一只会站在远处放哨。当透过林地缺口望出去，在平整的稀树草原上或者在玻璃般光亮透明的水池边，鹤群成排地站着，乍一看，它们的身高和直立的姿势都与人类相似。无论这个故事是源于错误或假话，它在哥伦布的心中都留下了深刻印象。他本来就容易受到欺骗，因为他幻想着自己就在一个文明国家的附近，故而宁愿相信与其错觉相符的一切现象。

待他探索了东面的深凹地段，确定那里不是海湾之后，他继续西行，航行大约 9 里格之后，来到了一个有人居住的海岸，他在那里与几个当地人进行了交流。这些人照常也是赤身裸体，但是哥伦布仅将他们归结为居住在荒野海岸的渔民，他推测文明地区应该位于内陆。由于他的卢卡亚译员不懂当地人的语言或者古巴这一带的方言，他从本地人那里所获得的全部信息均是通过错误百出的示意和手势猜测得知。受到他自己最心仪的假说所迷惑，他从他们那里了解到，在他看到的西边某些遥远的大山里，住着一个强大的国王，他统治着拥有许多人口密集大省的伟大国家。那个国王穿着白色曳地的衣服，被称为圣人。他从来不说话，但是通过示意向其子民传达命令，他的子民便不折不扣地服从这些命令。所有这一切，都让我们看到了舰队司令忙碌的想象力是怎样将耳闻目睹的一切与他先入为主的观念扯在一起。拉斯•卡萨斯向我们保证，该岛从未出现过穿长袍或者在其他方面与此描述相一致的大酋长。这个有着圣人称谓的国王，很可能不过是萦绕在哥伦布脑海中那个神秘统治者普雷斯特尔•约翰的印象反射罢了。在所有东方旅行者的叙述中，这个人物早就存在，他的身份有时是国君，有时又是牧师，有关其帝国及其朝廷的位置一直是值得怀疑、充满矛盾的问题，并在最近再次成了值得探讨的目标。

从这些人那里获悉的有关西海岸的信息完全模糊不清。他们说至少要航行 20 天，但那里是否是尽头他们也不知道。他们看上去对其近邻的任何事情都知之甚少。哥伦布在这个地方请了一个印第安人做向导，朝着传说中身穿白衣服的酋长所居住的远方山脉航行，希望他们可以证明那里是一个更文明国家的地界。没走多远，他又被困在珊瑚礁、海底岩石架和沙洲等往常遇到的麻烦之中。船只频频将海底的沙子和烂泥搅拌起来，有时，他们几乎被卡在狭窄的水道里，那种地方完全没有移动的余地，他们只好通过绞盘的方式牵引船只向前，绞盘因此损伤严重。曾经有段时间，他们来到了水面几乎布满了海龟的海面上；有时，空中飞翔的鸬鹚和斑尾林鸽让太阳黯然失色；有一天，整个天空充斥着艳丽的蝴蝶构成的云团，直到傍晚的阵雨才将其驱散。

走近山区时，他们发现毗邻海岸一带的陆地是被淹没的土地或沼泽地，并且生长着茂密的森林，根本不可能进入内陆。由于船上急需淡水，他们为此寻找了数天。最后，他们终于在一个棕榈树林发现了泉水，树林附近发现了珍珠牡蛎的贝壳，由此，哥伦布认为附近可能存在价值不菲的采珠业。

虽然一道由沼泽和森林组成的障碍切断了他们与内陆的交往，但此地看起来人口密集。四面八方都有升腾的烟柱，船只越往前行，烟柱的出现便越频繁，直到后来，每一块岩石和长满树木的高地都有烟柱。西班牙人对此情景非常茫然，他们无法了解这些烟柱是村庄或城镇的炊烟，还是报警的烽火信号，以此通知船只到来，如同欧洲海岸看见敌人在附近徘徊时通常采取的行动。

一连数日，哥伦布继续探索这片孤寂而令人困惑的海岸。时至今日，除了那些独自偷偷摸摸的走私船，其错综复杂的水道依然很少有人光顾。然而，在行进途中，他发现海岸大致朝着西南方向延伸。这恰恰符合马可•波罗对亚洲偏远海岸的描述。现在，他可以充分肯定，自己目前所在的亚洲大陆的位置，已经超出了托勒密所划定的旧世界的疆界。他认为，只要让他继续沿岸航行，他肯定能到达此次贴岸巡航的终点所在地、古代人所言的马来半岛。

哥伦布的热情想象总是先行一步，并能随之启发出一些精彩的事业轨道。他将目前的猜测与当时并不完善的地理知识结合起来，构思了一条返回西班牙的凯旋之路。绕道马来半岛，他应该出现在古人频繁光顾、与东方那些奢华国度接壤的海域。穿过恒河湾，他可能会经过塔波巴纳岛，再继续航行，通过巴比尔曼德尔海峡，抵达红海岸边。他将在那里设法转道陆路去耶路撒冷，在约帕乘船，穿过地中海到西班牙。或许从埃塞俄比亚到耶路撒冷的路线太危险，因为那条路上充斥着野蛮好战的部落，或者他不应该选择与自己的船队分离，那样一来，他就可能会走遍整个非洲海岸，得意洋洋地从葡萄牙人面前经过，在他们的中途岛沿着几内亚海岸摸索前行。就这样绕行地球之后，在赫丘利斯支柱——古代世界的极点卷起他冒险航行的船帆！这就是哥伦布恣意翱翔的冥想，记录者是他的亲密伙伴之一，他对我们地球真实大小的无知不足为奇。我们所处的当今世界，关于地球已知部分的机械计量已经让其周长成为众所周知的事实，但是在哥伦布时代，即使对学识最渊博的哲学家而言，那依然是个问题。

第五章

哥伦布沿着古巴南部海岸线返回（1494）

哥伦布认为自己是在亚洲大陆贴岸航行，并且已经接近东方文明的范围，这一观点得到所有同行者的认可，其中有几个还是很能干、经验丰富的航海家。但是，他们远远不能分享他的热情。该项事业的成功并不能让他们获得任何荣誉，越来越多的困难和危险让他们开始打退堂鼓。由于航行途中频频搁浅，各种各样的损害已经让船只航行非常勉强，几近散架。锚索和传动装置均受到磨损，食物也越来越少，大部分饼干都被无数裂缝渗入的海水打湿而坏掉。无休止的劳作让船员们疲惫不堪，眼前的大海让他们心灰意冷，不断出现的岛屿均呈现出荒芜状态。因此，他们抗议，坚持不再继续本次航行。他们沿岸航行的距离已经足够让自己彻底弄明白这是一片大陆，虽然他们毫不怀疑文明区域就在寻求的这条航线上，但是很可能在能抵达之前，他们的食物就会被耗尽，船只也不能继续航行。

哥伦布本人呢，随着想象热情的冷却，也意识到自己船只的缺陷已经不允许他完成预期的航程了，但是考虑到自身名誉及其事业的声望，他必须提供令人满意的证据，证明他发现的陆地是一块大陆。由于海岸朝西南方转向，他因此坚持继续多航行了四天去探索该海岸，直到每个人都宣称这个问题毋庸置疑了才作罢，因为这么庞大连续的陆地不可能仅是一个岛屿。但是，舰队司令决定，事实不能建立在自己断言的基础之上，因为最近出现了一些证据倾向于否定他的说法、贬低他的发现。所以，他派出公证人费尔南德•佩雷斯•德•卢纳，在四名见证人的陪同下去询问每一艘船上的每个人，从船长到服务生，正式要求他们答复是否有过任何怀疑，在他面前的陆地是大陆，是西印度地区的起点与终点，任何人都可以从这里经陆路返回西班牙，而且，如果沿此航线贴岸而行，他们可能很快就能抵达文明人区域。如果任何人心存疑问，那就必须表达出来，以便可以及时消除疑虑。前面已经提及，这几艘船上有几个经验丰富的航海家和深谙那个时代的地理知识之人。他们检查了所带的地图和海图、航程计算和航海日志，深思熟虑之后，宣誓声明，他们对这个问题毫无疑问。他们的信念主要基于自己已经沿岸航行了 335 里格，海岸线这么长的岛屿闻所未闻，而陆地似乎还在没完没了地向前伸展，向南弯曲，此特征与关于印度遥远海岸的描述一致。

为了防范他们在以后，无论是出于恶意还是随意，否定他们曾经郑重承认过的观点，公证员宣布，无论是谁，倘若违反此规定，如果是军官，要罚款 1 万马拉维地；如果是船上的服务生或其他任何同等级别的人，将被鞭笞 100 鞭，并割掉舌头。随后，公证人起草了一份正式声明，包括每一个人的证词及签名，该文件至今依然存在。这个奇异的过程就发生在一个深水湾附近，该海湾被某些人称为菲利宾纳湾，另一些人则称其为科尔特斯湾。而就在此时，正如前面已经说过，船上一个服务生在桅杆顶上可能已经远眺到了南部的群岛，并看见群岛之外的大海。仅需要再航行两三天，哥伦布就会绕过古巴末端，他的幻觉就会破灭，那么他后来的发现航程将会迥然不同。可惜他自始至终都抱着此时的信念，直到生命的最后一刻，他仍然相信古巴是亚洲大陆的末端。

放弃对海岸所有进一步调查之后，他于 6 月 13 日将航向转至东南方，并且很快就看见一个大岛，岛上的群山在这小礁石岛屿组成的迷宫里显得巍峨挺拔。为此，哥伦布将其命名为伊万格利斯塔岛，如今该岛以松树岛之名著称，并因出产优质红木而闻名。

他在此抛锚停泊，补充木材和淡水。然后，他沿着该岛海岸朝南航行，希望在其南端找到一条东进航线直通伊斯帕尼奥拉岛，并且打算在途中沿着牙买加南侧航行。没走多远，他来到了一条水道，他推测该水道通向东南方，位于伊万格利斯塔岛及其对面某个岛屿之间。然而，进入水道一段距离后，他发现自己被一个深水湾所包围，原来那是深入该岛的西格恩加环礁湖。

发现自己被困在陆地中央，而食物已经差不多耗尽的时候，船员满脸沮丧。观察到船员这种情绪之后，哥伦布用振奋人心的话语鼓励他们，并决定沿着从古巴的来路返回，走出这个令人不知所措的迷宫。因此，他离开环礁湖，回到了最后停泊的地方。他于 6 月 25 日从那里再次起航，重新穿越位于伊万格利斯塔与古巴之间的岛屿群，跨过那片让其船员惊骇不已的白色海水区域。在这里，他再次经历了沿岸而来时的焦虑、危险和辛劳。频繁变换颜色的海水让船员们心惊胆战，海水时而碧绿，时而几乎漆黑，有时又白如牛奶。有一次，他们恍惚觉得自己被岩石所包围；另一次，大海看起来就像一个巨大的沙洲。6 月 30 日，舰队司令的船只搁浅了，其猛烈的程度让船只严重受损。他们在船尾抛锚，试图将其拯救出来，但是一切努力都劳而无功，必须利用船头才能将其拖离浅滩。最后，他们终于摆脱了这组名叫贾丁斯和贾丁内利斯的岛屿群，来到古巴海岸开阔的地方。自此，他们再一次沿着美丽富饶的沃诺非省航行，再次愉快地沉浸在从陆地飘荡到船上的那种芬芳甜蜜的空气之中。在这种混杂的味道之中，舰队司令幻想自己从岸边熊熊燃烧的火堆所产生的烟雾里嗅到了安息香的味道。

哥伦布在这里试图寻找某个方便靠岸的海港补充木材和淡水，顺便让船员们享受陆地上的休息和娱乐。他们已经非常衰弱，此次远航的辛劳和食物匮乏让他们憔悴不堪。近两个月来，他们一直在与无处不在的困难和危险抗争，并因为食物短缺而忍饥挨饿。在这些无人居住的珊瑚礁和淹没的海滩中间，他们从当地人那里获得的粮食供应一直不稳定，间隔时间也很长，而且，由于气温高、湿度大，没有什么新鲜食品可以保持一天以上。即使他们碰巧抓到的鱼也是如此，他们不得不完全依赖船上每日的定额供应，而船上的食品已经减少到每日一磅发霉的面包和极少量的葡萄酒。因此，7 月 7 日，他们很高兴地在这个宜人、富庶地区的一条秀美小河的入口处停泊下来。附近一位酋长拥有广袤的领土，他满怀喜悦与崇敬之情接待了舰队司令，他的人民则带来了自己国度能提供的所有物产——乌蒂亚、各种鸟类，特别是个头巨大的鸽子、木薯饼和香甜可口的果实等。

哥伦布已经养成习惯，在他到访过的所有杰出之地的醒目位置竖立十字架，将所发现的地区及其征服奉献给真正的信仰。因此，他下令在这条河岸上竖立一个巨大的木质十字架。这件事在一个星期天的早晨得以完成，并举行了盛大的仪式和盛式弥撒予以庆祝。当他为此下船上岸的时候，酋长和他的宠臣——一位值得尊敬的印第安人前来迎接。后者已经80岁高龄，神情严肃、举止端庄。老人带来了一串印第安人赋予神秘价值的珠子，以及一只盛着某种精致果实的葫芦，他将这些物品作为友好的象征呈送给舰队司令。随后，他和酋长分别拉着舰队司令的一只手，与他一起走进小树林，那里已经为弥撒庆祝活动做好了准备，许多本土人紧随其后。在大自然这个庙宇里举行弥撒的时候，印第安人带着极大的敬畏和崇敬之情观看着，感受牧师的语气和手势，看着点燃的小蜡烛、香雾袅绕的香炉、西班牙人的礼拜等，认为那一定是具有神圣、神秘性质的仪式。仪式结束后，对此深切关注的那位80岁老人走近哥伦布，以印第安人的方式对他发表了一通演说。

“你刚才所做的一切，”他说，“很好，因为那些行为表现你对神的感恩方式。我听说你最近带着一支强大的武力来到这片土地，并且征服了许多地区，在众人心中散播了极大的恐惧，但是，切莫自负。要知道，根据我们的信念，人的灵魂离开肉体之后有两个旅程。一段旅程通向一个令人惊恐、污秽、笼罩着黑暗的地方，此地专门为那些对待自己的同胞不公正和残忍的灵魂所准备；另外一段旅程愉快、充满喜悦，是特地为那些诸如促进了人间和平的灵魂所准备的。因此，如果你是凡人，终究也要死亡。假如你相信每个人的行为终将有报应，那么你需要谨慎，不要错误地伤害任何人，更不要伤害那些未曾伤害过你的人。”那位卢卡亚译员迭戈·科隆向舰队司令解释了这番话，这个未受过教育的野蛮人一番简单的言辞让舰队司令大为感动。作为答复，他告诉老人，听到他们关于灵魂未来状态的观念，他感到欣喜万分，他原以为这些地区的居民没有这样的信仰。他说他本人就是受自己君王的派遣，到这里来教导他们信仰真正的宗教，保护他们免受伤害和损害，尤其要征服和惩罚食人族—他们的敌人和迫害者。这样一来，所有纯朴和爱好和平的人都会信心百倍地尊敬他，把他看作一个可信赖的朋友和保护者。

听到这些话，老人分外高兴，但是当得知他心目中如此伟大、强大的舰队司令居然仅是一个子民的时候，他同样感到极为震惊。当译员告诉他西班牙君主是怎样富裕、怎样辉煌、怎样强大，以及他去西班牙所见所闻的精彩事物的时候，那位老人的讶异随之剧增。发现众多人怀着热切的好奇在凝神倾听自己讲话，译员继续描述那个白人国家在他脑海中留下最深刻印象的那些事物。辉煌壮丽的城市、巨大的教堂、骑兵部队、各种大型动物、盛大的节日和宫廷里的比赛、兵器闪亮的军队以及最重要的事情——斗牛。所有印第安人都听得目瞪口呆、鸦雀无声，但是那个老人无比兴奋。他性情好奇、喜欢漫游，曾是位了不起的航海家。根据他的口述，他去拜访过牙买加、伊斯帕尼奥拉岛和古巴的偏远地区。此刻，一种突如其来的强烈愿望涌上心头：去看看如此这般描述的灿烂国度。由于年迈，他提出要与舰队司令一起登船。可是，他的妻子和孩子的恸哭与规劝让他备受困扰，使他不得不放弃了自己的意图。但他极不情愿，反复询问他们所谈及的陆地是不是天堂，因为在他看来，地球上不可能产生如此美妙的世界。

第六章

沿着牙买加南侧海岸航行（1494）

哥伦布在这条河停泊了数日，由于他们在其岸边举行了弥撒，他将这里命名为米莎河。最后，7 月 16 日，他与那个友好的酋长及其年迈的顾问告别，后者满面悲伤地看着他离去。他从此地带走了一位印第安年轻人，后来将其送给了西班牙君王。他从女王花园的左侧动身，将航线转向南边，驶向开阔的大海和深蓝色的水域，直到船队能够自由航行才掉头向东，前往伊斯帕尼奥拉岛。然而，他刚摆脱那些岛屿，就遭遇了猛烈的阵风和暴雨的袭击。他那脆弱的船只被风浪摔打了整整两天，让已经衰弱不堪的船员受尽折磨。最后，正当他靠近克鲁兹海角的时候，强飑袭击了他们的船只，几乎将船身横向倾覆。幸运的是，他们能够立即收帆，放下了最大的锚，安全度过了这阵瞬时狂风。舰队司令的旗舰在先前那些岛群中受损十分严重，现在每一个捻缝都在渗水，疲惫不堪的船员尽最大的努力也未能防止海水进入船舱。后来，他们终于抵达了克鲁兹海角，并于 7 月 18 日起，在那里停泊了三天。与上次来访一样，他们在那里受到当地人同样热情的救助。海风持续保持与伊斯帕尼奥拉岛相反的方向，7 月 22 日，哥伦布开始朝对面的牙买加驶去，以便完成对该岛的环岛航行。将近一个月，他继续沿其南部海岸向东行驶，如同先前沿古巴海岸航行一样，他遭遇了同样多变的风向和傍晚的阵雨。每天晚上，他不得不在陆地附近停泊，往往还是在早晨起航的同一地点。当地人不再表现出敌意，而是乘着独木舟追随着船只，给他们带来食物。这座雄伟的岛屿郁郁葱葱、清新宜人、富饶肥沃，哥伦布非常喜欢。假如他的船和船员的状态允许，他定会很乐意留下来探索该岛的内陆地区。说起该岛频繁出现的优良海港，他赞不绝口，但是，他特别赞赏其中一个巨大海湾，该海湾包含七座岛屿，周围环绕着无数村庄。在此停泊期间的某个傍晚，有位居住在附近一个大村庄的酋长来访，那个村子坐落在这片岛群位置最高、最富饶的一个山丘之上。酋长在无数随员的陪同下光临，带着茶点之类的食物。他表现出了强烈的好奇心，就西班牙人及其船只以及他们来自何处问了许多问题。舰队司令照例予以答复，阐述了西班牙君王的强大国力和善意。那个卢卡亚译员再次详述了他在西班牙看见的奇迹、西班牙人的勇猛、他们光顾并征服了的地区，而且最重要的是，他们袭击了加勒比人的岛屿，击溃了岛上强大的居民，并俘虏了几个加勒比人。酋长和他的随员一直聚精会神地听着讲述，直至深夜。

第二天早晨，正当船队在清风的吹拂中继续沿着海岸轻快地航行的时候，他们看见三艘独木舟从海湾的岛群中驶出。它们以寻常的队形靠近，位于中间的独木舟很大，雕刻精美、着色漂亮，另外两条独木舟稍微靠后，似乎在护卫那条大独木舟。

那条大独木舟上坐着酋长及其家人，包括他的妻子、两个女儿、两个儿子和五个兄弟。其中一个女儿芳龄十八，容貌美丽、身材婀娜，她的妹妹要年轻些。根据这些岛屿的习俗，两人都赤身裸体，但是举止端庄。独木舟的船头站着大酋长的旗手，他披着色彩斑斓的羽毛斗篷，头上有一簇艳丽的羽毛，手里举着一面迎风招展的白色旗帜。两名印第安人戴着同一形状和颜色的帽子或头盔，脸上涂抹颜色的方式也相同，两人击打着一种单面小鼓；另外两个人，戴着用绿色羽毛编织得非常精巧的帽子，举着一种用优质黑木精心雕刻的号角；另外还有六个人，戴着白色羽毛做成的宽大帽子，看起来是大酋长的警卫。

来到舰队司令的旗舰旁，酋长及其所有随员都上了船。他看起来身着盛装，头上缠着一条缀满五颜六色小石头的带子，但是绿色石头居多、对称排列，中间隔着白色的大石头，在前面与一块硕大的黄金珠宝相连。两块圆形金牌用非常小的绿色石头耳环挂在他的两只耳朵上。脖子上戴着一种他们视为极其珍贵的白珠项链，项链上悬挂着一块鸢尾花形状的巨型鸟嘌呤圆盘，这是一种质地低劣的黄金。一条缀满各色石头的腰带与其头上的那条带子风格相似，这就是他一身的豪华行头。他妻子的穿戴风格类似，也有一块非常小的棉质围裙，手臂和腿上戴着同样的石头带子。他的女儿们没有任何饰品，但是年长且更漂亮的那个女孩系了一条缀着小石头的腰带，腰带上面挂着一块像常春藤叶子般大小的棉网，上面缀着不同颜色的彩色石头。

酋长上船后，便在官兵和船员中分发作为礼物的海岛物产。

舰队司令此时正在自己的舱室忙着早祷。当他出现在甲板上时，酋长容光焕发地赶紧去迎接他。“我的朋友，”他说，“我已经决定离开我的国家，与您同行。从这些与您在一起的印第安人那里，我听说了您的君王拥有不可抗拒的力量，您已经以他们的名义征服了许多国家。任何拒不服从您的人定会遭受痛苦。您捣毁了加勒比人的独木舟和居所，屠杀了他们的武士，俘获了他们的妻子和孩子。所有这些岛屿都害怕你们。现在您已经知道了这片土地的秘密、人民的弱点，谁还可以抵挡你们呢？因此，与其让您夺走我的领地，还不如我现在就带着我的家室登上您的船，随您去向您的国王和女王表示敬意，去看看他们的国家，您的印第安人将其描述得如此神奇。”当此番话转述给哥伦布时，他看着酋长的妻子、儿子和女儿，曾打算利用他们暴露出的愚昧和单纯捕捉他们，但是他动了恻隐之心，决定不让他们离开自己的家园。因此，他答复酋长，他会将酋长作为西班牙君王的诸侯加以保护，但是他在回国之前还需要去拜访许多陆地，他会在将来某个时候实现酋长的愿望。然后，酋长表达了许多友好愿望，带着他的妻女以及所有随从重新回到独木舟，十分不情愿地返回自己的岛屿。船队继续航行。

第七章
沿着伊斯帕尼奥拉岛南岸航行，回到伊莎贝拉（1494）

8 月 19 日，哥伦布已经看不见牙买加的东端了，他将那个地方命名为法罗尔海角，此地如今被称为摩兰特海岬。一路向东行驶，第二天他就看见了伊斯帕尼奥拉岛那个名叫蒂伯龙角的狭长半岛，但是哥伦布将其命名为圣米格尔海角。他当时并没有意识到这个半岛实际上是海地岛的一部分。随后他沿着半岛的南侧环行，直到 8 月 23 日，有位酋长来访，并叫出了他的头衔，还用卡斯蒂利亚语同他说了几句话。这些话音让船上欢声一片，疲惫不堪的船员非常高兴地听说自己已经在伊斯帕尼奥拉岛的南部海岸了。然而，他们前面还有许多辛苦的日子等着他们。天气非常狂暴，风向相反而且反复无常，船舶彼此分离。8 月底，哥伦布停泊在一个小岛旁，或者更确切地说，不过是一块孤立地冒出海面的岩石，其对面是一个从岛中央向南延伸的狭长海角，哥伦布将其命名为贝娅塔角。远远望过去，他所停泊的那块大岩石好似一艘正在行驶中的高大船舶，根据此情形，哥伦布将其称之为“阿尔托维洛”。几个船员奉命爬上该岛的顶端，那里视野开阔，能看见很远的海面，可以搜寻其他船只。他们什么也没有看见。回程途中，水手们杀死了睡在沙滩上的八只海狼，他们还用棍子击中了许多鸽子和其他鸟类，徒手抓获了另外一些猎物，因为在这个人迹罕至的小岛上，动物似乎一点也没有因人类的敌意所导致的野性和胆怯。

与另外两艘轻快帆船会合之后，他继续沿着海岸航行，经过了由内瓦河的支流灌溉的美丽地区。那里有一片土地肥沃的平原，平原上有村庄和树林，一直延伸至岛上的内陆地区。向东航行了一段距离之后，舰队司令从几个上船来的本土人那里了解到，有几个西班牙人从定居点到过他们省。根据他从这些人那里了解到的所有情况来看，岛上一切事务进展良好。受到岛内情况稳定的鼓励，他让九个人在此上岸，命令他们穿过该岛，告知大家他安全靠岸的消息。

他继续向东航行，在一片平原上的一个大村庄附近，他派出一条小船上岸取水。当地居民拉弓射箭进行挑战，一些岛民则拿着绳索准备捆绑俘虏。这些人是伊斯帕尼奥拉岛东部省份伊圭的原住民。他们是该岛最好战的民族，加勒比人的频繁袭击使他们对武器已经习以为常。据说他们还能使用毒箭。就目前情况来看，他们的敌意仅是虚张声势。船员一上岸，他们便扔掉武器，还带来了各种各样的食材，求见舰队司令——他的名声已经传遍了整个岛屿，他的正义感和宽宏大量看起来赢得了信赖。

离开此地之后，已经很长时间多变而不利航行的天气，此时已露出凶险的兆头。有一天，一条像中等鲸鱼一样大小的大鱼跃出水面，该鱼脖子上长着乌龟那样的壳，巨大的两鳍如同翅膀，尾巴像金枪鱼。根据这种鱼的出现，以及云层和天空的迹象，哥伦布预测一场风暴即将来临，于是赶紧寻找安全的港湾。他发现在伊斯帕尼奥拉岛和一个小岛之间有一条敞开的海峡，印第安人将其称为艾达曼内，但是哥伦布将其命名为绍纳海峡。他决定在此避难，在海峡中间的一处珊瑚礁或小岛旁边停泊。他到达的当晚出现了月食，仔细观察之后，他发现绍纳与加的斯之间的经度差为 5 小时 23 分钟。这比实际经度要高出 18° 以上，该误差肯定是出于他那不准确的日食表。

舰队司令的船在海峡中因天气被困了 8 天。其间，其他船的命运让他极其忧虑，那些船还在大海上，任由猛烈的风暴摧残。然而，它们完好无损地逃脱了，而且在天气放缓的时候与他再次会合。

离开绍纳海峡之后，他们于 9 月 24 日抵达伊斯帕尼奥拉岛的东端，哥伦布将其命名为圣拉斐尔海角，即今日的恩加诺海角。他们自此向东南方向航行，在位于波多黎各和伊斯帕尼奥拉岛之间的莫纳岛或印第安人称为阿莫纳岛的地方短暂停留。尽管船舶的状况不太好，哥伦布原打算继续向东行至更远的地方，完成对加勒比群岛的发现探索，但是他已经心有余而力不足，其体力已经不能支撑他完成自己崇高的精神愿望了。他的身心都极其疲惫，航行五个月的焦虑和操劳极大地吞噬了他的身体。他与所有最普通的水手同甘共苦，承受了同样的艰辛和食物匮乏。他本人同样靠微薄的定量供应维持生活，承受了同样的风吹雨打。而且，他还承担了其他人没有的担心和考验。当水手在自己值班的时候累得精疲力竭，他们可以在咆哮的风暴之中酣然入睡；焦急的指挥官则需要坚持他痛苦的守望，在滂沱的暴风雨和湿透衣衫的汹涌波涛中熬过漫长的不眠之夜。船舶的安全取决于他的警觉性，但是最重要的是，他感觉到一个好嫉妒的国家和一个充满期待的世界在焦急地等待着他此番壮举的结果。目前这次航行的大多数时间，他一直沉浸在兴奋之中，因为他不断希望很快就能到达印度那些知名的地区，并且预计环航地球之后经由东方凯旋返回西班牙。当这些预期归结于失望之后，他在返程途中还得打起精神与不间断的艰难险阻和危急险境抗争。

当他从所有焦虑中解脱出来，看见自己重新置身于一片熟悉而宁静的大海那一刻，他的兴奋戛然而止，整个身心因为之前的超人发挥而消耗殆尽。就在驶离莫纳岛的那一天，他被异常突如其来的病痛击倒了。这场疾病让他失去了记忆、视力和所有功能。他陷入了深深的昏睡之中，好像死过去了一样。他的船员对他这种深度昏沉感到异常惊恐，担心他随时会真的死去。因此，他们放弃了所有进一步航海行动，趁着那些海域势头强劲的东风扬帆起航，载着完全不省人事的哥伦布返回伊莎贝拉港。

卷八

舰队司令抵达伊莎贝拉城——巴塞洛缪·哥伦布的性格；唐·佩德罗·马加利特的胡作非为，以及他的弃岛而去；与当地人起纷争——阿隆索·德·奥赫达遭到卡奥纳沃的围攻；哥伦布采取措施恢复该岛安宁——奥赫达远征突袭卡奥纳沃；安东尼奥·德·托雷斯率领四艘船从西班牙来到殖民地——返航带走印第安奴隶；哥伦布远征打击皇家大平原上的印第安人——战斗；原住民屈服——征收贡金；西班牙朝廷针对哥伦布的阴谋——阿瓜多奉命前往调查伊斯帕尼奥拉岛事务；阿瓜多抵达伊莎贝拉——他的骄狂行为——海港暴风雨；发现海纳的矿藏

第一章

舰队司令抵达伊莎贝拉城——巴塞洛缪·哥伦布的性格（1494 年 9 月 4 日）

哥伦布的小舰队再次出现在海港，此情景令伊莎贝拉城那些始终忠于他的居民欢欣鼓舞。他此次出去冒险航行过去了很长时间，其间音信杳无，已经引起了极大的忧虑，大家非常担心他的安全，唯恐他在那些未知海域的偏远地区沦为自己开拓精神的牺牲者。

一个令人高兴和由衷的惊喜在等待着舰队司令的到来，他在自己床边居然看见了他的弟弟巴塞洛缪，这可是他青年时代的伙伴、可信赖的好帮手、在某种程度上他的第二个自我，他们已经分别了数年。现在应该回忆起来，大约在舰队司令离开葡萄牙的时候，他曾委托巴塞洛缪前往英国，向英国国王亨利七世呈递他的发现项目。向英国朝廷递交申请一事，目前没有任何确切已知的细节。根据费尔南多·哥伦布的叙述，他的叔叔在去英国的航行途中，被一艘海盗船抓获并抢劫，沦落至一贫如洗，以致在很长一段时间他不得不靠制作海图谋生，所以，好几年之后他才能将哥伦布的申请递交给英国君主。拉斯·卡萨斯则认为巴塞洛缪并没有立即动身去英格兰，其依据是发现了一份他手写的备忘录，上面显示他在 1486 年陪同巴塞洛缪·迪亚兹为葡萄牙国王效劳，进行环绕非洲海岸航行，正是此次远航发现了好望角。

就亨利七世而言，应该公正地说，当哥伦布的提案最终呈现给他的时候，他比其他任何君王都更愿意重视此事。实际上，他与巴塞洛缪就实施此项目达成了一项协议，后者随即启程前往西班牙寻找他的哥哥。抵达巴黎时，他第一次获悉那个令人振奋的消息：大发现已经实现了，他的哥哥已经胜利返回西班牙，实际上那时正在西班牙朝廷，受到两个君王的礼遇、贵族的赏识、人民的膜拜。哥伦布的荣耀已经福荫其家人，巴塞洛缪发现自己立刻成为一个重要人物。法国国王查理八世注意到了他，了解到他经济拮据，便向他提供了 100 克朗，以支付他去西班牙的旅费。到达塞维利亚时，他的哥哥刚好离开，进行第二次航海。巴塞洛缪立刻前往那时还位于巴利亚多利德的朝廷，带着他的两个侄子迭戈和费尔南多，两人即将成为王子胡安的青年侍从。两位君王对他极为赏识，他们发现他是一个能干而有成就的航海家，便命令他率领三艘满载物资的船驶向殖民地，派他去协助其兄长从事他的事业。可惜他再次晚了一步，待他抵达伊莎贝拉时，舰队司令刚好离开，前往古巴海岸。

见到这个兄弟，哥伦布感到一种难以言表的安慰。无数操劳，周围都是陌生人，已经让他不堪重负。到目前为止，他主要依靠其弟弟唐·迭戈的支持和协助，但是后者温顺平和的性情使他几乎没有能力管理好一个派系横生的殖民地事务。巴塞洛缪个性不同，办事更有效率。他敏捷、积极、决断、无所畏惧，无论决定什么，他都会立即着手实施，不在意任何困难或危险。他的体格与其头脑相称：身材高大、肌肉发达、充满活力、威风凛凛。他的神态极其威严，但有些严厉，缺乏练就舰队司令权威风范的善意和亲切。事实上，他的脾气中有某种粗暴的特质，其举止有些冷淡和唐突，这点让他树敌颇多。然而，尽管具有这些外在缺陷，他性情慷慨大度，绝无任何傲慢或恶意，而且，虽然他勇敢无畏，却很容易与人和解。

他是一个十足的海员，通晓该职业的理论和实践。这些知识，在很大程度上是在舰队司令的看管之下形成的，他的科学素养与其兄长不相上下。根据拥有两兄弟的信件和手稿的拉斯•卡萨斯所言，巴塞洛缪的写作能力甚至在其兄长之上。他熟悉拉丁语，但似乎所受的教育程度并不高；与其兄长一样，他的知识主要来源于漫长、丰富的各种经验和专注的观察。他同舰队司令一样，思维活跃、领悟力强，但在精神上缺乏其兄长的热情和翱翔的想象力，而且心地没有其兄那么单纯；他在事务管理方面的精细和机敏等能力均超越其兄；他更关注自己的利益，并具有更多世俗智慧，这对于生活的日常事务非常重要。他的天资可能永远不会激发他产生能导致发现一个世界的崇高思考，但是他实用的智慧却适合将这一发现朝着有利于发展的方向推动。这就是可敬的拉斯•卡萨斯根据个人观察提供的关于巴塞洛缪•哥伦布的描述。舰队司令随后的所有经历，凡是巴塞洛缪在其中起到显著作用的事件，都会发现他的行为与这些描述非常吻合。

急于从目前重病的情况下不胜负荷的公共事务的压力中解脱出来，哥伦布立即授予其弟弟巴塞洛缪西班牙殖民地行政长官的头衔与职权，这是一个相当于副总督的职位。根据他与两个君王协商的条例，他认为自己有权这样做。但是此举被国王斐迪南认为是对其权力的过度擅用，并且极大地激怒了这位嫉妒的君主——他对王位的特权特别看重，认为如此位高权重的职位只有皇家才有权授予。可是，哥伦布做出此项任命并不是图一己私利和光耀自己的门庭。他认为殖民地当前处于关键时刻，其弟弟的协助非常重要，但是，除非拥有高级官职的权威印章，否则这种协作将毫无效果。事实上，在他离开的数月，整个岛屿已经成为纷争和暴力的场所，其原因是大家根本就无视，或者更确切地说，公然违反他为维护殖民地安宁而制定的那些规则。为了说明殖民地目前的混乱状况，在此有必要简短地回顾这里近期发生的事情。它将展示众多实例中的一起，说明哥伦布为什么注定要收获其对手播种的恶果。

第二章

唐·佩德罗·马加利特的胡作非为，以及他的弃岛而去（1494）

现在应该回忆一下，哥伦布在出发远航之前，将军队的指挥权交给唐·佩德罗·马加利特，命令他在岛上进行一次军事巡游，向当地人展示军事力量，让他们产生敬畏，但是要公平合理、亲切友好地对待他们，赢得他们的好感。

其时，该岛分为五个管辖区，每个辖区由一个酋长统领，该酋长为世袭，拥有绝对的权力；此酋长属下还有众多效忠于他的附庸酋长。排在第一位或最重要的辖区占据了皇家大平原的中部。那是一个富饶美好的地方，部分区域以不完善的方式进行了耕种，部分地区覆盖着宏伟的森林，印第安集镇星罗棋布，众多河流将其灌溉，多数河流从锡瓦奥山脉奔腾而下，在其南部边界，河沙里掺杂着金沙。这位酋长的名字是瓜里奥尼克斯，他的祖先已经在此地统治了漫长的岁月。

第二个辖区是玛里安，属于瓜卡纳加利的治下，哥伦布在第一次远航的时候，其旗舰就是在前者的海岸边发生了海难。这是一片辽阔而肥沃的疆土，其地界始于该岛最西端的圣尼古拉斯海角，沿着北部海岸延伸至大河雅基，该河后来又叫蒙特克里斯蒂，其区域包括皇家大平原的北部，那时被称为弗朗索瓦海角平原，现在名为海地恩角。

第三个辖区的名字是玛瓜纳。其疆界始于奥泽玛河，延伸至湖泊区域，占据了该岛中部位于锡瓦奥山脉南面的主要区域，是海地的矿产区。此地由那个大酋长加勒比人卡奥纳沃统辖，他是最凶猛、最强大的野蛮人首领、白人的顽敌。

第四个辖区的名字来自一个叫哈拉瓜的大湖泊，是人口最多、地域最广的辖区。它囊括了整个西海岸，包括狭长的蒂伯龙海岬，并沿着该岛南面延伸了相当广阔的范围。此辖区的居民体形优美、神态高贵、言辞更为得体，其举止比岛上其他地区的原住民更加柔和优雅。该地区的君主名叫贝赫奇奥，他的妹妹安纳卡奥娜的美貌闻名全岛，是相邻大酋长卡奥纳沃最钟爱的妻子。

第五个辖区是伊圭，它占据了该岛的整个东部地区，其北部以萨玛纳湾和部分尤纳河为界，在西面以奥泽玛河为界。此地的居民是岛上最活跃、最好战的民族，由于加勒比人经常袭击他们的海岸，他们已经从那些人那里学会了使用弓箭。据说他们还会使用有毒的武器。然而，他们的勇敢仅是相对而言，在欧洲武器所带来的恐怖面前仍然无济于事。统领他们的酋长名叫科图班纳摩。

这就是该岛被发现时原有的五个辖区。岛上的人口数量从来没有清楚地明确过。一些人说有上百万人，但是这个数字被认为是言过其实。然而，当时人口必定不少，而且，倘若存在任何一般意义上的敌意，其人数将少数欧洲人的安全置于险境绰绰有余。

哥伦布相信自己安全的部分原因来自西班牙人的武器、马匹在当地人心中引起的敬畏以及他们是超人等想法，但主要还是他所采取的温和、仁慈等怀柔措施赢得了印第安人的好感。

马加利特带着大部分队伍开始了他的远征，留下阿隆索·德·奥赫达负责圣托马斯要塞。但是，他没有按照要求去探索锡瓦奥那些崎岖陡峭的大山，而是下行进入了大平原那富饶的地区。他在那些人口稠密和热情好客的印第安村庄逗留，忘记了自己的任务目标和舰队司令的指令。一位背离自己职责的指挥官的属下自然不会纪律严明。马加利特的追逐感官享受被其随行人员效仿，他那支小部队很快就成为比一群疯狂的掠夺者好不了多少的人。曾有段时间，印第安人以其一贯的待客之道为西班牙人提供食物，但是这些人节省，还不能未雨绸缪，他们那寥寥无几的储粮很快就被西班牙人耗尽。印第安人声称，一个西班牙人一天消耗的食物比一个印第安人一个月吃的还多。如果印第安人拒绝提供粮食，或者供给不足，西班牙人便以暴力夺取，既不给当地人任何补偿，也不采取措施安抚他们的恼怒。他们对黄金的贪欲也导致了诸多不公正和压迫行为，但最重要的是西班牙人与当地妇女放纵的行为冒犯了他们最宝贵的感情。事实上，他们已经不把自己当作客人，很快就显露出主人的蛮横之气；他们不但没有成为开明的恩主，反而成为利欲熏心、行为放荡的压迫者。

这些过分荒淫的行为，以及他们在当地人中唤醒的厌恶和不耐烦等消息，很快就传到了唐·迭戈·哥伦布那里。经议事会同意，他写信给马加利特，指责他的行为，并要求他按照舰队司令的要求继续其军事之旅。马加利特的自尊被此责备惹火了，他认为，或者说假装认为，自己拥有独立的指挥权，他的行为可以凌驾于议事会的权力之上。出生于一个古老的家族，占持着国王的宠爱，他打心底瞧不起新晋贵族迭戈·哥伦布，对其极为轻视。在回复主席和议事会命令的那封信函中，他不仅语气傲慢无礼，而且还带有军事挑衅。他继续与其随员驻扎在皇家大平原，坚持对当地人施以暴行和压迫，对岛上的安宁造成了毁灭性的影响。

他对当权者的傲慢违抗得到殖民地那些贵族出身的骑士和冒险者的支持，那些人在一些西班牙人小心守护、引以为傲的礼仪细节方面受到深深的伤害。他们不能忘记也不会原谅舰队司令在紧急状态下采取的严格、公平措施，让他们忍饥挨饿，与贫民一起劳动。他们更不能容忍他的兄弟迭戈的权威，因为他缺乏身居要职应有的个人优势。因此，他们在殖民地结成了一种贵族小集团，刻意将哥伦布及其家人当作纯粹的唯利是图之人和自命不凡的外国人，他们以众人的辛劳和痛苦、以践踏西班牙绅士和骑士为代价，建立自己的家产。

除了这些同党，马加利特在其同乡中还有一个强大的盟友——修士博伊尔，他是宗教兄弟会的头目、议事会的成员之一、新世界教区的使徒牧师。要确定这个神圣修士对舰队司令产生敌意的起始原因并非易事，后者对神职人员从来没有短缺过什么。然而，他们之间发生了各种争执。有人说，为了殖民地的安全，舰队司令采取了一些严厉措施，而修士对此横加干涉；另外一些人则认为他是因为自己及其家庭受到了轻蔑而充满愤恨，因为舰队司令让他们与普通人一样被限量供应食物。但是，似乎是殖民地提供的活动范围让他感到普遍失望和反感，并且颇为后悔地追忆旧世界的生活。他既没有满腔热情的渴望，也缺乏坚韧的自我奉献精神，这种精神鼓舞了那么多西班牙传教士，满怀改变异教居民信仰的希望，勇敢地面对新世界所有的艰辛与匮乏。

在如此强大党羽的鼓动和支持之下，马加利特开始认为自己真正可以凌驾于海岛临时管理机构之上。每次来到伊莎贝拉，他根本不把唐·迭戈·哥伦布放在眼里，更不尊重议事会，表现得好像他才是至高无上的统领。他在大多数对哥伦布不忠、对自己在殖民地的生活不满之人当中，组成了一个政治阴谋集团。其中首要的煽动者就是修士博伊尔。他们密谋夺取唐·巴塞洛缪·哥伦布带来的船，然后乘船返回西班牙。马加利特和博伊尔都很受国王恩宠，他们认为只要假装热心公众利益，就很容易证明他们放弃自己的军事和宗教职责是正当行为，他们得赶紧回国报告此地在其统治者的暴政和压迫之下的悲惨状态。有些人把马加利特的突然离去归咎于他的恐惧，因为舰队司令回来会对他的行为展开严厉的军事调查；另外一些人则认为马加利特放纵的私生活，使他染上了一种在那个年代不可知的怪病，而他本人将其怪罪于当地的气候，希望返回西班牙获得医治。不管原因是什么，他采取的措施非常轻率，根本没有征求任何管理者的意见，也不管他离开之后会产生怎样的后果。带着一帮反叛者，他和修士博伊尔夺取了海港的部分船只，起航返回西班牙，新世界的第一个将军和最高神职人员带头成为擅自放弃自己职责的反面榜样。

第三章

与当地人起纷争——阿隆索·德·奥赫达遭到卡奥纳沃的围攻（1494）

佩德罗·马加利特的离去让军队群龙无首，仅有的一点约束或纪律也就此终结。像士兵这样一群乌合之众，将他们毫无目标地搁置在一个毫无防范的地区，再也没有什么比此机会更让他们放纵自己的了。他们现在或成群结队或单身一人，随其所愿地散落在印第安村子里，沉迷于各种无节制的放纵行为，要么贪财、要么贪色。当地人呢，看见自己的友好款待得到如此的回报，他们非常愤慨，从此拒绝供应任何食物。不久，西班牙人就开始体验到饥饿的压力，于是，只要能找到粮食，他们便将其占为己有，伴随着这些强夺行为的是肆无忌惮的暴力。最后，这一系列罪恶昭彰的暴行，终于让本性温柔与平和的原住民产生了愤恨，将他们从对人深信不疑、热情好客的东道主转变成为报仇心切的敌人。哥伦布嘱咐的所有注意事项都被弃之不顾，他所担心的恶行成为现实。印第安人天性胆小，当西班牙人多少还是一支团结而纪律严明的力量时，他们不敢与之抗衡，然而，一旦他们遇见在外面四处游荡、寻找食物的小队人员或独自行动的个人时，他们便对其施以血腥报复。这些小规模胜利鼓舞了印第安人，而且由于没有受到任何惩罚，他们的敌对行动越来越令人担忧。瓜提瓜纳是住在格兰德河边一个大集镇上的酋长，属于皇家大平原的君主瓜里奥尼克斯的辖区，他就处死了10名西班牙人。这些人住在他的集镇上，以自己的放荡行为激怒了当地居民。这场屠杀之后，他纵火焚烧了一栋住着46个西班牙人的房子。这些成功让他非常得意，他扬言要攻击一个名叫马格达莱纳的小要塞，该要塞最近才在瓜提瓜纳集镇附近的大平原上修建起来，其指挥官路易斯•德•阿里亚加仅有一支弱小的驻军。因而，守军们不得不躲进墙内，等候伊莎贝拉救援的到来。

然而，西班牙人最可怕的敌人是卡奥纳沃——玛瓜纳地区那位加勒比人大酋长。凭借着天生的军事才干以及优于普通野蛮人的智力，他有着引以为豪的勇猛精神并受此鞭策，还有三个勇敢的兄弟让其如虎添翼，而且无数部落都听命于他。白人侵入该岛一直让他大为忌恨，而在其统治中心建立的圣托马斯要塞尤其让他恼怒。当军队在皇家大平原还可以随时待命的时候，还能够抑制他组织的任何攻击，但是，当马加利特离去，军队随之瓦解分散，他采取标志性打击的时机似乎到了。要塞孤立无援，仅有50位驻军。采取突袭和秘密行动，也许他可以靠自己的力量打垮它，重现他在纳维达德要塞制造的恐怖。

然而，诡计多端的大酋长要对付的圣托马斯指挥官却是一个不同类型的敌人。阿隆索•德•奥赫达经历过摩尔人战争的锤炼。他精通各种佯攻、谋略、潜伏和狂暴攻击。因此，再也没有人比他更适合应对印第安武士了。他有勇往直前的勇气，部分是源于其天生的热情和性情中的暴力倾向，而且在很大程度上，源于他的宗教迷信。他曾经参与过与摩尔人和印第安人的战争，参与了公开战役和私人战斗、打架、斗殴，以及各种遭遇。轻率和凶猛的精神，以及对冒险的热爱促使他参与这一切，但是他从未受过伤，甚至没有流过一滴血。他开始怀疑，是否任何武器都没有能力伤害他，并认为自己是受到了圣母的特殊庇护。作为一种宗教护身符，他有一幅小型张的佛兰德斯圣母画像，是他的保护人、巴达霍斯（Badajoz）的主教丰塞卡送给他的。他随身携带此画像，无论在城市、军营还是在战场，它都是他经常祈祷和祈求神灵保佑的对象；无论在要塞还是在营地，他都会将这幅圣母画像挂在寝室或帐篷里面。在蛮荒之地的艰苦远征途中，他会将其放在自己的背包里，每当时机允许，他就会把它取出来固定在树上，向这位军事守护女神祈祷。总之，他以圣母的名义发誓，无论是去打架还是战斗，他都会祈求圣母，在圣母的庇护之下，他随时准备从事任何事业或冒险。这就是阿隆索·德·奥赫达，诚敬而顽固盲从，生活中无所顾忌，精神上无所畏惧，一如当年许多漂泊的西班牙骑士。虽然身材矮小，他却是集力量和勇猛为一身的奇才，撰写早期航海大发现年代史的编者们叙述了他的勇猛和壮举所创造的奇迹。

对要塞进行一番侦察之后，卡奥纳沃召集了一万名武士，他们手持战棒、弓箭，以及经过火淬硬化的长矛，偷偷地穿过森林，突然来到了要塞附近，期待趁驻军疏于防范的时候发起突袭。但是，他发现奥赫达的队伍谨慎地留在他的塔楼里，塔楼修建的高度几乎不可企及，一条河流差不多将要塞全部包围起来，余下的空地横隔着一条深沟，专门用以抵御这些裸体武士的攻击。

见自己的企图受挫，卡奥纳沃希望借饥饿削弱要塞的力量。为此，他将自己的武士派遣到相邻的森林里，在每条通道上设伏，以便拦截当地人向要塞输送任何给养，并切断从要塞出去搜寻粮草的所有路径。此次围困或封锁持续了30天，驻军陷入了极其危急的境地。有一个流传的故事，奥维耶多认为与该要塞前指挥官佩德罗·马加利特有关，但是此事更可能发生在阿隆索·德·奥赫达身上，因为那个故事发生在这场围困期间。那时，驻军正被饥荒折磨得痛苦不堪，有位印第安人获得了进入要塞的机会，他为指挥官带来了一对斑尾林鸽供其食用。当时指挥官正在塔楼的一个房间里，身边围着几位军官。看到他们盯着鸟儿，眼里充满饥饿之人那种渴望。“非常遗憾，”他说，“这点东西不够我们所有人吃上一顿，我可不能在你们大伙儿都挨饿的时候享受这口福。”说完之后，他从塔楼的一个窗户放飞了鸽子。

被围困期间，奥赫达表现出了极其活跃的精神和强大的生存能力。他挫败了加勒比酋长的所有诡计，使用各种计谋解救驻军、打击对手。无论敌人以何种力量出现，他都能迎面出击，并以他那闻名于世的迅猛和英勇冲锋在前，率领自己那支势单力薄的队伍大量地杀伤敌人，而且和往常一样，在长矛横飞、箭雨齐发中毫发无损。

卡奥纳沃目睹自己许多最勇敢的武士被杀。他的力量开始减弱，因为印第安人不适应任何持续作战的行动，对这次围攻产生了厌倦，每日都有许多人返回家园。因此，他放弃了所有进一步进攻要塞的尝试并撤退了，心中充满对奥赫达的勇猛和功绩的钦佩。

不安分的首领并没有因为这次行动的失败而气馁，反倒开始寻思一个更大胆、更广泛的计划。他秘密潜入伊莎贝拉附近，注意到定居点的虚弱状态。许多居民都遭受各种病痛的折磨，而且大部分有能力拿起武器的人都被派到各地去了。他开始构思在大酋长之间建立一个总联盟的方案，准备突袭、打垮定居点，在任何地方见着西班牙人都格杀勿论。一旦消灭了这一小撮入侵者，他相信该岛不会再遭受任何类似的骚扰。这是面对一场无望较量所产生的痴心妄想，无论在哪里，一旦文明人在那里落脚，野蛮人的势力便会一去不复返。

关于西班牙人放肆行为的消息已传遍了全岛，让那些即使从未见过西班牙人也没有遭受过他们恶劣行径折磨的部落，都对他们产生了仇恨和敌意，更不用说那些受害者了。卡奥纳沃发现三个首脑酋长意欲与他合作，尽管他们对西班牙人的超自然力量、可怕的武器和狰狞的动物深感敬畏。可是，该联盟却在第五个大酋长瓜卡纳加利—玛里安地区的君王那里遭到了意想不到的反对。他在此危难时刻的行为完全证明了西班牙人对他的怀疑极为不公。他拒绝带着自己的力量与其他大酋长会合，也不愿意违反那些友好待客的原则。正因为这些原则，自从西班牙人的船在他的海岸失事之后，他就认为自己必须保护和帮助白人。他安静地待在自己的领地，自费接纳了100个痛苦不堪的士兵，以其一贯的慷慨提供了他们需要的所有物资。此行为引来岛上其他大酋长的憎恶和敌意，特别是暴烈的加勒比人卡奥纳沃和他的妻兄贝赫奇奥。他们闯入他的领地，对他施以各种伤害和侮辱。贝赫奇奥杀害了他的一个妻子，卡奥纳沃掳走了另外一个。但是，什么都不能动摇瓜卡纳加利对西班牙人的忠诚，而且，由于他的领地直接与定居点相邻，其他大酋长住所都非常遥远，缺少他的合作竟一时阻碍了其他同盟者的恶毒计谋。

这就是殖民地事务陷入的危急状态，这就是哥伦布离岛期间，殖民者在海岛人民当中引起的强烈敌意，这是他们违反了他的所有规则造成的恶果。马加利特和修士博伊尔急匆匆地赶回西班牙，拟对岛上的不幸做出虚假报告。假如他们仍然忠实于自己的岗位，不是那么急切地辜负赋予他们的信任，这些不幸即使不能完全防止，也很容易补救。

第四章

哥伦布采取措施恢复该岛安宁——奥赫达远征突袭卡奥纳沃（1494）

哥伦布从古巴刚回来，因为身体不适还卧床不起的时候，瓜卡纳加利的一次主动来访让他非常欣慰。他极为关心舰队司令的病情，他对舰队司令似乎一直怀有一份真挚的尊敬。他再次声泪俱下地讲述了纳提维提要塞大屠杀，详述了他为保护西班牙人所做出的努力。现在，他将大酋长之间结成的秘密联盟告知哥伦布，以及由于他的反对，自己随之遭受的迫害：他的妻子们一个被杀害、一个被俘虏。他敦促舰队司令要防范卡奥纳沃的诡计，并表示愿意带领他的子民上战场，与西班牙人并肩作战，这样做的目的一是为了他们之间的友谊，同时也为自己所受到的伤害复仇。

哥伦布的心中一直铭记着瓜卡纳加利的古朴善良，现在对其诚实的怀疑彻底消除了，舰队司令由衷地感到喜悦。他们重新开始了先前的友好交往，不过彼此的关系发生了转换，瓜卡纳加利曾经一度抚慰和救助过的海难陌生人，突然变成了他本人及其同胞命运的决定者。

欧洲人的恣意妄为在这个和平的岛屿所激起的愤怒和混乱状

态让哥伦布深为忧虑。他看到自己为两个君王立即产生收益的所有计划都被彻底阻止了。恢复岛屿安宁需要熟练的管理技巧。他的力量薄弱，曾经以为白人是超级人类的当地人，在某种程度上已经打消了对白人的敬畏。

他本人病得很厉害，无法亲自参与任何战事；他的弟弟迭戈生性不好战，而巴塞洛缪在西班牙人中间还是陌生人，殖民地的主要人物都对他有所嫉恨。不过，哥伦布认为能够形成威胁的大酋长联盟还没有完全建立起来，他相信那些人缺乏战争技能和经验，便考虑采取及时的措施，通过周密部署，惩罚一部分人、安抚一部分人，武力与计谋兼施、恩威并重，他有可能成功地消除岛上的威胁风暴。

他需要操心的第一件事就是派遣一队武装人员去解救马格达莱纳要塞，那里正面临着被格兰德河的酋长瓜提瓜纳毁灭的威胁，正是他屠杀了驻扎在其集镇上的西班牙人。要塞解救之后，那支军队肆虐了瓜提瓜纳的领土，杀了他的许多武士，掳走其余的人，酋长本人却设法逃走了。他是皇家大平原首脑酋长瓜里奥尼克斯的分支。由于这个印第安人统治的地区幅员辽阔、人口众多，他的友谊对于殖民地的繁荣至关重要，同时，目前迫在眉睫的危险是驻扎在其领土上的西班牙人肆无忌惮的恶行使之产生了敌意。因此，哥伦布派人去请他，向他解释，西班牙人那些过激行为违反了他的命令，与他对本土人的善意背道而驰，他的愿望是想方设法取悦他们、为他们谋取利益。他还解释道，远征瓜提瓜纳的目的仅是单纯的个人惩罚，并不是针对瓜里奥尼克斯领土的敌意。

酋长性情安静、易于和解，不管他有多么愤怒，都很容易被安抚。为了让他在一定程度上与西班牙的利益绑在一起，哥伦布说服他让自己的女儿嫁给印第安译员迭戈•科隆。作为一项加强防范来自大酋长方面任何敌意的措施，并确保皇家大平原重要区域的安宁，他下令在大酋长的领地中央修建一座要塞，并将其命名为康塞普申要塞。脾气随和的大酋长毫不犹豫地答应了这一项将来会导致自己毁灭、其人民被奴役的措施。

尚待处理的敌人是最难对付的卡奥纳沃。他的领地位于岛屿中部的山区，那里怪石嶙峋、森林盘结、河流密集，难以进入。如果向这个精明凶悍的首领开战，那么在其领地那些蛮荒的林海深处，在他那些山上的堡垒之间，每一步都会遭遇伏击的危险，而且这样的行动会耗费时间，随时面临险境和不确定等问题。与此同时，定居点将永远不能免于其大胆的秘密行动，矿山的工作将因为频繁中断而受到影响。正当哥伦布在这个问题上一筹莫展的时候，阿隆索•德•奥赫达的请战让他如释重负。奥赫达准备通过计谋擒获那个加勒比酋长，并将他活着交到哥伦布的手中。该计划疯狂、危险、浪漫，很符合奥赫达的个性：喜欢以炫耀似的壮举和不顾一切的勇敢功绩来突出自己。

奥赫达挑选了10名大胆而强壮的随从，他们全副武装、骑着好马。他向自己的保护女神圣母祷告之后，像往常一样将圣母的画像当作保护措施带在身上，然后一头扎进森林。奥赫达在卡奥纳沃那片荒蛮的领地挺进了60余里格，在后者那个人口最多的集镇上发现了他。那个集镇即是当今的玛瓜纳，与圣胡安镇毗邻。

他像对待一个国君一样极为尊重地走近那个大酋长，自称到这里是为了完成一项友好的使命，他受舰队司令关密基纳或西班牙人的酋长委派，来此送他一件珍贵礼物。

卡奥纳沃曾在战斗中领教过奥赫达的厉害，他目睹了他充满激情的勇猛，对他怀有一份武士之间惺惺相惜的敬仰。他以一种骑士般的礼节接待了奥赫达，不知这个表达是否适用于森林里一介山野武夫那种未受教化的状态和粗暴的待客方式。奥赫达那种自由自在、无所畏惧的举止，强大的个人力量，在所有男性行为中表现出的那种令人惊讶的机敏和灵巧，以及他对各种武器的娴熟运用，都能取悦一个野蛮人，他很快就赢得了卡奥纳沃的喜爱。

奥赫达动用他所有的影响力说服酋长前往伊莎贝拉，去那里与哥伦布签订条约，成为西班牙人的盟友和朋友。据说，作为诱饵，他主动提出送给大酋长伊莎贝拉教堂的钟。这口钟是岛上的奇观。当印第安人听见钟声为弥撒敲响，看见西班牙人急忙赶往教堂，他们便想象那座钟能说话，而白人都听命于它。由于迷信与西班牙人相关的一切事物，他们把这座钟看作是某种超自然的物件，按照他们惯常的说法就是来自“图里”，即天上。卡奥纳沃在定居点周围潜伏的时候，曾远远地听见过钟声，并渴望能得以一见，所以当它被作为和平礼物呈现给他的时候，他发现自己根本不可能抵挡其诱惑。因此，他同意动身前往伊莎贝拉，但是到了出发的时候，奥赫达吃惊地看见一队强大的武士集合起来准备行军。他询问带着这样一支军队去进行一次纯属友好访问的意义何在，酋长自豪地回答道，像他这么伟大的国君，外出侍从太少有失身份。

奥赫达对此答复一点也不满意，他深知卡奥纳沃的好战性格以及他那深藏不露的精明，他担心某种阴险诡计——突袭伊莎贝拉要塞，或者针对舰队司令本人的什么意图。他也知道哥伦布的愿望，要么是与该酋长媾和，要么就是不通过公开战争擒获他本人。因此，他不得不求助于战略手段，此事颇有些寓言性质和浪漫气息，几乎所有当代历史学家对此都有记载，且情形大同小异，并且，拉斯•卡萨斯向我们保证，在事件发生大约六年后，他到达该岛时，那故事还在岛上流传。该故事与那个男人的冒险性格和胆大妄为很一致，也符合与印第安人打仗时所采取的那些疯狂计谋和自吹自擂的功绩。

行军途中，他们在小雅基河附近停下来休息，这条河是尼贝河一条很大的支流。一天，奥赫达用抛光钢制作了一副手铐，将手铐打磨得锃亮，使其看起来像银制品。他向卡奥纳沃保证此物是皇室饰品，来自天堂或比斯开的“图里”，卡斯蒂利亚的国君们要出席庄重的舞会和其他高规格的庆祝活动才佩戴，而他打算将其作为礼物送给酋长。他建议卡奥纳沃下河沐浴，之后便给他佩戴这件饰品，再骑上奥赫达的马，以西班牙国君的姿态返回，让他的臣民惊诧羡慕。酋长被手铐的光亮晃得眼花缭乱，想到可以骑上让自己同胞如此恐惧的庞大动物，不由心里美滋滋的。所以他去河边沐浴，在别人的协助下上马坐在奥赫达身后，并戴上手铐。奥赫达转了几圈以便获得一些空间，他那一小队骑兵紧随其后，腾跃的战马让印第安人不断向后退缩。最后，他一溜烟冲进森林，直到树木隔断了外面军队的视线，将他掩盖起来。他的随从接着将他紧紧围住，并拔剑威胁卡奥纳沃，如果他发出任何喊叫或进行任何抵抗，他们立即杀死他。他们用绳索将他与奥赫达绑在一起，防止他坠落或者逃跑，随后他们策马而行，冲过河流，带着他们的战利品急忙穿过树林。

他们的归途还要穿过 50 ~ 60 里格的荒野，其间不时会出现印第安大集镇。尽管他们载着俘虏已经远离了其子民的追逐，但是仍然必须保持最大的警惕，以防止他在这漫长而辛苦的旅程中逃走，并避免激起任何同盟大酋长的敌对行动。因此，他们不得不避开该地区人口稠密的区域，或者在经过印第安集镇时全速疾驶。疲劳、饥饿和警惕让他们受尽折磨，他们经历了许多危险，涉水或游泳渡过了平原上的众多河流，艰难地穿越了盘根错节、藤树缠绕的森林，越过了高高的石头山。他们平安地实现了一切目标，奥赫达完成了这项最英勇、最具有他本人特色的任务，带着身后绑着的印第安野蛮人凯旋。

当这个危险的敌人交到他的手中时，哥伦布无法抑制地表现出了自己最大的满意之情。见到舰队司令时，那位傲慢自大的加勒比人一副高傲不屈的神态，拒绝投降接受调解，对斥责他为了报复屠杀白人一事嗤之以鼻。他的精神从来没有屈从于囚禁，相反，尽管他现在完全听凭西班牙人的处置，他仍表现出了印第安人英雄气概中那种夸耀似的挑衅。野蛮人常以此蔑视、对抗折磨自己的人，即便是身处柴火堆、面对火刑的痛苦时也是如此。他吹嘘自己突袭和烧毁纳提维提要塞、屠杀要塞驻军的功绩，并宣称他已经秘密地侦察过伊莎贝拉城，意图将其消灭，使之成为前者那样的荒芜之地。

哥伦布呢，虽然被该酋长的英雄气概所打动，仍然视其为危险的敌人。为了该岛的和平，明智的做法是将其送回西班牙。同时，他下令对这个被俘的酋长要待之以善意和尊重，并让他住在自己的寓所里，不过，在那里，酋长依然是戴着锁链的囚犯。这种预防措施非常必要，因为对他的监禁措施极不安全。拉斯·卡萨斯指出，舰队司令的房子并不宽敞，房间也不多，行人在街上就可以从大门看见被俘的酋长。

卡奥纳沃对待哥伦布始终保持傲慢的态度，但是他对奥赫达却从来没有表示过一丝憎恶。他相当敬佩奥赫达，认为他是一个完美的武士，因为后者能够像老鹰扑食一样突然扑向置身于护卫战士当中的自己，并将他带走。

每当哥伦布进入卡奥纳沃被关押的房间时，按照规矩，所有在场人士均应该起立，向他致敬，唯独大酋长既不行动也不把他放在眼里。与此相反的是，当奥赫达进去时，尽管此人个子瘦小，也没有任何表面地位，卡奥纳沃会起身并极为恭敬地向他致意。当有人问他为什么要这样做，哥伦布是瓜密基纳，是所有人的大首领，而奥赫达呢，不过是他的一个属下，骄傲的加勒比人回答道，舰队司令从来不敢亲自前往他家并擒获他，他是因为奥赫达的勇气才成了他的俘虏，因此，他只尊敬奥赫达，而不是舰队司令。

卡奥纳沃被掳让其子民感同身受，该岛居民似乎普遍对他们的酋长极为忠诚、十分依赖。卡奥纳沃有个兄弟是一位极具勇气和演说才能的武士，在印第安人当中很受欢迎。他集结了一支七千多人的队伍，率领他们悄悄来到圣托马斯附近，奥赫达正好再次成为那里的指挥官。卡奥纳沃兄弟的意图是突袭部分西班牙人，希望以此换取他的兄弟。像往常一样，奥赫达察觉到这个计谋，但是没有再次把自己关进堡垒。殖民地行政官派了一支小分队前来增援，他留下足够的兵力驻守，然后带着其余的人手和他那小队骑兵，大胆上前迎击野蛮人。看到西班牙人的到来，卡奥纳沃的兄弟表现出一定的军事技能，将自己的队伍分成五个营。但是，奥赫达率领他那小队骑兵猛烈进攻，印第安武士便陷入突如其来的恐慌之中。眼见这些身着钢铁铠甲的生物狂暴攻击，挥舞着他们亮闪闪的武器，骑着看起来很凶恶的捕食猛兽，他们扔下武器飞也似的逃走了。许多人被屠杀，更多人被俘虏，其中就有为了正义却注定要失败的事业英勇战斗的卡奥纳沃兄弟。

第五章

安东尼奥·德·托雷斯率领四艘船从西班牙来到殖民地——返航带走印第安奴隶（1494）

殖民地仍然遭受着给养匮乏的极大困扰，欧洲带来的储备已经差不多耗尽。也许是因为殖民者的懒惰和缺乏先见之明，也可能是当地人的愤怒反抗把他们搅得晕头转向，又或者是因为他们的眼里只有贵重金属，看起来他们完全忽略了该岛真正的财富——快速生长和高产的土壤，以致他们身处丰饶沃土，却一直处于饥荒不断的险情之中。

终于，安东尼奥·托雷斯率领四艘船带着充足的物资来了，他们的状况才得到了缓解。随船抵达的还有一名医生和一名药剂师，两人的援助对于疾病横行的殖民地无异于雪中送炭，但是最主要的，是来人中还有机械师、碾磨工、渔民、园丁和农夫——殖民地真正需要的结构人口。

托雷斯带来了两个君王万分感激的信函（信件的日期为 1494 年 8 月 16 日），表达了对舰队司令送回国内信件中的叙述十分满意，并认可其发现过程中的一切事务均实现了他当初预期的目标。他们表现出了对殖民地一应事务最浓厚的兴趣，希望能够经常收到有关他情况的消息，提议在伊莎贝拉和西班牙之间应该每月往返一艘轻快帆船。他们告诉他，与葡萄牙之间的所有分歧都进行了友好协商，告知西班牙与葡萄牙关于那条地理分界线的约定协议，他们将据此分割各自新发现的领土，要求他在发现过程中遵守该协议。鉴于即将与葡萄牙调整部署、划定预计的分割线，最好的建议将非常重要，因此，两个君王要求哥伦布返回西班牙并出席会议。或者，如果这样做不方便，请派他的弟弟巴塞洛缪或者他认为完全能胜任此项任务的任何其他人，带着诸如地图、海图、计划等在谈判中有可能用得上的文件。

另外还有一封信函写给殖民地居民以及所有从事大发现远航的人员，命令他们服从哥伦布，如同服从他们的君王本身一样毫无保留，任何违反者将以冒犯君威论处，并罚款1万马拉维地。

这就是西班牙君王给予哥伦布理所应当的信任，但是这种信任很快就被卑劣小人阴险的报告所损害。他已经意识到从殖民地传递回国的抱怨和错误陈述，会因为马加利特和修士博伊尔而愈加严重。他知道自己在西班牙的地位并不稳定，正如一个陌生人为外国效劳通常遭遇的处境。他在那里既没有朋友，也没有支持自己的关系，在那种地方，甚至他的功绩也会增加别人的忌恨而渴望将他打倒。他曾努力推动矿山开采，开发该岛的资源，然而，这些措施受到马加利特的不当行为和西班牙人普遍的混乱生活所阻挠。让他忧心忡忡的是，那些人造成的恶果反倒会成为攻击他的把柄，而且，缺乏丰厚的利润回报也会被加以利用，作为诋毁和羞辱其航海远征的口实。

为了抵消任何类似的错误陈述，哥伦布急忙备船回国，并打算随船返回。此行的目的不仅为了遵从君命，出席确定地理分界线的会议，而且还要维护自己及其事业免遭其敌人的中伤。但是，病痛让他卧床不起，使之不能成行，而且，他也需要弟弟巴塞洛缪的协助，利用其解决实际问题的智慧和果断刚毅的精神，规范岛上杂乱无章的事务。因此决定让自己另一个弟弟迭戈回国，一是满足两个君王的意愿，二是处理他在朝廷的权益。同时，他竭尽所能地随船送回令人满意的证据，以证明自己大发现的价值。他随船运回了自己能收集到的所有黄金和其他金属标本、各种果实和名贵植物样品，这些是他在伊斯帕尼奥拉岛或在远航途中收集起来的。由于渴望产生直接效益，补偿两个君王为此项事业通过皇家国库所承担的费用，他同时还送回500多名印第安俘虏，并建议将他们当作奴隶在塞维利亚出售。

发现哥伦布的皇皇声誉被如此肮脏的污点败坏是一件很痛苦的事情。然而，当时的风俗可以为他做一些辩解。此举先例由来已久，西班牙人和葡萄牙人，在其非洲发现过程中，奴隶贸易成为利润的最大来源。事实上，这种做法已经得到教会本身的许可，那些最有学问的神学家公然宣布，所有野蛮和异教徒国家，如果对基督教真理充耳不闻，那么就是战争和掠夺、俘虏和奴役的直接目标。如果哥伦布需要这一准则的任何真实例证，他可以在斐迪南本人的行为中找到。在与格拉纳达的摩尔人战争后期，他一直被一群倾听忏悔的神父所包围，并自称所做的每件事都是为了信仰的荣耀和进步。那次被定义为圣战的战争，其惯例做法是侵入摩尔人领土，夺取“牲口群（cavalgadas）”，不仅指牛羊，还有人类，不是指那些手持武器的武士，而是安静的村民、田间劳作的农民、无助的妇女和儿童。这些人被带到塞维利亚的集市或其他人口稠密的城镇，贩卖为奴。马拉加的沦陷就是一个令人难忘的实例，该城顽固而勇敢的防守，原本应该激发人们的钦佩之情而不是报复，然而，为了以示惩罚，11000人，不管男女老少、不分高低贵贱，其中不乏教养良好和精心培育之人，突然被迫离开家园、彼此分离，尽管已经支付了一半赎金，还是全部沦为卑微的奴隶。之所以提及这些情况，并不是为了证明哥伦布无辜，而是为他的行为做一些辩解。他的表现不过是顺应时代的习俗，并得到他所效劳的君王榜样的认可。拉斯·卡萨斯，这位印第安事务积极而热诚的支持者，一直在慷慨激昂、言辞激烈、无法自拔地反对奴隶制。说起哥伦布在这方面的问题，他更是恣意发挥、不能自持。他指出，如果那些被君王们视为向导和导师的诚敬和有学问之人，已然如此无视这种惯例的不公正，这也难怪胸无点墨的舰队司令不能意识到自己的不当之处。

第六章

哥伦布远征打击皇家大平原上的印第安人——战斗（1495）

尽管印第安人被奥赫达击败，他们仍然对西班牙人心怀敌意。想到他们的领袖成为戴着锁链的阶下囚，玛加纳的原住民不由怒火中烧。岛上其他部落也普遍对他的遭遇表示同情，这点说明那个聪明的野蛮人拥有多么广泛的影响、多么让人钦佩。他还有一些活跃而强大的亲戚，一直在试图营救他或为他的沦陷复仇。他有一个兄弟名叫马尼卡奥特克斯，是个加勒比人，像他本人一样大胆而好战，接替他统治其子民。而且，他最宠爱的妻子安纳卡奥娜以其非凡魅力闻名，对她的哥哥贝赫奇奥——人口大省哈拉瓜的大酋长有很大的影响力。通过这些途径，整个岛上酝酿着针对西班牙人激烈而广泛的敌意，而难以对付的酋长联盟，卡奥纳沃还是自由之身时没有组建成功，却由于他身陷囹圄而得以实现。唯独玛里安的大酋长瓜卡纳加利还与西班牙人保持友好关系，及时给他们通报了这场正在酝酿的暴风雨，并主动提出作为一个忠实的盟友与他们一起并肩作战。

哥伦布久病不愈，其军事力量也不足，疾病和给养匮乏让殖民者普遍体力不济，处境悲惨，这种状况让他一直在尝试通过各种调解手段和战略措施避免和瓦解酋长联盟。后来，他终于恢复了健康，船队送来的物资也在一定程度上让其随员们的体力得到补充，重新振作起来。正在此时，他收到情报，得知联盟的大酋长们实际上已经在皇家大平原上聚集起庞大的队伍，距离伊莎贝拉仅需要两天的行军时间；他们打算向定居点发起总攻，准备以多胜少，打垮伊莎贝拉城。哥伦布决定立刻上战场，将战争引向敌人的领土，那样好过在自家门口战斗。

在殖民地目前虚弱的状态下，他能集合起来的可靠而有效的力量不超过 200 步兵和 20 匹马。他们用弩、剑、长矛、步枪或重型火绳钩枪武装自己，那时，重型火绳钩枪在使用时需要支架，有时也将其安装在轮子上使用。有了这些令人敬畏的武器，人数较少的欧洲武士披挂着钢铁铠甲、盾牌挡身，就能够应付成千上万的裸体野蛮人了。而且，他们还有另一种援助，20 条侦探猎犬，这种动物和马一样让印第安人恐惧，却比马要致命数倍。猎犬无畏、凶猛，没有什么可以使其畏缩，一旦它们抓住猎物，没有什么可以迫使它们放弃自己抓住的东西。印第安人赤裸的身体对于他们的攻击没有任何防范。猎犬们扑向他们，把他们拖倒在地、撕成碎片。

舰队司令此次远征由他的弟弟巴塞洛缪陪同，他在所有场合都需要后者的建议和帮助。巴塞洛缪所拥有的不仅是巨大的个人力量和百折不挠的勇气，还有果断的军事应变头脑。瓜卡纳加利也带着他的人民上了战场。然而，无论是他本人还是他的子民生性都不好战，因而也没有指望他们能提供多大帮助。他肯合作的主要好处是可以完全切断他与其他酋长之间的瓜葛，确保他自己及其子民对西班牙人的依赖。目前的殖民地还处于脆弱的初建阶段，其安全主要是依靠在岛上各种本土势力之间挑起嫉妒和纷争。

1495年3月27日，哥伦布带着他的小队人马从伊莎贝拉出发，每天行军10里格去寻找敌人。他再次登上了那个骑士隘口，正是在那里他第一次将皇家大平原尽收眼底。此刻注视着眼下的大平原，他的感受是怎样的不同以往啊！白人邪恶的欲望已经将这一大片欢快、美丽、曾经安宁友好的地区，转换成为充满愤怒和敌意的土地。树林中只要有印第安小镇冒出炊烟，就标志着那里有一大群被激怒了的敌人，他脚下茂密幽深的森林中就充斥潜伏的武士。在其想象为这个本性和顺、不触犯他人的民族所勾勒的画面中，他曾经自鸣得意地认为可以作为保护者和施惠者统治他们，但是现在呢，他发现自己被迫显露出征服者的可憎面目。印第安人从自己的探子那里已经得知哥伦布的到来，虽然他们已经对白人的作战方式稍微有了一点经验，但是其人数上的优势仍然让他们非常自信，据说他们召集的兵力达10万人。这可能是夸张的说法，因为印第安人从来没有以战斗队形出现在开阔的战场上，他们只是在森林中潜伏，因此很难断定他们的兵力；他们移动迅速，可以从不同的位置一下子突围和撤退，同时在林地对应的两头发出狂叫和呐喊，意图形成一种人多势众的虚张声势。但是，印第安人的兵力必定庞大，因为是这个人口稠密的岛屿上几个大酋长联合组成。这支队伍由卡奥纳沃的兄弟马尼卡奥特克斯指挥。印第安人的识数能力很差，“10”之外的数字就不能计算了，但是他们拥有自己的简单方式来确定和描述敌人的力量，即以一颗玉米粒或者印第安玉蜀黍来计算每个武士。所以，当躲在岩石和灌木丛中的密探看见哥伦布到来，回去报告时仅抓了一把玉米粒表示来军的人数，酋长们便嘲笑起来，居然带着区区这么少的人就敢迎头抗击他们数不清的大军。

哥伦布走到离敌人较近的地方，在已经修建起来的圣杰戈镇附近停下。印第安大军在马尼卡奥特克斯的率领下，已经在一片密布着簇簇森林树木的平原上严阵以待，那个地方如今以马坦萨稀树草原著称。在查明了敌人的庞大兵力之后，唐•巴塞洛缪建议，他们的小队人马应该分解为小分队，从几个地方同时攻击印第安人。他们采纳了这个计划。于是，步兵分成不同团队，从各个方向突然鼓号齐鸣向前挺进，在树林的掩护之下发射毁灭性的火器弹药。印第安人乱作一团。四面八方都好像有一支军队向他们扑过来，他们的同袍武士被森林里发出的雷电击倒在地。正当印第安人在这些攻击之下挤作一团、一片惶恐之际，阿隆索•德•奥赫达带着骑兵部队猛烈地冲击着他们的主力队伍，用长矛和佩剑横冲直撞。马群压倒、吓坏了的印第安人，马背上的骑手们所向披靡，狠狠地击打敌人。同时，猎犬冲向赤身裸体的野蛮人，攫住他们的喉咙，将他们拖倒在地，扯出他们的肠子。印第安人不熟悉任何种类的大型凶猛四足动物，这些凶恶动物的攻击使他们惊恐万状。他们认为马也同样凶残，要吞噬他们。此次较量，如果可以这样说，持续时间相当短暂。

印第安人哀号着、惨叫着四散逃离，有的爬上岩石和悬崖顶上，在那里可怜地哀求，主动彻底投降；许多印第安人被杀害，大量被俘虏，同盟到此刻已经被彻底粉碎和瓦解了。

瓜卡纳加利信守自己的诺言随同西班牙人上阵打仗，但在此战或不如说是此次溃败中，他顶多是个看客。他不具备尚武精神，尽管与胜利者一方同盟，他和他的子民面对这次非同寻常、突然爆发的可怕战争，还是因为畏怯而退缩了。他在战争中参与白人一方的行为永远也得不到其他大酋长的原谅，他回到自己的领地，背后是所有岛民的仇恨和诅咒。

第七章
原住民屈服——征收贡金（1495）

哥伦布乘胜追击，在岛上进行了一次军事之旅，去各地迫使岛民降服。当地人偶尔也尝试反抗，但很容易被制止。奥赫达的骑兵队伍起到了很大作用，他们行动迅速，指挥官积极勇猛，马匹也激发了极大的恐怖。对奥赫达而言，再也没有其他任务如此疯狂和危险了。如果该地区一个遥远的地方发生了任何战事，他便带着骑兵小分队穿过森林深处，像雷霆一样降落在敌人头上，让所有联合者仓皇失措，迫使他们绝对投降。

皇家大平原很快被征服。辽阔的大平原完全平坦，很容易被骑兵践踏征服，骑兵的出现威慑了人口最密集的村庄。此地的君王酋长瓜里奥尼克斯性情温和，容易和解，虽然受到毗邻首领的唆使起兵，他还是愿意屈从于西班牙人的统治。卡奥纳沃的兄弟马尼卡奥特克斯也被迫求和。作为同盟的主要推动者已然如此，其他酋长便纷纷效仿。唯独哈拉瓜的大酋长卡奥纳沃的妻兄贝赫奇奥没有投降的迹象。他的领地远离伊莎贝拉，地处该岛西端，四周是被称为莱奥甘海湾的深水湾，以及名为蒂伯龙角的狭长半岛。这些地方难以进入，至今尚未有白人光顾。他带着妹妹退隐到自己的领地，他的妹妹就是美丽的安纳卡奥娜，卡奥纳沃的妻子。在她遭遇不幸的时候，贝赫奇奥对她充满兄长的怜惜，她很快就获得与其兄长几乎同等的权力，可以支配他的子民，并且注定要在岛上后来发生的一些事件中显露身手。

被酋长联盟逼迫开战之后，哥伦布现在开始行使征服者的权力，并考虑怎样才能将其征服的利益最大化。一直萦绕在他心头的焦虑是怎样才能带着财富返回西班牙，补偿君王为此行付出的巨大开支，满足公众的期望，他们曾经为此那么兴奋。当然，最重要的是消除那些诽谤中伤者的鼓噪，因为他们已经先行回国，必定会对他的发现进行最令人沮丧的描述。因此，为了获得大项直接收益，他设法对已经臣服的地区征收沉重贡金。在皇家大平原、锡瓦奥以及所有矿区，凡年满 14 岁以上的个人，每人每三个月都要求缴纳 1 佛兰德斯铜铃铛的金沙。酋长本人必须上交的贡金数额更大。卡奥纳沃的弟弟马尼卡奥特克斯，则被迫每三个月交纳半葫芦黄金，价值高达 150 比索。那些远离矿山、不产黄金的地区，每人每三个月必须交纳 1 阿罗瓦（25 磅）棉花。每个交纳了这些贡金的印第安人，会获得一块铜牌作为支付凭证，并须将其挂在脖子上，那些脖子上没有此凭证的人会遭到逮捕，并受到惩罚。

强加的税收和贡金逼迫当地人受苦受难，因为他们已经习惯于自己酋长的轻税方式，而大酋长们自身也发现这种强求勒索难以忍受。皇家大平原的首脑瓜里奥尼克斯，向哥伦布陈述了自己履行进贡条款的困难。他那富饶肥沃的平原不产黄金，虽然他领地边界的群山有金矿，山间的溪水和急流将冲下来的金粒融入河沙里了，可是他的子民不懂淘金技术。因此，他提议，与其让他缴纳现在规定的贡品，不如让他种谷物，从岛屿这边的大海种到对面的大海。那么大片土地，拉斯·卡萨斯说，可以供给整个卡斯蒂利亚王国吃上 10 年面包。

他的提议被拒绝了。哥伦布知道，只有黄金才能满足西班牙被激发出来的贪婪梦，才能确保其事业的知名度和成功。但是，眼瞅着许多印第安人不能完成规定的金沙份额，他将定额降为半铜铃铛。

为了加强征收贡金，维护该岛的臣服，哥伦布加强了已建成要塞的防御能力，新建了其他要塞。除了伊莎贝拉和锡瓦奥群山之中的圣托马斯要塞之外，他在皇家大平原上又修建了马格达莱纳要塞，其位置在圣地亚哥老城区遗址附近，亚拉瓜河边，随后在距离此地 2 里格的地方建起了一座新城；另一座要塞是圣卡塔利娜，地址在埃斯特西亚 - 雅基河附近；还有一座名为拉埃斯佩兰萨，在雅基河岸边，正对着大山隘口那个称之为“西班牙绅士之路”，即如今的玛尔尼通道。但是，在这些新建的要塞中，最重要的是康塞普申，该要塞建在皇家大平原上最美丽、最富饶的一个地方，距离拉埃斯佩兰萨要塞东侧大约 15 里格，控制着瓜里奥尼克斯那广袤而人口众多的领地。

就这样，该岛被套上了奴役的枷锁，并且这种奴隶地位被有效地控制起来。当地人陷入深深的绝望之中，他们发现强加于自己的苦役永无止境，且因为定期、周而复始而与日俱增。岛上的原住民身体较弱、生性懒散，不习惯任何形式的劳动。而且，由于气候温和，树林里果实丰硕，他们成长的环境闲适散漫，死亡本身似乎比辛劳和焦虑的生活更好。他们看不到这种令人烦恼的罪恶何时有尽头，此等突然降临到他们身上的厄运、无处不在的影响使他们无路可逃，再也没有希望回归森林原始居民所珍视的那种自在独立、享有充足闲适时光的生活了。岛上的愉快生活就此结束：白天在阴凉处做梦，闷热的正午在泉水或溪流边，或者在棕榈树宽大的树叶下昏睡的日子一去不复返了；唱歌、跳舞，在醇香的夜晚游戏等由粗犷的印第安鼓点召集起来进行的纯朴娱乐活动也被迫终止。

他们现在不得不弯腰驼背，满眼焦灼，日复一日地沿着河边摸索、筛选河沙中的金粒，而这种东西已经日益减少；要么顶着热带炽热的太阳劳动，为他们的苦差制造者生产粮食，要么种植被迫要进贡的蔬菜。到了晚上，筋疲力尽的他们沉沉入睡，所能确定的事情是第二天不过是同等辛劳和痛苦的重复。即使他们偶尔跳起自己的民族舞蹈，那伴舞的歌谣也忧伤哀怨。他们诉说着从前的日子，那时白人还没有给岛上带来悲伤、奴役和沉重的劳作；他们演绎声称是祖先流传下来的预言：预示西班牙人的入侵，说他们岛上会有穿着衣服的陌生人到来，那些人携带的刀剑能够一击就将人分裂为碎片，在那些陌生人的枷锁之下，他们的后代将会被制服。他们唱着这些歌谣或者印第安叙事歌阿雷托斯，曲调哀伤、声音落寞，悲悼他们失去的自由和痛苦的奴役生活。

他们曾经自我安慰，认为这些陌生人的来访是暂时的，认为他们会张开自己那宽大的船帆，他们的船会再次载着他们返回自己在天国的家园。印第安人简单纯朴，曾多次询问这些陌生人打算何时返回“图里”或天国。可是，他们现在看见这些陌生人好像要在岛上扎下根来。他们看见西班牙人的船只在海港闲置腐烂，而船员呢，则分散在各地修建住宅和要塞。那些建筑非常坚固，不像他们自己那种轻飘的小屋，那可是打算永久居住的证据啊。

当他们发现通过战争手段的一切努力都无法让自己摆脱这些不可战胜的闯入者时，他们现在齐心协力，采用孤注一掷、不计后果的方式发泄恼怒。他们察觉到定居点正在遭受巨大的食物短缺之苦，并在很大程度上依赖当地人供应。位于内地的要塞和驻扎在村子里的西班牙人，同样几乎完全依赖他们维持生计。因此，他们达成共识，不再种植果实、根茎、玉米等主要食材，并捣毁那些已经生长起来的庄稼，希望能制造一场饥荒，将陌生人饿死在岛上。他们不知道，据拉斯·卡萨斯所言，西班牙人有一个特点，即越是饥饿，越是不屈不挠，而且意志越坚定、越能承受痛苦。他们实施了自己的计划，放弃了自己的住所，荒废了自己的田地和果林，退回到山上，那里有根茎、草本植物和丰富的乌蒂亚供他们维持生计。

这项措施确实给西班牙人带来了较大的麻烦，但是他们有国外资源，可以节约使用船队带来的部分物资熬过这一关。此举最灾难性后果落到了当地人自己身上。驻扎在各个要塞里的西班牙人，发现不仅没有希望得到贡品，反倒面临这种恶意的荒废和突然遗弃所导致的饥荒险情，于是他们追击到当地人撤退躲避的地方，迫使他们返回劳作。印第安人避难的地方是最贫瘠、最荒芜的高地，他们在荒野的避难地之间奔逃，妇女们怀里抱着、背上背着孩子，所有人皆因疲劳和饥饿以及随时随地的紧张骚扰而精疲力竭。森林和大山里的每一种响动，都让他们想象成为追逐者的声音。他们藏在潮湿阴暗的洞穴，或躲在岩石岸边和急流边缘，不敢打猎、捕鱼，甚至不敢外出寻找富于营养的根茎和蔬菜，饥饿难耐的时候只得用不健康的食物填饱肚子。就这样，成千上万人悲惨地死于饥饿、劳累、恐惧，以及这些苦难造成的各种传染病。最后，所有反抗意志终于彻底偃旗息鼓。幸存的印第安人绝望地返回自己的居所，谦卑地屈从于奴役的枷锁。他们对自己的征服者产生了极大的敬畏。据说，西班牙人可以独自一人安全地走遍全岛，当地人甚至将他们扛在肩膀上从此地运送到彼地。

在谈论其他事件之前，可能在此讲述瓜卡纳加利的命运比较合适，因为他在这段历史中不会再次出现了。他与西班牙人的友谊已经让他与自己的同胞恩断义绝，但并没有让他免于岛上普遍遭遇的不幸。像其他大酋长一样，他的领地也需要进贡，他的子民同样反感劳动，因而很难提交贡品。知道他的价值、原本应该保护他的哥伦布呢，却长期离开，不是在岛上内陆地区耽搁，就是因为他本人蒙冤被羁绊在欧洲。其间，西班牙人忘记了瓜卡纳加利对他们的款待和贡献，他的贡金也受到严厉苛求。他发现自己不堪重负，不仅岛上所有同胞要咒骂他，自己那些受折磨的子民也吵吵嚷嚷、悲叹着质问他。他救助于危难之中并将他们带到自己家园怀抱中的陌生人，已经成为岛屿的暴君和压迫者。忧虑、辛劳、贫困，以及强权暴政，已经将其诅咒传遍大地，他感觉好像是自己给自己的种族带来了这一切。由于无法承受来自同胞酋长的敌意、自己子民的苦难，以及他那些忘恩负义盟友的勒索，他最后躲进山区去避难，在那里静悄悄、悲惨地死去。

奥维耶多试图诋毁这个印第安国君的人品，然而，给他的名字打上耻辱的烙印，并不能让西班牙人免去自己忘恩负义的污名。他似乎一直对他们表现出了真正的友谊，这种情谊在逆境的黑暗日子里闪耀着特别明亮的光辉。也许他应该扮演更高贵的角色，与他的兄弟酋长们同仇敌忾，将这些入侵者从自己的故土驱逐出去，但是，他对这些陌生人的钦佩和他个人对哥伦布的依恋，似乎让他着了魔。他慷慨大方、热情好客、情深义重、善良仁慈，在岛上幸福的日子里，他的能力统治温顺平和的族人绰绰有余，但是他本性中的软弱，不适合随着白人的到来而产生的严酷、动乱局面。

第八章

西班牙朝廷针对哥伦布的阴谋——阿瓜多奉命前往调查伊斯帕尼奥拉岛事务（1495）

正当哥伦布竭力弥补马加利特的不端行为所造成的恶果之时，那个怯懦的指挥官和他的政治帮手、修士博伊尔正忙着在卡斯蒂利亚朝廷破坏他的名声。他们指控他欺骗两个君王和公众，对自己发现的地区夸大其词；声称伊斯帕尼奥拉岛是耗损之源，不能产生利润，他们描绘了一幅殖民地苦难的凄惨景象，如他们所言，这一切皆源于哥伦布及其兄弟的压迫。他们指控哥伦布兄弟在殖民地疾病横行、众人皆虚弱的情况下，还强迫大家过度劳动，并以最微不足道的借口停止个人配额供应，极大地损害了大家的健康；他们对普通人大肆实施严重体罚，对有地位的西班牙绅士大加侮辱。但是，他们闭口不谈迫切需要非常劳动力的紧急情况，也绝口不提惩罚懒惰和挥霍的强制需要，更不言及西班牙骑士扰乱治安的阴谋叛乱，以及他们的行为得到的是纵容而不是严惩等情况。除了这些指控，他们还描述了岛上的混乱局面，并将此归结于舰队司令的离开以及他生死未卜所引发的后果，暗示他有可能消失在去探索未知海域，去发现无利可图的陆地等莽撞的尝试途中。

马加利特和修士博伊尔的职位让这些偏执己见和夸张描述举足轻重。许多与他们一起返回西班牙的愤懑之人和结党营私的游手好闲者也提供了证词。这些人当中有的与位高权重者有关系，后者带着西班牙人的傲慢不逊，乐意对他们所认定的妄自尊大的卑贱外国人愤愤不平。因此，哥伦布的名声受到致命打击，并立即开始跌落。君王们对他的信心受到损害，并立刻采取了具有强烈的斐迪南式谨慎、多疑政策风格的预防措施。于是决定派遣某位可靠、可信之人，此人在舰队司令持久缺席的情况下，能够承担管理海岛事务的职责；即使他返回岛上，此人也能够调查他被指控的罪行和虐待，而且一旦查证属实，能够采取补救措施。提议担任此艰巨要职的是迭戈·卡里约，一位军事修士会的指挥官，但他并没有准备立即随着载满物资的轻快帆船航行，而船队行将离开。

于是，两个君王便写信给印第安事务主管丰塞卡，让他派遣值得信赖的人随船远航，负责船上装载的物资。他将在舰队司令的监督下负责在殖民者当中分配这些物资，如果舰队司令不在，那么就要在岛上其他管理者在场的情况下进行分配。他还需要收集有关该岛治理事务方面的信息、在位人员的行为、目前岛上存在不满的原因及其始作俑者，以及他们拟采取的补救措施。一旦收集到这些信息之后，他将返回西班牙向君王报告情况，但是倘若在岛上找到了舰队司令，一切事务都务必交由他处置。

与此同时，君王还采取了另一项措施，此举同样表明哥伦布的失宠。1495 年 4 月 10 日颁发了一条公告，广泛允许西班牙本土出生的子民定居伊斯帕尼奥拉岛，去新世界从事个人发现和贸易航海。在满足特定条件的情况下，这些行为都将得到批准。

所有船舶只能从加的斯港起航，而且必须由王国指定的官员监管。那些奔赴伊斯帕尼奥拉岛无薪酬、一切费用自理的人员，会分配到土地，获得一年的给养，他们有权保留这些土地以及在上面修建的所有房屋。对于他们有可能收集到的所有黄金，他们自己可以保留三分之一，其余三分之二将交给王国。对于其他商品、岛上的物产等，他们仅需要向国家交付十分之一赋税即可，他们进行买卖时应该有君王任命的官员在场，并将皇家的税收交到国王的收款员手中。

所有自营远航的船舶都必须在加的斯港携带皇家军官任命的一到两个人。每艘船十分之一的吨位都要供给皇家免费使用。任何此类船舶在新发现国家所获得财物的十分之一在返回时都应缴纳给王国。这些规定包括带着给养前往伊斯帕尼奥拉岛进行贸易的私人船舶。

考虑到哥伦布拥有八分之一吨位的特权，每艘准备私营冒险的船都可以运载自己名下的货物。

航海发现通用许可证的颁发源于维森特•亚涅斯•平松和其他有为、勇敢的航海家执着申请的结果，其中大部分曾经参与了哥伦布的航行。他们提出自费航行、自己承担风险。该提议有吸引力、很合时宜。政府很穷，而哥伦布探险费用高昂，然而其目标非常重要，不可小觑。现在可是一个可以达成所有预期目标的机会，不仅分文不花，而且可以保证只赚不亏。因此，在未征求舰队司令的意见或意愿之前，这些申请就得到了批准。哥伦布高声抱怨此举侵犯了他的特权，而且，这种不计后果的冒险所带来的没有约束、有时甚至是掠夺性的行为，扰乱了规范的、组织良好的发现事业。毫无疑问，与西班牙在新世界的发现如影相随的多数憎恶的起因，都是贪得无厌的个人贪欲所致。

就在这个紧要关头，4 月初，正当哥伦布的利益处于如此危急的时刻，托雷斯指挥的船队抵达西班牙。他们带来的消息说舰队司令已经从沿古巴南部海岸航行中安全返回伊斯帕尼奥拉岛，船队还带来了他所收集到的、可以证明那里是亚洲大陆末端的证据，说明他已经深入东方最富有国家的边界。同时还带来了他在远航途中获得的黄金标本和各种稀奇的动植物。船队此刻到达无疑是再及时不过了。关于他是否平安的所有疑虑立刻烟消云散，消除了即将采取的部分预防措施的必要性。对亚洲富饶海岸的假定发现给他的远征罩上了一层暂时的光彩，并再次唤醒了君王的感激之情。其效果在他们采取的措施中立即显现出来。他们没有将此事交给胡安·罗德里格斯·德·丰塞卡自行决定，让他指定自己满意的人组成即将出发的调查委员会；他们收回了该权力，并提名胡安·阿瓜多。

选择胡安·阿瓜多，是因为他从伊斯帕尼奥拉岛回来时，哥伦布曾向皇家强烈推荐重用此人。因此，此举意为采纳了后者举荐的一个标志。任命他颇为高看的一个人作为特派员，那么，按照常理假设，此人应该对他怀有一份感恩之情。

丰塞卡呢，凭借他作为印第安事务主管的官方职位，大概是为了发泄他对哥伦布日益增长的憎恶，扣留了舰队司令的弟弟唐·

迭戈带回的大量属于私人账户的黄金。君王反复给他写信，命令他不要索求黄金，或者如果他已经拿了，要求他立即归还，并做出令人满意的解释。君王同时给哥伦布写信，言辞明确地安抚他可能被激起的任何愤怒情绪。君王还命令丰塞卡咨询最近从伊斯帕尼拉奥岛回来的人，他要怎么做才能让舰队司令满意，而且要立刻照办。丰塞卡因此遭受了一个傲慢之人所受到的最严重羞辱，即被迫为其傲慢赎罪。然而，此举却加深了他心中对舰队司令及其家人已有的怨恨。非常不幸的是，他的官职和他所享有的君王信任，使他后来有机会阴险狡诈、千方百计地发泄自己的恶意。

君王一方面设法避免做出引起哥伦布不快的任何行动，同时也采取了某些措施保障殖民地的安宁。他们在写给舰队司令的一封信中指示殖民地的人数应该控制在500人以内，再多的人于岛上事务无补，而且会成为王室沉重的负担。为了预防对物资供应产生更多的不满，他们下令每个人的定量每隔15天按照份数配发一次，所有限量供应或者停发口粮等惩罚方式都应停止，因为这些举动可能危害殖民者的健康，而他们需要一切有营养的食物支撑，才能抵御在陌生的气候环境中因为水土不服易发生的疾病。

一位名叫巴勃罗•贝尔维斯的冶金家，能干而经验丰富，被派去替换坚持错误的费尔明•塞多。他配置了贵重金属开采、化验、净化等步骤所需要的一切必要工具和材料，而且还拥有自由支付权力和特权。同时奉命前往的还有神职人员，他们是去接替修士博伊尔和其他希望离开该岛的兄弟会人员。本土人的教导和信仰转换引起了女王越来越大的焦虑。托雷斯的船队带来了大量的印第安人，他们是最近与大酋长战争中的俘虏。皇家下令将他们在安达卢西亚的市场上卖身为奴，此举在当时是一种习俗，用于处理从非洲海岸带来的黑人以及在格拉纳达战争中虏获的俘虏。然而，伊莎贝拉对他们深为关切，因为她所听到的描述是这些岛民性格文静、热情好客、极为温顺。原本这次发现是在她的直接主持之下才得以进行，她便将这些人视为自己的特殊责任，并怀着诚敬的热忱期待着引领他们从黑暗走向光明大道的那份荣耀。她的恻隐之心抗拒将这些人当作奴隶的想法，尽管按照当时的风俗这样做无可厚非。将他们贩卖为奴的御令下达还不到五天，两个君王便给丰塞卡主教写了一封信叫停那个指令，等候他们调查那些印第安人被俘的原因，他们还将征求一些博学而虔诚的神学家的意见，了解买卖印第安人在上帝的心目中是否属于正当行为。神职人员在这个重大问题上众说纷纭，女王最终决定遵从自己纯洁良心和慈悲情怀的旨意行事。她下令将印第安人送回他们的故土，并嘱咐要以最善意的方式抚慰岛民，不许严苛他们。不幸的是她的命令来得太迟，没有在岛上起到理想效果。殖民者的邪恶欲望和本土人的报复所引发的战争和暴力场面令人难以忘怀，彼此之间的不信任和怨恨敌意日益加深，任何事后努力都不能将其根除。

第九章

阿瓜多抵达伊莎贝拉——他的骄狂行为——海港暴风雨（1495）

胡安·阿瓜多率领四艘满载各种物资的轻快帆船，将近 8 月底时离开西班牙。唐·迪戈·哥伦布也随同这支船队返回伊斯帕尼奥拉岛。他们于 10 月抵达伊莎贝拉时，适逢舰队司令不在城内，他那时正忙于重建岛内的安宁。阿瓜多呢，如前所示，对哥伦布欠有一份情，后者将他从自己众多的同伴中提拔出来，并向君王举荐委以重任。然而，此人属于那类小人，稍微得志就会忘乎所以。短暂的些许权力就让他膨胀得不可一世、目中无人，他不仅对哥伦布不知尊重与感激，还搞不清楚自己使命的性质与限度。他没有履行君王让其收集信息的职责，反而以当权者的口吻发号施令，似乎统管的权柄已经转交到他的手上。他干预公共事务，下令逮捕各种人，问责哥伦布任命的官员，根本不把唐·巴塞洛缪·哥伦布放在眼里，后者在其兄长离开期间负责管理一应事务。殖民地行政官对这一张狂行径震惊不已，要求查看使他如此行事的委任状，但是阿瓜多对他极为傲慢不逊，答复说他只向舰队司令出示该文件。然而，重新考虑之后，以防公众对他干预殖民地事务的权力产生怀疑，他下令将君王的国书用喇叭隆重地公之于众。其内容尽管简要，但能说明一切，大意如下：“骑士们、先生们，以及所有奉我们之命去西印度群岛的其余人等，兹派遣我们的内廷官胡安·阿瓜多前来，代表我们向你们讲话。我们命令你们忠诚于他、信任他。”

关于哥伦布及其家人即将垮台的消息随即传开，传说一个审计员已经抵达，他被授权倾听和纠正公众蒙受的冤屈。该谣言始发于阿瓜多本人，他发布了严厉调查和着重惩罚的恐吓。违法犯罪之人一时间扬眉吐气。每一个罪犯反倒成了指控者；每一个因其过失或罪行而受到法律正当处罚之人，现在都聒噪着哥伦布对他们的迫害。殖民地遭受了足够多的不幸，有的是因为情势所驱，有的是殖民者的过失所致，但是所有人都将其归结于舰队司令的管理不善。其他人犯下的罪恶和他自己严厉的补救统统由他一人承担责任。所有过往的不满现在又重新提起，以反对他和他的兄弟们；至于他们压迫人的原因呢，通常被狭隘地归结于他们是外国人，故而仅为一己私利和飞黄腾达，便不惜以西班牙人的痛苦和屈辱为代价。

缺乏判断这些投诉真假的识别能力，而且急于定罪，阿瓜多认为每件事都确凿无疑地证明哥伦布有罪。他透露，也许仅是寻思，舰队司令远离伊莎贝拉，是因为害怕面对指向他的调查。仅凭臆测，他甚至带着一队人马去寻找舰队司令。一个虚荣而脆弱的掌权人倾向于任用与他自己同类的随从。阿瓜多那些傲慢而虚夸的追随者无论走到哪里，都在原住民中散布自己长官的权势和重要性，以及他打算对哥伦布施加的惩罚。不久，谣言就传遍了该岛，大家都知道来了一个新的舰队司令，他将接管该岛，先前的舰队司令将被处死。

阿瓜多的到来及其无耻行径传到了还在岛内的哥伦布那里，他立即忙不迭地赶回伊莎贝拉与其会晤。阿瓜多呢，听说哥伦布返回后，也回到了那里。人人都知道哥伦布心高气傲，对自己的工作有高度责任感，对自己的官方尊严小心维护，由此可以设想即将到来的会面将爆发猛烈的冲突。阿瓜多也期待着发生类似的事情，而且，由于有了君王所赐国书的保护，他愚蠢而有恃无恐地期待着见面，毫不担心后果。接下来的情况说明，一个渺小的灵魂很难预计像哥伦布那样的人在非常时期的行为。他本性中的激情与冲动已经被一生的磨练所抑制，他已经学会让判断左右自己的激情，他对自己的尊严有很正确的判断，不会与像阿瓜多那样肤浅、大言不惭之人计较。最重要的是，他对自己君王的权力深怀敬意，因为他那颗热情洋溢的心容易产生深深的敬畏之情，他的忠诚仅次于自己的宗教信仰。因此，他按照礼节，严肃认真、一丝不苟地接待了阿瓜多，并以自己夸耀似的仪式予以回敬，下令在公众面前再次用喇叭宣读两个君王的国书。他神情庄重、严肃地洗耳恭听，向阿瓜多保证，他已经准备好默然接受一切能让君王高兴的安排。

哥伦布出乎意料的克制，不仅震惊了旁观者，同时也让阿瓜多感到挫败和失望。他原是有备而来，以为会发生一场争辩，并希望哥伦布在激愤难耐之时，说出什么话或者做出什么，可以被编排为冒犯君威的行为。事实上，几个月之后，他设法从公证人那里取得了关于这次会面带有偏见的陈述，但是，舰队司令对皇家国书的顺从有目共睹，不容置疑，所有证明材料对他都极其有利。

阿瓜多继续干涉公共事务，哥伦布一直对他尊重有加、忍耐宽容，而且，舰队司令为平息殖民地不满所采取的所有温和措施，都被视为他缺乏道义勇气的证据。他被看作是一个每况愈下的人，阿瓜多则被拥戴为方兴未艾的主子。任何心怀叵测的卑鄙小人，任何实际存在或虚构的抱怨，现在都纷纷冒了出来，因为他们感觉到，假如满足了阿瓜多的恶意，他们就能促进自己的利益；诋毁舰队司令，就能赢得阿瓜多的友谊。

可怜的印第安人呢，由于厌烦了白人的统治，满心欢喜地期待更换新的统治者，徒劳地希望这种变化能减轻他们的痛苦。在皇家大平原上战败的许多酋长曾经宣誓效忠哥伦布，现在他们聚集在卡奥纳沃的兄弟马尼卡奥特克斯位于雅基河岸边的房子里，联合起来正式指控哥伦布，他们认为他是所有罪恶的根源，是他的下属违抗了命令，犯下累累恶行。

阿瓜多现在认为自己使命的伟大目标已经完成。他已经收集到了充分的证据，按照他的想法，可以保证毁掉舰队司令及其兄弟们，于是，他准备返回西班牙。哥伦布也决意回去。他感到是该在朝廷露面的时候了，他要驱散聚集在他身上那团诽谤中伤的乌云。他的敌人活动能力强、有地位、有影响，他们伺机败坏他本人的名声，令人对其事业产生疑窦；而且，作为陌生人和外国人，他在朝廷没有活跃的朋友帮他抵制那些阴谋诡计。他担心他们最终会对皇家的思想起作用，从而对其大发现的进展产生致命影响，因此，他急于回去，解释关于其事业预期收益一再令人失望的真正原因。在他的经历中，这并不是最不足为奇的特点：经过那么多年，他才让人们相信有一个新世界等待发现，同样，在向人们证明这一发现的优势时，他遇到了几乎同样多的麻烦。

正当船队整装待发之际，一场可怕的风暴席卷了该岛。那是一种偶尔在热带地区发威的可怕旋风，印第安人称之为“飓风”，或者“暴风”，他们至今使用这个只有细微变化的名字。大约正午时分，一阵狂暴的大风在东面骤然而起，席卷着浓厚的云团水柱滚滚而来。这股旋风与来自西面的风暴相遇，看起来仿佛发生了暴力冲突。乌云被连续的闪电撕裂，或者不如说是闪电流。云团时而堆积在高高的空中，时而压上地面，空中弥漫的凶险黑暗比起午夜的晦暗更觉可怕。旋风经过之处，整个森林都在战栗，树叶脱落、枝丫折断；那些巨型大树虽能抵抗风暴的冲击，却被连根拔起投掷到很远的地方。长在大山悬崖上的小树林被整体撕开，裹挟着大量的泥土和岩石，发出可怕的轰鸣声冲下山谷、堵塞河道。空中和地上交织着骇人的喧嚣，雷鸣阵阵、电光闪闪、狂风怒号，树木倒地和岩石冲撞落地的隆隆声，让每个人都惊骇不已，许多人都以为世界末日到了。一些人逃到洞穴里去避难，因为他们脆弱的房屋已经被吹垮，暴烈的狂风卷起树干枝丫甚至碎石在空中横飞。飓风抵达海港时，停泊的船只被大风刮得团团转，缆绳被折断，三艘船连同船上的人员全部被风暴刮沉。其余的船随风飘荡、相互碰撞，损害惨重的船只被大海汹涌的激浪抛掷到岸上。有些地方，巨浪甚至席卷了距离大海三四英里的陆地。这场暴风雨持续了三个小时。风暴过去之后又是阳光普照，印第安人面面相觑，彼此讶异得说不出话来。从他们记事以来，或者从他们祖先留下来的传说中，他们的岛屿从未被这样的暴风雨光顾过。他们相信，神送来这样可怕的毁灭是为了惩罚白人的暴行与罪恶，声称是这些人移动了空气、水和泥土，搅乱了他们安宁的生活，致使他们的岛屿落得悲凉凄惨的下场。

第十章

发现海纳的矿藏（1496）

近期发生的那场飓风毁掉了阿瓜多的四艘轻快帆船和停在海港内的另外两艘船。唯一幸存的“尼娜号”已濒临散架。哥伦布下令立即修复“尼娜号”，并利用那些已经损坏船只的残骸另外建造一艘轻快帆船。在等待备船出海期间，从岛内传来了发现富矿的消息，哥伦布大受鼓舞。该矿的发现归功于一起颇具浪漫色彩的偶然事件。有位为殖民地行政官服务的阿拉贡年轻人名叫米格尔•迪亚兹，他与另一个西班牙人发生了争吵，后来打斗起来，他重伤了后者。由于害怕承担后果，他逃离了定居点，同行的还有五六位参与滋事的同伙或者与其要好的人。在岛上漂泊的时候，他们来到该岛南岸位于奥泽玛河口的一个印第安村庄，即今日圣多明戈城所在地。当地人善意地接待了他们，他们便在村里住了一些日子。该村由一个女酋长统管，她很快就对那个年轻的阿拉贡人产生了强烈的爱慕之情。迪亚兹对她的柔情不可能无动于衷，两人便确定了关系，在一起幸福地生活了一段时间。

后来，对祖国及其朋友的回忆悄悄爬上那个西班牙年轻人的心头。被文明生活放逐已属命运不济，何况还被自己的同胞所弃。

他渴望回到定居点，但是又惧怕殖民地行政官公正严明的惩罚在等着他。他的印第安新娘呢，注意到他时常忧郁悲伤、失魂落魄，便以痴情女性特有的聪慧察觉到了原因。担心他会抛弃她，回到自己的同胞中间，她想方设法要把西班牙人拖到岛上她的那片地区。得知黄金是其君王之所爱，她告知迪亚兹附近有丰富的矿藏，催促他去劝说自己的同胞放弃伊莎贝拉周围相对贫瘠和不利于健康的环境，去富饶的奥泽玛河两岸定居，承诺她的民族将以最大的善意和热情接纳他们。

迪亚兹被这个建议所打动，特别询问了矿藏的相关问题，确信那里是个黄金富矿。他还注意到那个地区物产特别丰富，风景也特别美丽，河流水质优良，海港出入安全。他自鸣得意地认为，如此有价值的情报可以保证他在伊莎贝拉的平安无事，并获得殖民地行政官的原谅。满怀这样的希望，他请当地人做向导，暂时离开了他的印第安新娘，与其同伴们一起出发，穿过茫茫荒野，返回距此 50 里格的定居点。悄悄抵达之后，他喜出望外地得知那个他曾经重伤的人已经康复了。于是，他理直气壮地出现在殖民地行政官面前，相信他的消息会换得宽恕。他没有想错。这个消息来得适逢其时。舰队司令早就急着要把定居点搬到更适宜于健康、环境更优越的地方了。他也渴望把一些证明该岛富庶的确凿证据带回国，这样才是堵住其敌人无端指责的最有效办法。假如米格尔•迪亚兹的报告确定无误，这就是可以让他两全其美的办法。他立刻采取措施去查明真相。行政官在米格尔•迪亚兹、弗朗西斯科•德•加拉伊和印第安向导的陪同下，带着一队全副武装的人员亲自去奥泽玛河查看。他们从伊莎贝拉前往马格达莱纳要塞，从那里穿过皇家大平原抵达康塞普申要塞。继续向南挺进时，他们遇到了连绵不断的宏伟山脉。沿着一条长两里格的峡谷穿过山脉之后，他们下山来到另一个名叫博瑙的美丽平原。向前行进了一段距离之后，他们遇到一条名为海纳的大河，河水在一片丰饶的地区穿行，那里所有的河流都蕴含着丰富的黄金。在这条河的西岸，离河口大约 8 里格的地方，他们发现那里的黄金藏量最为丰富、金子颗粒最大。迄今为止，这种情况在岛上其他任何地方都未曾见过，即使锡瓦奥省也不例外。他们在方圆 6 英里的各个地方进行测试，总是获得成功。那里的土壤好像遍地都蕴含着这种金属，一个普通劳动力，几乎不用费力，仅一天的工夫就能找到多达 3 德拉克马的黄金。在好几个地方，他们观察到有矿井模样、挖掘很深的坑，看起来似乎古代曾有人在此采过矿。这种情形引起西班牙人的众多推测，因为当地人根本不懂采矿，他们在土表上或河床里能找到金子就很满足了。

附近的印第安人以其承诺的友好态度接待了白人，米格尔·迪亚兹报告的每一项内容都完全得以证实。他不仅得到了宽恕，还得到了极大的重用。他随后在岛上担任了各种职务，在所有工作中都尽忠尽责。他也一直忠实于自己的印第安新娘，据奥赫达所言，他还和她生了两个孩子。夏洛瓦估计他们正式结了婚，因为女酋长似乎已经受洗，提到她时人们总是以其基督教名卡特琳娜称呼。

当殖民地行政官带着这一喜报以及原矿样品回来时，焦急等待的舰队司令不由大喜过望。他下令立即在矿藏附近的海纳河边修建要塞，要求大家务必勤勉工作。那幻想中的古代挖掘线索触发了他那黄金猜想的一贯思绪。他曾经推测伊斯帕尼奥拉岛极有可能是古代的俄斐。他现在更自以为是地认为他发现的矿藏，就是当年所罗门王获得金子修建耶路撒冷圣殿的同一宝藏。他料想自己的船队一定是经过了波斯湾，绕过特拉普班才到达了这个岛屿。按照他的想法，此岛就在亚洲尽头的对面，而他深信不疑地认为古巴岛就是亚洲末端。

有可能哥伦布的这些猜测充分发挥了天马行空的想象，这样方能为他的事业增添光彩,并重新唤起公众逐渐衰退的兴趣。然而，即使他的见解正确，他确实是在亚洲附近，也是在地理知识不完善的情况下让人见怪不惊的误差，他所有随之而来的猜测也不为其过。人们都相信远古的俄斐位于东方某地，但是，即便在饱学之士当中，其位置也是颇有争议的话题，并一直是猜疑众多的问题之一，著述虽多，却至今没有满意的答案。

卷九

哥伦布与阿瓜多返回西班牙；哥伦布的声望在西班牙衰落——君王在布尔戈斯接待他——他提出第三次航海；准备第三次航海——失望和拖延

第一章

哥伦布与阿瓜多返回西班牙（1496）

命名为“圣克鲁兹号”的新轻快帆船完工了，“尼娜号”也修复如初，哥伦布做好一切安排，准备立即出发。他急于摆脱阿瓜多日益增长的狂妄，让殖民地脱离一伙拉帮结派、愤懑不平之人。他指定自己的弟弟唐•巴塞洛缪以殖民地行政官的身份掌管该岛，他已经赋予他这个头衔；假如唐•巴塞洛缪死亡，则由其弟弟唐•迭戈接替他的位置。

3 月 10 日，两艘轻快帆船起航返回西班牙，哥伦布和阿瓜多各上了一条船。根据君王的命令，所有岛上能腾出来的人手，部分在西班牙有妻室和亲戚并愿意回去探访的人，都可随船返回。两艘船上挤着 225 位乘客，其中有病人、闲置人员、恣意放荡者和爱搞派系的人等。再也没有其他人比这些从应许之地返回的人更凄惨、更失望了。

船上还有 30 个印第安人，其中包括令人敬畏的大酋长卡奥纳沃、他的一个兄弟和一个侄儿。洛斯帕拉希奥斯的副牧师提到，哥伦布曾经向大酋长及其兄弟承诺，带他们去拜访卡斯蒂利亚的国王和女王，然后就送他们回家，恢复他们的权力。也许是希望通过善意对待，展示西班牙的奇观及其君主的显赫权势与威严，战胜他们对西班牙人的憎恨，将他们转化成为重要工具，以期获得在岛上安全和平的统治。然而，卡奥纳沃生性骄傲、狂野剽悍，永远不可能被驯服。被俘之后，他一直郁郁寡欢、垂头丧气。此人聪敏过人，不可能察觉不到自己的权力已经被永远摧毁了，但是即使在最绝望的时候，他也保持着自己的凛然傲气。

由于在这些海上航行几乎没有经验，哥伦布并没有向北方航行，以便能够偶然遇到西风带，他们离开该岛时是向东行驶。此举的后果是他的航行全程充满艰辛，一直与横行热带地区的信风和无风地带进行单调而乏味的抗争。4 月 6 日，他发现自己仍然在加勒比群岛附近，而他的船员们已经疲惫不堪、疾病缠身，船上的食物也迅速减少。于是，他改变航道向南航行，以便在该群岛最重要的一个岛靠岸，寻找食物。

4 月 9 日星期六，他在马里加兰特岛停泊，第二天便从那里驶向瓜达卢佩岛。停泊在港内，居然星期日起航，这可是违背了哥伦布的习惯，不过，大家都在嘀咕并评价道，在寻找食物的时候，根本就没有时间拘泥于诸如圣日那样的顾忌了。

停泊在瓜达卢佩岛时，他们派出全副武装的小船上岸。就在他们还未抵达陆地的时候，从树林涌出许多女性，手持弓箭，身上装饰着簇簇羽毛，准备抵御她们海岸面临的任何攻击。由于大海波涛汹涌，冲浪拍击着海岸，小船一直与岸边保持一定距离，两个来自伊斯帕尼奥拉岛的印第安人便游到岸上。他们向这些亚马逊女战士解释，告诉她们西班牙人来此地仅为了寻找食物；作为交换，他们会给她们一些价值昂贵的物品。那些女人便将他们引向住在该岛北端她们的丈夫那里。随着小船的靠近，可以看见海滩上有若干本土人，他们看起来异常凶猛，高喊着、尖叫着，并开始射箭，当然，都射到水里去了。看见船只靠近陆地，他们全都躲进附近的森林；西班牙人登陆时，他们发出可怕的喊叫冲了出来。西班牙人开了一枪，把他们赶进了树林和山里，小船便再也没有遇到更多的抵抗。进入被遗弃的居所之后，西班牙人开始抢夺和破坏，完全违背了舰队司令一贯的禁令。在这些房屋里找到的物品中有蜂蜜和蜡，埃雷拉认为这些东西应该是从大陆带过来的，因为这些漂泊民族在其远征途中，会收集遥远地区的物产。费尔南多•哥伦布同样也提到，他们的房屋中有铁质的短柄小斧头。但是，这些物件一定是用某种坚硬沉重的石头制作而成，前面已经提到过这类与铁器相似的石头；要么就是他们从西班牙人之前拜访过的地方获得的此物，因为有一点已经得到充分认可，即在大发现之前，岛上的本土人没有使用铁器。水手们还报告了他们在一所房屋里的火堆前发现一个烤肉叉，上面有一条正在烘烤的人类手臂。但是这些事实如此违背人性，需要更确凿的真凭实据才能采信。水手们在这些居所里胡作非为、肆意破坏，也许借此信口雌黄，以便向舰队司令证明他们的洗劫属于正当行为。

趁着一部分人储存木材和淡水、制作木薯饼的时候，哥伦布派遣 40 人全副武装去探索该岛的内陆情况。第二天，他们带着 10 个女人和 3 个男孩回来了。这些女人个头大，体格健壮，而且极其机敏。她们赤身露体，长发松散地披在肩上，有的头上装饰着五颜六色的羽毛。其中一位是酋长的妻子，这是一位孔武有力、神态骄傲的女人。看见西班牙人靠近，她撒腿就跑，其敏捷的身手很快就将所有追兵都远远地抛在身后，只有一位来自加那利群岛的本土人穷追不舍，此人迅捷的脚力非常了得。她甚至可以逃过此劫，但是当她察觉他是独自一人，其同伴远远落在后面之时，她突然转身扑向他，以惊人的力量将其抓住。如果不是西班牙人及时赶到，抓住她和被她像老鹰掠食一样紧紧拽住的猎物，她会将他勒死。这些加勒比妇女的战斗精神，以及发现她们的时候她们成群结队武装起来，在其丈夫外出时捍卫自己海岸的情景，让哥伦布一再错误地认为，某些岛屿上全部居住着女性。这一错误，正如前面已经提及，源自他预先准备好接受的马可·波罗关于亚洲海岸附近一个亚马逊岛屿的故事。

在岛上停留了数天，储备了可以食用三周的木薯饼，哥伦布准备起航。由于瓜达卢佩岛是加勒比群岛最重要的岛屿，而且在某种程度上是通往其余所有岛屿的门户或入口，他希望能确保与当地居民的友谊。因此，他释放了所有俘虏，赠送给他们许多礼物，以弥补西班牙人先前的掠夺和伤害。但是，女酋长拒绝上岸，宁愿留下来，陪伴还在船上的伊斯帕尼奥拉岛民，她还将一个年幼的女儿留在身边。当发现卡奥纳沃是加勒比岛屿本地人时，她对他产生了热烈的爱情。从其他印第安人那里了解到他的性格和故事，让他赢得了这个勇敢女子的同情和钦佩。

4 月 20 日，他们离开瓜达卢佩岛，保持在大约 22° 纬度的航线。轻快帆船再次顶着横行的信风艰难前进，以至于到了 5 月 20 日，经过一个月极其疲劳和辛苦的航行之后，他们的归途依然还很漫长。食物储量已经极大地减少，哥伦布不得不将每个人每天的食物控制在 6 盎司面包和 1 品脱半淡水范围内。随着航程渐进，食物短缺越来越严重，而且，以目前船上普遍不确定船舶的情形来看，情况将会变得更加糟糕。船上有几个导航员，但他们仅习惯在地中海或大西洋海岸导航，他们现在完全惊慌失措，穿越广阔的海洋让他们失去了所有计算能力。每个人都拥有自己独立的想法，谁都不听舰队司令的意见。6 月初，船队出现了绝对的饥荒。就在这极端难熬的时刻，死亡就在眼前，有些西班牙人提出了一个方案，作为一种迫不得已的选择：杀死并吃掉印第安俘虏。也有人建议应该把他们扔到海里，因为船上有那么多消耗甚多却无用的嘴。只因哥伦布的绝对权威，大家才没采纳最后这条建议。他表示，印第安人是大家的同类，其中部分人和他们一样是基督徒，所有人都应该享有同等待遇。他劝慰大家要耐心一点，向大家保证，他们很快就能登陆。对于这一点，根据他的测算，他们离圣维森特角不远了。所有人都对他的说法嗤之以鼻，因为他们相信自己仍然远离期待中的港口。有的人坚定地认为他们是在英吉利海峡，部分人则认为他们正在靠近加利西亚。所以，当哥伦布自信满满地下令晚上收帆，以免在黑暗中突然碰到陆地时，众人一片哗然。大家嚷嚷说宁可被扔到岸上，也比在海上饿死强。然而，第二天早上，他们却欢天喜地，哥伦布预测的陆地就出现在他们眼前。从这时起，海员们便认为他精通海洋的奥秘，而且在导航方面几乎类似于神谕。

6月11日，历经三个月左右的疲惫航程，船队终于在加的斯湾进港停靠了。在这次航行中，不幸的卡奥纳沃去世了。仅凭同时代作家的偶然提及，我们才对此有所关注，好像这件事无足轻重，可以忽略不计。直至生命的最后一刻，他都保持着自己桀骜不驯的本性，他的死亡主要归因于一个骄傲之人在万念俱灰之后的病态忧郁。他在野蛮人生活的世界里是个非凡人物。他从一个单纯的加勒比武士平步青云，凭着自己的抱负和勇气，成为最有权势的首脑、海地人口大岛的主导精神。他是唯一拥有足够智慧的首领，能预见西班牙权势所带来的致命后果；他也有充分的军事才能将一切抵抗力量联合起来，反抗侵犯。假如他的武士们拥有他本人那种强悍本性，他所发起的战争将可怕至极。他的命运，在狭义的范围内，为人类的伟大特质提供了一个教训。西班牙人首次抵达海地海岸时，他们的想象力就被有关岛内一个威严国君的传闻点燃；他是金屋主人、锡瓦奥矿山的主宰，在群山之中统治着一个灿烂的国家，但是弹指一挥间，这个被虚构的东方强权统治者，就被摘掉了一层层假象，成为他们一艘轻快帆船甲板上一个赤身裸体、垂头丧气的囚犯。他一无所有，仅有一个自己同族的女中豪杰同情他的不幸。他所有的重要地位随同他的自由消失殆尽，在他身陷囹圄期间，人们罕有提及他。带着那天生高傲的英雄本色，他如默默无闻的一介平民一般消亡了。

第二章

哥伦布的声望在西班牙衰落——君王在布尔戈斯接待他——他提出第三次航海

嫉妒和怨恨非常成功地损害了哥伦布的声望。要想保持任何时间段的持续兴奋实属不易，即使有奇迹发生也不可能。起初，这个世界反应迅速、不吝赞赏，但是很快就冷却下来，不信任其后期的热情，而且认为曾经那么慷慨赐予东西是受骗上当。此时正是被公众的喝彩所噤声的那个骑士开始编排他的阴险计划、贬低那位逐渐失宠者的功绩之机，并且成功地让他即使没有成为十足的讨厌鬼，也被渲染成为怀疑和谴责的对象。短短三年，公众已经熟悉了一个新发现世界的惊人奇迹，如今，他们乐意接受针对其发现者的名声及其事业重要性所有含沙射影的贬损。

为迎接哥伦布此次归来所准备的仪式，并没有起到减少民众日益增长的偏见的作用。当一批曾经满怀乐观期待登船的水手和冒险家等人员混杂的人群在加的斯港下船登陆时，他们不是向海岸猛扑过去的快乐船员，没有成功的洋洋得意，也没有满载着黄金遍地的西印度群岛的战利品；他们不过是一连串虚弱缓慢行进的可怜人，殖民地的疾病和航海的艰辛让他们憔悴不堪、面黄肌瘦。

一位老作家说，那脸色正是对他们一直寻找的目标——黄金的嘲弄。除了疾病、贫穷和失望，关于新世界，他们无话可说。

哥伦布尽其所能，试图消除这些不利的表面现象，复苏公众消失的热情。他详述自己沿着古巴海岸近期发现的重要性，认为自己在那里差不多到达了古代人的奥瑞尔克索涅索斯——与亚洲一些最富有省份接壤的地方。他尤其吹嘘自己在伊斯帕尼奥拉岛南部发现的富矿，他自欺欺人地相信那里就是古老的俄斐。公众对这些描述报以极大的嘲讽和怀疑，或者，即使有那么一时半会儿的些许兴奋，也很快就被那些失望的冒险家所描绘的阴郁画面所破坏。

在加的斯港口，哥伦布发现佩德罗·阿隆索·尼诺指挥的三艘轻快帆船，满载运往殖民地的物资即将起航。自从去年 1 月在彭尼苏拉半岛海岸失去四艘船以来，殖民地已经近一年没有收到任何救济了。读了皇家的信件，看了尼诺作为送信人的派遣书，获悉君王的意愿以及公众心态，哥伦布借此机会，写信敦促殖民地行政官竭尽全力，以一切可行手段，把海岛变成一个和平而富有成效的地区，平息所有不满和骚动，抓住所有与任何殖民者死亡有关的酋长或者他们的子民，并送往西班牙。他建议要不遗余力开发和经营最近在海纳河发现的矿藏，并要求在附近择地修建一个海港。佩德罗·阿隆索·尼诺率领三艘轻快帆船于 6 月 17 日起航。

哥伦布到来的消息已经传到了两个君王那里，他们给他写了一封亲切的信，信件的落款是“阿尔马兹恩，1496 年 7 月 12 日”。

他们在信中祝贺他平安返回，并邀请他从远航的疲劳中恢复过来后前往宫廷。这封信所表达的善意措辞让哥伦布重新安下心来。自从傲慢的阿瓜多履行他的使命以来，他认为自己已经失宠于君王，不再受到重用。有个证据可以说明他当时沮丧的心情，我们听说当他此次在西班牙露面时，他穿着一件粗陋的外衣，其款式和颜色均类似于方济各修士的衣着习惯，仅拴了一根腰带，而且，还蓄着那个兄弟会样式的胡须。这可能是实现在危险或意气消沉之时所许下的悔罪誓言——那时盛行的一种风俗，哥伦布经常这样身体力行。然而，此举更表明他当时谦卑和沮丧的精神状态，与他前一次凯旋时的外表形成了鲜明对比。其实，他注定要成为人生多次跌宕起伏的案例，以供那些因突然发迹而离开了默默无闻的安全海岸、卷入大众舆论汹涌浪涛中随波逐流之人从中吸取教训。

虽然哥伦布对自己的个人形象无所谓，但是他急于保持公众对其发现的兴趣，担心对他本人的冷淡可能会阻碍他的成就。因此，在前往布尔戈斯去觐见期待中的君王途中，他费劲地将自己从新世界带来的奇珍异宝展示了一番。其中有金项圈、金手链和脚环，以及黄金冠冕、各酋长的战利品等。这些东西被当作是从亚洲沿海富裕地区或者印度海域岛屿上的野蛮国君那里赢来的战利品。这些物品不过是哥伦布宏大发现已经估算出价值最低衡量标准的证据，他不得不求助于这种手段，以黄金的耀眼光芒让大众目眩，满足他们庸俗的感觉。

他还带了几个印第安人同行，以他们自己野性的风格装扮起来，并戴着闪闪发光的黄金饰物，其中就有卡奥纳沃的兄弟和侄子，前者约 30 岁年纪，后者只有 10 岁。他们被带去参见国王和女王，希望西班牙君王的威严和权力能给他们留下深刻印象，随后他们将被安全地送回自己家乡。每当他们经过任何主要地点，哥伦布都会将一个硕大的黄金颈圈和金链套在卡奥纳沃弟弟的身上，把他当作是锡瓦奥黄金之地的大酋长。洛斯帕拉西奥斯的副牧师在自己住宅接待了这个发现者及其俘虏好几天，他说他用手掂量过那条金链，估计重达 600 卡斯特利亚诺斯。这位可敬的副牧师同时还提到了各种木质和棉质的印第安面具和肖像，上面雕刻着奇形怪状的动物面容，他认为所有这一切都代表着魔鬼，他由此推断魔鬼必定是这些岛民膜拜的对象。

两个君王对哥伦布的接待与他的预期截然不同，他们给了他极大的殊荣，闭口不谈马加利特和博伊尔的控诉，或阿瓜多所进行的司法调查。虽然这些事情可能在两个君王的心目中产生过瞬时效应，但他们更明白哥伦布的巨大功劳及其异常艰难的处境，使之不能忍受他们对他可能产生的任何责怪。

他所感受到的有力支持以及君王们在听他讲述自己近来沿古巴海岸航行和海纳矿藏发现时所表现出来的兴趣，让他很受鼓励。他不失时机地将海纳的金矿描述为古代的俄斐，并提出进一步计划，承诺借此进行更广泛的发现，为两个君王的疆土囊括更多陆地。为实现这一目标，他提出了派遣八艘船的请求：两艘满载物资前往伊斯帕尼奥拉岛，剩下的六艘由他指挥去进行另一次航海发现。两个君王满口答应满足他的要求，并且很可能是真诚地愿意将此付诸行动，但是他们兑现承诺的过程注定要让哥伦布遭遇难以忍受的拖延，其中部分原因是公共事务运作方面的问题，部分原因是当道之人的诡计所致，这两种巨大的影响不断在牵制和挫败国君们的计划。

那时，由于斐迪南野心勃勃，西班牙的资源已经被耗费到极限，他将所有收入都浪费于战事开支和补贴。他一方面与法国保持政策上深入而巧妙的较量，其最终目的是抓住那不勒斯的权杖，同时，随着王室子女逐年长大成人，他利用他们的婚姻奠定广泛而强大的关系基础。此刻崛起的家族联盟，随后在他的孙子和继承人查尔斯五世的统治下，合并成为一个非常庞大的帝国。

他一方面在意大利驻扎了一支大型军队，在科尔多瓦的冈萨尔沃率领下，协助那不勒斯的国王恢复他被法国的查理八世突然篡夺的王位；他部署其他军队驻扎在受到法国入侵威胁的西班牙边界，雇用了舰队维持地中海和该半岛大西洋沿岸的安全；同时还组建了一支由百余艘船组成的豪华舰队，船上约有两万人，其中许多人出生于最高等级的贵族家庭，他们的使命是护送胡安娜公主前往佛兰德斯与奥地利大公菲利普成婚，并带回他的妹妹玛格丽特——王子胡安已订婚的准新娘。

这些广泛而旷日持久的行动，无论是基于战争还是亲善行为，征用了陆地和海上的所有力量，耗尽了国库，占据了君王的所有心思，迫使他们在自己的领土上四处奔波。他们的脑海里塞满了这些密切相关和可以深切感受到的事务关切，哥伦布那远在天边的事业很容易被忽视或拖延。到目前为止，航海大发现仍然只见投入，未见利润，况且还有诡计多端的顾问们随时准备在君王的耳边嘀咕，说情况可能会继续如此。那么，在斐迪南雄心勃勃的心目中，占领若干野蛮、未开垦的遥远岛屿，与拥有那不勒斯光辉灿烂的领土相比较，或者与赤身裸体的野蛮君主交往，较之于与基督教国度最有权势的君王们联盟，孰轻孰重，自然分明。因此，当看到为参与争夺欧洲一个弹丸之地而征用的军队和舰队，以及护卫王室新娘那上百艘船组成的招摇显摆的庞大船队，而他却在徒劳地乞求几艘轻快帆船去从事其发现之旅的时候，哥伦布不由深感屈辱。

终于，到了秋天，君王下令拨给哥伦布 600 万马拉维地，供他装备他们所承诺的舰队。正当这笔款项即将交付的时候，佩德罗•阿隆索•尼诺的信件到了，他随同三艘轻快帆船从伊斯帕尼奥拉岛回到了加的斯港。他没有亲自去朝廷，也没有送达殖民地行政官的急件，而是带着货物去拜访自己住在韦尔瓦的家人，并以一种吹嘘的风格写了一封信，说他的船上载有大量黄金。

对于哥伦布，这可是一个喜讯。他立刻断定是新矿开始生产了，俄斐的宝藏即将成为现实。然而，尼诺的信，注定要对他所担心的事情产生极端损害性的后果。

那时，国王急需用钱，他要修复位于鲁西荣地区被法国洗劫的萨尔扎要塞。准备拨给哥伦布的 600 万马拉维地立即拨去修补破碎的城堡，并下令这笔钱从尼诺带来的黄金中支出。直到 12 月底，尼诺才来到朝廷呈送了殖民地行政官的急件，他所吹嘘的黄金才被发现原来不过是比喻。事实上，他的轻快帆船上载满了印第安俘虏，要通过买卖才能获得之前所吹嘘的黄金。

很难形容这种荒唐夸张所产生的麻烦和影响。哥伦布盼望着从矿藏中获得巨大即期收益的希望瞬间破灭了，他仅有的几个拥护者的热情冷却下来，他的事业笼罩着空洞夸大的阴影，他的敌人轻蔑而嘲讽地指点着轻快帆船里装载的悲惨货物，这就是所吹嘘的新世界财宝。尼诺和他的船员在报告中将殖民地描述为处于一种灾难性状态，殖民地行政官的急件也指出即刻补充物资的重要性，但是，事情越是紧迫，救济措施越是滞后。迄今为止，所有不利的陈述似乎都得到了证实，那些胸无大志、鼠目寸光的政客再次以“耗资皇皇、收益寥寥”对此项事业进行诽谤，他们能在所有伟大事业中看出当前的花费，却没有远见、没有胸怀去拥抱将来的利益。

第三章

准备第三次航海——失望和拖延（1497）

直到 1497 年春天，哥伦布和新世界的事务才开始得到君王的重视。那支庞大的舰队已经载着奥地利公主玛格丽特从佛兰德斯返回。她与储君胡安王子的婚礼在古老的卡斯蒂利亚首都布尔戈斯举行，场面异常辉煌壮观。所有显贵要人、达官贵人和西班牙骑士，以及来自信奉基督教国家最重要的君主们的大使，都在此云集一堂。布尔戈斯一度成为骑士盛会和宫廷狂欢的场所，整个王国极为喜悦地庆祝这一强大联盟，似乎该联盟可以确保西班牙王权的盛世繁荣千秋万代。

在这些庆祝活动当中，伊莎贝拉最近被儿女们的婚事占据的慈母心思，从天性中的柔情和家庭琐事的操劳中得以解脱出来，开始参与新世界的事务，并体现了她决心为殖民地奠定一个坚实的基础，明确界定权力和奖励哥伦布之贡献的精神。出于一种保护的热诚，她认为所有对哥伦布有利的条款都必须遵守，因为国王已经开始对他冷眼相看，而那些在西印度群岛事务上影响力最大的皇家顾问，都是哥伦布的敌人。

这段时期颁发的所有皇家法令都体现了女王慷慨体贴的性情。

在圣菲授予哥伦布的权利、特权和爵位再次予以确定，并打算在伊斯帕尼奥拉岛划拨一块长 50 里格、宽 25 里格的土地，以公爵或侯爵的头衔赐给哥伦布。然而，哥伦布克制自己，拒绝了这一恩宠。他注意到这一举措只会使针对他的恶意嫉妒有增无减，并会造成新的歪曲，因为他会受到指责，说他更关注自己的安顿和聚敛他本人的财产，而不是关心岛上的其他事务。

由于探险的费用到目前已经远远超过了收益，哥伦布不仅没有获得此前允诺给他的利润份额，反而欠下债务。因此，除去首航中他已经预付的数额，他过去应该承担的八分之一费用被免除了，不过，他同时也不能要求到目前为止从岛上带回来的财富的任何份额。随后三年，他可以从每次航海的总收入中提成八分之一，并且可以获得扣除成本费用之后利润十分之一的额外补贴。三年期满后，协议中的原有条款将恢复生效。

为了满足哥伦布光耀门庭的夙愿，让他以自己的杰出事迹为其家族赢得的殊荣能够得以永久传承，他被赐予确立长子继承权的权利，或者预定其家产继承人的永久顺序，以便将他的贵族头衔永远传下去。这一条他不久后就照办了，1498 年年初，他在塞维利亚郑重地立下遗嘱，在遗嘱中明确了将自己的产业遗赠给他本人的男性后裔，如果他本人的男性后裔缺位，那就遗赠给他兄弟们的男性后裔，如果缺少男性继承人，则由他本人血统的直系女性后裔继承。

他的继承人必须随时携带舰队司令的纹章，以此封印、以他的笔迹签字。无论国王将来会赐予他其他什么称号，无论他本人在其他场合用过什么签名，继承人在签名时不许使用任何其他称号，仅简单地签上“舰队司令”即可。他认为这个称号最能体现自己真正的伟大之处，他也最为看重，并引以为傲。

在这份遗嘱里，他为自己弟弟即殖民地行政官、他的儿子费尔南多和他的弟弟唐•迭戈等人做了充分安排，对于后者，他暗示其有进入教会生活的愿望。他指示要从家庭财产收入中取出十分之一用于诚敬和慈善目的，用于周济他家族世系的所有穷人。他为自己家族贫困女性的婚姻和嫁妆做了安排。他嘱咐要让出生于其家族诞生地热那亚市的一位同族的已婚成员有足够的收入，使之有能力在那里体面地生活，以此保持家族在那里的原籍居住地；他吩咐无论是谁继承了家产，都要永远为热那亚市的荣誉、繁荣以及发展竭尽全力，其前提是该义务不能与为教会效劳和西班牙王国的利益相冲突。在本遗嘱其他各种条款中，他郑重地提出了自己最大的心愿—恢复圣墓。他要求自己的儿子迭戈以及任何可能继承其家产的成员，要随时将自己力所能及节余下来的全部钱财存入位于热那亚市的圣乔治银行，建立一个永久性基金，以便能够时刻准备着，随时追随并效忠国王征服耶路撒冷。或者，倘若国王没有从事这样的伟业，那么，当资金积累到足够的数量，该继承人必须自觉承担费用和风险，发动十字军东征，以期通过自己的决心，君主能够受到诱导而采取行动，或者授权于他以君王的名义去实现该目标。

除了为天主教信仰做出的这一特别安排，他还嘱托自己的继承人，万一教会出现了任何分裂情况，或者面临任何威胁教会繁荣的暴力，都要忠心地跟随教皇，献出自己和财产，保卫教会免遭任何损害和抢夺。紧接着对上帝的职责，他还责成自己的继承人效忠于王座，命令他在任何时候都要忠诚而热忱地为两个君王及其继位者服务，哪怕是牺牲性命、倾家荡产也在所不辞。为了确保该遗嘱能不断被记起，他命令自己的继承人在告解之前，要把该遗嘱交给忏悔神父朗读，由神父审查他是否忠实地履行了这些条款。

鉴于哥伦布对 1495 年 4 月颁发的关于新世界发现的通用许可证感到愤愤不平，认为侵犯了他的特权，于是，1497 年 6 月 2 日又颁发了一道皇家法令，取消了任何可能危害他的利益或者王位以前授予他奖励的任何条款。“这些从来就不是我们的本意，”两个君王在法令中指出，“以任何方式影响唐·克里斯托弗·哥伦布的上述权利，也绝不允许我们之前与他之间的协定、授予他的特权和优惠受到任何侵占和违反。恰恰相反，由于他已经为我们做出的贡献，我们打算赋予他更多的支持。”关于这个法令，现在有充分的理由相信，是宽宏大量的伊莎贝拉的真诚意愿，但是其皇家隆恩的暖流，在其流通的基础通道被毒害或者扭转了方向。

哥伦布蒙受的皇恩同样也惠及他的家人。他曾授予其弟弟唐·巴塞洛缪殖民地行政官的头衔和特权，最初曾引起国王的不快，他不无妒意地认为，只有君王才有权授予所有此类高等级的尊贵官衔。现在，一封皇家信函将此职位授予了唐·巴塞洛缪，仿佛是来自两个君王自发性的恩宠，根本没有提及他先前已经享有的地位。

在采取所有这些措施及时满足哥伦布的时候，有利于殖民地利益的一些其他举措也在进行。他们允许他雇用 330 人，由皇家支付薪酬，其中 40 名家丁或者仆人、100 名步兵、30 名水手、30 名船上勤杂工、20 名矿工、50 名农民、10 名园丁、20 名各类技工以及 30 名女性。随后，两个君王允许他增加数量，如果他认为合适，可以增加到 500 人，但是，补充的人由殖民地的物产和货物支付薪酬。他同时还被授予土地分配权，给所有愿意栽培葡萄园、果园、甘蔗种植园，或兴建任何其他农业设施的人员划拨土地，条件是他们在获得这些土地之后要作为住户在岛上居住四年，所有在岛上发现的巴西苏木和贵重金属都属于皇家所有。

伊莎贝拉慈悲心肠，她并没有忘记不幸的当地人的利益。尽管诡辩派声称他们的隶属和奴役是公民权和神权的事务，而且被当时参与政务的高级教士所认可，伊莎贝拉总是极不情愿赞同奴隶制，甚至对那些在公开战争中被俘获的人也是如此，所以，她对这个无助而忠诚民族中与人无害的那部分人关怀备至，想要保护他们。她下令要特别用心对他们施以宗教引导，在征收强加于他们的贡金时要极尽仁慈，尽管这样很有可能会放纵盗用公款者。事实上，关于印第安人和西班牙人待遇的这项命令，是皇家法令中针对哥伦布管理严苛指控留下印象的唯一指示。君王们建议，无论何时，只要公共安全不需要严厉措施，那就应该施行体现宽厚和宽松的管理手段。

正当各种迹象都显示皇家打算派遣远征队前往殖民地的时候，公众这边却出现了意想不到的困难。上次航海前每个冒险者都争先恐后要为哥伦布效劳的吸引力消失了。他的事业遭到人们强烈的憎恶，其新发现的世界不再被看作是充满财富和快乐的地方，反而被认为是贫穷和灾难之地。此次远航既难找到船，也找不到人手。为了弥补第一个缺陷，王室颁发了一个武断的命令，这样的法令与我们现在的商业政策背道而驰。该法令授权皇家官员强行征用一切他们认为适合此次远征的船只，连同船主和船员，而报酬呢，只要官员们认为公正合理即可。为了招募志愿者，在哥伦布的建议之下采取了一项措施，此举显示他迫于公众情绪的巨大反应，做出了不计后果的选择。这就是将那些判决为放逐到单层甲板大帆船或者矿山的罪犯，改判为运送去新的定居点，他们将在那里从事无报酬的公益劳动。那些被判为终身流放的罪犯，将在定居点劳动 10 年；那些被判决为流放一定期限的罪犯，去殖民地将刑期减半。在一定时间内，向舰队司令投案并登船前往殖民地的所有在逃罪犯，都会获得大赦；那些犯下死罪的将服务两年，罪行稍轻的罪犯服务一年。但是那些犯下异端、叛国、造假币、谋杀和其他一些具体罪行的罪犯除外。这一有害措施，从根源上毒害了新生殖民地的人口素质，也是造成哥伦布麻烦缠身、殖民地不幸和危害等问题的共同原因。各国经常采用这样的措施，那些前车之鉴原本应该让他们更好地吸取教训，而且此举已经证明是许多新兴定居点灭亡的祸根。宗主国将自己的罪行和恶习扔向殖民地无疑是一种不近人情的行为，如同父母故意将疾病嫁接给自己的孩子一般。在这两种情况下，自然职责都被损害了；如果播下邪恶的种子，那么长出苦涩的报应也就不足为奇了。

尽管采取了这些激烈的应急手段，远征准备工作仍然遭遇了破坏性的耽搁。这种情况的部分原因是指定监管西印度事务的人员发生了变动。有一段时间，这些事情是委托安东尼奥·德·托雷斯照管，很多正式文件均以他和哥伦布两人的名字共同签署。但是，由于托雷斯一方提出不合情理的高要求，他被免职了，巴达霍斯的主教胡安·罗德里格斯·德·丰塞卡复职。因此，先前制定的文件只得更新，并制定新的合同。正当这些事务处于拖拖拉拉的处理过程中，女王突然遭遇了沉重打击，她唯一的儿子王子胡安去世，那年春天才刚为他举行了盛大辉煌的婚礼。然而，这不过是国内系列灾难的开端，她深情善良的心频遭打击，让其余生饱受折磨。可是，即便是在她悲痛万分的时候，她仍然关心哥伦布。由于哥伦布迫切表示要改善殖民地的悲惨境地，1498 年年初，在佩德罗·费尔南德斯·科罗内尔的指挥下，两艘满载物资的船被派往殖民地。所需资金由女王本人支付，她从原打算为女儿伊莎贝拉准备嫁妆的款项中拿出了一部分资金。那时，她女儿许配给了葡萄牙国王伊曼纽尔。她在痛苦时所做的另外一件事也表明了她对哥伦布的善意，他的两个儿子迭戈和费尔南多，曾经是那位过世王子的近侍，现在女王接管了他们，让他们为自己服务，享受同样的待遇。

尽管女王如此热心肠，哥伦布在准备远航所需要的六艘船时，仍然遇到了最受伤害和最令人沮丧的延迟。他的冷血敌人丰塞卡监管着印第安事务，有能力阻碍和延缓他的所有计划。受雇于军备事务的各种士官和代理人当中，很多都是主教的爪牙，他们知道只要惹恼哥伦布，就会令主教大人满意。他们把哥伦布看作是一个声望日渐衰败之人，他们可以对其肆无忌惮地冒犯。因此，他们无所顾忌，在他的进程中制造种种障碍，不时对他傲慢无礼，如同卑鄙小人得势之后易于表现出的种种行径。

以当今的观点来看，如此重要而光荣的事业，居然遭受如此卑劣的干扰，简直不可思议。哥伦布怒不可遏，却默默承受。他在这个自己蒙受恩惠的国度不过是一个陌生人，他感觉到潮流趋势对他不利，为了实现他的伟大目标，他必须忍受目前的许多委屈。但是，前进的路上那么多狡诈的阻碍已经让他异常厌倦、沮丧，反复无常的公众偏见已经让他反感到极点，以致一度产生了彻底放弃自己发现大业的想法。他能够坚持下来的主要诱因是他对女王的感激之情，而且他希望自己能有所发现，可以让女王在饱受打击的情况下受到鼓舞、振作起来。

最后，历经各种令人愤怒的拖延后，尽管不可能充分战胜公众的抵触，没有招募到规定所需的各行业人员，六艘船还是终于整装待发。除了前面已经列举过的人员，还增加了一名医生、一名外科医生和一名药剂师去解除殖民地的病痛；另外还有几个神职人员去替换修士博伊尔和他那些心怀不满的教派兄弟；同时登船的还有舰队司令招募的一些音乐家，他们去的目的是为了娱乐和活跃殖民者的生活。

丰塞卡爪牙傲慢无礼的行为，让哥伦布在漫长的拖延准备期备受折磨，而且一直困扰他直至他在西班牙停留的最后一刻，并如影随形地把他逼到了忍耐的边缘。为难他的那些微不足道的雇员中，最鼓噪、最放肆的是一位叫西米恩·布瑞威斯卡的家伙，他是丰塞卡的司库或会计师。此人不是一个老基督徒，据可敬的拉斯·卡萨斯观察，他应该是皈依天主教信仰的犹太人或摩尔人。他长着一副厚颜无耻的嘴脸，口无遮拦，与其主子大主教你唱我和，公然辱骂舰队司令及其事业。就在船队拔锚起航的当天，哥伦布遭到这位西米恩蛮横无理的挑衅，无论在岸上即将登船的时候，还是在他刚刚进入自己的旗舰之时都是如此。就在那匆忙的一刻，他忘记了自己一贯的自制，他压抑的愤慨突然爆发出来，将那个卑鄙的走狗打翻在地，反复踢他，在这阵毫无防范的突然发作中宣泄他胸中积郁已久的悲伤和恼怒。

再也没有什么比此更能强烈地说明，那些卑劣小人的阴谋诡计在此之前曾经让他多么深受其害。此次爆发的狂怒激动非同寻常，因为哥伦布对自己的脾气一向掌控有度。他对此深感后悔，此事过后不久，在一封写给君王的信函中，他通过夸大和歪曲敌人的方式，努力排除此事在他们的看法中可能会给自己造成的伤害。他的担忧并非毫无根据，因为此事过后不久，君王就对哥伦布采取了羞辱性的措施，拉斯·卡萨斯将此归结于那个事件所产生的不良印象。此事就发生在家门口，也就是说，在君王们的眼皮底下，因此，该事件所产生的效果，比遥远的重要辩解更能快速地让他们感同身受。一个公职官员的私人责罚，被描述为哥伦布报复性脾气骇人听闻的实例，证实了来自殖民地关于其残酷和压迫的指控。由于西米恩是不公正的丰塞卡的人，这件事便以最可憎的视角呈现在君王面前。纵然国君慷慨大度，他们的臣民所立下的赫然功绩也会因为冷酷而狡猾之人的介入而被轻易击垮。

丰塞卡以他对哥伦布不卷十可调和的敌意，在人类最灿烂的事业进程中所设置的隐秘障碍，已经确保让自己的名字伴随着每一个慷慨大度之人的唾弃，遗臭万年。

卷十

哥伦布离开西班牙开始第三次航海——发现特立尼达岛；穿过帕里亚湾的航行；继续在帕里亚湾航行——返回伊斯帕尼奥拉岛；哥伦布关于帕里亚海岸的推测

第一章

哥伦布离开西班牙开始第三次航海——发现特立尼达岛（1498）

1498年5月30日，哥伦布率领六艘船组成的舰队，从圣路卡巴拉梅达港口出发，开启了他的第三次航海发现之旅。此次拟采取的航线与其前两次不同。他打算从佛得角群岛出发，向西南方向航行，直至抵达春分线，然后再直接向西，借助于有利的信风直行，直达陆地，或者发现自己进入伊斯帕尼奥拉岛的经度为止。多种考虑促使他采取这条航线。在上一次航行中，当他沿着古巴南岸绕行，自认为那就是亚洲大陆的时候，他就发现那里的海岸线向南伸展。照此情形，以及从加勒比群岛的原住民那里收集到的信息，他被诱导相信，在他已经发现的这片地区的南部，还有大块陆地。葡萄牙国王约翰二世似乎也持有类似的想法，根据埃雷拉的记录，那个君王曾经表示在南大洋有大陆存在。如果情况确实如此，哥伦布就认为，他越是接近赤道，他所发现的区域扩展到气候越来越受到太阳热量影响的地方，他才能找到因阳光充足照耀而生长更完美、更具有珍贵品质的自然产物。女王陛下命人写来的一封信强化了他的这种信念。写信人名叫杰恩·费雷尔，一位博学、杰出的宝石商。他在进行宝石和贵重金属交易的过程中，到过利凡特和东方各地，曾经与亚洲和非洲偏远地区的商人以及印度、阿拉伯和埃塞俄比亚的本土人交谈过，被认为是通晓普通地理学的行家，但是他尤其精通那些可以购得价值昂贵商品之国家的自然历史。在这封信中，费雷尔向哥伦布保证，根据他本人的经验，诸如黄金、宝石、药物、香料等稀有商品，主要在赤道区域才能找到，那里的居民是黑人或者肤色较深的人，舰队司令需要到达这种肤色的人群当中，方可发现此类物品的丰富藏量。

哥伦布希望在更偏向南部的地方找到这样的民族。他回忆起伊斯帕尼奥拉岛上的原住民曾谈到过他们岛上来过黑人，是从南方和东南方向过来的。那些黑人的投枪尖上镶嵌着一种他们称为鸟嘌呤的金属。他们曾经给过舰队司令这种金属样本，在西班牙化验之后，证实这是一种黄金含量 18%、银 6%、铜 8% 的一种混合物，是其原产国拥有此类较高价值金属的证据。夏洛瓦猜测那些黑人可能来自加那利群岛，或者非洲西海岸，是受风暴驱赶才来到伊斯帕尼奥拉岛的海滩上。然而，也有可能是哥伦布此前获得关于他们肤色的信息一直是被误导的，或者误解了其信息提供者的意思。很难相信，非洲或加那利群岛的本地人，乘着他们惯用的那种脆弱而狭小的轻舟，可以进行如此重大的远航。

正是为了确定所有这些推测的真相，而且，如果正确无误，就能抵达赤道周围宜人和富裕的国度，那里居住着肤色与同纬度的非洲人相似的人，哥伦布才让眼下前往新世界的航线比他之前的线路更偏向南方。听说有法国舰队在圣维森特角巡航，他在离开圣路卡之后就朝西南方向行驶。在圣港岛和马德拉岛短暂停靠了几天，其间船队在那里储备木材、淡水和其他物资，接着继续前往加那利群岛。6 月 19 日，他来到戈马拉岛，那里停靠着一艘俘获了两艘西班牙船只的法国巡洋舰。看到哥伦布的舰队驶入海港，那个私掠船船长带着他捕获的船仓促离港出海。其中有一艘在匆忙赶路时，把一部分船员留在岸上，只带着 4 个士兵和 6 个西班牙俘虏就起航了。舰队司令起初误认为他们是商船，是被自己船队的战舰外表唬住了才逃跑的。当他得知真相，便派 3 艘船去追赶，可是法国船走得太远，他们没有追上。但是，在一艘被虏船上的 6 名西班牙人，眼看身边有援助，便奋起反抗抓获自己的人。后来舰队司令的船赶到，这艘船被夺回，并胜利回到港口。舰队司令把船只归还给该船船长，将俘虏交给岛上的总督，以此交换被巡洋舰带走的六位西班牙人。

6 月 21 日离开戈马拉岛之后，哥伦布在耶劳岛将船队一分为二：三艘船直接去伊斯帕尼奥拉岛，给殖民地送给养，其中一艘船由巴埃萨的本地人阿隆索・桑切斯・德・卡瓦哈尔指挥，这是一位正直、值得信赖的人；另外一艘由科尔多瓦的佩德罗・德・阿拉纳指挥，此人是多纳・贝娅特丽克丝・恩里克斯的兄弟，前者是舰队司令第二个儿子费尔南多的母亲，阿拉纳还是圣诞城纳维达德被屠城时那个不幸的要塞指挥官的堂弟；第三艘船的指挥是一个名叫胡安・安东尼奥・哥伦布（或科伦坡）的热那亚人，舰队司令的亲戚，一位富于判断、很有能力的人。这几个船长将轮流担任总指挥，一人负责一个星期的信号灯。舰队司令仔细地给他们划定了航线，要求他们在看见伊斯帕尼奥拉岛之后，就向南侧行驶。根据科罗内尔传送的皇家命令，他预计在那个时候，奥泽玛河口应该建起了新的海港和城镇。舰队司令带着余下的三艘船驶向佛德角群岛。他乘坐的那艘船装了甲板，另外两艘是商船。当他进入热带时，气候的变化和黏稠闷热的天气让他在剧烈的高烧之后引起痛风症的严重发作。尽管疾病让他痛苦难当，他的神志却非常清楚，一直保持计算，并以他一贯的警觉和精细进行观察。

6月27日，他来到佛得角（Cape de Verde）群岛当中，那里不仅没有其名字所隐含的清新、翠绿，反而呈现出一派最惨淡的荒芜。他在这些岛屿中仅停留了寥寥几天，非常失望，因为他希望在此获得山羊肉补充船上的食物，为伊斯帕尼奥拉岛囤积牲口。获得这些东西需要拖延一些时间，与此同时，他本人及其船员的健康都受天气影响而痛苦不堪。大气层中堆积着云层和水汽，既看不见太阳，也看不见星星，气温总是闷热、压抑，岛上居民青灰色的面容证明了此地气候有碍健康。

7月5日，哥伦布离开布埃纳维斯塔岛，向西南方向行驶，打算继续航行，直到发现自己置身于赤道线为止。然而，这些岛屿之间流向北方和西北方向的潮流阻碍了他的行程，让他在看得见火地岛的地方逗留了两天。远远望去，岛上的火山顶好似教堂高高的尖塔，据说那里不时喷出烟雾和火焰，那可是旧世界最后可辨的一个地标。

继续向西南航行了约120里格，7月13日，根据他的观察，他发现自己进入了北纬5°的范围。他所进入的区域在这个纬度两侧的8°、10°之间，是海员当中熟知的停滞纬度。从东南方和东北方吹来的信风，在赤道附近汇集，彼此中和，产生稳定平静的要素。整个大海就像一面镜子，船帆振动，船只却纹丝不动；烈日当空，船员们在直射的炽热中气喘吁吁，完全没有一丝清爽的微风予以缓解。有时，要耗上数周才能跨过大洋这种停滞区域。

过去一段时间的天气多云压抑，但在13日那天，太阳明亮炽热。海风骤然停息，闷热的死寂开始了，并且历时八天。天空就像熔炉，焦油融化了，船舶的捻缝裂开了口子，腌肉开始腐烂，小麦好似着火了似的滚烫，酒桶和水桶的圈箍萎缩，有的开始泄漏，有的破裂开来。船舱里的酷热令人窒息，没有人能在里面多加停留以阻止已经发生的损害。水手失去了所有力气，精神萎靡，在沉闷的天气里衰弱。就好像关于热带地区的古老寓言即将成为现实，而且他们正在接近一个火热的区域，没有人可能在那里存活。确实，很大部分时间的天空都是阴云笼罩，不时下着阵阵细雨，但是空气稠密而令人窒息，并且湿热交织，足以消耗人类躯体的所有能量。

在此期间，舰队司令遭受了痛风的极度折磨，但是，像往常一样，忧虑使其大脑的活动更甚于平时，让他既不能沉溺，也不能休息。他置身于一片未知海域，那里每件事情都依赖他的警觉和智慧，他必须不断地观察一些自然环境现象，找出陆地的迹象。眼见酷热难耐，他改变航程，转向西南方行驶，希望能找到气候较温和的地方继续行驶，哪怕是与此平行也好。在前两次航海中，他注意到，从亚速尔群岛向西航行100里格之后，海洋和天空都会发生奇妙的变化，两者都会变得宁静而温和，空气也变得适度和清爽。他想象着从北到南伸展着一片庞大的海域，那里特别柔和恬淡，而航海者在由东向西行驶的过程中会突然进入其中，仿佛跨过一道线一般。事情的发展似乎证明了他的理论，因为当他们缓慢地向西航行了一段时间，经过炎热和无风的严酷考验，穿过阴郁窒息的大气之后，船队立刻进入了一片舒适的区域，海面上吹拂着和煦、清凉的微风，轻轻地鼓满了他们的船帆，黏稠湿润的云层散开了，天空变得宁静清澈，太阳焕发出所有光辉，却不再火辣辣炽热难当。

哥伦布原打算到达这个温和区域之后，再次向南行驶，然后才转向西面，但是先前那阵炎热的天气让船捻缝裂开了，现在泄漏很严重，所以，有必要尽快找到海港修复损害的船只。同时，大部分食品也损坏了，淡水也几乎耗尽。因此，他一直向西直行，并根据鸟类的飞行和其他一些有利迹象，相信自己应该很快就会到达陆地。然而，时间一天天过去了，他的期待却没有实现。他手下人的痛苦不断加重，情况越来越紧迫，为此，他设想自己是在位于加勒比群岛的经线一带，便改变航道向北行驶，去寻找那些岛屿。

7 月 31 日，每艘船上的水桶都没有水了。大约中午时分，在桅杆顶上的一个水手突然看见地平线上崛起三座山峰，便发出了看见陆地的欢呼声。随着船队逐渐靠近，可以看出这些山脉的基座是连在一起的。哥伦布本次航海曾经决定要给他第一眼看见的陆地命名为特里提。这三座大山的外观与他的打算如此吻合，不由让他认为这是神奇的天意。于是，怀着敬拜的庄重情感，他将此岛命名为特立尼达，此名沿用至今。

第二章

穿过帕里亚湾的航行（1498）

哥伦布将航向转至那座岛屿，驶向其最东端，并将那里命名为蓬塔德拉加莱拉，因为海中有一块岩石与航行中的单层甲板大帆船很相似。他不得不沿南侧海滩航行了 5 里格才找到安全的锚地。第二天（8 月 1 日），他继续向西贴岸滑行，寻找水源和方便将船侧倾修理的海港。此地绿意盎然、肥沃丰饶，让他讶异不已。原以为他越接近赤道，大自然会显得越是焦渴和贫瘠，然而，他看到的却是绵延至海滩的棕榈树林和茂盛的森林，林中泉水潺潺、溪流淙淙。海岸低矮，无人居住，但是地势向纵深处逐渐升高，许多地方都有耕种，村庄和散居的住户让其充满了生机。总之，此地温和纯净的气候，翠绿、清新、令人愉快的环境，在他看来，等于美丽的瓦伦西亚省早春之怡人时节。

停泊在他命名为蓬塔德拉普拉亚的海岬之后，哥伦布派小船上岸去取水。他们发现了一条水源充足、水质清澈的小溪，于是就在那里灌满水桶，但是他们既没有发现可以安全泊船的港口，也没能见到任何岛民，可他们发现了脚印，以及仓促逃离中留下的各种捕鱼工具。还有动物留下的痕迹，他们推测可能是山羊，但是随后他们确定应该是鹿，因为岛上此类动物非常多。

在沿岸航行的时候，哥伦布看见南部有陆地，一直延伸至20多里格的远方。那里应该是沿海与奥里诺科河众多分支交汇的低洼地区，但是舰队司令认为那是一个岛，并将其命名为圣岛。难以想象，他现在第一次看见了那个洲、那块陆地，那可是他一直热衷于寻找的目标啊！

8月2日，他继续航行，朝着特立尼达岛的西南角行驶，他将其称为阿雷纳岬。此处一直延伸至大陆的对应点，形成一个狭窄的通道。通道中央有一块高高的岩石，哥伦布将其命名为厄尔盖洛。船队就在其附近抛锚。正当他们靠近那里的时候，一条载有25个印第安人的独木舟驶离岸边，但在离船队一箭之遥暂停下来，与船上的人打招呼，但是船上没有一个人能听懂他们的语言。哥伦布试图引诱野蛮人上船，用友好的手势，展示镜子、抛光的金属盆以及各种亮闪闪的小饰品，但一切都徒劳无益。他们一直鸦雀无声、惊愕地凝视了两个多小时，手里握着桨，随时准备在对方显示一丝靠近的意图时逃离。他们都是年轻人，体形良好、赤身裸体，仅在头上缠着棉布块和布条，腰间裹着颜色相同的布料。他们手持弓箭，箭杆装饰着羽毛，箭头镶嵌着骨头，而且，他们有小圆盾，这是在新世界的居民当中首次看到类似盔甲的物品。

发现所有其他手段都无法吸引他们，哥伦布开始尝试音乐的力量。他知道印第安人喜爱踩着自己简陋的鼓敲打的节拍，和着自己传统的民谣跳舞。他便下令在船上演奏类似的乐器，于是，当一个人应和着单面小鼓的节拍在其他乐器的伴奏下唱歌的时候，船上的侍应生便跳着在西班牙流行的舞蹈。可是，这一幕刚开始演奏，印第安人便将其误认为是敌意的信号，他们举起盾牌放在手臂上，抓起弓，骤雨般的箭便飞了过来。这种粗鲁的问候方式立刻就遭到三两支弩的回击，旁听者被吓跑了，这场奇异的娱乐活动也宣告结束。

虽然舰队司令的船让他们如此胆怯，他们还是毫不犹豫地靠近了一艘轻快帆船，跟在船尾，开始与领航员对话。领航员拿了一顶帽子和一件斗篷送给一位看起来像首领的人。那人极为喜悦地收下礼物，打手势邀请领航员上岸，想必在那里他应该得到很好的招待，并得到巨大的回礼。看见他表示同意的样子，他们便到岸边等他。那领航员放下轻快帆船上的小船，准备去请求舰队司令的许可。但是，印第安人见他登上那艘有敌意的船，便怀疑有阴谋，连忙跳进独木舟飞快离去，此后再也没有看见过他们了。

这些野蛮人的肤色和其他身体特征在哥伦布心中引起极大的惊奇和猜测。假如自己位于第 7 纬度，但实际上是在第 10 纬度，他就希望在同一平行线上找到类似非洲人的原住民，即肤色黝黑、体形欠佳、头发卷曲，或者更确切地说，像羊毛卷似的头发。而这些本土人都体形良好，长发，甚至比那些离赤道更远地区的人更漂亮。气候也是，并没有因为接近赤道线而更加炎热，反而更加温和。他现在是在酷热的三伏天，但是夜晚和清晨非常凉爽，甚至像在冬季那样有必要盖被子。热带地区的许多地方都类似这种情况，尤其是在无风的宁静天气时更是如此。因为在那些纬度的漫长夜晚，大自然厚重的露水冷却了白天的酷暑，让大地变得清凉。哥伦布起初颇为困惑，大自然的进程与他在旧世界观察到的现象相互矛盾，与他建立在宝石商费雷尔的理论基础上的期望相悖，但是这些现象却逐渐催生了他那活跃的想象萌发出一个理论，并在不久后就显示出来了。

在阿雷纳岬抛锚之后，船员们得到许可上岸去休整。岸上没有流水，他们在沙滩上挖坑渗水，很快就获得足够的淡水灌满水桶。然而，在这个地方泊船极不安全。从东边形成的一股激流，在大陆与特立尼达岛之间的海峡中川流不息，据哥伦布观察，这股激流如同瓜达尔基维尔河水暴涨的时候那样奔腾咆哮，昼夜不停。在阿雷纳岬及其对应点之间的通道内，被羁绊的海水暴怒翻滚，其狂暴的程度让哥伦布认为水下是礁石和浅滩，阻挡着所有水流进入，远远延伸的还有其他障碍，使得流经此地的海水好似怒吼着冲击岩石岸边的碎浪。对于这个通道，根据其愤怒而危险的景象，他取名为博卡谢尔佩（蛇口）。如此，他发现自己处于两难境地。自东而来的潮流川流不息，看起来阻止了所有退路；倘若他前进，横亘在通道中的岩石似乎威胁着船毁人亡。深夜，在自己旗舰上的哥伦布被疾病所折磨，焦虑不安、精神紧张，难以入眠。他听到从南方传来可怕的吼声，看见大海聚拢起来，形成一道巨大的山脊或山峰，像船那么高，卷起泡沫，发出巨大的咆哮声向他袭来。这阵迫近的怒潮在晦暗的夜晚显得尤其可怕，他不由为船舶的安全胆战心惊。他的旗舰突然被高高抬起，他非常惧怕，唯恐船只倾覆或被抛掷到岩石之上。与此同时，另一艘船被猛烈地从停泊点扯开。船员们一时极度惊恐，害怕自己被吞没，但是，经过与海峡中的逆流激烈较量之后，如山般的巨浪过去了，并逐渐平息下来。据推测，这阵突如其来的涌流，应该是由流入帕里亚湾众多河流之一的涨水所引发。那时，哥伦布并不知道这一点。

急于逃离这个危险区域，第二天早晨，他派出小船去测试博卡谢尔佩海峡的深度，以确定船舶是否有可能从北面通过。让他大为高兴的是，派出去的人回来报告说水深有几英寻，进出双向都有潮流和涡流。顺风主导，于是他立即起航，安全地通过了这条可怕的海峡，来到了另一边宁静宽阔的海洋。

他现在位于特立尼达岛的内侧。他的左侧伸展开一个宽阔的海湾，此湾自那以后就叫帕里亚，哥伦布猜测那里是远海，但是当他尝试海水的时候，发现是清新的淡水，这令他很是惊讶。他继续向北，朝着位于海岛西北端的一座山驶去，那里离阿雷纳岬大约 14 里格。他在那里看到了两座高耸的海角彼此相对，一个在特立尼达岛上，另一个在西边帕里亚湾狭长的海岬上面。该海岬从大陆延伸出来，形成海湾的北侧，但是哥伦布误认为这是一个小岛，并将其命名为格雷西亚岛。

这些海岬之间还有一条通道，看起来比博卡谢尔佩海峡还要凶险，海峡置于岩石之中，被困在岩石间的水流不顾一切地咆哮翻滚着向前冲。哥伦布将此海峡命名为博卡德龙海峡。他没有选择去面对该海峡那显而易见的危险，而是调转向北。8 月 5 日，星期天，他沿着假定的格雷西亚岛内侧航行，打算沿岸行驶至该岛的尽头，然后转向北边进入自由而开阔的海洋，从那里驶向伊斯帕尼奥拉岛。

这是一道风光旖旎的海岸，沿岸犬牙交错的优良海港一个挨着一个。很多地区都有人耕种，有的地方果树密布、森林宏伟，由密集的溪流灌溉。让哥伦布感到极为讶异的是发现此处的海水仍然是淡水，而且随着他向前行驶，海水越来越淡。那时正是一年当中众多汇入海洋的河流因雨水上涨的时节，它们倾入海洋的淡水量相当大，足以稀释海水的盐分。此处海洋的宁静也让他非常惊讶，看起来就似一个宁静而安全的庞大海港，所以根本没有必要寻找可以停泊的位置。

到目前为止，他一直没能与新世界这部分的人进行任何交流。他所光顾的那些海岸呢，虽然偶尔会有所耕种，但都寂静冷清。除了在阿雷纳海岬那队乘着独木舟逃跑的人，他还没见过任何本土人。沿岸行驶几里格之后，8 月 6 日星期一，他在一处出现了耕种迹象的地方抛锚，并派出小船上岸。他们发现了最近的人类踪迹，却连一个人影也没见着。海岸是丘陵地带，覆盖着美丽而果实累累的树林，而且猴子众多。他们继续西行，到了一个更平坦的地方之后，哥伦布便在一条河流停泊下来。

河面上立刻就出现了一艘独木舟，载着三四个印第安人，来到了离岸边最近的一艘轻快帆船近处。该船船长假装愿意陪同他们上岸，跳进他们的独木舟，将其倾覆，然后在自己船员的协助下，趁着印第安人在水里游的时候抓住了他们。当他们把印第安人带到舰队司令那里时，他送给他们珠子、铜铃铛，还有糖，把他们欢天喜地地送上岸，岸上聚集着他们的许多同胞。这种善意的对待取得了通常的效果。那些有独木舟的本土人满怀信心地来到船上。他们身形高大、体格良好，行动自在、优雅。他们的头发长且直，有些人留着短发，但没有人编织头发，不像伊斯帕尼奥拉岛本土人的习惯。他们手持弓箭和靶子，男人头上和腰上裹着棉布，这些棉布编织精美、五颜六色，远远看起来像丝织品；女人则完全赤身裸体。他们带来了饼、玉米和其他可食的物品，还有不同种类的饮品，有些是玉米制作的白色饮品，与啤酒类似；有的是绿色，散发出葡萄酒的味道，看得出是用各种水果酿制而成。他们似乎对一切事物都通过嗅觉予以判断，如同他人通过视觉或者触摸检查物品一样。他们靠近一艘船，先嗅船，然后再嗅人。就这样，送给他们的每一样物品都进行同样的审视。他们视珠子为敝物，却奉铜铃铛为至宝。黄铜也得到很高的估价，看起来他们似乎能从黄铜的气味中找到某种令他们异常感激的东西，将其称为“图里”，意思那是来自天国的物品。

从这些印第安人那里，哥伦布得知他们地区的名字是帕里亚，并得知在更远的西边，他会发现那里的人口更多。他带上几个印第安人作为向导和调解员，向西航行了8里格，来到了一个他称作亚古哈或者尼德尔的地方。他来到此地时是清晨3点钟。当天色亮起来的时候，该地区的美景让哥伦布心旷神怡。许多地方都有耕耘，人口高度密集，茂盛的植被让其活色生香；住宅分布在缀满果实、开满鲜花的树林之中，葡萄藤蔓在树上缠绕，羽毛艳丽的鸟类在枝头上跳来跳去。空气温和清爽，鲜花盛开的芬芳让其甘之若饴，无数泉水和清澈的溪流让此地一派郁郁葱葱、清新凉爽。海岸这片地区的美丽与舒适让哥伦布心醉神迷，因此他将其命名为加登。

大批当地人乘着独木舟前来。其独木舟是到目前为止建造最好的，舟体大而轻，中央有一个舱室可容船主及其家人住宿。他们以其国王的名义邀请哥伦布上岸。许多人脖子上都戴着项圈和锃亮的金属牌，其材质是被印第安人称为鸟嘌呤的劣质黄金。他们说这种金属来自高地,同时用手指着西边不远的地方,但暗示去那里很危险，说那里要么居住着食人族，要么被有毒动物所盘踞。但是，引起西班牙人关注和唤醒了他们贪婪的东西，是瞥见一些当地人手臂上的珍珠串。这些东西，他们告诉哥伦布，是在帕里亚北侧的海岸边所获，哥伦布仍然认为那里是个岛屿。他们展示了取出珍珠的母贝壳。急于获得更多信息，并找到一些珍珠标本送回西班牙，哥伦布派遣船只上岸。首领酋长和他的儿子率领许多当地人来到海边迎接他们。他们带着深深的崇敬款待西班牙人，认为他们是天人下凡，把他们带到了一处宽敞的房子即酋长住所。他们在那里享用了饼和各种风味绝佳的果实，以及前面已经提到过的各种饮品。当他们待在房子里时，男人们聚集在屋子的一端，女人们则在另一端。在酋长屋里就餐结束之后，他们又被带到酋长儿子的家里，那里一顿类似的食物摆在他们面前。这些人非常友善，与此同时，他们比古巴和伊斯帕尼奥拉岛的本土人更加强悍，更具有尚武的气质和精神。哥伦布观察到，虽然他们如此靠近赤道，但是这些人比他之前见过的任何原住民都漂亮，他原本期待在这里能够找到与埃塞俄比亚人肤色相同的人。他们的黄金饰品很多，有位印第安人甚至有一块苹果大小的金块，但其质量都很低劣。他们拥有各种家养鹦鹉，其中一个品种羽毛颜色浅绿、颈部黄色、翅膀尖色泽鲜红；另一个品种像家禽一般大小，除在两翼有一些羽毛呈蔚蓝色，全身通体鲜红。他们乐意把这些鸟儿给西班牙人，但是后者最垂涎的是珍珠，他们看见印第安女人戴着许多珍珠项链和手镯。后者很乐意用此物换取铜铃铛或任何黄铜物品，舰队司令很快就采购到送给君王的精美珍珠样品。

这个民族的善良和友好因其聪慧的举止和尚武的直率显得更加突出。看起来他们与自己美丽的居所相得益彰。最令人担心的是，他们与西班牙人彼此不懂对方的语言。然而，他们通过手势交谈，彼此的善意让他们的交往轻松愉快。黄昏时分，西班牙人愉快地回到了船上，所受到的款待让他们心满意足。

第三章

继续在帕里亚湾航行——返回伊斯帕尼奥拉岛（1498）

在帕里亚原住民当中发现的精美珍珠数量足够让哥伦布产生乐观的期望。此事似乎印证了那个博学珠宝商费雷尔的理论，即当他接近赤道，他就会发现自然界最稀有、最珍贵的杰作。他那活跃的想象力，以其直觉的迅捷，抓住每一种与他的意愿一致的情况，将其汇集起来，从中得出最卓越的推论。他在普林尼的著述中读到，珍珠是滴入牡蛎口中的露珠产生的，如果确实如此，其他还有什么地方能比帕里亚海岸更有利于它们的生长和繁殖呢？这些地区的露水重且量大，牡蛎也非常多，它们聚集在红树林根部和垂下的枝条周围，这些树木生长在宁静大海边缘。当取出在水里浸泡了一些时间的枝条时，会发现上面布满了牡蛎。拉斯•卡萨斯注意到哥伦布这一乐观的结论，指出这里所说的贝类并不是可以生产珍珠的品种。出于自然本能，那些孕育珍珠的贝类好像能意识到自己的珍贵价值，会将自己隐藏在水下最深处。

由于仍然把帕里亚海岸想象成为一个岛屿，并急于绕岛而行，到达印第安人所言的珍珠盛产地，哥伦布于8月10日离开了加登，继续在海湾内沿岸西行，寻找一个北边出口。他观察到海湾的尽头出现了一部分陆地，并推测那里应该是岛屿，将其称为伊莎贝塔和特拉蒙塔纳，并认为自己所需的出海口必定就在两岛之间。可是，随着他的前行，他发现海水越来越浅、越来越淡，直至不敢让自己的船再做任何进一步的冒险。他注意到，对于此类探险，自己旗舰的船体过于庞大，100 吨重的船需要 3 英寻水深。因此，他就地停下来，派遣那艘名为“科里奥”的轻快帆船向前行驶，去确定在他假定的岛屿之间，是否有一个通向海洋的出口。该船第二天返回，报告说在海湾的最西端有一个宽约 2 里格的出口，通向一个内部的环状海湾；此湾周围环绕着四个开口，显然是小一些的海湾，或者更确切地说，是河口，这些河流流淌着大量淡水，让附近海域的水质甘甜可口。事实上，这些河口当中有一条名为楚帕里帕里的大江，换个说法，也就是今日被称为帕里亚的河流。哥伦布给这个内置圆形的海湾取名为珍珠湾，源自水里富产珍珠的错误观念，实际上在那里根本没有发现过珍珠。哥伦布仍然将水手所言的四个河口想象成为岛屿之间的间隔，尽管他们向他保证自己所见到的所有土地是连成一片的。由于他的船不可能继续向西航行，他没有别的选择，只好折回，在博卡德龙海峡以北寻求退路。他原本很乐意在这个海岸继续探索一段时间，因为他认为自己位于被描述为地球上最宜人居住的富裕地区之一，而且，离赤道越近越富有。但是，强制性的需要迫使他不得不缩短航行赶往圣多明戈。航海备用的食物差不多吃光了，船上装载的运往殖民地的各种用品也面临坏掉的危险。同时，他的健康状况也让他痛苦不堪。除了痛风，这已经让他在本次航程的大部分时间里瘸着腿，他还遭受着眼疾的折磨，疲劳和过度观望几乎让他失明。即使在沿古巴海岸航行中，他注意到自己几乎33天没睡觉，也没有如此损伤他的眼睛，让他的身体失调，或者给他造成了目前这么多痛苦和煎熬。

所以，8月11日，他向东驶向博卡德龙海峡，并在潮流的推动下迅速行驶。但是，该潮流却阻止他再次登上他最喜欢的地方加登。星期天，13日，他在博卡附近一个良港抛锚，根据附近数量众多的一种名为加托-保罗的猴子，他将此港命名为波多加托。他在海边发现了许多树，按照他的想法，树上结着樱桃李，一种仅在东方国家才发现的水果。水里还生长着大量的红树林，其枝条上黏附着牡蛎，它们的嘴大张着，他由此推测那是在接受露珠，以便在后期将其转化为珍珠。第二天早晨，8月14日，时近中午，船队靠近了博卡德龙海峡，准备冒险通过这令人畏惧的通道。从帕里亚尽头的博托海岬到特立尼达末端的拉帕海岬之间的距离大约是5里格。但是在两个岬区间有两个岛屿，哥伦布分别将其命名为卡拉科尔和德尔芬。流经海湾的湍急淡水，特别是在7月和8月的雨季，在此受到这些岛屿之间狭窄出口的约束，在那里搅得大海汹涌澎湃，好似拍击着岩石一样泡沫飞溅、怒吼咆哮，让海湾的进出口显得极其危险。对于发现者而言，这种地方的恐怖和危险总是更甚于十倍，因为他们没有航海图，没有导航员，更没有先驱航海家的意见作为引导。哥伦布呢，起初担心的是水下的岩石和浅滩，但经过聚精会神地观察了海峡水流的运动之后，他将海峡的凶险归结于庞大的淡水流与海水潮汐的冲突：一方面，通过海峡的巨量淡水挣扎着寻找出口；另一端呢，大海的咸水潮流在奋力涌进来。海风渐弱的时候，船只根本不敢冒险进入这条可怕的通道，因为它们会随时面临被抛向岩石或沙滩的危险。然而，由于目前是淡水占了主流，便带着他们安全地通过了。当再次进入安全而开阔的大海时，舰队司令庆幸自己终于逃离了这个危险的海峡，由此，他评价道，此地才是名副其实的龙口峡。

他现在沿着帕里亚湾外海岸向西行驶，仍然假设它是岛屿，并打算前往珍珠湾。依照他的想象，珍珠湾在该岛的尽头，应该通向大海。他希望查明，这些巨量的淡水是否源自河流，如同轻快帆船“科里奥”的船员所确定的那样，因为照他看来，仅仅是岛屿的溪流根本不可能产生如此巨量的淡水，他总认为周围的陆地是岛屿。

在离开博卡德龙海峡时，他看见在东北方向数里格的地方有两个岛屿，并将其命名为阿桑普兴和康塞普申，也许这就是今日被称为多巴哥和格拉纳达的两个岛屿。在沿着帕里亚北部海岸的航行中，他又看见几个小岛屿和众多优良港口，他给其中一部分取了名字，但那些名字如今已经不再为人所知。15 日，他发现了玛格丽塔岛和库瓦瓜岛，两岛在后来成为著名的珍珠渔业产地。玛格丽塔岛全长大约 15 里格、宽 6 里格，岛上人口众多。库瓦瓜小岛地处玛格丽塔岛和大陆之间，距离大陆仅 4 里格；岛上干燥、贫瘠，既无树木也无淡水，却拥有一个优质海港。接近这个岛屿的时候，舰队司令看见一些印第安人在捞珍珠，准备运往陆地。一艘小船奉命去与他们沟通，有位水手发现一位女性的颈部戴着许多串珍珠。他手中正好有件瓦伦西亚器皿，这是一种色彩艳丽、光亮的瓷器，他将其打碎，将碎片送给那个印第安女人，她便拿出自己相当多的珍珠与他交换。随后，他将这些珍珠交给舰队司令，后者立即派人拿着瓦伦西亚器皿和铜铃铛上岸。很快，他就采购了大约 3 磅重的珍珠，其中有些珍珠颗粒非常大，随后他将其作为样品送给了君王。

其他地方也充满巨大的诱惑力，让他们想去拜访，因为印第安人说那里盛产珍珠。帕里亚海岸仍然继续向西延伸，目光所及之处，只见远方逐渐升高形成山脉，让人不由自主想前去查看、确定，因为他已经开始思考，这块陆地是否亚洲大陆的一部分。然而，虽然极不情愿，哥伦布还是被迫放弃这项最有趣的调查。

他的眼疾现在已经非常严重，使他再也不能继续观察或保持瞭望，只得依靠导航员和水手的报告。因此，他只得将航线转向伊斯帕尼奥拉岛，打算在那里休息，解除远航的辛劳，恢复健康；同时，他要派他的弟弟、殖民地行政官去完成这一重要地区的发现。向西北航行 5 天后，8 月 19 日，他来到了伊斯帕尼奥拉岛，距离其目的地奥泽玛河以西 50 里格的地方，并于第二天上午在小岛贝娅塔抛锚停泊。

他惊奇地发现自己的计算出现了如此大的失误，距离他预计的港口那么远，但他正确地将其归因于博卡德龙海峡洋流的力量所致。原来，为了避免船舶撞击岩石和浅滩，他们夜晚停止航行，那时洋流便在不知不觉中推着他们向西部偏移。这股洋流贯穿整个加勒比海并延续至今，它现在的名字叫墨西哥湾暖流，其流速非常快，以致到了 15 日，虽然和风习习，船队在 24 小时内已经行驶了 75 里格。哥伦布认为这是博卡德龙海峡造成的那股洋流的暴烈力量所致，他猜想该洋流试图强行通过先前连接特立尼达与帕里亚末端一条狭窄的地峡。他甚至想象，正是洋流的不断运动毁损并淹没了大陆边缘，才逐渐形成从特立尼达绵延至卢卡约或巴哈马的边缘群岛。按照他的想法，这些群岛最初是坚实大陆的一部分。为了佐证这种观点，他注意到这些岛屿的形状：从北到南狭窄，从东向西伸长，与洋流的方向一致。

他所停靠的贝娅塔岛距离奥泽玛河西岸大约 30 里格，他希望能够在那里找到自己让弟弟修建的新海港。可是，来自东面的洋流强大而稳定，以及那个区域盛行的风向，都可能会让他在该岛耽搁很长时间，使他余下的航程缓慢而不安全。因此，他派了一条小船上岸，去寻找一个印第安信使，给他的弟弟、殖民地行政官送一封信。六个本土人来到船上，其中一人手持一把西班牙十字弓。见到一个印第安人拥有一件这类武器，舰队司令立刻警惕起来。这可不是用于交换的物件，他担心恐怕只有某位西班牙人的死亡才可能让其落入此人手中。他忧虑万分，担心在其远离期间，更多不幸会降临定居点，他们与当地人之间又产生了麻烦。

送走了信使之后他便起航，并于 8 月 30 日到达了奥泽玛河口。途中他遇见了一艘轻快帆船，船上的人正是殖民地行政官。原来他收到信后，就赶紧满怀深情挚爱前来欢迎舰队司令的到来。兄弟相见，彼此都非常快乐，他们彼此极其依赖对方，各自在漫长的离别期间经受了考验、尝尽了痛苦，两人都信心十足地期待着对方的安慰和解脱。唐•巴塞洛缪似乎一直都对其哥哥的杰出才干、强大的思维能力及其统帅的声誉十分尊重；而后者呢，在困难的时候极为依赖殖民地行政官在人情世故方面的知识、他那不知疲惫的活力和狮心般勇猛的气概。

哥伦布到达的时候身体已经严重受损。他的航行总是将人体损耗得不成样子，在未知的危险之中航行，必须随时、全天候地紧张瞭望。随着年龄增加，他的身体越来越差，这些考验显得越发严峻。他的体质原本必定充满神奇的活力，但是即使拥有如此强大的体质，假如在生命的早期遭受过严重困苦的影响，其身体已经变得有些僵硬、不肯通融，容易突然崩溃，被剧烈疼痛和疾病所吞噬。这次航海途中，哥伦布一直受到发烧的炙烤和消耗，痛风的折磨，不间断的紧张瞭望，使得他的整个身体系统紊乱，致使他在进港的时候憔悴、瘦弱、几乎失明。可是，照例，他的精神超越了所有身体痛苦或衰弱，他对自己最近发现的结果充满宏大的期待，并打算让他那顽强勇敢、有魄力的弟弟立即着手进行。

第四章

哥伦布关于帕里亚海岸的推测（1498）

这次航海途中，大自然呈现出一派伟大而异乎寻常的景象，让哥伦布热情洋溢的心产生了某种合理的推论和富有想象力的猜测。巨量的淡水流入帕里亚湾，并从那里冲向海洋，无论是单个岛屿还是岛群，都不可能产生这么海量的淡水，必须是极其广袤的一片大地上的众多溪流才能汇聚成如此庞大的河流，而能够供养这样一条大河的陆地必须是一个大洲。他现在认为，先前在海湾附近看见的大部分块状陆地是连成一片的，帕里亚向西延伸的海岸远远超出了他在玛格丽塔岛远眺的山脉，并且，在特立尼达岛对面的那片陆地并不是岛屿，而是向南延伸，远远跨过赤道，进入了文明人迄今尚未所知的另一半球的陆地。他认为所有这些都是亚洲大陆的延伸，由此推定地球表面的大部分是坚实的陆地。至于最后一点，他发现自己的观点得到古今那些最有名望的作者的支持，其中他引用亚里士多德和塞内卡、圣奥古斯丁和红衣主教佩德罗·德·阿利雅科等人的著述。他特别强调了流传甚广但不足为凭的《以斯德拉书》的断言，即这个世界的七分之六是旱地，仅七分之一的区域被水覆盖。

因此，帕里亚湾周围的陆地不过是一块几乎无边无际大陆的边界，向西部和南部远远延伸，包含了世界上最珍奇的地区，头顶着最吉祥的星辰和最仁慈的天空，但至今尚未所知、未开化，可供任何基督教国家去发现和占领。“愿我主仁慈，”他在给君王的信件中感叹道，“赐予陛下健康长寿，让陛下可以完成这项崇高的事业。如此，我想，上帝将收获伟大的供奉，西班牙的威望将大幅度增加，所有基督徒将得到许多安慰和快乐，因为我们救世主的名字将在这些陆地上得以广为传颂。”

到目前为止，哥伦布的推论，虽然乐观，却也无可挑剔。但是他的思绪飘得太远了，直到出现了一些纯粹属于幻想遐思才作罢。在写给君王的书信当中，他说在前一次航海途中，当他从亚速尔群岛转向西边航行大约100里格时，他曾观察到天空和星星、气温、海洋的平静等突然发生了巨大的变化。就好像有一条从北到南的分界线，越过此界线后一切都截然不同了。罗盘上的指针之前一直向东北倾斜，现在则完全指向西北方向。之前清澈的大海，过后则覆盖着异常密集的杂草，以致他在第一次航海途中，还以为自己将在浅滩搁浅了。整个大自然一派安宁静谧，无论夏季还是冬季，气候都温和适宜。夜间进行天文观测时，在越过这条假想线后，他看见北极星似乎在天上以直径5°的范围自行转圈。他目前的航程改变了路线，从佛得角群岛向南驶向昼夜平分线。但是，在抵达平分线之前，热量已经变得让人无法忍受。当航线与几内亚的塞拉利昂平行的时候，一阵风从东方兴起吹过来，把他引向西面航行。一连几天，灼热难耐，几乎让他的体力消耗殆尽，阴云密布的天空和湿润的大气所产生的闷热令人窒息，直至他来到前面已经提到过的那条从北向南的理想界线。在此，让他颇为欣慰的是，他忽然进入了天气祥和的所在，这里有湛蓝的天空和弥漫着芬芳温柔气息的空气。越往西行驶，他发现其气候愈加纯净怡人，大海静谧、和风习习、温暖舒适。所有这些现象正好与他在同一条路线曾经注意到的情况吻合，尽管他前一次远航的路线更偏北一些，而此次的海水里没有水草，星星的运动也有差异。据他观察，北极星现在不是以5°而是以10°的直径自转圈，这个增大的幅度让他极为惊愕，但他说自己可以确定这点，因为他在不同的夜晚用象限仪进行了观察。它在前一个位置的最大海拔高度，与亚速尔群岛平行的地方，他发现是10°，而目前这个位置是15°。

根据这些和其他一些情况，他倾向于怀疑关于地球形状那些已经公认的理论。哲学家曾将其形容为球状，但是他们根本不知道他发现的这部分世界。他们所知道的远古部分，他可以确定无疑是球形，但是现在，他认为地球的真正形状是梨形，其中一部分远远比其余部分高，并呈锥形逐渐缩小伸向天空。他认为这部分应该是在这片新发现大陆的内地，径直位于赤道之下。他此前注意到的所有现象似乎都证实了这一理论。至于他观察到在越过那条从北到南的假想线时产生的变化，他的结论是由于船只抵达了地球假想隆起的这部分所致，因为船只从那里开始缓缓向天空爬升，进入更纯净、更靠近天空的大气层。他将指针的变化也归结为同样的原因，即受到凉爽、温和的气候影响，并随着船舶不断上升的高度而偏向西北部。北极星的海拔高度也是如此，它在空中形成的圈看起来大一些，是因为从一个更高、倾斜度更小的位置进行观察，大气介质更洁净；随着航海者越接近赤道，从地球这个逐渐隆起的部分去观察，这些现象会被更多地发现。

他同时还注意到，新世界这部分的气候、植被以及居民，与那些位于同一平行线的非洲均有差异。非洲炎热、无法忍受，土地焦干、贫瘠，居民是黑人，头发似卷曲的羊毛，体格形状欠佳，生性迟钝、残暴。而这里的一切恰好相反，尽管太阳在狮子座，他发现正午的热度适中，早晚清新凉爽；大地绿意盎然、物产丰富，覆盖着美丽的森林，居民们甚至比他在更偏北方向发现的那些本土人更漂亮；他们留着长长的头发，身材匀称、体形优美，思维活跃、性情勇敢。这一切都出现在纬度如此接近赤道的地方，他认为其原因是这里比世界其他地方都要高，这一高度将这里提升至空中更接近天堂的位置。将航线转向北方、经过帕里亚湾时，他发现北极星画出的自转圈再次缩小。洋流也加快了速度，如同前面已经说过，冲蚀着大陆的边缘地带，以其永不停歇的运动制造毗邻的岛屿。这是他向南方上升之后，准备返回北方的下降途中进一步确认的想法。

亚里士多德曾想象地球的最高处和最靠近天空的地方位于北极。其他先贤坚持认为那个地方在北极圈内。因此，很显然，这两种假想都认为地球的一部分比其他地方更高、更高贵、更接近天堂。他们没想到隆起的这部分位于赤道线，哥伦布说，因为他们没有关于这一半球的确切知识，仅以理论和猜测的方式提起过。

照例，他以《圣经》辅助自己的理论。“当上帝创造太阳的时候，”

他指出，“是在东方的第一个点上，或者说第一道光是在那里。”按照他的想法，那个地方必定在这里，东方最偏远的地区，这里是海洋和印度的最末端在赤道线交会的地方，地球的最高点就坐落于此。

他认为世界的这个顶点虽然很高，但是既不崎岖也不陡峭，其陆地是缓慢、不知不觉地升高。美丽富饶的帕里亚海岸就位于这个最高点的遥远边界，当然会产生与其最宜人和最优良的气候条件相匹配的珍贵物品。随着深入其内地在逐步升高的途中，会看见那里的陆地越来越美丽丰沃，其物产也更加精美，直至抵达位于赤道的峰顶。他想象那里是地球上最高贵、最完美的地方，在那个位置上，人们可以享受昼夜均等、四季如春的气候，会进入天堂般宁静、舒适的气温，远离下面的炎热与寒冷、云层和雾气，以及搅乱、毁坏低层区域的暴雨和风暴。总而言之，他认为这里应该坐落着我们始祖最早的居所，是人类天真和极乐的原始所在地、伊甸园，或者人间乐园！

根据教会那些最杰出神父的意见，他想象这个地方应该更加兴旺，拥有所有该有的幸福喜悦，但是，凡人的双脚无法踏入，除非得到神的许可。从他推测的高度来看，虽然只是远观，填满帕里亚湾，让附近海洋的咸水变得甘甜的庞大淡水流，应该是在《创世记》里提到过的那股泉水所提供，即来自伊甸园的生命之树喷涌而出的水流。

这就是哥伦布的奇思妙想，他在写给卡斯蒂利亚君王的一封信中对此进行了详细描述，引述了各种各样的权威论述为自己的观点佐证，其中有圣奥古斯丁、圣伊西多尔和圣安普罗休斯，并通过他所熟知的许多稀奇古怪与揣摩的学问强化自己的理论。此事表明他那颗火热的心是如何因为自己的巨大发现而难抑激动。精明诡诈之人，置身于平凡生活中的冷漠和静默、谨小慎微和严肃事实的现代日子里，可能会笑话这样一个遐想，但是在当时，这个幻想却得到了大多数圣人和博学之士推断的支持。倘若情况并非如此，难道我们会因为一个处于哥伦布环境中的人产生任何出格的想象而惊诧吗？他看到一个广阔的世界，可谓是在其眼前逐渐显现、形成，其性质和范围尚未所知、没有定论，其时仅仅是可供猜想的区域。每天都会展现出一些美丽和崇高的新特征，那里岛岛相连，他被告知，那里的岩石含有金矿脉，那里的树林盛产香料，那里的海岸遍地珍珠。杳无尽头的海岸，海岬之外又是海岬，连绵延伸至目光可及的远方；植物茂盛的山谷一直铺展至广袤的内陆，人们告诉他，那些遥远的高山掩盖着更快乐的福地和更富裕的区域。当他看着所有这些充满金色前景的区域，他会自豪地坚信，是他的本事让这一切成为现实，他以一个发现者的胜利眼光凝望着这一切。倘若哥伦布不能够如此热情洋溢、天马行空地想象，他可能与其他圣贤一样，在自己的书斋里平静而冷漠地推论西边有大陆存在的可能性，他就永远不会拥有勇敢的进取之心，冒险进入大海的未知领域去寻找。

不过，在其浮想联翩的猜测之中，我们发现了形成他性格基础的洞察力。他根据奥里诺科河巨大的流量得出其必定发源于一块大陆的结论，既富于洞见又异乎寻常。一位博学的西班牙历史学家也很有见识地为该理论的其他部分进行一番辩解。“他怀疑，”他指出，“在赤道的某个地方，地球出现了某种抬升。哲学家们自那以后便确定世界是一个球体，在赤道周长的范围内微微隆起。他怀疑是温度的多样性影响了指针，却不能够透彻了解其变幻无常的原因；连续系列的航行和实验表示这种易变性更加明显，而且还显示极端寒冷有时会让指南针的所有功能失效。或许，新的观测结果可以证明哥伦布的推测。甚至他关于北极星运行自转圈的错误，即他认为是随着观察者接近昼夜平分点而增大的光学错觉，也表明他是一个超越了他所处年代的哲学家。”

卷十一

殖民地行政官的行政管理——远征哈拉瓜省；建立系列军事据点——皇家大平原的首脑酋长瓜里奥尼克斯暴动；殖民地行政官前往哈拉瓜收取贡品；罗尔丹的阴谋；殖民地行政官前往皇家大平原解救康塞普申要塞——他与罗尔丹会谈；瓜里奥尼克斯第二次暴动，他逃往锡瓜伊山区；殖民地行政官在锡瓜伊山区征战

第一章
殖民地行政官的行政管理——远征哈拉瓜省（1498）

哥伦布原本指望抵达伊斯帕尼奥拉岛后好好休息，从旅途的劳顿中恢复过来，但是，那里等待他的却是麻烦和焦虑的新局面，注定要阻碍他开展自己的事业，影响他所有未来的命运。为了解释这一点，有必要陈述一下他在西班牙长期逗留期间岛上发生的事情。

当他于 1496 年 3 月起航前往欧洲之后，他的兄弟，作为殖民地行政官留守的唐•巴塞洛缪，抓紧时间采取措施执行哥伦布的指示，准备开采米格尔•迪亚兹近期在该岛南侧发现的矿藏。他将伊莎贝拉城留给唐•迭戈•哥伦布掌管，自己带着大队人马前往金矿附近，挑选了原矿最丰富的一个地方的有利位置修建要塞，并将其命名为圣克里斯托弗尔。可是，工人们发现用于建筑的土石中含有金粒，便将其叫作黄金塔。

行政官在那里待了三个月，监督要塞的建设，为矿山开采和净化矿石进行必要的准备工作。然而，食物的匮乏极大地阻碍了这项工作的进展，他们必须经常派出人力去周围寻找食物。岛上先前对他们的热情款待终止了。印第安人不再免费供应他们食物，他们已经从白人那里学会了利用陌生人的必需品获利，并且制定了食物的价格。但是他们微薄的储备粮也很快耗尽，因为他们生活简朴，而且天性懒散，无未雨绸缪的打算，除了当下必需的食物，手上很少有多余的粮食。因此，行政官发现很难在附近维持这么多人的生活，除非他们有时间耕种、饲养牲畜，或者从西班牙获得物资。于是，他留下 10 个人守卫要塞，还留下一只狗协助他们追赶乌蒂亚，便带着余下的约 400 人前往位于皇家大平原富裕地区的康塞普申要塞。整个 6 月他都在收缴当季度的进贡，其间由瓜里奥尼克斯和他的下属酋长向他们提供食物。第二个月（1496 年 7 月），尼诺率领的三艘轻快帆船从西班牙赶到，不仅带来了增援的人力，而且，带来了更需要的食物。他们迅速在饥饿的殖民者中分发食物，但不幸的是，很大一部分粮食在远航途中受到了损坏。这种情况在最不缺乏嘀咕抱怨和煽动暴乱言论的社区显得尤其不幸。

这些船只的到来让殖民地行政官收到了他哥哥的来信，信中指示他在奥泽玛河口、新矿附近修建一个集镇和海港。他还要求行政官将囚犯运回西班牙，特别是牵涉到任何殖民者死亡的酋长及其子民。西班牙许多最出色的法学家和神学家将此罪视为把他们卖身为奴的充足理由。轻快帆船返程时，殖民地行政官让 300 个印第安囚犯和三位酋长上了船。这些构成了那批时运不济的“货物”，尼诺为此那么荒唐地加以吹嘘，好像船上满载珍宝，并给哥伦布带去那样的羞辱、失望和延误。

获得送来的供应物资之后，行政官返回圣克里斯托弗尔要塞，并从那里前往奥泽玛，准备选址修建计划中的海港。经过仔细审视，他在河口东岸选择了一个天然避风港。那里进出方便、水深足够、锚地良好。这条河流经的地区美丽富饶，河水洁净、有益健康，并且渔产丰富；两岸长满树木，树上挂满果实，都是岛上的优良水果；在鲜花与果树丛中航行时，悬垂在河面上的水果和鲜花随手可摘。这个令人愉悦之地的附近就是那个女酋长的居所，她不仅对年轻的西班牙人米格尔·迪亚兹满怀深情，还诱导他怂恿自己的同胞来到岛上的这个地方。她忠实地践行了自己代表本部落做出的承诺，友好地接待了西班牙人。

在海港一处居高临下的岸边，唐·巴塞洛缪修建了一个要塞，起初取名为伊莎贝拉，但后来叫圣多明戈，这就是那个至今仍然沿用此名字的城市起源。行政官是位具有积极进取、不屈不挠之精神的人。要塞刚一建好，他就留下20个人驻守，带着其余的人出发去拜访大酋长贝赫奇奥—该岛一位首脑酋长的领地。前面已经提到过，该酋长统领哈拉瓜，这个省份几乎囊括了此岛西端的整个海岸，包括蒂伯龙海角，并沿着南侧延伸，远至阿吉达岬，或贝娅塔小岛。哈拉瓜省是人口最多、最丰饶的地区，气候温和，其居民比其他岛民性情更温顺、举止更优雅。由于远离所有其他要塞，大酋长虽然参与了首脑联盟，迄今仍未遭到白人的侵犯和勒索。

与这位酋长一起住着安纳卡奥娜，那个曾经令人敬畏的已故大酋长卡奥纳沃的遗孀。她是贝赫奇奥的妹妹，其丈夫被捕后就躲到她哥哥这里来避难。她是岛上最美丽的女性之一，其名字在印第安语言中意为“金花”。她拥有超越自己种族的天才，据说她擅长创作那些短小的传奇歌谣，或者印第安叙事歌曲阿雷托斯，以供当地人在表演自己的民族舞蹈时演唱。所有西班牙作家都一致将她描述为拥有自然的尊贵和优雅气质，让人很难相信她成长于蒙昧和野蛮的环境。尽管她的丈夫已经被白人的敌意所击败，她看起来似乎并没有对他们怀恨在心，因为她知道是他自己主动挑起战事才激起对方的报复。她对西班牙人充满崇敬，认为他们几乎是超人；她聪明的头脑察觉到抵制这些西班牙人的任何企图都是徒劳和失策，因为他们在技艺和武力方面均占优势。她对其哥哥贝赫奇奥的影响很大，建议他从自己丈夫的命运中获取警示，要赢得西班牙人的友谊。据推测，正是对这位公主的友好情谊和强大影响的了解，在很大程度上促成了殖民地行政官这次远征行动。

在经过岛上那些到目前为止欧洲人尚未涉足的地方时，殖民地行政官采用了令人印象深刻的举措，与舰队司令前一次一样，他让骑兵打头阵，以标准战斗队形、鼓号齐鸣、列队进入所有印第安集镇。

行军大约 30 里格之后，他来到内瓦河边。此河发源于锡瓦奥山，在该岛的南侧分流。跨过这条河之后，他派出两队各 10 人一组的人力沿着海岸去寻找巴西苏木。他们发现大量的此类树木，便砍伐了许多储存在印第安人的小木屋里，等待海运。

殖民地行政官带着大队人马靠右前进，在离内瓦河不远处，就见到了带着大队臣民的贝赫奇奥酋长，他们都手持弓箭和长矛。

假如他此行出来的意图是阻止对其森林王国的入侵，他很可能会被西班牙人强大的外表吓倒。他把武器搁置一旁，走上前去非常友好地与殖民地行政官打招呼，声称他之所以带着武器，是为了让沿河某些村庄臣服，同时也查询西班牙人此番突然侵犯的目的。行政官向他保证，他来此拜访是为了和平，是为了在哈拉瓜进行短暂的友好往来。他非常成功地消除了大酋长的忧虑，后者便解散了自己的队伍，并派出快使去传令准备，以便合适地招待如此尊贵的客人。随着西班牙人进入大酋长的领地，沿途经过了他那些下属酋长的管区，那些酋长给他们带来了木薯饼、大麻、棉花以及其他各种土特产。最后，他们终于走近了贝赫奇奥的居住地，那是一个很大的集镇，坐落在海岸附近一个美丽的地区，在那个深水湾的尽头，就是如今称为莱奥甘海湾的地方。

西班牙人曾经听说过有关哈拉瓜地区许多温柔而令人愉快的描述，其中有个区域是印第安传统中安放他们的乐园所在地。他们还听说过许多关于那里的居民是怎样美丽与文雅的叙述：他们的待客方式更确定了西班牙人的特殊偏爱。当西班牙人走近那个地方时，大酋长家中的30位女性就出来迎接他们，她们唱着自己的阿雷托斯或传统歌谣，跳着舞，手里挥动着棕榈树枝。已婚女性穿着绣花棉围裙，长及大腿中部；年轻女性完全赤身裸体，仅在前额缠一条头带，头发披在肩上。她们美丽匀称，肌肤光滑细腻，肤色是洁净、令人愉快的褐色。据年长的彼得·马特尔所言，当西班牙人看见她们从青翠的树林中款款移步而出的时候，恍惚中几乎认为自己看见了传说中的森林女神，或者是古代诗人传唱中的本地山林水泽中的仙女和精灵。当她们来到唐•巴塞洛缪面前，她们跪下来，优雅地将手中的绿色树枝递给他。在这些女人之后出现的是女酋长安纳卡奥娜，她斜靠在一种轻便的轿子上，轿子由六个印第安人抬着。像其他女性一样，除了一块五彩缤纷的棉围裙，她身上没有其他任何裹身之物。她头上戴着一个由红白花朵编织的芳香花环，其脖子和手臂也戴着同样的花环。她以自己闻名的自然优雅和礼貌接待了行政官及其随行人员，显示出她并没有因为自己丈夫落到他们手上所遭遇的命运而对他们心怀敌意。

殖民地行政官及其官员们被领到贝赫奇奥的住所，那里已经准备好了乌蒂亚和各种各样的海鱼、河鱼，品质优良的根茎和果实。在此，西班牙人首次克服了他们对巨蜥的反感，这种印第安人最喜爱的美食，曾经被他们视为一种大蛇而十分厌恶。殖民地行政官呢，很愿意入乡随俗，便第一个品尝了由安纳卡奥娜好意呈上的这种动物。他的随行人员以他为榜样纷纷效仿，结果他们发现这种肉食非常美味、细腻。从那以后，巨蜥便在西班牙美食家心中享有盛誉。

宴会结束后，唐•巴塞洛缪与他的六个主要骑士被安排在贝赫奇奥的住宅歇息。其余的则分散在下属酋长家中，睡在铺着棉花编织的吊床上，这是当地人通常睡觉的床。

两天来，他们一直与热情好客的贝赫奇奥待在一起，欣赏了各种印第安游戏和庆祝活动，其中最值得注意的是一场战斗表演。两队赤身裸体的印第安人手持弓箭，突然出现在公众广场上开始小规模战斗，类似于摩尔人玩弄杖击或攻击假想敌人的游戏。他们逐渐地变得激动起来，非常认真地打斗，致使四人被杀死、多人受伤，这样的结果似乎增加了观众的兴趣和乐趣。如果不是殖民地行政官和其他骑士出面干预，恳求结束游戏，本次竞赛将持续更长的时间，场面可能更加血腥。

庆典结束之后，熟悉的交往促进了双方的相互信任，行政官向大酋长和安纳卡奥娜道出了此行的真正目的。他告诉大酋长，他本人的兄长，就是舰队司令，被卡斯蒂利亚君王派驻该岛，两个君王是非常了不起的、强大的统治者，治下有许多王国。舰队司令已经回国去向君王禀报该岛上有多少个附属酋长，留下他管理岛上事务；他此次前来，就是收归贝赫奇奥于两位强大君王的保护之下，并安排他怎样以自己最方便、最满意的方式进贡。

这个要求让酋长极其局促不安，因为他知道西班牙人对黄金的贪婪已经给岛上其他地区带去了苦难。于是他答复道，他已经获悉，黄金是白人来到他们岛屿最大的目标，也是他的部分同胞酋长现在正在上交的贡品，但是，在其领地的任何地方都没有发现黄金，他的臣民也不知道黄金为何物。对此，殖民地行政官的答复非常机敏，他说，自己的君王并无意索取他所管辖的领土上不生产的物品，他们也可以用棉花、大麻、木薯饼等这周围遍地皆是的物产进贡。这一暗示让酋长的面容立刻神色开朗，他欢快地应承下来，立刻向他的下属酋长发号施令，种植足够的棉花，用以支付首批要求的贡物。做出这一切必要的安排之后，殖民地行政官向贝赫奇奥和他的妹妹进行最友好的告别，动身返回伊莎贝拉。

就这样，通过友善和睿智的处理，海岛最广袤的一个省份兴高采烈地俯首称臣。假如行政官的明智政策没有被卑贱和动乱之人的荒淫行为所破坏，他们会获得大笔收益，而不必诉诸任何暴力或压迫。在所有情况下，这些朴素的人看起来极容易驾驭，当他们得到礼貌而人道的待遇时，他们会温顺地甚至乐呵呵地将自己的权利拱手让给白人。

第二章

建立系列军事据点——皇家大平原的首脑酋长瓜里奥尼克斯暴动（1496）

回到伊莎贝拉，唐•巴塞洛缪发现，这里还是如同往常一样，呈现出一幅痛苦凄惨、牢骚满腹的场景。许多人在他外出期间已经死亡，多数人都病倒了。那些健康的人在抱怨食物短缺，病痛缠身的人则急需药品。佩德罗•阿隆索•尼诺几个月前带来并分发的食物已被吃光。部分原因是疾病，部分是因为厌恶劳动，他们忽视了对周边地区的耕耘。而他们主要依赖的印第安人呢，被他们的压迫所激怒，已经放弃了附近的家园并逃到山上，他们宁可在自己粗陋的藏身之地以根茎和植物为生，也不愿意留在物产丰富的大平原，忍受白人的欺压和残酷。这个岛的历史呈现出一幅无休止的苦难情景，一味攫取黄金的贪婪导致了现实的匮乏和贫穷。这种情形反映出西班牙人完全忽视了所有不那么明显但更确定、更有利于身心健康的财富来源。所有可以通过曲折过程产生利润的劳动似乎均已错过。他们没有耕耘自己周围这片丰饶的土地，从地里生产出真正的宝藏，而是将自己的时间浪费在寻找矿藏和黄金河，在一片沃土之中忍饥挨饿。

尼诺带来的粮食刚吃完，殖民者就爆发了他们一贯的抱怨。他们认为自己遭到了哥伦布的忽视，他沉浸在宫廷的奉承和快乐之中，根本想不到他们的痛苦。他们还认为自己同样被政府忘却了，而且，海港里没有船只，他们完全没有途径给国内传递消息，诉说他们灾难性的境遇，恳求救援。

为了消除导致不满情绪的最后一个因素，让大家产生希望并增强凝聚力，殖民地行政官下令在伊莎贝拉修建两艘轻快帆船，以供该岛使用。为了减轻定居点的负担，让殖民地在物品短缺的时候摆脱所有无用和心怀愤懑之人，他将那些病重而不能劳动或不能打仗的人送到内地，以便让他们在那里享受到更好的气候和印第安人供应的更丰富的食物。与此同时，他还完成了其兄长在前一年开始修建的系列军事据点，并派驻守军。这些据点一共是5幢堡垒房子，每个据点周围都是附属的村子。其中第一个据点距离伊莎贝拉大约9里格，名为拉埃斯佩兰萨；6里格之外是圣卡塔利娜；4.5里格之外是马格达莱纳，后来在那里建立了圣地亚哥的第一个城镇；距此5里格的地方是康塞普申要塞—此处特别小心地增强了戒备，因为该要塞位于地广人多的皇家大平原，距离大酋长瓜里奥尼克斯的居所仅半里格。送走了伊莎贝拉城里所有无用的人口之后，定居点仅留下病得无法移动的病人和城市运行与防卫以及轻快帆船建设所需要的人员。随后，行政官便带着大队精兵强将前往圣多明哥要塞。

军事据点的建立曾一度成功地起到了威慑当地人的作用，但新的敌意很快就显示出来，此次的起因与前一次判然不同。随同修士博伊尔来到该岛的传教士中，有两位教士比他们的上级更加热诚。博伊尔返回西班牙时，他们依然留下来，认真而专心致志地完成自己的使命。其中一位名叫诺曼·帕内，这是一位贫穷的隐士，如他自封的那样，属于圣杰罗尼莫级别；另一位是胡安·波贡依，属于圣方济各会。他们在皇家大平原上的印第安人当中住了一段时间，非常勤勉地试图转换印第安人的信仰，并在一个16口人之家取得了成功，其家长接受洗礼之后取名为胡安·马特奥。然而，大酋长瓜里奥尼克斯的皈依才是他们的主要目标。他那辽阔的领地让其皈依对于殖民地的利益意义重大，那些热心的神父将他视为让其无数子民归属于教会统辖的途径。有一段时间，他乐意洗耳倾听，学会了“主祷文”“圣母颂”和“信条”，并让自己全家人每日复诵。不过，大平原和锡瓦奥省的其他酋长却嘲笑他，说他卑贱地顺应那些侵占其领土、压迫其民族的陌生人的法则和习俗。修士们抱怨说，由于这些不良交往的缘故，他们的皈依行为突然倒退为背信不忠，可是，导致他改变初衷的是另一个更令人伤心的原因。他最喜欢的妻子被一个西班牙当权者诱奸或施以凌辱，酋长便宣布放弃对这个宗教的所有信仰，因为，照他看来，这个宗教居然容许如此暴行。对于策划他皈依失去所有希望之后，传教士们转移到另一个酋长的领土，并带走了他们的印第安皈依者胡安·马特奥。出发前，他们搭建了一个小教堂，安置了一个祭坛，布置了耶稣受难像和一些图片，供马特奥的家人使用。

他们刚离开，几个印第安人就冲进教堂，他们撕碎了圣像图片，将其踩在脚下践踏，并将那些圣物埋在附近地里。对此，有人说是瓜里奥尼克斯下令做的，以表示他对自己已脱离的宗教信仰的蔑视。关于这次滔天罪行的控诉报到了殖民地行政官那里，他下令立刻提起诉讼，如果发现谁有罪，将依法予以处罚。那个时候，正是教会法极其严厉的时期，在西班牙人当中尤其如此。在西班牙，所有宗教上的异端邪说，所有改变基督教信仰和亵渎圣物的行为，无论行为者是摩尔人还是犹太人，都将被处以束薪火刑。这就是那些可怜的无知印第安人的命运，他们被判决为侮辱教会罪。值得怀疑的是瓜里奥尼克斯在这件罪行中是否有任何瓜葛，很可能整个事件都被夸大了。提供的证据中有一项可信的凭证，也许就是根据那个“贫穷的隐士”诺曼•帕内所记载的一个事实所进行的裁决。他说，埋葬圣像的那块田野种植了一种状如萝卜或小萝卜的根茎植物，其中有几个在圣像附近冒出头，最神奇的是，只见这些植物长成一个十字架的形状。

对这些印第安人施加的残酷惩罚，不但没有让他们的同胞畏缩，反倒让他们充满了震惊和愤慨。他们不习惯这种严厉的规则和报复性的司法制裁，对任何类型的宗教既没有明确的概念，也没有强烈的情感，他们既无法理解所犯罪行的性质，也不知道其严重程度。即使是瓜里奥尼克斯，一个天生温和恬淡的人，对于在他的领地里行使这样的权力，造成其子民遭受如此非人道的死亡，也深为震怒。其他酋长感觉到他的恼怒，便设法诱使他联合众人，发动突然起义。也许通过一次齐心协力的行动，他们可能会打破压迫者扼制他们的枷锁。瓜里奥尼克斯动摇了一段时间。

他知道西班牙人的军事技术和高超的实力，对他们的骑兵颇为畏惧，况且，在他前面还有卡奥纳沃不幸命运的前车之鉴。但是他非常绝望，决定铤而走险，因为他看出在这些陌生人的统治下，他的种族必定会遭遇灭绝。早期作家提到了该岛居民当中流传的一种说法，与这个瓜里奥尼克斯相关。他属于一个古老的酋长世袭家族。他的父亲，在地理大发现很久以前，曾经禁食了五天，依照他们的迷信习惯，借此向他的泽米神或家神祷告，请示未来发生事情的预示。他获得的答案是：在几年之内，一个穿着衣服的民族会来到岛上，那些人会毁掉他们所有的习俗和仪式，会杀死他们的子女或将他们沦为痛苦的奴隶。该传说可能是布提奥斯或牧师在西班牙人开始行使苛政之后的虚构。他们的预测是否影响了瓜里奥尼克斯，激起他心中的敌意，并没有得到确定。有些人声称，他是受其子民的强迫才拿起武器，他们威胁他，说如果他拒绝，他们就要选择其他首领；另外一些人则断言，他最宠爱的妻子所遭受的暴行，才是导致他被激怒的根本原因。可能是所有这些事情积聚起来，最终才致使他加入了那次密谋。酋长们举行了一次秘密磋商，在会上大家一致同意将时间定在他们缴纳季度贡品的日子，因为那天他们可以聚集许多人而不会引起怀疑，到时候他们将突然攻击西班牙人，杀死他们。

通过某种途径，康塞普申要塞的驻军获得了这场密谋的暗示。但是他们的人屈指可数，周围全是充满敌意的部落，于是，他们给在圣多明戈的殖民地行政官写了一封信，恳求紧急援助。由于此信很可能从他们的印第安信使那里被截获，因为本土人已经发现这些信件有着传递情报的神奇力量，认为信件会说话，他们便将此信封闭在一截用作拐杖的芦苇里。事实上，那个信使确实被拦截了，但是，碍于他既是聋哑人，又瘸着腿，比画着说要回家，就被允许一瘸一拐地继续赶路。一旦脱离了人们的视线，他恢复了自己的速度，将信件安全、迅速地送到了圣多明戈。

以其敏捷和行动力著称的殖民地行政官，立即率领一支部队前往要塞。虽然他的人因为食物短缺、超负荷工作以及长途跋涉而虚弱不堪,但是他仍然催促他们急行军。此次增援来得正是时候。印第安人已经在平原上聚集，人数已达数千，他们以自己的方式武装起来，等待约定的时间便动手打击。经与要塞指挥官及其军官商议，行政官制定了一套处理此事的模式。确定各个酋长部署自己兵力的地点之后,他指定一个军官带着一队人负责一个酋长，奉命在晚上约定的时间冲进村庄，趁他们在睡梦中手无寸铁的时候发起突袭，将酋长们捆绑着囚禁起来。鉴于瓜里奥尼克斯是最重要的人物，抓获他可能会遇到极大的困难和危险，行政官决定自己带着 100 人去负责这件事情。

这一策略取得了圆满成功，基于他们的了解，印第安人非常依附自己的酋长，这样做可以极大地减少流血牺牲。那些村庄既无围墙，又没有其他防御，西班牙人在午夜时分悄然潜入，突然冲进酋长居住的屋子抓住他们，一共绑了 14 个。在他们还没来得及采取任何防御和营救努力之前,酋长们就被急匆匆地带回要塞。印第安人惊恐万状，没有做任何抵抗，也没有显示任何敌意，大量的人围着要塞,但没有带武器。他们悲伤的号叫和哀哭响彻云霄，恳求释放自己的酋长。殖民地行政官以其一贯的行事精神智慧而节制处理这件事情。他掌握了这起密谋事件起因的相关信息，确定了难辞其咎的个人。两个酋长被处死，他们是这次起义的主要推动者，正是他们最终影响了本性随和的瓜里奥尼克斯。至于那个不幸的大酋长，行政官考虑到他所蒙受的深重冤屈，以及他在被挑唆报复时行动迟缓，便宽宏大量地原谅了他。不仅如此，根据拉斯·卡萨斯所言，他还对那个曾对大酋长的妻子施暴、让他的心灵如此沉沦的西班牙人进行了严厉惩罚。他的宽大政策还惠及参与密谋的其他酋长，承诺只要他们继续坚定地保持忠诚，必将获得巨大的恩惠和回报，但如果再次发现他们参与叛乱，必将得到最可怕的惩罚。瓜里奥尼克斯的心被这一意外的宽大处理征服了。他对自己的子民发表了一通讲话，讲述了西班牙人不可抗拒的力量和勇猛、他们对待罪犯的仁慈以及他们对忠诚者的慷慨大度。他真诚地劝勉他们，自此以后要开始培养他们之间的友谊。印第安人专心致志地倾听了他的讲话，他对白人的称赞因他本人所受到的处理而得到确证。当他结束讲话时，他们把他扛在肩头，在快乐的歌声和欢呼声中把他托举着回到他的居所，皇家大平原的宁静一度得以恢复。

第三章

殖民地行政官前往哈拉瓜收取贡品（1497）

殖民地行政官发现，即使他付出所有精力、谨慎周到，仍然很难管理殖民者那骄傲和骚动的情绪。他们不可能容忍一个外国人的统治，尤其是在他们躁动不安的时候，以铁腕手段约束他们。唐·巴塞洛缪在他们眼里并不拥有其兄长同样合法的权力。舰队司令是该地区的发现者，是君王的授权代表，但是即便是他本人，也难以让他们服从。而殖民地行政官呢，恰好相反，被许多人视为纯粹的闯入者，没有得到王位的授权而身居高位，不过是靠其兄长的功绩和贡献才挤上权力的位置。他们毫无耐心、极为愤慨地谈论舰队司令的长期缺席，认为他忽视了他们的需要。几乎没有人意识到，他逗留在西班牙的那段时间，正因为他们的叙述才遭受无休止的痛苦。行政官下令修建轻快帆船的睿智措施曾一度转移了他们的注意力。他们极为关切地监督着船舶建造的进展，将其视为一种获得救济或放弃岛屿的出路。意识到喜欢抱怨和心怀不满之人永远不能无所事事，唐·巴塞洛缪让他们处于不停的行动之中。的确，不断的活动状态对于他自己旺盛的精力也很适宜。就在此时，哈拉瓜大酋长贝赫奇奥的信使前来通知他，说准备了大量的棉花和其他物品，他需要缴纳的贡品准备交付了。行政官立即准备了一支庞大的队伍，重返那个富饶而快乐的地方。他再次受到歌舞仪式的欢迎，贝赫奇奥和他的妹妹安纳卡奥娜以他们民族的所有方式展现了尊重和友好。后者在当地人中间似乎非常受欢迎，在哈拉瓜的权力几乎与其兄长并驾齐驱。她落落大方、举止优雅尊贵，越来越赢得西班牙人的钦佩。

殖民地行政官发现 32 个下属酋长聚集在贝赫奇奥的家中，带着他们各自的贡品等待他的到来。他们带来的棉花足以填满一栋房屋。交完棉花之后，他们向殖民地行政官无偿供应了足以让他满意的木薯饼。以殖民地目前贫乏的状态，该奉献最合心意。唐·巴塞洛缪派人去伊莎贝拉取一艘接近完工的轻快帆船，要求尽快赶到哈拉瓜，以便装载木薯饼和棉花。

与此同时，来自各地的本土人带来了大量的食品物资，并以不断的庆典和宴会款待他们的客人。早期的西班牙作家们，尽管其想象力因航海家们的描述而激动，也无法对野蛮人淳朴的生活形成概念，特别是这些被认为位于亚洲边境的新发现地区。他们通常按照东方的富丽堂皇来讲述当地人的娱乐、酋长的宫殿、宫廷里的领主和女士们，好像他们是在描述亚洲统治者的住所。然而，他们所描绘的哈拉瓜却别具一格，展现了一幅正处于闲散和蒙昧享乐的完美状态之中的野蛮人生活画卷。那时，在忠诚的海地岛其他地方让人心烦意乱的麻烦还没有波及这一方快乐之地的居民。生活在美丽而丰产的树林，与看似永远宁静、完全免于风暴袭击的大海为邻，生活需要甚少，随时可取所需；他们似乎从普通人的劳碌命运中获得了解放，在一个永不被打扰的假期中度过一生。当西班牙人言及这个地区的丰饶与美妙、人民的温柔、女性的美丽，他们宣称那里简直是一个完美的天堂。

最后，装载贡品的轻快帆船终于赶到。船舶停靠在距离贝赫奇奥居所6英里的地方。安纳卡奥娜向她的哥哥提议，他们应该一起去瞧瞧她称之为白人大独木舟的物件。去海边的路上，行政官在一个村庄住了一晚，就住在安纳卡奥娜珍藏自己最推崇的稀罕贵重物品的房子里。那些东西包括各种制作精巧的棉制品，用不同模子塑造的黏土器皿，用黑檀木和其他各类木材打造的椅子、桌子以及其他家具物件，上面雕刻有各种不同的图案——这一切展现了一个没有任何铁制工具的民族那伟大的技巧和聪明才智。这些就是那个印第安公主的朴素财宝，她从中拿出无数物件作为礼物送给自己的客人。

这个聪慧的女人第一眼看见那艘船的时候，她的惊奇和快乐无与伦比。她的哥哥对她持有一份兄长般的喜爱和与文明生活相称的敬重，特地准备了两条色彩艳丽、装饰华美的独木舟，一条用来承载安纳卡奥娜及其仆人，另外一条则供他本人和他的头领乘坐。可是，安纳卡奥娜更乐意和她的侍者与行政官一起乘坐小船。当他们接近轻快帆船的时候，船上鸣放了一记礼炮。听见礼炮的响声，看见烟雾，安纳卡奥娜惊慌失措，投入了行政官的怀抱。要不是唐•巴塞洛缪大笑并赶紧用鼓励的话语使她们安下心来，她的侍者会跳出船外。当他们走近大船的时候，几种军乐器奏响了，这让他们欣喜万分。登上大船后，他们越发钦佩。由于仅习惯于他们简单而轻便的独木舟，这里的每件物品都显得不可思议地庞大而复杂。但是，当船舶拔锚起航，船帆铺展开来，在一阵微风的推动之下，他们看见这个庞然大物显然是靠自己的力量在移动，从侧面转向另一边，并像一个巨大的深水怪物那样玩耍，兄妹俩彼此对望，目瞪口呆。没有什么比一艘扬帆航行中的船舶——那个登峰造极的天赋之作——可以让这些淡漠的野蛮人惊叹不已的了。

将轻快帆船装满、发送之后，殖民地行政官赠送给贝赫奇奥、他的妹妹以及他们的随从许多礼物，并与他们告别，打算从陆地带着部队返回伊莎贝拉。安纳卡奥娜在离别时表现出极大的痛苦，恳求他留下来与他们多待一段时间，似乎担心他们没能表现出试图取悦他的卑微意图。她甚至表示愿意跟随他去定居点，直到他答应会再次回到哈拉瓜，她才感到些许安慰。

我们禁不住要评价殖民地行政官在其治理岛上事务的短暂过程中所表现出来的才干。他机警过人、异常活跃，在很大的范围内反复行军，从一个偏远省份走到另一个，总是在关键时刻到达危险的位置。以其娴熟的管理才能和屈指可数的人力，没有任何牺牲就击败了难以对付的起义。他以极大的克制在当地人中间和解了最顽固的敌人，同时施以标志性的惩罚制止了猖獗的敌意。他与最重要的首领做了最坚定的朋友，让他们的辖区能够愉快进贡，为殖民地开辟了新的供应来源，为其紧迫的需求换得了及时的救援物品。倘若他的明智措施得到属下的支持，整个地区原本会是一派安宁的繁荣景象，并在不残忍对待当地人的情况下，为王国带来巨大的收益。但是，与其兄长舰队司令一样，他的善意和明智安排不断受到包含险恶用心之人和他人不当行为的阻挠。就在他离开伊莎贝拉期间，那里已经挑起了新的祸端，整个岛屿很快就会陷入混乱。

第四章

罗尔丹的阴谋（1497）

目前这一事端的主要推动者是弗朗西斯科·罗尔丹，一个深受舰队司令恩惠的人。是舰队司令将他从贫困与默默无闻中提拔起来，起初他仅受聘于一份卑微的工作，但是，他表现出了雄厚的自然天赋，极为勤勉，便当了一名普通的镇长，相当于和平时期的法官。他在这个位置上所表现出的能干举止、极大的忠诚和感激之情，让哥伦布在离开该岛前往西班牙的时候任命他为该岛的市长，或整个岛屿的首席法官。确实他是个没有受过教育的人，但是，因为当时殖民地法律并不复杂，这个职位并不需要别的能力，仅要求具有精明正确的决策力和正直的本性即可。

罗尔丹属于那种一旦飞黄腾达就会变得恶毒的卑鄙小人。他的恩人显然是顶着耻辱的疑云回到了西班牙，而且一去不返、音信杳无，他便认为他已经垮掉了，于是开始盘算怎样从哥伦布的垮台中谋取利益。他被委任的职位仅次于殖民地行政官，哥伦布兄弟们又非常不受欢迎，他便设想，与殖民者和国内政府联手，就有可能毁掉他们，而且，通过巧妙奸诈地四处活动，设法让自己逐步控制殖民地。殖民地行政官充沛的精力和有些严峻的性格曾一度让他保持敬畏，但是，趁他离开定居点，罗尔丹便满怀信心地开始实施他的阴谋诡计。其时，掌管伊莎贝拉城的唐•迭戈是个正直、值得尊敬的人，但缺乏活力。罗尔丹觉得自己在才华和精神方面都比前者出众，让他屈居于唐•迭戈的领导之下，其自命不凡的心很受伤。他很快就在社区那些胆大妄为和放纵之徒中间拉起一个团伙，暗中放松了秩序和良好管治，听从和鼓励普通民众的不满，怂恿他们反对哥伦布及其兄弟的性格和行为。到目前为止，他所受聘的职位是监督各种公共事务，这份工作让他熟悉了工人、水手和其他底层人民。他原本粗俗的性格使他能够适应他们的思维和举止，而他当时的地位也让其在他们的眼中很有分量。当他发现苛刻的待遇、艰苦的劳作以及舰队司令长久未归让大家议论纷纷的时候，他假装为他们的不幸所打动。他漫不经心地暗示，舰队司令可能一去不复返了，因为阿瓜多的报告已经让他遭到贬谪和毁灭。他同情大家经历的严苛待遇，这是殖民地行政官和他的兄弟唐•迭戈造成的：作为外国人，他们对大家的福利根本没有兴趣，而且对西班牙人的尊严也缺乏应有的尊重；他们把大家仅仅当作奴隶使唤，为他们建造房屋和要塞，或者抬高他们自己的地位、保障他们的权力，而他们自己则在岛上巡游，从酋长那里掠夺物品，不断充实自己的财富。通过这些暗示，他将大家的情绪激怒到了极点，他们甚至一度密谋索取殖民地行政官的性命，认为这是将他们自己从一个可恶的暴君手中解救出来的唯一手段。准备行动的时间和地点都商定好了。殖民地行政官判处了一个名叫贝拉霍拉的西班牙人死刑，此人是罗尔丹的朋友，同时也是几个密谋者之一。关于他的罪行并没有明确的陈述，但是根据拉斯·卡萨斯的一段叙述，有理由相信他就是强暴皇家大平原大酋长瓜里奥尼克斯爱妻的那个西班牙人。行政官将会出席行刑仪式。因此，他们预谋在民众聚集之后，将会发生一场看似偶然的骚乱，趁着混乱之机，一把匕首就将唐·巴塞洛缪打发了。幸运的是，殖民地行政官赦免了罪犯，集会并没有发生，阴谋者的计划破产了。

当唐·巴塞洛缪外出前往哈拉瓜收取贡品之时，罗尔丹认为这是一个制造危机的有利时机。他曾经试探过殖民者的感情，确认有大批人员倾向于公开暴动。他的计划是制造大众骚乱，以干预他作为镇长的正式性质，让大众指责唐·迭戈及其兄弟的压迫和不公正；而当他在篡夺统治权力的缰绳之时，要表现得仿佛是因为热心于该岛的和平与繁荣以及君王的利益，迫不得已才采取这样的行动。

计划中的骚乱借口很快就出现了。当轻快帆船从哈拉瓜满载印第安贡品返回、卸货之后，唐·迭戈让人将船只拖上岸，以保护其免遭意外事故，或者为了提防心怀不满的殖民者使出任何险恶诡计。罗尔丹立即向他的党羽通告了这一情况。他在背地里猛烈抨击将这艘船拖上岸所带来的艰辛，为了殖民地的利益，原本应该让这艘船留在海上任其漂浮，或者遣往西班牙让人们了解他们的危难。他暗示，这样做的真正原因是殖民地行政官及其兄弟心有畏惧，唯恐有关他们不当行为的消息传回西班牙。他肯定，哥伦布兄弟希望留在岛上，成为不受干扰的岛主，将岛上的西班牙人变成子民甚至是奴隶。这些暗示让人们怒火中烧。他们早就期待着船舶建造的完工，将其视为自己解脱的唯一机会；他们现在坚持认为船只应该起航，前往西班牙寻求补给。唐•迭戈设法让他们相信，他们的要求非常愚蠢，该船还没有装配完善，不能进行如此艰巨的远航，但是，他越是试图安抚他们，他们变得越发不可理喻和狂暴。罗尔丹的教唆也变得更加明目张胆。他建议他们把船弄下水并占领该船，因为这是他们赢得独立的唯一方式。只有这样，他们才有可能摆脱这些一夜崛起的陌生新贵的暴政、西班牙人心中的敌人，才有可能过上轻松快乐的生活，平等地分享他们在岛上易物交换所获得的一切，将印第安人变成为他们工作的奴隶，自己则自由自在、无拘无束地享受印第安女人。

唐•迭戈获悉了民众当中正在酝酿的事情，但是在殖民地目前这种即将暴动的情况下，他害怕与罗尔丹走到公开决裂的地步。因此，他带着40人突然离开，前往皇家大平原，借口去威慑某些拒缴贡品并表现出了造反倾向的本土人。罗尔丹则利用这个机会加强他的团伙力量。他与那些心怀不满的酋长交朋友、结党营私，偷偷认可他们抵制贡品征收的合法性，并答应给他们补偿。他放纵自己的士兵胡作非为，以此巩固他们对他的忠诚；对于那些完全拒绝参与他计划的人，他解除他们的武装并将其开除，然后带着自己的小队人员回到伊莎贝拉，在那里的普通人当中，他所拥有的强大党羽让他觉得安全。

殖民地行政官此刻已经从哈拉瓜返回，但是罗尔丹呢，觉得自己已经成为一个强大团伙的头目，认为他的官职可以让他独揽大权，于是便公开要求让那艘轻快帆船下水，或者允许让他及其追随者将其拖下水。殖民地行政官断然拒绝，指出无论是他还是他的同伙都不是水手，而且，轻快帆船还没有装备齐全，不能出海，如果他们要强行驾驶出海，那么，无论是船只还是人员的安全，都会处于危险之中。

罗尔丹觉察到他的动机遭到了怀疑，感觉到行政官是个非常强大的对手，在伊莎贝拉的任何公开暴动都难以与之抗衡。于是，他决定在岛上一些更合适的地区实施他的计划，将公开叛乱描述为反抗唐·巴塞洛缪针对西班牙人暴政的爱国行动，这样的借口总能让人相信。有 70 个装备精良、意志坚定的人听命于他，他相信，一旦他竖起自己的大旗，整个岛上所有愤愤不平的人均会响应。因此，他突然动身前往皇家大平原，打算突袭康塞普申要塞，只要取得了那个据点和邻近富庶地区的控制权，他就可以违抗殖民地行政官了。

他在西班牙人散居的各个印第安村庄停留，设法罗织党羽，承诺让他们得到巨大的增益和自由的生活。他还试图引诱当地人违背他们的忠诚，答应免去他们所有的贡金。那些先前一直与他保持相互理解的酋长，张开双臂迎接他，尤其是一位名叫迭戈·马凯的酋长，他将自己的村庄给罗尔丹做总部，那里距离康塞普申要塞两里格远。他感到失望，因为他突袭要塞的希望破灭了。要塞指挥官米格尔·巴列斯特尔是一个年长而可靠的战士，他既坚定果断又机警过人。看见罗尔丹靠近，他就躲进自己的堡垒，并关上大门。他的驻军人数很少，但是其防御工事依山而建，脚下有一条小河，足以抵御任何攻击。罗尔丹仍然抱着一丝希望，即巴列斯特尔可能会对政府心怀不满，那样就有可能逐步实施他的计划；或者说，受到他在自己追随者中允诺的荒淫生活所引诱，此地驻军会开小差。邻近就是瓜里奥尼克斯居住的城镇。那里驻扎着30名士兵，由加西亚·德·巴兰特斯上尉指挥。罗尔丹带着他的武装人员前往那里，希望能争取巴兰特斯及其部下入伙，但是上尉把自己及其属下关在一栋戒备森严的房子里，禁止他们和罗尔丹进行任何交流。后者威胁要放火烧房子，但经过少许考虑之后，他将前者储存的粮食拿走，心满意足地奔赴相距不足半里格的康塞普申要塞。

第五章

殖民地行政官前往皇家大平原解救康塞普申要塞——他与罗尔丹会谈（1497）

殖民地行政官获悉了罗尔丹明目张胆的无耻行径，但他一时犹豫是否该去追赶他。他对自己身边人的忠诚度已经失去了所有信心，不知道该阴谋波及多大的范围，也不知道哪些人他可以依靠。马格达莱纳要塞的司令迭戈·德·埃斯科瓦尔，以及阿德里安·德·莫西卡和佩德罗·德·巴尔迪维索等主要人物都与罗尔丹同盟。他担心康塞普申要塞的指挥官同样参与了阴谋，整个岛屿都武装起来对抗他。但是，米格尔·巴列斯特尔传来的消息打消了他的疑虑。那个忠诚的老将给他写了一封紧急信件请求援助，陈述了其守备军薄弱的力量和叛军势力不断增加等情况。

唐·巴塞洛缪以其一贯的迅猛赶紧前去帮助他，带着增援部队投身于要塞救援。由于不了解叛军的力量并怀疑自己随行人员的忠诚，他决定采取温和的措施。得知罗尔丹驻扎在半里格外的一个村里，便给他传递了一个信息，责备他公然违规的行为、给岛屿带来的伤害和必然给他本人带来的毁灭；传唤他在要塞露面，承诺保障他的人身安全。于是，罗尔丹前往康塞普申要塞，行政官透过一扇窗户与他举行了谈判，要求他解释以武装面目出现、反对皇家权威的原因。罗尔丹厚颜无耻地回答，他是在为他的君王服务，在保卫他们的臣民，使之免遭伺机毁灭他们的压迫。行政官命令他交出他作为执法市长的职位，和平服从于上级权力。罗尔丹拒绝辞职，或者让自己置于唐•巴塞洛缪的权力之下，一个他指控要谋取他性命的人。他也拒绝屈从于任何审判，除非是国王的号令。但是，他假意不反抗这种和平的权力行为，主动提出与其追随者一道，去行政官指定的任何地方驻扎。后者立即指定了迭戈•科隆酋长的村子，该酋长与那位在西班牙受洗的卢卡约群岛原住民是同一人，后来他娶了瓜里奥尼克斯的一个女儿。罗尔丹反对，假装那里没有足够的物资养活他的人，并随之离开，声称他要另寻条件更适合的居住地。

他现在向自己的追随者提议去占领偏僻的哈拉瓜省。从那里返回的西班牙人将他们在那里的生活描述得很诱人：土壤肥沃、气候宜人、人民好客而温顺；他们的欢宴、舞蹈、各种娱乐活动；而且，最重要的是，那里的女人美丽动人，因为他们已经被哈拉瓜跳舞的山林水泽仙女的裸体魅力所迷住了。在这个令人愉快的地区，他们可以从行政官的铁腕统治下解放出来，从令人厌烦的强制劳动中解脱出来，过着一种完全自由自在、无拘无束的放纵生活，坐拥一个美丽的世界。总之，罗尔丹描绘了一幅散漫的感官享受画面，他知道，习惯于懒惰和放荡生活的人对此无法抗拒。他的追随者欣然接受了他的提议。但是，他们还需要一些必要的准备才能将其付诸实施。趁着殖民地行政官外出的时候，他突然率众朝伊莎贝拉进军，并出其不意地入城，力图将那艘轻快帆船推下水，有了这艘船他们才可能驶向哈拉瓜。唐•迭戈•哥伦布听到了骚动，带着几个骑士前往，但是叛乱分子的力量强大、来势汹汹，他不得不带着自己的随从撤回要塞。罗尔丹与他举行了多次谈判，并表示只要唐•迭戈站出来反对自己的行政官兄弟，他愿意听命于他。他的提议遭到了轻蔑回应。要塞非常坚固，罗尔丹不能成功将其攻破；他发现根本不可能将船推下水，并担心行政官可能返回，到时他将被两股力量夹击。因此，他开始匆忙地为前往哈拉瓜那场计划中的远征准备物资。他仍然假装在行使他的公职权力，所做的每一件事都出于忠心耿耿的动机，是为了保护和支持王国被压迫的臣民；他高喊着“国王万岁！”，砸开皇家仓库，从公用储备中向他的追随者提供武器、弹药、服装以及任何他们所需的物品；他们前往喂养家畜和其他欧洲动物的围栏，牵走他认为在自己打算建立的定居点所需要的牲口，并允许他的追随者杀死剩余的，因为他们目前可能需要这些食物。犯下这样破坏、掠夺的罪行后，他以胜利者的姿态离开了伊莎贝拉。可是，考虑到殖民地行政官迅捷而精力旺盛的性格特点，他觉得身后有如此积极的敌人，自己的处境并不安全，后者一旦从目前的困境中挣脱出来，务必会锲而不舍地追逐到他计划中的哈拉瓜乐园。因此，他确定再次向皇家大平原进军，设法要么擒获行政官本人，要么给他一些打击，以后者目前的残缺状态，应该可以阻止他施行进一步的骚扰。因此，他回到康塞普申要塞附近，想方设法通过狡猾的密使，勾引驻军逃跑，或激起他们的反叛。

殖民地行政官不敢贸然带着自己的部队上战场，因为他不信任他们的忠诚。他知道，他们渴望地倾听了罗尔丹密使的话，将驻军微薄的收入和严厉的纪律与叛乱者所盛行的快乐无比和轻松混乱的管理进行了比较。为了抵消这些诱惑，他放松了自己一贯的严厉措施，极大地纵容自己人，并答应给他们大笔奖赏。通过这些手段，他才能够在自己的部队维持一定的忠诚度。较之于罗尔丹，他的优势是自己站在政府和法律这一边。

发现自己败坏驻军的企图不成功，同时又担心强势的行政官会发起突袭，罗尔丹撤退了一段距离，并试图通过阴险的手段来加强自己的势力、削弱政府力量。他宣称自己在管理岛上事务方面与行政官的权力平等，并假装自己的脱离是因为行政官在行使权力时易怒且报复心强。他将行政官描述为西班牙人的暴君、印第安人的压迫者，将自己装扮成冤屈者的昭雪者、受损害者的捍卫者。他假装自己是因为爱国，才对一家子既无名分又傲慢自负的外国人堆积在西班牙人身上的侮辱而感到义愤填膺。他宣称将免除当地人的进贡，因为此举是那些贪婪的人为了自己的发财致富所采取的勒索行为，与西班牙君主的慈善意图背道而驰。他与加勒比酋长马尼卡奥特克斯联系紧密，后者是已故的大酋长卡奥纳沃的兄弟，其儿子和侄子都被他扣押，作为缴纳贡品的人质。对于这个好战的首领，罗尔丹通过礼物和怀柔政策进行安抚，赐予他兄弟的称号。那些不快乐的原住民受罗尔丹表白的欺骗，想到有位武装的保护者为他们提供保护便喜出望外，乐滋滋地向其提交了一千课税，为其追随者提供了充足的食物，将他们能收集到的所有黄金都交给罗尔丹，并自愿向他缴纳更多的贡品，超过他假意要免除他们提交的额度。

岛上的局面现在陷入令人惋惜的地步。印第安人呢，察觉到白人内讧，并受到罗尔丹保护的鼓舞，开始抛弃所有对于政府的效忠。住在远处的酋长们停止派送贡品，行政官也免除了邻近酋长们的赋税，希望通过这样的纵容，在此危急的时刻他能留住他们的友谊。罗尔丹团伙日益壮大，他们在开阔的乡村张狂而任意地游荡，并得到被误导的当地人支持。而那些依然保持忠诚的西班牙人，由于担心原住民的阴谋，只得躲进要塞，或者他们在村里修建的坚固房子里。指挥官们迫不得已地漠视无论是来自士兵还是印第安人的各种怠慢和侮辱行为，唯恐因为某种严厉促使他们叛乱。衣物和各类弹药，无论是用于生计还是防御，都迅速减少；缺乏来自西班牙的物资和消息在让那些忠诚志士的意志逐渐消沉。殖民地行政官被困在康塞普申要塞，每日都有可能被罗尔丹公然围攻。他得到密报，一旦他走出要塞墙外，他们就会采取手段干掉他。

这就是殖民地陷入的绝境，其原因主要是哥伦布在西班牙长期逗留，他提出的所有利于海岛的措施都遭到内阁的拖延，丰塞卡及其附庸的奸计的横加阻扰等问题。在此关键时刻，眼看分裂团伙就要胜利夺权，殖民地即将毁灭，消息传到皇家大平原，佩德罗·费尔南德斯·科罗内尔率领两艘船，带着各种物资以及强大的增援部队，已经抵达圣多明戈港口。

第六章

瓜里奥尼克斯第二次暴动，他逃往锡瓜伊山区（1498）

科罗内尔2月3日的到来成为殖民地的救赎。增援部队和各种物资，加强了唐•巴塞洛缪的人手。皇家对他的头衔和权力的确认立刻打消了所有对其权力合法性的怀疑，而且舰队司令在朝廷得到很高礼遇，并将于近期带着强大的舰队到达等消息，让那些认为他已经失势才加入反叛的人惊慌失措。

殖民地行政官再也不用把自己关在要塞里了，尽管相当一部分叛军高层都集中在距离很近的瓜里奥尼克斯酋长的村子，他立即率领部分队伍前往圣多明戈。罗尔丹带着自己人缓慢、阴沉地跟着他，急于确定这些消息的真假，如果可能，在那些初来乍到者当中培植自己的党羽，并伺机利用一切可能有利于他那轻率而危险计划的情形。行政官安排了重兵把守所有道路关隘，阻止罗尔丹接近圣多明戈，但是后者在距离那里几里格的地方停了下来。

当行政官发现自己在圣多明戈随着力量的增强而获得安全保障，并预计即将获得更大的增援之后，他的宽宏大量战胜了愤怒。他试图通过温和的手段来平息大众叛乱，让该岛有可能在其兄长到来之前恢复平静。他认为殖民者们遭受了极大的物资匮乏，他们的不满又因为自己强加于他们的严厉而激增，而且许多人走向叛乱是因为怀疑他权力的合法性。因此，当他宣告皇家对他的头衔和权力认可的法令时，他许诺特赦所有过往的罪行，条件是立即归顺。听闻罗尔丹及其人马就在距离圣多明戈 5 里格的地方，他派遣君王任命为该岛执法市长的佩德罗·费尔南德斯·科罗内尔去劝告他投降，并答应他既往不咎。他相信，像科罗内尔这样谨慎和高尚的人去陈述，他曾目睹了自己兄长在西班牙蒙受的恩宠，会说服反叛者明白自己无望的前途。

然而，罗尔丹意识到自己的罪行，怀疑唐·巴塞洛缪的宽恕，害怕在他的权力范围冒险；他还决定防止自己的追随者与科罗内尔接触，免得他们受到后者承诺的赦免所诱惑。因此，当那位使者走近叛军营地时，在一处狭窄的隘口遭到一队射手的对抗，他们将弓箭瞄准他。“站住！卖国贼！”罗尔丹高声喊道，“倘若你晚到八天，我们应该已经万众一心了。”

科罗内尔努力试图通过合情合理的劝导和诚挚的恳求，说服这个执拗而骚动的人放弃其正在进行的事情，但是徒劳无益。罗尔丹回之以狂妄和轻蔑，声称自己反对的仅是殖民地行政官的专制和暴政，但是准备在舰队司令到来的时候归顺于他。他和他的几个主要同伙也给自己在圣多明戈的朋友写信表达了同样的意图，敦促他们在舰队司令抵达的时候为他们陈情辩白，并向他保证他们对其权力的认可。

当科罗内尔回去讲述了罗尔丹的负隅顽抗之后，殖民地行政官随即宣布罗尔丹及其追随者是卖国贼。但是，那个狡猾的反叛者，并没有让其追随者留在可以面对承诺的诱惑或威胁的恐惧之中。他立即动身向其应许之地哈拉瓜进军，相信一种好逸恶劳和寻欢作乐的生活，能够败坏他那些被误导的追随者身上每一项诚信原则和品行端正的束缚。

与此同时，他在酋长之间施展的阴谋诡计所导致的有害影响也越来越明显。几乎就在殖民地行政官刚离开康塞普申要塞，当地人就密谋突袭它。受到罗尔丹的教唆，瓜里奥尼克斯成为这一阴谋的头目。罗尔丹答应保护他、协助他，他抱着孤注一掷的希望，值此西班牙军队精力涣散之际，将其祖辈的领土从这些入侵的陌生人那难以忍受的统治之中解救出来。他与自己那些附属酋长秘密交流，大家一致同意同时起义，屠杀驻扎在各自村庄的小股士兵，而他则在同一时间，带着精挑细选的兵力去突袭康塞普申要塞。起义时间定在月圆之夜。

但是，其中有位主要酋长，他的天像观察不准确，在预定日子的前一天晚上拿起了武器，并且被驻扎在村里的士兵击退了。警报随之发出，西班牙人全体警惕起来。那个酋长逃到瓜里奥尼克斯那里寻求保护，但是，大酋长被他的致命失误所激怒，将他当场处死。

殖民地行政官刚听说这个新的阴谋，立即亲自率领一支强大的军队前往皇家大平原。瓜里奥尼克斯并没有等待他的到来。他看到摆脱这些陌生人的每次尝试都是徒劳，这些人像诅咒一样已经在他的领地里安置下来。发现他们之间的友谊已经萎凋并具有破坏性，他现在惧怕他们的报复。因此，他放弃了自己的合法领地，那片曾经幸福快乐的大平原，带着家人和一小队忠实的随从逃往锡瓜伊山区。那里是一道高高的山脉，沿着该岛北侧在大平原与海洋之间延伸。山区的居民是该岛最强悍、最顽强的部落，远比温和的平原居民更难对付。正是这个部落的部分居民在哥伦布第一次航海途中对西班牙人表现出了敌意，而且，在萨玛纳湾的一次小冲突中，新世界的原住民洒下了第一滴鲜血。读者可能还记得这些人在冲突之后第二天的坦荡和轻信行为，他们所具有的大无畏信念让其大酋长满怀自信地登上了舰队司令的轻快帆船，将自己置身于西班牙人的控制之下。大平原上那个逃亡酋长寻求避难的地方，正是这位名叫迈奥班尼克斯大酋长的领地。瓜里奥尼克斯来到他的住处，位于卡布龙海角附近的一个印第安小镇，距离伊莎贝拉以东约 40 里格，他恳求迈奥班尼克斯收留他的妻子和孩子以及他那屈指可数的几个忠实随从。大山里心地高尚的酋长张开双臂迎接了他。他不仅给这个逃亡大酋长的家人提供庇护，并决定在他落难的时候与他共患难，捍卫他的事业，与他一起共同承担他那令人绝望的命运。文明生活中的人通过训诫学会了气度，但是他们最慷慨的行为常常不如这些未受过教育的野蛮人仅凭自然冲动所做出的事情。

第七章
殖民地行政官在锡瓜伊山区征战（1498）

在山区盟友及其成群结队剽悍的锡瓜伊人协助下，瓜里奥尼克斯向平原发起了几次攻击。他割断那些落单的西班牙人的喉咙，洗劫那些继续效忠于西班牙人的本土人村庄，毁坏田地里的果实。殖民地行政官迅速地阻止了这些骚扰，但他决心要铲除紧邻殖民地的如此强大的敌人。从不在任何危险和疲劳面前退缩，自己能做的事情绝不留给他人，行政官在春天率领一支 90 人的队伍、几个骑兵以及一队印第安人动身，向锡瓜伊山区挺进。

通过一个陡峭的峡谷后，坎坷的岩石和繁茂的植物让部队几乎不可通行，他下山来到一个美丽的山谷或平原，此谷沿海岸延伸，靠近大海的群山将其拥入怀中。他进入此地的行动引起了目光锐利的印第安探子的关注，这些人就潜伏在岩石和灌木丛中。正当西班牙人在平原入口处的一条河边寻找涉水过河的地点之时，两名印第安探子从岸上的灌木丛中冲了出来。其中一个一头扎进水里，游过河口逃脱了；另一个被抓获，供出有 6000 名印第安人正埋伏在对岸，等待着趁他们过河的时候发起攻击。

殖民地行政官小心翼翼地前进，找到一个河水较浅的地方与部队一起下河。他们刚走到河中央，野蛮人突然从藏身之处冲了出来，他们身上涂着可怕的色彩，看起来像恶魔而非人类。森林里回响着他们的呐喊和号叫。他们的箭镞和长矛像阵雨一般射了过来，尽管他们瞄准的西班牙人有所保护，但还是有许多人受了伤。然而，行政官强行过河，印第安人便逃跑了。一些印第安人被打死，但是他们迅捷的脚步、对森林的了解，以及他们躲闪着通过最盘根错节的灌木丛时所表现出的灵活性，让更多人逃脱了西班牙人的追逐；后者受到身上披挂的铠甲、靶子、弩和长矛等物的拖累跑不快。

根据一位印第安向导的建议，行政官沿着山谷向前推进，来到了迈奥班尼克斯位于卡布龙的住处。途中，他与本土人还发生了几次小冲突，他们总是突然发出可怕的战斗呐喊，从其埋伏的灌木丛中冲出来，发射、投掷他们的武器，然后再次躲进隐藏在岩石和森林中的堡垒之中，让西班牙人无法靠近。

抓了几个俘虏，行政官便派其中一人在一个友好部落的印第安人陪伴下，去给迈奥班尼克斯送信，要求瓜里奥尼克斯投降。他承诺，假如他们听从命令，他愿意给予友谊和保护，但同时也威胁他，如果他拒绝，行政官将使用武力并放火烧毁他的领地。大酋长认真听取了信使的传话。“告诉西班牙人，”他答复道，“他们是坏人，残忍、暴虐；是他人国土的篡位者，是让无辜者流血牺牲的诛戮者。我不稀罕这种人的友谊，瓜里奥尼克斯是个好人，是我的朋友、我的客人，他逃到我这里来避难，我已经承诺要保护他，我会说到做到。”

此等义正词严的答复甚至是违抗藐视，让行政官明白友好的姿态不会有什么结果。当严厉是必要手段时，他就能成为一个严酷的士兵。他立即下令放火焚烧他曾经驻扎过的那个村子和附近几个村。随后，他再次派信使去警告迈奥班尼克斯：除非他交出在逃的大酋长，否则，他的整个领地将以同样的方式被摧毁，到时候，当他眼望四周，满目皆是燃烧的村庄腾起的烟雾和火焰，其余什么也看不见。惊悉即将到来的毁灭，锡瓜伊人围住他们的首领，吵吵嚷嚷地哀哭，咒骂瓜里奥尼克斯到他们中间来避难的那个日子，敦促酋长投降以拯救他们的国土。而慷慨的大酋长毫不动摇。他提醒大家记住瓜里奥尼克斯的许多优点，他基于本族热情待客原则所做出的神圣声明，并宣布他宁可承担所有恶果，也不愿意被人说道他迈奥班尼克斯出卖了自己的客人。

人们带着悲怆的心情退去了，大酋长将瓜里奥尼克斯请到跟前，再次承诺要保护他，哪怕这样做要牺牲自己的领地也在所不惜。他没有答复行政官，而且，为了避免更多消息可能会动摇其子民的忠诚，他派人设伏，下令杀死任何可能靠近的信使。伏击者藏起来没有等候多久，就看见两名男子在森林中穿行，其中一人是锡瓜伊俘虏，另一人是西班牙人的印第安盟友。这两人立刻被杀死。行政官就跟在不远的后面，仅带了十个步兵和四个骑兵。当发现林中小径上横躺着自己使者那被利箭刺穿的尸体，他极为恼怒，决心严厉惩处这个顽固的部落。因此，他带着所有兵力向卡布龙挺进，那里驻扎着迈奥班尼克斯及其军队。随着他的靠近，一些被西班牙人吓坏了的附属酋长和他们的随从逃走了。当迈奥班尼克斯发现自己就这样被遗弃之后，便带着家人躲进山中一个秘密藏身之处避难。有几个锡瓜伊人试图找到瓜里奥尼克斯，打算将其杀死后作为和解礼物交出去，但是他逃到了高地，在那些最野蛮、最荒凉的地方独自流浪。

森林的密度和山区的险峻让这次远征极为痛苦和辛劳，其耗时远远超出了行政官的预期。他的人也备受折磨，不仅疲惫不堪，而且饥肠辘辘。当地人都逃到山里去了，他们的村庄空荡荒芜。西班牙人维系生计的所有食物只有木薯饼，还有印第安盟友尽其所能为他们收集到的根茎和植物，以及在狗的协助下不时抓获的乌蒂亚。他们几乎总是席地而卧，在露天、在树下和在这种气候的湿重露水中风餐露宿。三个月来，他们一直在大山里巡游。差不多被辛劳和粗粝的食物折磨致死。其中许多人在康塞普申要塞附近有农场需要他们打理，所以，既然印第安人被吓得四散逃离，他们便请求能准许返回自己位于皇家大平原上的住所。

行政官给许多人颁发了通行证，并从稀少的存粮里给他们分发了木薯饼。他只留下30人，决心带着他们去搜索山里的每一个窝巢和洞穴，势必找到那两个大酋长。但是，要在这茫茫旷野里追踪他们非常困难。没有人可以向他们提供两个酋长的撤退线索，因为整个地区都被遗弃了。山里有人居住的住处，但是不见一个人影，或者，即使他们偶尔抓到从山里偷偷摸摸出来寻找食物的可怜的印第安人，他总是宣称完全不知道两个大酋长的藏身之处。

但是世事就那么碰巧，有一天，几个西班牙人在狩猎乌蒂亚的时候，抓获了迈奥班尼克斯两名随从，他们奉命前往一个遥远的村庄寻找木薯饼。两人被带到行政官面前，他强迫他们出卖自己酋长的藏身之处，并充当向导。12 位西班牙人自告奋勇去寻找大酋长。他们把自己脱光，在自己身体上涂满颜色，以便看起来像印第安人，并用棕榈树叶把刀剑盖起来，由向导领着前往不幸的迈奥班尼克斯的藏身之处。他们偷偷地来到他身边，发现他身边围着自己的妻子、孩子和几个家仆，全然没有怀疑眼前的危险。西班牙人拔剑冲向他们，将他们全体俘虏。当他们被带到行政官面前时，他放弃了所有进一步搜寻瓜里奥尼克斯的打算，返回康塞普申要塞。

此次抓获的俘虏中有一位是迈奥班尼克斯的妹妹。她是山区另一个酋长的妻子，其境内还从未有西班牙人涉足。她被誉为岛上最美丽的女性之一。她对其哥哥温柔体贴，放弃了在自己领地内的安宁生活，跟着他在岩石和峭壁间穿行，分担他所有的艰辛，以女性的同情和善良给他安慰。当她的丈夫听说她被囚禁，他赶紧去找殖民地行政官主动提出，如果将他的妻子还给他，他自己和他所拥有的一切都将归顺于行政官的统治。行政官接受了他愿意效忠的提议，释放了他的妻子和另外几个被抓获的子民。此后，该酋长信守诺言，成为西班牙人坚定、珍贵的盟友，耕耘了大片土地，为他们提供大量的面饼和其他食物。

善意似乎从未在该岛人民那里失效。当这一宽大处理的行为传到锡瓜伊人那里，他们成群结队来到要塞，带来各种礼物，许诺效忠，恳求释放迈奥班尼克斯及其家人。行政官答应了他们的部分请求，释放了酋长的妻子和家人，但仍将扣留酋长，以确保其臣民的忠诚。

与此同时，不幸的瓜里奥尼克斯躲藏在山中最荒野的地方，迫于饥饿偶尔冒险下山去平原寻求食物。锡瓜伊人呢，把他视为自己的不幸根源，也许希望通过牺牲他来换取自己酋长的释放，便向行政官出卖了他常去的地方。一队人便奉命去抓他。他们在他通常回山的路上藏起来等候。就在那位不幸的大酋长，在一次饥肠辘辘地寻找食物的短途外出之后，就在准备返回自己位于悬崖峭壁间的窝巢途中，被潜伏的西班牙人突袭抓获，并套上锁链带到了康塞普申要塞。他多次起义，在其逃亡过程中展现出非凡的激情和毅力，瓜里奥尼克斯预计行政官对他的报复无外乎死亡。然而，尽管唐·巴塞洛缪政策严厉，他本性中既无很强的报复心，也不残忍。他认为俘获大酋长已经足以保障皇家大平原的安宁，便下令将他作为俘虏拘留起来，并作为人质关押在要塞里面。岛上这一重地的印第安人的抗争就此告一段落。在采取了预防措施以防止其复发之后，唐·巴塞洛缪回到了圣多明戈城。抵达那里不久，他就高兴地接到自己的兄长、舰队司令。彼时，两弟兄已经分开了近两年零六个月。

如此就是这位活跃、勇猛、精明练达的殖民地行政官在其执政期间所经历的混乱和灾难，从中我们找到了证据，证实了这个自我养成、几乎自学成才之人的强大能力、旺盛的精力和体力。在某种非凡的程度上，他集水手、士兵和立法者为一身。像其兄长舰队司令一样，他的头脑和行为立刻上升到了与其地位相适应的水平，没有显示出任何傲慢和夸耀，以一种天生统治者的冷静和克制行使突如其来、意想不到的权力。他被指控在其执政期间过于严厉，但是没有一件实例说明他残酷或肆意滥用权力。如果他曾对好搞派系的西班牙人严厉，他也是秉公行事；他执政时期发生的灾难并非源于他本人的严苛，而是由于别人不正当的欲望需要他严加管教。舰队司令呢，其态度更温和、心地更仁慈，但是在调和殖民者的诚意和保证他们顺服的程度上，并不比其兄弟更加幸运。唐•巴塞洛缪的功绩似乎并没有得到世界足够的赏识。他的形象遭到了太多的蒙蔽，作为其杰出兄长的伙伴，他值得更多的关注。也许他的相貌不那么和蔼可亲、迷人，其气度也并不鲜明，但是他的品性无疑勇猛、慷慨、英勇，而且坚定如铁。

卷十二

岛上的混乱——反叛者在哈拉瓜的进展；舰队司令与反叛者谈判——船队离港返回西班牙；与叛乱分子谈判与协商；罗尔丹及其追随者的要求得到满足——几个叛乱分子离岛返回西班牙；奥赫达率领一支船队抵达海岛西岸——罗尔丹奉命去见他；罗尔丹和奥赫达斗智斗勇；格瓦拉和莫西卡的阴谋

第一章

岛上的混乱——反叛者在哈拉瓜的进展（1498 年 8 月 30 日）

哥伦布抵达了圣多明戈，这次漫长而艰辛的航行让他疲惫不已，其疾病又让他虚弱不堪，他的身心都渴望休息，但是，自从他第一次进入公众生活，已经注定永远不能品尝到安宁的甘美滋味了。伊斯帕尼奥拉岛，好像是他最宠爱的希望之子，注定要将他卷入永恒的烦恼，羁绊他的命运、阻碍他的事业，让他的余生吃尽苦头。这个曾经富裕而可爱的岛屿，被几个卑鄙者的恶意行径搅和成了怎样贫穷与痛苦的场景啊！与当地人的战争和殖民者内部的叛乱，终止了矿山的劳动，关于财富的一切希望都破灭了。饥荒的恐惧紧随战争的恐惧而至。土地的耕种已经被普遍忽视，最近几次麻烦让几个省份都已经荒芜；大部分印第安人已逃往山区，那些留下来的人眼睁睁地看着自己劳碌所得的成果被残酷无情的陌生人从手中夺走，已经失去了所有劳动的动力。确实，大平原再次获得了安宁，却是一种荒凉的寂静。这个美丽的地区，四年前被西班牙人发现时拥有那么稠密的人口，曾经那么快乐，仿佛在其丰美的怀抱里囊括了大自然所有的芬芳，摒弃了世界上所有的忧愁和烦恼，现在却是一幅怨声载道的悲惨景象。许多印第安集镇，西班牙人曾在那里得到亲切友好的热情款待，几乎被奉为仁慈的天神一样崇拜，如今却是一片静默和冷清。其中一些居民近来要么潜伏在岩石和洞穴之中，要么沦为奴隶；许多人在饥荒中被饿死，许多人倒在刀剑之下。这似乎令人难以置信，这么少量的人，还在那么善意的管理者控制之下，却会在这么短的时间跨度里制造出如此广泛的苦难。但是邪恶的原则总会产生致命的活动。每一次努力，最好的人所能做到的好事也有限度，但是最卑劣的个人力量似乎可以产生不可估量的破坏力。

白人的邪恶欲望不仅给这个无辜的民族造成此等灾难，同时也让自己遭受了同等痛苦的报应。在这一点上，其他任何地方都不如伊莎贝拉的居民成为更真实的例证了，他们是岛上最闲散、最好搞派系和最放荡的居民。公共工程半途而废，他们已经开始培育的花园和田地被闲置一旁；他们通过强取勒索和残忍对待将当地人从附近赶走，让自己的周边地区变成孤寂的荒野。他们懒得劳动，又缺乏任何资源来弥补他们的懒惰。他们彼此争吵，反叛自己的统治者，在暴乱和沮丧中轮番浪费自己的时间。驻扎在岛屿各地的许多士兵都因为近期的麻烦而遭受了健康欠佳的痛苦，他们被关在印第安村庄，不能进行任何运动，被迫以自己根本不习惯的食物维持生计。那些积极工作的人被艰苦的劳作、长途跋涉和寥寥无几的食物所拖垮。许多人的身体都垮掉了，许多人被疾病夺取了生命。大家普遍的愿望是离开该岛，从自作孽的痛苦中逃脱。然而，这里却是吸引了欧洲哲学家和诗人的眼光、备受青睐的富饶陆地，被认为是黄金时代的现实画卷。因此，如果不是恶人的欲望将其变成炼狱，这里确实是人类幻想设计出的最美丽的理想乐土！

哥伦布抵达之后的第一个措施就是颁发公告，批准殖民地行政官采取的所有措施，谴责罗尔丹及其同伙。那个骚乱分子已经占领了哈拉瓜，并受到了当地人善意的接待。他允许自己的追随者在这美丽的景色中过着懒散而淫乱的生活，使周边地区及其居民屈从于他们的快乐和欲望。在他们得知哥伦布到来之前发生了一件事，让他们手中获得了物资，壮大了自己的力量。某一天，正当他们在海边游荡的时候，他们看见远处有三艘轻快帆船。在海洋这个人迹罕至的地段，此情景让他们充满了惊奇和警觉。这些船靠近陆地并停泊下来。叛乱分子起初担心这些是派来追捕他们的船只。但是，罗尔丹既胆大又有洞察力，他推测这些船是偏离了航程，被潮流向西推移至此，而且他们必定不知道岛上最近发生的事情。于是，他吩咐自己的手下保守秘密，他便登船假装自己驻扎在附近，以便维持当地人的服从和征收贡品。他关于这些轻快帆船的猜测很正确。事实上，这三艘轻快帆船正是哥伦布在加那利群岛从自己的舰队里分派出来带着物资前往殖民地的船队。由于船长们不了解横行在加勒比海洋流的力量，被其推着西行，已经远远超出了他们计算的航线，最后飘到了哈拉瓜海岸。

罗尔丹严守了三天的秘密。由于他被视为一个可信赖、有权力的重要人物，船长毫不犹豫地给予他所请求的一切用品。他获得了剑、长矛、弩以及各种军需品，同时，他的人分别在三艘船上撺掇，忙着在船员中悄悄培植党羽，讲述殖民者在圣多明戈的艰苦生活，他们自己在哈拉瓜的轻松和欢娱时光。许多船员都是按照舰队司令欠考虑的提议，将他们的刑事处罚改判为用船送往殖民地。他们是流浪者、西班牙城镇的垃圾、从西班牙地牢里放出来的罪犯，就是这样一些人，叛乱分子如此的描述对他们很起作用，他们答应一有机会就逃亡，加入了叛军。

直到第三天，三个船长中最聪明的阿隆索•桑切斯•德•卡瓦哈尔，才发现了这些客人的真面目，而他居然容许他们如此自由地在其船上行动。但为时已晚，恶果已经酿成。他和他的同行船长与罗尔丹进行了多次认真对话，努力说服他服从正规管理，不要走向危险的对立面。得知哥伦布正在返岛途中，而且拥有更多的力量、更大的权力，这一确定的消息在他的脑海里掀起了狂澜。正如前面已经提到，他已经安排自己在圣多明戈的朋友向舰队司令申诉他的缘由，并向他保证，他的行动仅针对殖民地行政官的不公正和压迫，但随时准备在哥伦布到来的时候归顺。卡瓦哈尔察觉到罗尔丹及其几个主要同伙的决心有所动摇，便自以为是地认为，如果他继续在反叛分子中间多待一些时候，有可能将他们拉回到正道上来。其时逆风正盛，船舶不可能顶着逆流前往圣多明戈。因此，船长们做出安排，大量人员将留在船上，但是技工和其他对殖民地工作最重要的人员由陆地前往定居点。这些人由一位轻快帆船的船长胡安•安东尼奥•科伦坡带队，他是舰队司令的一个亲戚，非常热忱地忠诚于他的利益。阿拉纳留下来与船队同行，等到风向许可时便起航；卡瓦哈尔则自愿留在岸上，努力让叛乱分子归顺。

第二天早上，胡安•安东尼奥•科伦坡带着 40 个手持十字弓、剑、长矛等全副武装的人上岸，但惊奇地发现自己突然被遗弃了，身边仅剩下 8 个人。逃兵们全部加入了叛军的阵营，后者欣喜若狂地接待了这一志趣相投的重要增援力量。胡安•安东尼奥努力想通过规劝和威胁让他们回归自己的本职，但是徒劳无益。他们大多数是被定罪的罪犯，习惯了厌恶秩序、蔑视法律。他向罗尔丹恳求，提醒他忠于政府的职业操守，同样也是白费工夫。后者回答说，他没有办法强制服从，他那里仅是一个单纯的“观察修道院”，那里的每一个人都能自由选择符合自己习惯的规则。这就是漫长系列罪恶的发端，源自让罪犯成为殖民地居民这一最欠考虑的应急之策，在其人口的源头就混合着堕落与恶行。

痛心疾首、惊慌尴尬的胡安•安东尼奥与剩下的少数几个忠诚者回到船上。由于担心会有更多的人开小差，两位船长立即离港出海，留下卡瓦哈尔在岸上继续努力改造反叛者。经历了极大的困难和延误，船队终于抵达了圣多明戈。卡瓦哈尔的船撞到了沙洲，受到了巨大的损害。待他们到达时，船上所载物资的大部分要么耗尽，要么已经损坏了。阿隆索•桑切斯•德•卡瓦哈尔不久也从陆路到了离城 6 里格的地方，几个叛乱分子一路护送，保护他免遭印第安人袭击。他试图说服叛乱队伍立即投降的努力失败了，但是罗尔丹许诺说，只要听闻哥伦布到来，他就会前往圣多明戈附近，立刻说明他的委屈以及他过往行为的原因，并为调整所有分歧进行谈判。卡瓦哈尔带来了一封他写给舰队司令的信，信函表明了同样的意图。卡瓦哈尔自信地说道，据他对所有反叛者的观察，只要得到特赦的保证，他们有可能很容易重新效忠。

第二章
舰队司令与反叛者谈判——船队离港返回西班牙（1498）

尽管卡瓦哈尔的陈述听起来比较有利，但是近期在哈拉瓜发生的事件还是让哥伦布极为忧虑。他认为，叛乱分子的傲慢无礼和他们对自己力量的自信，必定因为如此众多装备精良的亡命之徒的加入而大大增加。罗尔丹提议要来圣多明戈附近把他吓了一跳。他怀疑此人所声称的真诚，担心如此狡猾、大胆、不安分的头目，带着一帮听命于他的莽撞而忠诚的叛乱者，必然会带来极大的恶行和危险。这群无法无天的团伙在整个岛上晃荡，过着散漫狂欢、公然挥霍的放荡生活，其示范作用对新来的殖民者只能产生危险效应。而当他们近在咫尺，进行密谋策划，向所有不满者提供避难所时，整个殖民地的忠诚度可能会遭到侵蚀和削弱。

有必要立即采取措施增强人们的忠诚，抵御此等诱惑。他意识到许多人都有返回西班牙的强烈渴望，而且煽动者们不遗余力地宣传，认定他和他的兄弟们想把殖民者扣留在岛上是出于他们自身利益的考虑。因此，9 月 12 日，他发布公告，向愿意返回西班牙的所有人提供免费航程和食物，并有五艘船准备就绪，即将离港出海。他希望通过这种方式来为殖民地解除闲置和有反叛意图的人，削弱罗尔丹的党羽，在自己身边仅保留心地善良和品性良好的人。

他同时给指挥康塞普申要塞的米格尔·巴列斯特尔写信，建议这位忠实可靠、久经考验的老战士要提高警惕，因为叛乱分子正在进入他的附近。他授权后者与罗尔丹会晤，向他提供赦免和既往不咎的承诺，但条件是后者必须立即复归本位；请他到圣多明戈，与舰队司令举行郑重会晤，并且，如果需要，他将得到后者对其人身安全的书面保证。哥伦布用意诚恳。他性情仁慈、容易和解，对许多让他吃尽苦头的卑贱邪恶之人，他异乎寻常地没有报复心。

巴列斯特尔刚收到这封信，反叛者就抵达了博瑙村。该村坐落在一个同名的美丽山谷或平原，距离康塞普申要塞大约10里格，距圣多明戈大约20里格，地处人口众多、物产丰富的地区。煽动此次叛乱的罪魁祸首之一佩德罗·里克尔梅在这里拥有大片属地，他的住所便成为叛军大本营。阿德里安·德·莫西卡是一个性格狂暴、爱胡闹的人，带着他的一小队浪荡恶徒也来到这个集会地。罗尔丹和其他同谋者也从不同的方向赶来会合。

米格尔·巴列斯特尔听闻罗尔丹到了，立刻动身去与他见面。巴列斯特尔是一个令人尊敬的人，头发灰白，有军人风范。他忠诚、坦率、正直、处事稳重、心地极为单纯，作为一群轻率鲁莽、放浪形骸团伙的调解人，他是最佳人选。其目的在于利用他的冷静去平息他们的怒火，以他的年龄去解除他们的暴戾之气，以他毫无虚饰的正直赢得他们的信任，并以他纤尘不染的美德让他们对自己的放肆产生畏怯。

巴列斯特尔发现罗尔丹与佩德罗·里克尔梅、佩德罗·德·加梅斯以及阿德里安·德·莫西卡等三个主要同谋在一起。目前的实力让罗尔丹信心十足、得意忘形，对赦免提议不屑一顾，声称他来到这里并不是为了讲和平，而是要求释放某些无正当理由俘虏、即将作为奴隶运往西班牙的印第安人，因为他曾经以一方市长的资格，向他们承诺了要对他们加以保护。他宣称，在这些印第安人被释放之前，他不会听取任何契约条款，同时还傲慢无礼地暗示，舰队司令及其命运都掌握在他的手上，只要他乐意，他可以让其声名鹊起或名声扫地。

此处提到的印第安人是瓜里奥尼克斯的某些子民，他们在罗尔丹的煽动下抵制缴纳赋税，而且在罗尔丹所谓的权力批准下，参与了皇家大平原的叛乱。罗尔丹深知奴役印第安人是该岛政府不受欢迎的特点，尤其是女王，而当他打着维护受苦受难岛民权利的旗号反对哥伦布时，此人狡诈的性格可见一斑。他的其他要求也极为嚣张，反叛分子宣称，在所有进一步谈判中，除了卡瓦哈尔，他们不会再理睬其他中间人，因为他们近期在哈拉瓜与他有过交流，他在此过程中证明了自己公正而不偏不倚的态度。

对其宽恕的答复如此傲慢，完全出乎舰队司令的预料，让他陷入了极为尴尬的境地。似乎他已经被背叛和谎言所包围。他知道，即使在那些自称忠诚的人群当中，也不乏罗尔丹的朋友和秘密党羽，他并不知道此阴谋的后果所扩展的范围到底有多广。不久发生的一件事情显示他的忧虑不无道理。他下令圣多明戈的男性武装露面，以便让他可以确定在必要时可以带多少力量上阵。消息立刻就传播开来，说他们将要被领去博瑙对付反叛者。于是，带着武器出现的人不超过70人，其中可以依赖的不足40人。不是这个瘸了腿，就是那个病倒了。有的人与罗尔丹的追随者有关系，有些人在其中有朋友。几乎所有人都不情愿为此出力。

哥伦布明白如果兵戎相见，无疑会暴露自己的弱点，彰显叛军的力量，让政府的尊严和权威颜面扫地。因此，有必要顺应时势，无论此举会让自己蒙受多大的羞辱。他曾让五艘船在港口逗留了18天，希望以某种方式制止这次叛乱，从而能向君王传递关于此岛的利好汇报。但是，船上的食物浪费了。船上的印第安囚犯痛苦不堪、逐渐死亡，有几个自己从船上跳海，或者被炽热闷死在船上的货舱里。他恨不得在发生任何骚乱之前，尽可能让更多心怀不满的殖民者扬帆起航，返回西班牙。

因此，10月18日，船只离港出海。哥伦布写信告诉君王，陈述了这次叛乱，以及他提出的赦免被拒绝的经过。由于罗尔丹自称这是他和殖民地行政官之间的纷争，据此，舰队司令不是一个公正的裁决者。后者恳求将罗尔丹召回西班牙，在国内君王可以成为他的裁决者；或者由对罗尔丹有好感的阿隆索·桑切斯·卡瓦哈尔主持调查，米格尔·巴列斯特尔作为殖民地行政官一方的证人。他认为，在很大程度上，岛上的这些麻烦都归因于他本人在西班牙的长期逗留，那些原本受命去协助他的人在他的进程中设置耽搁，延缓了装载物资船舶的离去，以致殖民地陷入了最大的饥荒。如此一来，不满情绪产生、怨声载道，终致叛乱。他以最迫切的方式恳求君王，不可忽视殖民地的事务；对于那些住在塞维利亚负责殖民地事务的人，希望能指示他们，即使不能协助，至少也不要设置障碍。他提到了自己对卑鄙的西米恩•布瑞威斯卡的责罚，即丰塞卡那个张狂的爪牙，恳求无论那件事情或其他任何情况下，都不要因为任何诡计多端之人的虚假陈述而对他的看法失之偏颇，或者让他失去皇家的支持。他向他们保证，岛上的自然资源什么都不缺，仅需要良好的管理便能提供殖民者所需要的一切，但是后者好逸恶劳、挥霍放肆。他建议回国的每艘船都将大量的心怀愤懑者和无用者送回去，如同目前这种情况，让冷静勤勉的人来取代他们。他还央求派遣神职人员前去教导和负责印第安人的皈依，而且，同样有必要的事务是改造那些道德沦丧的西班牙人。他还要求派遣一位精通法律的人士去该岛担任法官，同时还派几名官员负责皇家收益。没有什么可以超越这些建议的合理性和政策性，但遗憾的是，其中一行字让这封杰出信件的道德修为蒙上污点。他请求在两年之内，可以允许西班牙人雇用印第安人为奴，但是，此建议仅适合于那些在战争中和叛乱中被抓获的俘虏。哥伦布用当时的做法为此建议进行辩解，但这并不符合他一贯仁慈的情怀，以及他对这些不幸民众父亲般的关爱。

同时，他还写了另外一封信，信中描述了他近期航海的情况，连同一幅海图、黄金标本，尤其是在帕里亚湾发现的珍珠寄给君王。他呼吁给予后者特殊的关注，因为这是在新世界发现的首批珍珠标本。正是在这封信中，他热情洋溢地描述了新发现的大陆，将其视为东方最被看好的地区，是取之不尽、用之不竭的财宝源地，是想象中的人间天堂所在地。他答应一旦岛上的局面允许，他将带着其余三艘船去从事这一灿烂领域的发现。

借此机会，罗尔丹及其朋友们也致函西班牙，指控哥伦布及其兄弟们的压迫和不公，抹黑他们的所有作为，极力想证明自己反叛的合理性。人们自然会认为，此类人的陈述应该微不足道，不足以与哥伦布久经考验的功绩和卓越贡献抗衡。但是他们在西班牙有无数朋友和亲戚，有流行偏见的支持，在君王信任的人当中有工于心计的人随时会帮罗尔丹鼓吹。而哥伦布呢，用他自己言简意赅的话，即“不在场、遭嫉恨，而且是一个陌生人”。

第三章

与叛乱分子谈判与协商（1498）

船队离开之后，哥伦布重新开始与叛乱分子谈判，决心不惜任何牺牲结束这次分裂岛屿、阻碍他所有发现计划的叛乱。他余下的三艘船都在港口处于闲置状态，而一个显然拥有无限财富的地区等待他去探索。他本来打算派他弟弟去进行这次发现，但是，一旦叛军要来犯，行政官那积极的精神和军事才能让他的存在不可或缺。这就是他那恢弘高尚的事业进程中每一步所遭遇到的困难，时而受阻于无处不在的狡猾之徒的阴险诡计，时而中断于一小撮恶棍张狂的骚乱。

在与身边最重要的人员进行磋商之后，哥伦布发现，许多民众不满的原因是他兄弟的严格管理，他们指控他在施以公道时采取严苛的手段。但是，拉斯·卡萨斯在查阅了从各种渠道收集到的关于行政官行为的所有证词之后，宣布对行政官诸如此类的所有指控纯属子虚乌有，并确认，尤其是对于罗尔丹，他待之以特别宽容的政策。无论实际情况怎样，哥伦布现在听从其顾问的建议，决定尝试另一种极其仁慈的宽大处理。他给罗尔丹写了一封信，此信签署的日期是10月20日。他在信中用最安抚的措辞回忆了过去的善意，并对他和行政官之间存在的宿怨表示深为关切。他恳求，为了共同的利益，同时也为了他自身的名誉，他曾因此深得君王好感，不要坚持现在的反抗行为，并反复保证，只要他和他的同伙回到自己身边，他郑重承诺他们的人将不会受到侵犯。

谁来当送信人让他犯了难。叛乱者已宣布，除了阿隆索·桑切斯·德·卡瓦哈尔，他们不会接受任何人的调解。但是，哥伦布身边那些人的心中对那个军官的正直存以强烈怀疑。他们观察到，在哈拉瓜时，他容留罗尔丹在他的轻快帆船上停留了两天，给他提供了武器和物资；当得知他是一个反叛者时，没有将其拘留在船上，没有尽力夺回逃兵，由叛乱者一路护送到圣多明戈，在博瑙给他们送吃的。更有甚者，据称他宣布自己作为哥伦布的一个同事，是政府委派来监视和控制他行为的人。这就意味着，在建议叛乱者逼近圣多明戈时，他曾打算，万一舰队司令没有到达，他会以自己假装同僚的权力与罗尔丹同流合污，并作为首席法官，紧紧将政府的控制权掌握在手中。最后，叛乱者意欲让哥伦布将他派遣给他们作为代理人这一点被引为证据，说明他已经作为领导者加入了他们，而博瑙的反叛水平因此得到了提升。这些情况曾一度让哥伦布感到困惑，但他反思了一下，据他所观察到的行为，卡瓦哈尔的表现就像一个正派人，大多数针对他的指控有可能是出自他自己的偏好，其余纯属谣言。根据他自己的不幸经历，以他自己为例，他明白那些最公平的行为和最公正的人物如何轻易被传言篡改。因此，他抛开所有猜疑，决心暗中信任卡瓦哈尔。他的信任没有被辜负，此后没有任何理由让他后悔自己的自信。

舰队司令这封信刚发出，立刻就接到一封来自叛乱者领导人前几天写的信。他们在信中不仅证明自己没有犯下叛乱的罪行，还声称自己立了大功，因为他们劝阻了其追随者为了报复行政官的压迫而要杀害他的决定，并说服他们耐心地等待舰队司令的矫正。然而，他到达已经过去一月之久，他们在此期间焦急地等待他的命令，但是他什么也没有表示，反倒刺激他们。因此，出于荣誉和安全方面的考虑，他们不得不退出，不再为他效劳，并随之要求准许他们离开。这封信来自博瑙，其签署日期是10月17日，署名为弗朗西斯科·罗尔丹、阿德里安·德·莫西卡、佩德罗·德·加梅斯和迭戈·德·埃斯科瓦尔。

与此同时，卡瓦哈尔在米格尔·巴列斯特尔的陪同下抵达博瑙。他们发现叛乱者自大而放肆。然而，舰队司令的调解函，在卡瓦哈尔的殷切劝说和富有经验的巴列斯特尔的告诫之下，对几个领导者产生了有利影响，他们比其残暴的追随者更有理智。实际上，罗尔丹、加梅斯、埃斯科瓦尔和另外两三人已经上马去见舰队司令，但是被他们自己人聒噪着反对而耽搁下来。那些人太迷恋自己懒散、放纵的生活模式，不喜欢有重归于劳动和纪律的想法。他们坚持认为此举事关大伙儿，所以，无论做出怎样的安排，都应该以书面形式当众发布，并要经过他们的认可才行。这阵鼓噪要过一两天才能平息。因此，罗尔丹写信给舰队司令，告诉他自己的追随者反对他前往，除非有书面保证或通行证送到，以保护他自己及其同行人员的人身安全。在同一时间，米格尔·巴列斯特尔给舰队司令写信，敦促他同意叛乱者可能提出的任何条款。

他表示他们的力量在不断壮大，他的守军每天都在投奔他们而去，因此，除非迅速做出一些妥协，让叛乱者乘船返回西班牙，否则，他担心不仅是当局，甚至是舰队司令本人都会陷入危险。尽管在他身边的西班牙绅士、军官和仆人毫无疑问会尽职尽忠，但是能依赖的普通大众几乎没有。

哥伦布感受到此事已经日益紧迫，便及时发送了所需的通行证。罗尔丹来到了圣多明戈，但是，从他的行为看来，他的目标根本不是为了达成和解，而是为了罗织党羽、争取逃兵。他与舰队司令会谈了几次，并通了几次信。他发了很多牢骚，提出无数要求，哥伦布做了极大的让步，但是有的主张太自负让人不能接受，最后便不了了之。罗尔丹借口与自己人商议便离开了，承诺将书面呈上他的条件。舰队司令派他的管家迭戈•萨拉曼卡代表他本人作陪。

11 月 6 日，罗尔丹从博瑙写了一封信，里面谈到了他的条件，要求将答复送到康塞普申要塞，因为食物匮乏迫使他离开博瑙。他补充说，他会为此答复等到下星期一（11 日）。这封信暗示着一种张狂的威胁，同时还提出了无礼要求。舰队司令发现自己不可能依从这些无礼要求，但是为了体现自己的宽大处理意向，减少对叛乱者的严厉制裁，他在要塞门口连续 30 日张贴了一份公告，承诺对罗尔丹及其追随者彻底宽恕并既往不咎，条件是他们在一个月之内回到他的麾下，重新效忠于王国；愿意回到西班牙的人将获得免费航行，但是对那些在规定时间内不出现的人，公告威胁说要施以严厉的审判。他委派卡瓦哈尔将此公告的副本，连同一封阐明满足其条款不可能性的信件，一起送给罗尔丹，但是提出他会接受由卡瓦哈尔和萨拉曼卡批准的任何协议。

当卡瓦哈尔赶到时，他发现老将巴列斯特尔已经被罗尔丹围困在他自己的康塞普申要塞里面，后者以其执法市长这一官职的名义，借口有一个罪犯躲在那里避难以逃脱审判。他切断了要塞的供水，试图逼其投降。当卡瓦哈尔在要塞大门上张贴舰队司令的公告时，叛乱者嘲笑通告上提出的特赦，他们说，用不了多久，他们将迫使舰队司令向他们提出同样的要求。但是，经过卡瓦哈尔的认真交涉，那几个头目最终同意考虑，并通过他的斡旋草拟了投降协定条款。根据这些条款，罗尔丹及其追随者可以在哈拉瓜分乘两艘船返回西班牙，船只应该在50天内装配就绪，并备足粮食。他们每个人都应该收到来自舰队司令颁发的良好行为证书，领取按照实际天数应得报酬的金额通知单。给他们分配奴隶，因为其他人已经根据其贡献获得了奴隶。鉴于有几个同伙已经娶了岛上的当地人为妻，且已怀孕，或者最近才生产，他们可以将愿意随行者带走，以取代奴隶的位置。一些同伙被扣押的财产，以及弗朗西斯科•罗尔丹被查封的家畜应该予以赔偿。另外还有其他为他们人身安全考虑的条件。条约规定，如果这些条款在8天之内没有收到回复，那么整个协议无效。

罗尔丹及其同伙于11月16日在康塞普申要塞签署了该协议，舰队司令21日在圣多明戈签署。同时，他宣布了进一步的宽恕条例，允许那些选择留在岛上的人可以前来圣多明戈，继续为皇家效劳，或者在岛上任何地方拥有土地。然而，他们选择了与罗尔丹共命运，他已经率领自己人离开此地前往哈拉瓜，在那里等待船只的到来。同行的还有米格尔•巴列斯特尔，舰队司令派他前去监管他们登船的准备工作。

哥伦布非常难过，他预计探索大陆的计划被如此卑劣的障碍所阻挠，原本应该载着他的弟弟去探索新发现大陆的船只，却被用来运载这群骚乱、一文不值的乌合之众。但是，想到这么长时间蛰伏在岛上的所有祸害很快就会被船载走，不由感到安慰，此后，一切都将恢复秩序和安宁。因此，他下令，要不遗余力将船准备好送往哈拉瓜。但是航海用品匮乏，而且在殖民地如此无序的状态下要完成一次远航准备非常困难，因此，他们的离去受到耽搁，远远超出了约定的时间。感觉到他要出具证书证明罗尔丹及其追随者品行良好，是一种迫于无奈的欺君行为，他给两个君王写了一封信，说明当时的情况，他是怎样为了避免让该岛陷入彻底混乱和毁灭，才被他们敲诈出具了那样的证书。他描述了那些人的真实品格和行为，他们是怎样反抗他的权力、阻止印第安人进贡，怎样掠夺岛屿、自己占有大量黄金、带走了几个酋长的女儿。所以，他建议将他们抓获，没收他们带走的奴隶和财宝，对他们的行为进行适当调查。他将这封信托付给一个即将上船的可靠之人。

叛乱者离开了附近，圣多明戈也进入了安全状态。哥伦布让其弟弟唐•迭戈担任临时指挥，自己与行政官开始在岛上巡游数月，拜访各驻地，恢复岛上秩序。

为叛乱者准备的两艘轻快帆船大约在 2 月底从圣多明戈驶向哈拉瓜，但是，由于遇到猛烈的风暴，船只被迫停泊在该岛一个海港内，并在那里逗留到3月底。其中一艘船毁损严重，被迫返回圣多明戈。另一艘船被派去顶替其位置，不知疲倦的卡瓦哈尔乘着这艘船起航，去敦促叛乱分子登船。他连续航行了11天后，在哈拉瓜发现了另一艘轻快帆船。

在此期间，罗尔丹的追随者改变了主意，他们现在拒绝上船。像其一贯行径，他们把所有责任推给哥伦布，断定他故意拖延，船舶准备远远超出了协定时间，船到来时其状态已经不适合远航，而且食物短缺。他们还对他大加指责，明知有些原因属于他不能控制的情况，却全都狡诈地怪罪到他头上。卡瓦哈尔当着与其同行的公证人之面提出了正式抗议。他发现两艘船遭到蛀虫或蠕虫的巨大破坏，他们的食物也没了，于是他让两艘船返回圣多明戈，他自己则走陆路回去。罗尔丹骑马随行，但是保持稍远的距离，显然心绪不宁。他害怕返回西班牙，但他足够精明，知道自己目前的处境不安全，因为作为一伙放浪形骸之徒的头目，聚众反抗当局。他到底拥有什么可以维系他们对自己的忠诚，足以强烈到让他们违反神圣的职责呢？经过深切思考的一段骑行之后，他停顿下来，要求在分别之前与卡瓦哈尔单独交谈。他们在一棵树的树荫下马。罗尔丹在此再次表白了他忠心耿耿的意图，最后宣布，如果舰队司令再次给他一份针对他个人安全的书面保证书，并确保他身边主要人物的安全，他会前去处理一应事务，并相信整个事件会在双方满意的条件下得到妥善处理。但是，他补充说，此提议务必要在他的追随者中保密。

卡瓦哈尔似乎看到了最后解决此事的前景，满心欣喜，迫不及待地将罗尔丹的提议传递给舰队司令。后者立即发放了需要的通行证或安全保证书,并盖上皇家印章,连同一封措辞友好的信件,忠告他安静地服从君主的权威。舰队司令身边的几个主要负责人在其要求之下，也给罗尔丹写了一封保障他安全的信件，承诺在谈判期间他们会保证他本人及其他追随者的安全，前提是他们没有针对皇家权威及其权力代表做出敌意的行为。

正当哥伦布如此这般孜孜不倦、忠心耿耿地努力使岛屿归顺的时候，他收到了来自西班牙的回信。这封信是对他去年秋天真挚呈请的回复，他在那封信里陈述了殖民地四分五裂的状况和那些目无法纪的歹徒之暴行，并祈求皇家的支持和支援。这封回信的作者是他那个令人反感的敌人、掌管印第安事务的主教丰塞卡。他在回信中告知，他已收到了哥伦布所声称的罗尔丹叛乱之说，但是他指出，此事必然被束之高阁，因为两个君王目前要进行调查并采取补救措施。

这个冷漠的答复不由让哥伦布心灰意冷。他看到自己的抱怨在政府那边没有引起重视，他担心自己的敌人在君王面前损害他；他预计当叛乱者发现他在西班牙影响甚微的时候，其傲慢无礼的行为会加倍严重。然而，他对自己事业的成功、对君主利益的忠诚依然满腔热情，他决心不惜牺牲个人的慰藉和尊严去平息岛上的麻烦。急着尽快与罗尔丹谈判，他于 8 月下旬带着两艘轻快帆船驶往圣多明戈以西的阿苏阿港口，那里距离哈拉瓜更近。陪同他前往的还有殖民地最重要的几个人物。罗尔丹同样也来到这里，陪同他的是暴躁的阿德里安·德·莫西卡及其若干同伙。已经获得的让步让他更加放肆，而他，无疑已经获悉了舰队司令的抱怨在西班牙遭到冷遇的消息。他的表现更像一个前来索取胜利条件的征服者，而不是一个前来赎罪、寻求宽恕的违法者。他登上舰队司令的旗舰，以他一贯厚颜无耻的态度提出他及其同伙谈判意向的初步条件。

首先，允许他派遣几个同伙，大约15人，乘坐停泊在圣多明戈的船只回西班牙。其次，给那些留下来的人分配土地，以抵作皇家薪酬。第三，发布公告，宣称针对他本人及其团伙的指控都基于虚假证言，是对皇家服务心怀不满之人的阴谋诡计。第四，恢复他的执法市长或首席法官之位。

这些不过是强硬而张狂的条件的开始，但是，全都予以批准了。之后，罗尔丹上了岸，将情况传达给他的同伙。两天之后，叛乱分子送来了他们正式签署的语气傲慢的投降协议。该协议包括在康塞普申要塞准许罗尔丹最近要求的所有条款，并在最后提出一个比其他所有条件都更嚣张的要求，即，如果舰队司令没有履行其中任何一条，他们将有权聚集起来，用武力或任何其他他们认为适合的方式，强迫他执行。如此一来，阴谋者们所寻求的不仅是抹掉过去的罪行，还为将来的叛乱找到了一个借口。

记录者因为记录而身心疲惫、烦躁不安，而慷慨读者的心灵在细读过程必定也怒火中烧，像哥伦布那样拥有卓著功勋，做出了无可匹敌的贡献之人，居然在如此不法之徒造成的艰辛中进行如此旷日持久、徒劳无益的挣扎。他被怀疑和危险所包围，是一个充满嫉妒的民族当中的外国人，一个叛乱的岛屿上不受欢迎的指挥官，被一个他正在寻求效劳的政府所不信任和轻视，以他自己的贡献制造了猜疑。他不知道哪里可以寻求忠告、有效的援助或公正的裁决。他的立足之地仿佛已经在脚下坍塌，因为他获悉在自己人当中也出现了煽动叛乱的征兆。眼看占领了岛上最好的地区之一的暴动叛逆者并没有受到任何惩罚，他们开始准备如法炮制，商议怎么放弃舰队司令制定的行为规范，占领锡瓜伊省。该省在岛屿的最东端，据说那里拥有一些价值不菲的金矿。

情势危急，全然容不得考虑个人骄傲和尊严，哥伦布决定不惜牺牲个人的一切，以确保一个忘恩负义国家的利益，他强迫自己签署了这个最屈辱的投降协议。他坚信，以后，当他能够安静地向皇家汇报的时候，他应该能够说服国王和女王，相信他签署该协议实在是情势所逼，当时自己的处境异乎寻常地困难，殖民地面临着迫在眉睫的灭顶之灾，他是迫不得已而为之。但是，在签署之前，他添加了一条规定，即叛乱分子必须准时服从两个君王、他本人以及由他指定的法官之令。

第四章

罗尔丹及其追随者的要求得到满足——几个叛乱分子离岛返回西班牙（1499）

罗尔丹恢复了执法市长或首席法官之位，他的嚣张气焰可想而知，完全是一个不择手段成功上位掌权之人的表现。在圣多明戈城，他身边总是簇拥着自己的党羽，仅与那些道德沦丧和心怀不轨之人交往；而且，社区里所有不安分者和亡命之徒都支持他，他皱一下眉头就能够胁迫他们保持安静和忠诚。他组成了一个无耻阵线，与权力甚至是哥伦布本人作对，解除了舰队司令的副官罗德里戈·佩雷斯的职务，声称除非他任命，岛上不许有人拥有办公室工作人员。哥伦布艰巨而痛苦的任务就是忍受此人的傲慢无礼，以及在他庇护下那帮返回定居点的无耻之徒。他默许了诸多弊端，努力采用温和与纵容减轻针对他产生的嫉妒和偏见，通过各种让步诱使那些分裂分子履行自己的职责。对那些普遍宁愿留在岛上的殖民者，他让他们选择，要么由皇家支付薪酬，要么划拨一块土地和一批印第安人，其中部分是自由人，部分作为奴隶协助他们耕种。大家通常都优先考虑后者。哥伦布于是便发布许可证，在其中尽可能努力地将个人利益与殖民地的利益结合起来考虑。

罗尔丹提交了一份由他的上百个追随者签名的请愿书，要求颁发土地和定居许可证，并选择哈拉瓜作为他们的居住地。舰队司令很担心，不放心在如此偏远的省份安置人数如此众多的捣蛋团伙，因此，他设法让他们分散在岛内的不同地方：一些在博瑙，他们在那里的定居点就是那个名为博瑙镇的起源；有的人去了皇家大平原的伏尔德河岸或者格林（绿河）河边；其余的去了离此地大约 6 里格的圣杰戈。他给他们分配了大量的土地以及在战争中俘获的众多印第安奴隶。他还做了另外的安排，让在这些定居点附近的大酋长不用缴纳贡品，取而代之的是让他们提供自己的子民，自由印第安人，协助殖民者耕种土地：类似于一种封建徭役，这就是“区域分化制度”的起源，即在殖民者中间瓜分自由印第安人。这种制度后来被普遍采用，并在整个西班牙殖民地遭到可耻的滥用，成为不幸的原住民无法忍受的艰辛和压迫的根源，在很大程度上促使他们在伊斯帕尼奥拉岛的灭绝。哥伦布把该岛视为一个被征服的国家，并以他为之奋斗的君王的名义，擅自赋予自己征服者的一切权利。当然，参与这项事业的所有同行均有权利占有已获得的领土，让自己成为那里的封建领主，让原住民沦落至恶人或隶属的境地。这样的安排与他当初善待原住民、把他们视作皇家和顺的子民之本意简直是霄壤之别。但是他所有的计划都遭到了颠覆，而他目前的措施属于情势所逼，迫于那些目无法纪之人的暴力所为。他任命了一个队长，让他带领一支武装力量充当警察，命令他们在各省巡游，迫使印第安人缴纳贡品，监管殖民者的行为，制止任何反叛或暴动的发生。

为自己的追随者争取到如此丰厚的条件之后，罗尔丹毫不客气地为自己提出要求。他声称在自己谋反之前，伊莎贝拉附近有片土地属于他，同时在皇家大平原上有一个名为拉埃斯佩兰萨的专门用于饲养家禽的皇家农场也是他的。这些要求舰队司令都一一批准，为了经营农场，还授权他雇用那个耳朵被割掉的酋长的子民，该酋长的耳朵是阿隆索·德·奥赫达第一次前往皇家大平原进行军事远征时割掉的。罗尔丹也获得了位于哈拉瓜的土地，还有各种原本属于皇家的牲畜和其他动物。给他的这些补助是暂时的，需要等到君王们的旨意传达至此才能确定；因为哥伦布仍然相信，当他们获悉他是怎样被敲诈做出这些让步的时候，此次叛乱的罪魁祸首将不仅会被剥夺其非法获得的财产，而且还要受到相应的处罚。

罗尔丹现在的富有已经超出了他的希望，便要求哥伦布允许他去走访自己的土地。哥伦布极不情愿地应允了他的请求。他立即前往皇家大平原，在其先前的总部博瑙稍事停留，将其最积极的同伙之一佩德罗·里克尔梅任命为镇长或地方法官，授权他逮捕所有罪犯，并将囚犯送往康塞普申要塞，在那里他保留自己判决他们的权力。此举并不在他职权范围之内，对于哥伦布，这是极大的冒犯。其他情况也不免让人担心先前的叛乱分子会进一步滋生事端。佩德罗·里克尔梅，以修建牲口棚为借口，开始在一小山上修建一座坚固的大厦，此建筑能够转化成一个强大的堡垒。对此，有人小声议论是与罗尔丹共谋而成，以备在需要的情况下确保有一个据点。由于地处皇家大平原，有那么多他们的前党羽在那里定居，此处会成为任何兴风作浪煽动的危险聚集地。里克尔梅的筹划及其进程受到在场的佩德罗·德·阿拉纳——一个忠诚和高尚人士的怀疑和反对。双方的陈词都上报给舰队司令，后者便禁止里克尔梅继续修建他的大厦。

哥伦布原打算与其兄弟唐·巴塞洛缪返回西班牙，他感觉到自己在国内出现，将最近在岛上发生事件进行适时曝光至关重要。他已经发现，自己的解释信函容易被恶毒敌人的歪曲所抵消。但是，该岛仍处于一种躁狂的状态。他不能十分确定近期叛乱分子的忠诚度，尽管那是以如此高昂的代价所换来的。曾有传言说锡瓜伊的山地部落威胁要进攻皇家大平原，试图解救他们的迈奥班尼克斯大酋长，后者仍然被拘禁在康塞普申要塞。几乎同时，从岛上的西部地区传来消息，四艘形迹可疑的陌生船只抵达了海岸。这些情况迫使他推迟离去，牵制他陷进这个自己最心爱却又多灾多难的岛屿事务之中。

10 月初，两艘轻快帆船被派往西班牙，船上装载着那些选择回国的殖民者，其中有许多罗尔丹的党羽。这些人有的带着他们的奴隶，有的带走了酋长的女儿，她们被诱骗离开了自己的家庭和家园。这些罪孽给他的精神带来的悲伤，一点也不亚于其他罪恶，但是舰队司令被迫放任自流。同时，他也意识到，他送回国的人将加强自己敌人的力量，增加虚假证人；他们将诽谤他的人格、诋毁他的行为，但他别无选择。为了尽可能抵消他们的歪曲陈述，他委派忠诚正直的老将米格尔·巴列斯特尔与加西亚·巴兰特斯一起乘坐同一艘轻快帆船，授权他们在朝廷全权处理他的事务，并给他们准备了有关罗尔丹及其同谋行为的宣誓证言。

在致君王的信件中，他恳求他们调查近期事件的真相。他陈述了自己的意见，即他与叛乱分子签署的投降协议应视为无效，个中缘由较多。也就是说，该协定是他们采用暴力敲诈他的结果，而且是在海上，他在那里无法行使副王的权力，关于这次叛乱曾经举行过两次审判，叛乱分子被指责为卖国贼，据此，舰队司令无权赦免他们的罪行。投降协定的条款涉及皇家收益，如果没有合适的官员干预，他对此无法控制。最后一点，弗朗西斯科·罗尔丹及其同伙在离开西班牙时，曾宣誓忠于君王、忠于两个君王的代表舰队司令，他们违反了自己的誓言。这些以及类似的原因，有些是公正的，有的则相当强词夺理。他敦促两个君王，不必拘泥于形式，正式批准割让给那些肆意挥霍之人的强制性条款，而要调查他们的违法行为，并做相应的处理。

他重复提到了前一封信的请求，要求派一个博学的法官来管理岛上的法律事务，因为他自己被指控犯有严酷之罪，虽然他有意识地始终遵守谨慎的宽容之道。他还请求，派遣谨慎的人组成一个委员会。另外，再派一些财政人员。但是，他恳求他们的权力应当有所限制和界定，不能干涉他的尊严和特权。他尤为强烈地强调这一点，因为他的特权在前几次已经惨遭侵犯。他说，照他看来，君主对他们的总督应该给予极大的信任，因为如果没有皇家的支持给予他们力量和推动，那么，在他们的指挥下的一切都会走向毁灭。这一至理名言，是舰队司令被自己最近的经历逼出来的，其中饱含了他自己的大部分困扰和叛乱者的胜利，这一切皆源于君权的不信任，以及他们对其诤谏的疏忽。

发现自己年事已高、身体逐渐衰弱，其健康状况备受上次航行的损害，他开始考虑让儿子迭戈成为自己的得力助手。迭戈注定会成为他的继任者，在他的照看下可能会获得一些经验，为他将来卸下重任做准备。虽然迭戈仍然在宫廷里担任侍从，但是已经长成仪表堂堂的男子汉，能够承担人生的重要职责了。因此，哥伦布恳求将他的儿子派去协助他，因为他觉得自己体弱多病、力不从心，已经不能像以前那样努力了。

第五章

奥赫达率领一支船队抵达海岛西岸——罗尔丹奉命去见他（1499）

还有一个原因也让哥伦布推迟离岛返回西班牙，即前面已经提到有四艘船抵达了该岛的西面。这些船于 9 月 5 日在雅克梅尔下游不远处的一个海港抛锚停泊，其目的显然是为了砍伐附近生长茂盛的染料木，并掳走原住民为奴。进一步报告让他得知，这些船只的指挥是阿隆索·德·奥赫达，正是那位性子急躁、生性勇猛的骑士，他在上一次大发现航海的各种场合都表现突出，特别是捕获了大酋长卡奥纳沃。由于了解此人的胆量和冒险精神，他这种偷偷摸摸光顾该岛比掠夺远征好不了多少的方式让哥伦布感到非常不安。要求他做出解释、反对他的侵犯，需要一位有胆有识、能说会道的代理人。似乎没有人比罗尔丹更适合此意图。他像奥赫达一样大胆，性格却更加狡猾。况且，类似的远征还会占用他本人及其党羽的注意力，让他们的精力从任何危害的计划中转移出来。他相信，最近对他们做出的巨大让步，可以确保他们目前的忠诚，使他们觉得忠诚比叛逆更有利可图。

罗尔丹乐意承接这个任务。他再煽动叛乱也不会得到更多的东西了，而且，他急于巩固自己采用不正当手段获得的财产，弥补过去以公职的名义犯下的罪行。他既虚荣又积极，很自豪于要在一次既需要勇气又需要精明的远征中表现自己。他带着两艘轻快帆船从圣多明戈出发，9 月 29 日便抵达奥赫达船队停靠的海港 2 里格范围。他在此带着 25 个装备精良、习惯在森林里巡游的坚定追随者上了岸。他派出五个侦察兵前去打探。他们带回消息说奥赫达距离他的船有几里格远，身边只有 15 个人，正在一个印第安村子里忙着做木薯饼。罗尔丹便让自己置身于奥赫达和其船舶之间，打算搞他们一个措手不及。然而，印第安人已经将他们的到来通知了奥赫达。由于罗尔丹近来在哈拉瓜的过分行为，仅罗尔丹这个名字也能让印第安人感到恐惧。奥赫达看到了自己的危险，他认为罗尔丹是奉命来追捕他的，而且，他发现自己与船队的通道已被切断。于是，以其一贯的勇猛无畏，他仅带着半打随从立即出现在罗尔丹面前。后者巧妙地以一般性话题开始交谈，接着便问到奥赫达登岛的动机，特别是在这么偏远孤寂的地方，事先也没有向舰队司令报告他的到来。奥赫达说他在进行航海发现，遇险了才停靠在那里，以便修船和采购食物。于是，罗尔丹便以政府的名义，要求查看他的航海许可证。奥赫达知道他需要对付的这个人性格坚定，不得不强忍自己本性中天生的急躁冒进，便回答说他的文件在船上。他宣称自己打算离开那里前往圣多明戈，向舰队司令致意，并有许多事情要私下告诉他。他向罗尔丹暗示，舰队司令在朝廷里已经完全失宠了，有一种说法是他的指挥权将被剥夺，而他的靠山女王本人已经病入沉疴，没有希望康复了。这些暗示，可以推测，罗尔丹在发送给舰队司令的急件中有所提及，他在信中提到奥赫达传递给他一些事情，但是他认为在信中透露不安全。

罗尔丹现在前往船队。他发现船上有几个人他熟悉，他们曾经到过伊斯帕尼奥拉岛。他们确认了奥赫达说的是实话，并呈现丰塞卡主教签署的许可证。后者作为掌管印第安事务的主管，授权他从事航海发现。

根据奥赫达及其随行人员的报告，看来哥伦布送回国关于他最近在帕里亚海岸发现的那些热情洋溢的叙述、他对于新发现地区财富的精彩猜测以及他送给两个君王的珍珠标本，已经点燃了各种各样冒险者的贪婪之火。奥赫达当时碰巧在西班牙。他是主教丰塞卡的宠儿，获得机会见到了舰队司令写给君王们的信件，以及随信附上的有关其航线的海图和地图。奥赫达知道哥伦布被伊斯帕尼奥拉岛的叛乱弄得很尴尬。通过与丰塞卡以及其他舰队司令的敌人交谈，他发现，国王心中对哥伦布的行为充满强烈的怀疑和嫉恨，因而可以自信地预测他即将垮台。奥赫达灵机一动，心想好好利用一下目前的局势；并且，通过一家民营企业，他希望成为第一个在这些新发现地区积聚财富的人。他将计划告诉了自己的监护人丰塞卡。后者绝不会放过但凡可能打败哥伦布的计划、蒙蔽其荣耀的任何机会，并且还可以补充一点，他总是表现出自己更倾向于资助唯利是图的冒险者，而不是正直和高尚之人。他给予奥赫达一切便利条件，向他提供了哥伦布用于指引自己航程的文件和海图副本，以及一封虽然不是君王签署但是他在上面签署了自己大名的许可证信件。那封信规定，奥赫达不能碰触属于葡萄牙国王的任何土地，也不能碰触哥伦布在1495年之前发现的任何土地。后一条显示出丰塞卡背信弃义的诡计，因为它将帕里亚和珍珠群岛留给奥赫达去光顾，而这两个地方早在指定年份之前就已经被哥伦布发现了。这些船只的装备由冒险家承担，但是此次远航的收获要按照一定比例上交给王国。

有了这个许可证，奥赫达在塞维利亚装备了四艘船，其间得到了许多热心而富有的投机者的协助。这些人当中就有著名的亚美利哥·韦斯普奇，一个熟谙地理学和航海术的佛罗伦萨商人。这支探险队的主要导航员是胡安·德·拉·科萨，一个声誉很高的水手，舰队司令的弟子，他曾陪同舰队司令进行了第一次航海大发现，沿古巴南部海岸和牙买加环岛航行。还有另外几个水手和巴托洛梅奥·罗尔丹，这是个杰出的导航员，他曾跟随哥伦布远航帕里亚。就是这次远征，因为系列机缘巧合，最终让那个佛罗伦萨商人亚美利哥·韦斯普奇的名字，成为整个新世界的名字。

此次远征于1499年5月起航。冒险家抵达了南大陆，并沿其海岸线漫游，从奥里诺科以东200里格的地方开始向帕里亚湾前进。在哥伦布海图的指引下，他们通过了这个海湾，穿过博卡德龙海峡，一直向西航行至贝拉海角，光顾了玛格丽塔岛和邻近的大陆，发现了委内瑞拉海湾。随后，他们在加勒比群岛短暂停靠，在那里与凶猛的原住民进行过战斗，并抓获了许多俘虏，打算在西班牙的奴隶市场卖掉他们。由于急需补充物资，他们从那里航行至伊斯帕尼奥拉岛。至此，他们已经沿着新世界的海岸进行了迄今为止最广泛的航行。

在尽其所能地收集到有关这些航海家和他们的冒险、计划等所有信息之后，而且相信奥赫达所声明的会亲自前往拜访舰队司令，罗尔丹返回圣多明戈去汇报他此次使命的结果去了。

第六章
罗尔丹和奥赫达斗智斗勇（1500）

有关奥赫达此次探险性质及其许可证等情报递交给哥伦布之后，他深感愤慨；这是对其最重要特权的直接违法行为，而且是由本应该视其为神圣不可侵犯的当局批准。他耐心地等待阿隆索·德·奥赫达所承诺的到访，以期获得更充分的解释。那个漂泊的指挥官却没有进一步履行承诺的意图：他做出那样的许诺仅仅是为了迷惑罗尔丹，让他放松警惕。当他的船只修缮完毕，准备了足够的食物，他就返回哈拉瓜海岸，并于 2 月份抵达。他在那里受到居住在该省的西班牙人的热烈欢迎，他们向他提供了他需要的所有物资。其中许多人都是罗尔丹的前同伙，这些人性格懒散、随意，不耐烦秩序和拘束，对舰队司令怒火中烧、充满敌意，因为他再次将他们纳入法律的管理范围内。

深知奥赫达轻率无畏的性格，发现他和舰队司令之间有所猜忌，他们拥戴他为新领袖，取代了他们认为已经抛弃了自己的罗尔丹，认为他来此纠正他们幻想出来的委屈。他们吵闹着向奥赫达投诉舰队司令的不公正，控告他拒绝支付他们被拖欠了的薪酬。

奥赫达是一个头脑容易发热的人，而且有点自以为是，他立即就将自己定位于为民平反昭雪的官员：据说他还称自己由政府授权，与卡瓦哈尔一起任参事，或者更确切地说，是舰队司令的监督者；而且，他们首先采取的措施之一就是强行给受皇家雇佣的人员支付所有薪酬。然而，此事值得商榷，奥赫达是否真的自作主张，做了那种很容易被揭穿，并且会导致他在政府颜面尽失的事情呢？有可能他受到鼓励去多管闲事的原因，主要是他知道舰队司令在朝廷的恩宠地位已经摇摇欲坠，而他自己则仗恃丰塞卡的强大保护而自感安全。他可能还听信了他人的观点，就在他离开西班牙之前，他在西班牙主要交往的人不断给他灌输，声称那些人是被舰队司令及其兄弟的压迫所逼才走了极端。因此，也许是一种慷慨激昂的感觉，可能还夹杂着他一贯对于行动和进取的热爱，促使他一旦提出要纠正他们遭受到的所有不公正，自己就一马当先地立刻赶往圣多明戈，责成舰队司令当场支付他们的酬金，否则就被驱逐出该岛。

奥赫达的提议受到部分叛乱分子欣喜若狂的喝彩，但是也有人提出异议。双方争吵起来，随之而来的就是暴力和斗殴的凶险场面，其中有几个人死亡，双方都有人受伤，但最后是去圣多明戈远征的队伍获得了胜利。

幸运的是，舰队司令平安，未受惊扰，罗尔丹就在这关键时刻带着一队坚定的人员到达附近。听说奥赫达抵达了哈拉瓜海岸，哥伦布便派他出去观察奥赫达的行动。得知发生暴力事件，正在途中的罗尔丹，送信给他的老盟友迭戈•德•埃斯科瓦尔，带着他所能召集到的所有值得信赖的人员跟着他。他们在一天之内到达哈拉瓜。恶人之间总是存在着不守信用的实例现在得以明示。罗尔丹之前的党羽发现他现在是真诚地为政府效劳，让他参与新暴动已经没有指望了，便企图在他行军的途中伏击并消灭他，但他的警惕和敏捷让他们的阴谋没有得逞。

听说罗尔丹和埃斯科瓦尔前来，奥赫达便退回到自己的船上。虽然敢闯敢拼，但是在目前这种情形下，他无意恋战，因为这场战斗势必是殊死一战、无利可图，而且他必然因此会公然与政府作对。罗尔丹现在开始规劝，这些劝诫之前对他自己都不起作用。他写信给奥赫达，就他的行为与他论理，诉说他给该岛制造的混乱，请他上岸妥善地安排处理所有所谓的冤屈。奥赫达呢，知道罗尔丹狡猾、暴烈的性格，根本不理睬他再三送来的信息，并拒绝冒险进入他的势力范围。他甚至抓了他的一个信使迭戈•特鲁希略，并突然在哈拉瓜登陆，带走了他的另一位名叫托里维奥•德•勒纳瑞斯的随从。他将这两人铐上镣铐，拘禁在他的船上作为人质，用以换取某位名叫胡安•平托尔的独臂水手，此人逃跑了；他威胁说如果不交出逃兵，那两个人将被绞死。

这两个旗鼓相当的对手之间展开了各种斗智斗勇的计谋，两人都在小心翼翼地提防对方的说辞和实力。奥赫达张帆起航，向北行驶了 12 里格，来到了卡哈伊省，此地最美丽、最丰饶的地区之一，其居民善良温顺。他让 40 个人在此上岸，拿走在当地人那里能找到的所有食物。罗尔丹和埃斯科瓦尔沿岸跟随，很快追到他跟前。接着，罗尔丹派遣埃斯科瓦尔乘着一艘轻便独木舟，由印第安人划着桨迅捷地来到可以与大船交流的范围，告知奥赫达，既然他没有信心上岸，那么如果他派一艘小船去接人，罗尔丹会上船来和他商谈。

奥赫达认为自己现在已经脱离了敌人的危险，便立即派一艘小船来到岸边不远的地方，船员便在那里停止划桨，要求罗尔丹上船。“可以带多少人陪我？”后者问道。答复说“只能五到六人”。听闻此言，迭戈·德·埃斯科瓦尔和另外四人涉水上船。船员们拒绝多载一人。罗尔丹便命令一个人把他扛上船，另一个则在他身边行走并协助他。通过这一计谋，他这边便有了八个壮汉。他上船便立刻下令划桨手朝岸边划。见他们拒绝，他和他的同伴用手中的剑攻击对方，打伤数人，俘虏了全部，但是有位印第安弓箭手潜入水中游泳逃脱。

对于罗尔丹，这是一个重要的胜利。奥赫达呢，急于要回自己的船，因为小船对于大船的作用不可或缺，于是便提议讲和。他坐着自己余下的那条小一些的船靠近岸边，同行的是其最重要的导航员、1个火绳枪手和4个桨手。罗尔丹则进入他刚缴获的船，随行人员有7个桨手和15个战士；岸上还有15人随时准备登上一条大型独木舟，以备不时之需。两个勇敢强悍的对手举行了一场颇具特色的面谈，双方都小心翼翼地保持警惕。会晤时双方保持较远的距离。奥赫达辩解说他的敌对行动是因为罗尔丹带着一队武装力量去抓他引发的。后者断然否认了这一点，许诺只要他前往圣多明戈，舰队司令会以最友好的方式接待他。最后大家终于达成协议，小船物归原主，双方被抓的人也回到各自的阵营；但是那个独臂逃兵胡安·平托尔例外，他已经逃匿了。根据协议，奥赫达于次日起航离开该岛，他临走时威胁道，将来他会带着更多的船和更多的人回来。

罗尔丹在附近等候，怀疑他是否真正离开。几天之后便有消息传来，奥赫达在一个遥远的地方上了岸。他立即带着 80 人乘独木舟去追赶，并在陆路派遣侦察兵。在他还未抵达那个地方时，奥赫达已经再次起航，罗尔丹此后再也没有听说或见过他。但是，拉斯 • 卡萨斯断言，奥赫达要么是去了伊斯帕尼奥拉岛一些偏远地区，要么是去了波多黎各岛。他在那里做一件被他称为“编制队伍”的事情，即驱奴，带走若干不幸的原住民，在加的斯奴隶市场将他们卖掉。

第七章

格瓦拉和莫西卡的阴谋（1500）

习惯了错误行事的人，一次正常的诚实行为会让他们觉得自己立下了大功。罗尔丹的追随者们大肆宣扬他们罕见的忠诚，他们在驱逐奥赫达离岛的过程中为政府做出的巨大贡献。像所有改过自新的恶棍，他们希望自己的良好行为能够获得重奖。他们认为自己的头目拥有把一切变成馈赠的能力，鉴于他们对卡哈伊省那个令人愉悦的地方非常满意，便请他瓜分那片土地，以备他们可能在那里定居之用。倘若罗尔丹还在做他的抢劫勾当，他会毫不犹豫地应允他们的要求，但是他现在急于树立一个遵纪守法的形象。因此，在得到舰队司令批准之前，他拒绝满足他们的心愿。可是，他知道自己已经让这些人滋生出一种性格，如果与其背道而驰会非常危险，而且，由于长期放纵，他们的贪欲容不得拖延；于是，他拿出自己位于哈拉瓜酋长—其古老的主人贝赫奇奥领地内的部分土地分给他们。然后，他给舰队司令写信，请求准许返回圣多明戈。他收到了回信，舰队司令在信中对他表达了万分的感激，称赞了他表现出来的勤恳和应对方式，但要求他在哈拉瓜再驻留一段时间，以防奥赫达还在那段海岸徘徊，再次侵入该省。

岛上的麻烦并没有结束，而且注定要再次爆发出来，其原因在某种程度上带有些许浪漫色彩。大约就在这段时间，哈拉瓜来了一位贵族家庭出生的年轻骑士，他的名字叫唐•赫尔南多•德•格瓦拉。此人性格讨人喜欢，风度迷人，但是在感情上倔强任性，品性风流放纵。他是阿德里安•德•莫西卡的堂弟，后者是前段时间罗尔丹叛乱中最积极的祸首之一；格瓦拉在圣多明戈的行为简直无法无天，以致哥伦布将其驱逐出岛。由于没有机会登船，他被送往哈拉瓜，准备乘坐奥赫达的船返回西班牙，但是等他们到达时，船队已经离开了。看在自己老战友阿德里安•德•莫西卡的面子上，罗尔丹非常友好地接待了他，允许他选择一个地方居住下来，等候舰队司令关于他的进一步指令。他选择了卡哈伊省，就是罗尔丹抓获奥赫达小船的地方。这是那个美丽海岸上一处讨人喜欢的地方，但是格瓦拉选择它是因为那里与哈拉瓜毗邻。在哈拉瓜的时候，由于罗尔丹的纵容，他在安纳卡奥娜的房子里得到亲切款待，后者是卡奥纳沃的遗孀、贝赫奇奥的妹妹。那个了不起的女人仍然保留了她对西班牙人的偏爱，尽管就在其眼皮下发生了那么多可耻的情景。她性格中与生俱来的尊严，即使是那些在她的地界内大批出没的荒淫的乌合之众对她也肃然起敬。她已故的丈夫、酋长卡奥纳沃给她留下一个女儿，名叫伊古奥莫塔，此女初长成人、美貌惊人。格瓦拉经常与她为伴，因而相互产生了爱慕之情。正是为了靠近她，他才选择卡哈伊省，就在其堂兄莫西卡蓄养了一些用于追猎的狗和鹰的地方居住。格瓦拉迟迟不肯离开。罗尔丹发现了原因，警告他停止装腔作势，离开该省。拉斯·卡萨斯暗示，罗尔丹本人也迷恋这位年轻的印第安美人，嫉妒她偏爱他的情敌。而安纳卡奥娜呢，作为母亲，她很中意年轻骑士那华丽的外貌和殷勤的举止，支持他的迷恋，尤其是他还向她女儿求婚。尽管罗尔丹命令他离开，格瓦拉仍然逗留在哈拉瓜，住在安纳卡奥娜的房子里，并派人去请来一位牧师，希望他给自己的准新娘行洗礼。

听闻此事，罗尔丹派人去把格瓦拉找来，狠狠地斥责他在哈拉瓜逗留，试图通过引诱其女儿的感情，欺骗一个像安纳卡奥娜那么重要的人物。格瓦拉坦率承认了爱情的力量和自己正当的意图，并请求让他留下来。罗尔丹毫不动摇。他声称，舰队司令有可能就他的行为产生一些邪恶的理解，但很可能他的真实动机是为了送走一个对手，因为格瓦拉干扰了他本人的情爱计划。格瓦拉服从了。但是在卡哈伊省刚待了三天，见不到自己的恋爱对象，就让他再也按捺不住了。他在四五个朋友的陪同下回到哈拉瓜，躲藏在安纳卡奥娜的住宅里。罗尔丹呢，那时候正因为眼疾而行动不便，得知他回来了，便差人命令他立刻离开此地去卡哈伊。年轻骑士对此嗤之以鼻。他警告罗尔丹，让他不要在如此需要朋友的时候树敌，因为他肯定知晓，舰队司令打算要砍掉他的头。听闻此言，罗尔丹命令他离开那片地区前往圣多明戈，自己到舰队司令面前去自首。想到要从他的印第安美人附近被彻底驱逐出去，年轻人的青春气焰被遏制了。他傲慢挑衅的语气变成了卑微的恳求，他的服从让罗尔丹缓和下来，允许他暂且留在附近。

罗尔丹给自己以往的追随者心中灌输了任性和暴力，现在注定要自食其果。格瓦拉呢，见自己的爱情被横加阻扰而怒火中烧，便寻思报复。他很快在罗尔丹的旧部中拉起了一个团伙，他们痛恨这个自己曾经拥戴为领导者的地方法官。他们一致决定，向他发起突然袭击，要么杀死他，要么弄瞎他的眼睛。罗尔丹获悉了这一密谋，并以其一贯的迅猛着手准备。格瓦拉在安纳卡奥娜的住宅，当着其准新娘的面被抓获，他的七个共犯同样被逮捕。罗尔丹立即派人就此事向舰队司令做了报告，声称在没有得到舰队司令的批准之前，他目前什么也不做，并宣称自己没有能力公正地判决此案。哥伦布那时正在皇家大平原的康塞普申要塞，便下令将囚犯押送到圣多明戈要塞。

罗尔丹采取强有力的手段对付老部下一事在岛上引起了骚动。当阿德里安·德·莫西卡听说他的表弟格瓦拉成为阶下囚，而且，还是出于他先前盟友的命令，他非常恼怒，决心复仇。他迅速赶到他们前一次叛乱的老巢博瑙，得到了佩德罗·里克尔梅—最近才任命的镇长的配合。他们去上次叛乱的同伙当中到处走动，那些人已经获得土地，定居在皇家大平原的各个地方，他们对这些人心中已经出现了的激愤施加影响，并以为一个老战友出头的理由赢得了他们的同情。这些人对煽动叛乱似乎有一种不可抗拒的癖好。格瓦拉是他们所有人的宠儿，印第安美女的魅力可能产生了影响；罗尔丹的行为是明显的专横干涉，阻止了各方都皆大欢喜、对殖民地也有利的婚姻。对于他的前同伙而言，再也没有什么人比一个改过自新的强盗或者反叛者去为司法公正效力更让人憎恶的了。内讧的旧场面再度兴起，前一次叛乱所用的武器才刚刚挂起来，现在又再次从墙上取下来，仓促地为行动做准备。莫西卡很快就看到一支大胆而不顾后果的队伍准备就绪，他们带着马和武器，愿意跟随他去做任何铤而走险的事情。由于受到他们先前的暴行有罪不罚的误导，他现在威胁着要做出更残忍的暴行，寻思着不仅要解救他的表弟，而且还要将罗尔丹和舰队司令置于死地。

哥伦布在康塞普申要塞，身边的兵力少得不值一提，而如此危险的阴谋就在其紧邻密谋。他做梦也想不到，这些曾蒙受其慷慨恩惠的人会对他有进一步敌意。倘若不是阴谋者那边有人当了逃兵，并将他们密谋的情报带给他，他无疑会落入阴谋者的掌控之中。他瞥一眼就明白了自己处于重重危险的包围之中，一场风暴即将在岛上爆发。现在不再是采取宽大仁慈措施的时候，他决心予以反击，而且要一举击垮叛乱的总指挥。

于是，他带着六七个可靠的仆人和三位绅士，所有人都装备精良，趁着夜晚动身前往叛乱头目驻扎的地方。也许是相信他们的阴谋很机密，以及舰队司令近期的被动状况，他们似乎完全没有防备。哥伦布的到来让他们措手不及，莫西卡和他的几个主要同谋都被抓获，并带到了康塞普申要塞。那一刻真是至关重要，皇家大平原暴乱的时机已经成熟，他控制了阴谋的煽动者，需要一个典型能够让那些搞派系的人心生恐惧，以儆效尤。他下令在要塞顶上绞死莫西卡。后者恳求允许他在临刑前忏悔，于是招来了一个牧师。可怜的莫西卡，反叛的时候气焰如此嚣张，死亡迫近时却失去了所有勇气。他拖延忏悔，断断续续，再次开始，再次犹豫，仿佛希望通过磨蹭，可以给救援以机会。他非但没有忏悔自己的罪过，反倒指责他人的犯罪行为，而那些人的清白众所周知；直到哥伦布被这通谎话和背叛所激怒，失去了所有耐心，在愤慨而鄙夷中下令将这个怯懦的倒霉蛋猛然吊在城垛上。

突如其来的严厉行动紧随而至。莫西卡的几个同谋被判处死刑，囚禁起来等候发落。就在阴谋者还没来得及从惊讶当中回过神来，佩德罗·里克尔梅被抓获，当时他正在博瑙那个暴徒窝里与几个同伙在一起。他被押送到圣多明戈要塞，那里还关押着本次叛乱的原始动因赫尔南多·德·格瓦拉，那个年轻的印第安公主的情人。这些出乎意料的严厉行动，在一个如此长时间施行宽大处理的地区，获得了预期的效果。密谋者逃往哈拉瓜的大部分地区，那是他们的故地和最喜欢的休憩之所。他们在那里不会再次聚集起来筹谋新的叛乱了。殖民地行政官在罗尔丹的协助下，以其特有的迅捷和强有力的行动对其穷追猛打。据说，他随身带着一位牧师，以便在抓住罪犯的时候，他们可以在忏悔后被当场绞死，但更可能的事实是他将他们俘虏后送往圣多明戈。有一次，他在一个普通地牢里同时囚禁了17个等待审判的囚犯，而他则继续不懈地追逐其余的残渣余孽。

这些措施迅速严厉。但是，当我们想一想哥伦布对这些人忍耐了多么长的时间，他曾对他们做出了多大的让步和牺牲，他是如何被迫中断自己所有伟大的事业，他们卑劣和扰乱治安的闹事是怎样破坏了殖民地的福祉，他们是如何滥用他的慈悲挑衅他的权威，甚至最终要图谋他的性命—我们就不能惊讶，他应该在最后关头落下他之前一直高举不放的正义之剑。

派系的力量现在已经被彻底制服，而哥伦布此次回来为该岛利益采取的各项措施已经开始显露良好效果。印第安人呢，眼见抵抗无效，开始屈服于奴役的桎梏。许多人开始显露文明的迹象，在某些情况下，他们开始穿上衣服、接受了基督教。在他们劳作的帮助下，西班牙人现在勤勉地耕耘自己的土地，每一种迹象都显示出一幅安居乐业、井井有条的欣欣向荣之气象。

哥伦布认为这一切令人愉快的变化均出于天国的特殊干预。在写给一位出色的女性、胡安王子的阿雅或奶妈唐娜·胡安娜·德·拉·托雷的一封信中，他举例描述了自己在受到疾病和焦虑影响的时候，脑海里产生的那些空幻之象。去年冬天，他说，就在圣诞节前后，他内外交困，面临着印第安人战争和内部叛乱的威胁。当时他既不信任身边的人，又担心遭朝廷贬黜，曾一度万念俱灰。就在那个阴郁、自暴自弃的时刻，他在夜里听到一个声音对他讲着安慰的话："噢，信仰薄弱的人啊！你为何如此沮丧？别害怕，我会给你力量。七年黄金之期还没有到时间啊。不仅如此，在所有其他事情上，我都会眷顾你。"

这里所说的七年黄金之期暗指哥伦布在发现新世界时的许愿，并记录在他写给两个君王的一封信中：在七年内，他将用自己航海大发现的获利，资助 50000 步兵、5000 匹马，去解救圣墓，并在随后五年内，再追加同等人力和物力。

那个声音给他带来的安慰保证得到了验证。他说，正是在那一天，有消息通报说发现了一大片富含矿藏的地区。这个神圣救助的虚构承诺尽管来得神秘，但是照他目前的情况看来，已经取得了很大的进展。岛上的烦恼和危险已经成功地由安宁取而代之。他现在展望的是更有成效地从事自己钟爱的、被迫中断那么长时间的事业—探索帕里亚地区，在珍珠湾建立渔业。他的希望多么迷惑人啊！然而就在此刻，一些事件已经悄然成熟，它们将用不幸压垮他，剥夺他的荣誉，让他的余生像一艘遇难的船舶一样度过。

卷十三

朝廷上反对哥伦布的陈述——博瓦迪利亚获授权审查他的行为；博瓦迪利亚抵达圣多明戈——他采用暴力夺取指挥权

第一章

朝廷上反对哥伦布的陈述——博瓦迪利亚获授权审查他的行为（1500）

正当哥伦布陷入伊斯帕尼奥拉岛派系纷争的系列困难之中的时候，他的敌人在西班牙朝廷毁损其声誉的事情也做得非常成功。奥赫达带去的报告说他即将遭到贬黜也不完全是捕风捉影，此事一触即发，每种背信弃义的行为都在推波助澜。每艘来自新世界的船都满载投诉，将哥伦布和他的兄弟描述为新人，不熟悉指挥，从默默无闻到突然身居高位而自我膨胀、傲慢，侮辱出身高贵和精神崇高之人，压迫普通人，残酷对待原住民。阴毒而狭隘的暗示被反复灌输，说他们是外国人，对西班牙的荣耀或者西班牙人的繁荣不感兴趣。尽管这样的托词看起来卑劣可鄙，却产生了强大的效果。哥伦布甚至被指控有预谋要彻底抛弃对西班牙的效忠，要么让他本人成为自己发现地区的君主，要么将其转让给其他国家。如此诽谤，无论怎么离谱，其目的都是为了让斐迪南那颗嫉妒的心受到震动。

诚然，哥伦布同样让每艘回国的船捎回报告，坦率和诚实地说明真相，陈述岛上纷乱的真正原因和性质，说明情况，恳求补救措施。如果他的建议得到适当采用，可能会产生效果。然而，他的信件到达间隔时间太长，给君王的印象单一而短暂，很快就被每日积极的虚假陈述之影响而抹掉。他的敌人在朝廷，可以频繁地觐见君王，能够通过每一件事情促成反对他的最强有力的看法，同时他们还在暗中抵消他的辩护力量。他们采用似是而非的逻辑，证明他不是管理不善，就是他那一方不守信用。祖国不断消耗资产去支持殖民地，难道这与他所描绘的财富岛、上面还有黄金山等华丽画面相吻合吗？他还假装在那里找到了古代的俄斐一所罗门所有的财富所在地。他们推断，他要么通过有预谋的夸夸其谈欺骗了君王，要么就是玩忽职守严重地辜负了他们，或者是完全没有能力履行治理的职责。

斐迪南呢，在发现自己新发现的领地不是获利的途径，反而是耗损的无底洞时，大家都知道他心头的失望在急剧增加。其野心所导致的战争，已经让他的物力颇为拮据，并让他陷入窘迫之境。他曾经满怀信心地期待新世界能够解除他的困境，能够以充足的财产去追求胜利，而那里不断向其空虚的国库提出要求，让他逐渐变得不耐烦。为了激怒他、增加他的怨恨，从殖民地回来的每一个失望沮丧和牢骚满腹的人，都被敌对派怂恿去索赔被哥伦布拒付的酬金，或在其服役期间遭受的损失。特别是为了让海岛免遭叛乱而用船载走的那些目无法纪的匪徒恶棍尤其如此。他们在格拉纳达设法找到了通向宫廷的路，国王出行，他们就跟着，空中充满了他们抱怨的声音，大声吵闹着要求支付他们的工资。有一次，大约 50 个这样的流浪汉设法进入阿兰布拉宫内廷，站在王室寝宫下面，他们举起葡萄束，表示他们因为贫困仅靠这么少量的食物为生，大声指责哥伦布的欺骗伎俩和政府的冷漠忽视。哥伦布的两个儿子是女王的侍从，碰巧路过那里，他们就跟在后面咒骂、大声嚷嚷："那里走着舰队司令的儿子，他的狗崽子，那人发现了一片毫无价值和虚妄之地，那是西班牙绅士的葬身之地啊！"

谎言的不断重复会以逐渐磨损的方式进入最公正的心灵。伊莎贝拉本人也开始对哥伦布的行为产生了怀疑。产生这样普遍和持续不断的投诉，看起来有理由断定那里必然存在一定的过错。如果哥伦布和他的兄弟正直，他们有可能不明智，并且，在政务管理中，判断误差较之于计划的不公正更容易常造成危害。哥伦布本人的亲笔信也展现了岛上一幅混乱的悲惨画面。这种情况难道不可能是因为统治者的软弱和无能造成的吗？即便是普遍存在的辱骂在很大程度上来自对舰队司令及其兄弟心怀敌意之人，以及把他们当作外国人而产生的偏见，但是将如此重要、如此遥远的指挥权托付给在社区如此不受欢迎的人是否安全呢？

这些考虑在伊莎贝拉坦诚的心中占有很重的分量，但是对于谨慎而嫉妒的斐迪南，其影响就是决定性的了。他从来没有真正诚恳地对待过哥伦布，而且自从他确定了后者发现的重要性之后，就已经后悔将如此博大的权力交到他的手上。殖民地行政官短暂的执政期和罗尔丹派系爆发分裂时期产生的过分鼓噪，终于让国王决定派遣一个举足轻重、有能力的人去调查殖民地事务；而且，在必要时，为了殖民地的安全，自己任统帅。这个重要和关键的措施看来已经决定下来。实际上，1499年春天，这些文件已经拟定并安排好人力了。然而，直到来年，该项决定并没有付诸实施。种种原因导致了这项措施的推迟。哥伦布发现帕里亚湾和珍珠群岛所做出的重要贡献可能在皇家的心中产生了一定影响，那时正处于装备一支军队，拟与威尼斯人合作对抗土耳其人的关键时刻；同时还面临法国新国王路易十二来势汹汹的行动，还有在最近征服的格拉纳达王国的阿尔普哈尔山区摩尔人的叛乱—所有这些都是推迟该项措施的理由，这个决定需要反复考虑，并有可能对新发现的领土产生重要影响。然而，最可能的原因，是伊莎贝拉强烈不愿意采取如此严厉措施去打击一个她持有如此热烈的感激之情和高度敬佩的人。

最后，罗尔丹先前的追随者乘船抵达，他们的投降协议所带来的后果将事情推向了危急关头。确实，巴列斯特尔和巴兰特斯也随船抵达，试图将岛上的事务予以适当的澄清；但是他们带来了众多有利于罗尔丹的证人，还有他本人及其同伙写的信件，将他们近来的行为全都怪罪于哥伦布和他兄弟的暴政。不幸的是，叛乱分子的证词对斐迪南产生了很重要的影响，而且，在这种情况下出现了一种状况，让伊莎贝拉暂时中断了自己与哥伦布的友谊，这可是他迄今为止最大的依靠。

女王对原住民的福祉持有母爱般的关怀，但是她的这份情感却累次遭到冒犯，照她看来，这是哥伦布一方的顽固所致，他不断将那些在战争中俘虏的人沦为奴隶，一再违背她那众人皆知的心愿。载着罗尔丹同伙回国的船舶同样也带来了大量的奴隶。有些奴隶是哥伦布根据投降协议不得不给予这些人的，其余的则是他们暗中带走的。其中有几个是酋长的女儿，她们受到那些浪子的勾引，离开了自己的家庭和海岛家园。她们当中有的怀着身孕，有的孩子刚出生。这些不幸生灵的赠予和转送全都怪罪于哥伦布的意愿，在伊莎贝拉眼前呈现出最黑暗的一幕。她那作为一个女人的敏感，作为一个女王的尊严，立刻戒备起来。"是什么权力，"她愤慨地大声喊道："让舰队司令出卖我的子民？"由此决定，以果断和强制性的行动，表示她对这些有辱人性的暴行的憎恶，她下令将所有印第安人送回他们自己的家乡和朋友当中。不仅如此，她的措施还追究到先前的问题。她命令将之前由舰队司令送到西班牙的印第安奴隶寻找出来，送回伊斯帕尼奥拉岛。不幸的是，哥伦布正好在这节骨眼上，在一封信中建议，作为殖民地谋取福利的重要措施，请求将印第安奴隶制度延续更长一段时间。该建议对伊莎贝拉的义愤无异于火上浇油，以致她不再反对派出一个委员会去调查哥伦布的行为，而且，如果有必要，将其取而代之。

斐迪南在任命该委员会的时候非常犯难，他一方面意识到哥伦布的性格和贡献，另一方面是他本人急着要不动声色地收回赋予前者的权力。最后终于从舰队司令近期的请求中找到了借口，他要求派一个既有才干又正直、精通法律的人去殖民地做主审法官，另外再派一个公正的仲裁人去处理他和罗尔丹之间的事情。斐迪南提出商议他的愿望，但是将两者合二为一；鉴于他任命的人将要决定的事项触及舰队司令及其兄弟的最高职能，此人将被赋予权力，一旦发现他们有罪，他就要取代他们在政府的职位。

这可真是一种确保偏袒的奇异方法！

被选中担任这一重要而微妙职位的人是唐·弗朗西斯科·博瓦迪利亚，皇家内务府官员和卡拉特拉瓦军事与宗教秩序的指挥官。奥维耶多声称他是一位非常诚实和虔诚的人，但是其他人对他的描述呢，他的行动证实了的确如此：缺乏自信、富有激情，并且野心勃勃——三个妨碍他行使司法权力的重大缺陷，因为这个案子需要最大的耐心、坦诚和慎重，而且，无论哪一方获罪，法官都可以从中获得财富和权力。

君王赋予博瓦迪利亚权力的那封信至今尚存，其内容值得按照时间顺序加以强调，因为皇家的意图似乎随着时间和环境的变化而有所改变。第一份的签署日期是 1499 年 3 月 21 日，里面提到了舰队司令抱怨一个镇长和其他一些人发动叛乱反抗他。“因此，”信中补充道，“我们命令你去了解上述事件的真相，以确定是谁、什么人起来反抗上述舰队司令和我们的地方行政长官，原因是什么；查明他们已经犯下了那些抢劫和其他伤害的罪行；此外，你的查询还将扩展到所有与上述事件相关的其他事项，所获得的信息、已知的真相；你发现何人有罪，就将其逮捕，并扣押其财物，然后对他们和那些缺席的人进行民事和刑事起诉，对他们施以你认为合适的罚款和处罚。”为了让此命令生效，博瓦迪利亚被授权，在必要的情况下，召集舰队司令以及所有其他在职人员的协助。

此处的授权显然只是针对反叛者，而且是源自哥伦布抱怨的结果。两个月之后，在另一封署期为 5 月 21 日的信中，其旨意截然相反了。信里面根本没有提到哥伦布，而是面向众岛屿和陆地的各种官员和有产者的讲话，昭告他们博瓦迪利亚的政府任命，赋予他完全民事、刑事司法管辖权。其中特别规定如下权力："这是我们的意愿，如果说上述所言的指挥官弗朗西斯科·德·博瓦迪利亚，认为对我们的事业有必要，并出于正义的目的，认为目前在这些岛屿上或即将到达那里的任何骑士和其余人等应该离开，不得再返回并在那里居住，而且那些人应该回来到我们面前自首，他可以以我们的名义命令执行，并迫使他们离开。因此，无论他要求谁离开，我们在此命令当即执行，无须等候与我们商议或征求我们的意见，或等待接收我们的任何信函或命令；无须提出上诉或恳求，他们必须服从他所说的任何话、下达的任何命令，缴纳他替我们征收的罚金。"等等。

另一封信的签署日期同样是 5 月 21 日，其中仅简称哥伦布为"海洋舰队司令"，命令他和他的兄弟将要塞、船舶、房子、武器、弹药、牲畜以及其他所有皇家财产，统统交到作为总督的博瓦迪利亚手中；在接到他们的君王下达的命令时，那些拒绝投降的要塞和其他托管物及其相关人员，将作为抗命者而招致惩罚。

第四封信的签署日期是 5 月 26 日，收信人是哥伦布，仅称呼他为舰队司令。这封信仅是一道圣旨，命令他相信并服从博瓦迪利亚告知的一切指令。

这些信件的第二、第三封所表达的旨意显然是暂时的，而且只有在经过查证后，发现哥伦布和他的兄弟一方确实出现了违法犯罪的行为时才有效，以保证迫使他们放弃指挥权。

这一沉重打击，如上述已经表明，被拖延了一年，然而，已经被悄然传开。哥伦布的敌人洋洋得意的期待，从奥赫达的断言中已经一清二楚，他离开西班牙去远航的时间正好是那些信件签署的时候；而且，他和主教丰塞卡交往甚密，而后者被认为在促成这一行动的过程中起了重要作用。主教违反舰队司令独享的权利、授予奥赫达从事航海发现许可证一事所体现出的氛围，正是基于哥伦布会迅速垮台的推定。正是这种推定，如同前面已经提及，才促使奥赫达在哈拉瓜的捣乱行为如此有恃无恐。

最终，这个策划长久的措施终于得以实行。博瓦迪利亚率领两艘轻快帆船于1500年7月中旬起航，前往圣多明戈。其中一艘船上有25人，他们已经作为一种卫兵应征了一年之久。同行的还有6个修士，他们负责将一批印第安人送回自己的家乡。除了公文信函，博瓦迪利亚还奉皇家命令查明并发放皇家雇佣人员被拖欠的薪酬，并责成舰队司令支付应该由他支出的那部分，“那些人得到了他们应得的，有可能就不再有抱怨了”。除了所有这些权力，博瓦迪利亚还得到了两个君王签署了名字的许多空白信，以便让他能够以这种方式直接给他人写信，只要他认为这样做适合，并且与托付给他的使命相关。

第二章
博瓦迪利亚抵达圣多明戈——他采用暴力夺取指挥权（1500）

哥伦布仍然在康塞普申要塞规范莫西卡叛乱浩劫后皇家大平原的事务。他的弟弟、殖民地行政长官在罗尔丹的陪同下，在哈拉瓜追捕逃亡的叛乱分子，唐·迭戈·哥伦布则留在圣多明戈担任临时指挥。内讧已经自我耗损殆尽，叛乱分子招致了自己的灭亡，岛屿看起来已经从暴力和目无法纪之徒的把持中解脱出来。

这就是当时岛上的局势。8 月 23 日上午，两艘轻快帆船出现在圣多明戈海港大约 1 里格的海上。两艘船在那里时远时近，等待着一股在 10 点钟左右才强势的海风将他们带进海港。唐·迭戈·哥伦布认为他们是来自西班牙的给养船，并希望能在船上发现他的侄子迭戈，舰队司令曾要求将他送来全面协助自己的事务。一条独木舟立刻奉命前去打探信息。独木舟靠近轻快帆船，询问他们带来了什么消息，舰队司令的儿子迭戈是否在船上。博瓦迪利亚在旗舰上亲自予以答复，宣布自己是派出调查近期叛乱的专员。然后轻快帆船的船长询问了岛上的消息，并得知了最近的处理情况。他被告知，那周已经有七个叛乱分子被处以绞刑，另有五个在圣多明戈要塞，已经宣判了同样的命运，其中就有佩德罗·里克尔梅和费尔南多·德·格瓦拉。那位年轻骑士对安纳卡奥娜女儿的爱情是这场叛乱的根源。通过进一步交谈，博瓦迪利亚查明舰队司令和殖民地行政长官外出，目前是唐·迭戈·哥伦布担任指挥。

当独木舟带着消息返回城里，说有位专员已抵达调查近期的动乱，整个社区产生了巨大的震动和不安。每一个角落都聚集着交头接耳的嘀咕者，那些意识到自己玩忽职守的人充满了惊恐；而那些受了冤屈，不管是真是假要告状的，特别是那些被拖欠了薪酬的人，脸上都露出了喜气洋洋的神情。

随着船舶驶进河流，博瓦迪利亚看见两岸都有绞刑架，上面分别挂着一个西班牙人的尸体，显然是最近才执行的死刑。他认为这些是断定哥伦布残酷的确凿证据。许多小船驶向旗舰，人人都急着早点向这位公共审查员献殷勤。博瓦迪利亚在船上逗留了一整天，其间收集了关于这个地方的许多谣言。由于那些设法确保得到他支持的人正是那些最害怕他调查的人，显而易见，那些谣言的实质普遍不利于哥伦布。实际上，博瓦迪利亚在登陆之前，即使不是在他到达之前，舰队司令的罪责已经在他的脑海里确定了。

第二天早晨，他带着所有随从上了岸，去教堂参加弥撒，他在那里发现了唐·迭戈·哥伦布、舰队司令的副官罗德里戈·佩雷斯以及其他重要人物。弥撒结束之后，那些要人和众多民众，都被召集在教堂门口。博瓦迪利亚下令宣读他的公文，该公文授权他调查叛乱，捉拿和扣押过失者的财产，以最严厉的法律起诉他们，并要求舰队司令以及所有当权者，协助他履行其职责。这封信宣读完毕，他要求唐·迭戈和镇长们将费尔南多·格瓦拉、佩德罗·里克尔梅和其他囚犯，连同他们的供词一并交给他，并责令指控方以及那些下令抓获他们的人统统到他跟前来。

唐·迭戈答道，该诉讼来自舰队司令的命令，他拥有的权力高于博瓦迪利亚拥有的任何权力，没有前者的批准，他不能做任何事情。同时，他要求一份公文的副本，以便他呈交给自己的兄长，因为他才与此事相关。博瓦迪利亚拒绝了，说道，如果唐·迭戈无权做任何事，那又何必给他一份副本。他补充说，既然他已经宣布的职位和权力看起来没有分量，他将尝试以总督的名义能有什么样的权力和结果，并会让他们看到，他不仅要命令他们，而且还要控制舰队司令本人。

这个小社会在让人紧张得喘不过气来的氛围中，等待着博瓦迪利亚装腔作势的行动。第二天早上，他在弥撒的时候露了面，决意行使那些只有在经过充分调查，并掌握了证明哥伦布胡作非为的充分证据之后，才能产生效力的权力。弥撒结束后，着急的民众聚集在教堂门口，博瓦迪利亚当着迭戈和罗德里戈·佩雷斯的面，下令宣读他的其他公函，表明自己岛屿和大陆的管辖权。

公函宣读完毕之后，博瓦迪利亚举行了宣誓仪式，然后声称唐·迭戈、罗德里戈·佩雷斯和所有在场者，都要服从皇家文书的命令。根据文书赋予的权力，他再次要求提取关押在要塞里的囚犯。他得到的答复是，他们对君王的信函表示最大的尊重，但是再次指出，他们关押囚犯是服从舰队司令的命令，君王向他授予了拥有更高权力的信函。

博瓦迪利亚的妄自尊大被这种不服从激怒了，尤其是当他看到此等行为在民众当中产生了一定影响，他们似乎开始怀疑他的权威。他现在要行使皇家的第三个授权令，命令哥伦布及其兄弟们交出所有要塞、船舶以及其他皇家财产。为了彻底赢得公众对他的支持，他还宣读了附加的授权，即在同年5月30日签署的那一份信函，命令他支付皇家雇佣的所有人员被拖欠的薪酬，并强迫舰队司令支付他应该负责的那一部分拖欠薪金。

最后一份文件获得了民众的高声欢呼，由于财政囊中羞涩，很多人的酬金已经被拖欠了很长时间。眼见自己变得越来越重要，博瓦迪利亚兴奋得满脸通红，便再次要求提取囚犯，并威胁说，如果拒绝，他将武力提取。他得到的答复与之前相同，便前往要塞将其威胁付诸行动。该要塞由米格尔•迪亚兹掌管，就是那位曾在奥泽玛河边的印第安人当中避难的阿拉贡骑士，他赢得了女酋长卡特琳娜的爱情，从她那里获得了邻近有金矿的信息，并诱导他的同胞搬迁到了这些地方。

当博瓦迪利亚来到要塞门前，他发现大门紧闭，而要塞司令米格尔•迪亚兹就在城垛上。他下令大声宣读他的委任信函，并高举签名和印章让其查看，然后要求交出囚犯。迪亚兹要求一份信函副本，但遭到了博瓦迪利亚的拒绝，声称没有时间拖延，囚犯已经被判处死刑，随时都有可能被执行。同时，他威胁说如果他们不打算放弃，他将采取极端手段，而迪亚兹应对此后果负责。

机警的要塞司令再次要求给予答复时间，并再次要求这些信函的副本。他说，他是奉自己的上级舰队司令的命令为国王镇守该要塞，前者获得了这些领土和岛屿，等舰队司令到来，他会服从他的命令。

要塞司令的拒绝激发了博瓦迪利亚心中所有的斗志。他将自己从西班牙带来的人全部集合起来，再加上船上的船员和当地的乌合之众，他敦促他们协助自己得到囚犯，但是不能伤害任何人，除非遇到抵抗。暴徒大喊同意，因为博瓦迪利亚已经是众人的偶像。大约在晚祷的时候，他率领着这支杂牌军去猛攻一座并无一个驻军的要塞。该要塞徒有强大的虚名，其用途只为抵御一个赤身裸体、只有些许武装的民族。关于本次行动的叙述，有些东西近乎滑稽，让其带有一种大言不惭的荒谬氛围。博瓦迪利亚极为猛烈地攻击要塞大门，那脆弱的门闩和锁却一击便开，让他轻松地进了门。可是在同一时间，他那些狂热的盲从者正在用梯子登墙，仿佛要强力攻占这个地方，要经历一场殊死的抵抗。要塞司令米格尔·迪亚兹和唐·迭戈·阿尔瓦拉多两人独自出现在城垛上，他们已经拔出了剑，但没有抵抗。博瓦迪利亚胜利地进入要塞，并没有遇到任何干扰。他们在一个房间里发现了戴着镣铐的囚犯。他下令将他们带到他面前，到要塞上面，他在那里问了他们几个问题，走走过场，便将他们交给一个名为胡安·德·埃斯皮诺萨的军士看管。

这就是弗朗西斯科·博瓦迪利亚自大嚣张、急不可耐的上任过程。他颠倒了给他的书面指令顺序，在未曾调查哥伦布的行为之前就将管辖权抓在手中。他以这种气势继续行事，所作所为表明似乎该案件在西班牙已预先进行了判决，派他到此仅为贬黜舰队司令的职务，而不是确定他履行职责的方式。他住进了哥伦布的房子，霸占了他的武器、黄金、牌照、珠宝、马匹，连同他的信件、各种手稿，无论是属于公众还是个人，甚至他最私密的文件等等。他没有报告这些被截获的财产，除了扣除他应支付的那些被舰队司令拖欠工资的份额，他无疑将其余的视为已经替皇家查抄了。为了博取民众更多的欢心，他在自己掌权的第二天宣称，将颁发为期20年的通用许可证，让大家去寻找黄金，找到的金子仅将十一分之一交给政府，而不是以前的三分之一。同时，他以最不尊重和最不负责任的言辞谈论哥伦布，说他有权给后者套上锁链送回国，而且无论是他本人，还是他的任何后裔，将永远不能再次获准管辖该岛。

出版编辑说明

一、原书名为《克里斯托弗·哥伦布生平与航海记》。

二、对目录进行了简化。

三、删除了原注和译注。

特此说明。